检察教育"十三五"规划教材

法律文书写作教程

FALV WENSHU XIEZUO JIAOCHENG

主　编／李云飞　郭月霞
副主编／季　娜　兰　倩
　　　　刘　俊　王　峰
　　　　张　鹤　张　瑞

中国检察出版社

图书在版编目（CIP）数据

法律文书写作教程/李云飞，郭月霞主编．—北京：中国检察出版社，
2016.1
ISBN 978－7－5102－1586－5

Ⅰ.①法… Ⅱ.①李… ②郭… Ⅲ.①法律文书－写作－中国－教材
Ⅳ.①D926.13

中国版本图书馆 CIP 数据核字（2016）第 009593 号

法律文书写作教程
李云飞　郭月霞　主编

出版发行：	中国检察出版社
社　　址：	北京市石景山区香山南路 111 号（100144）
网　　址：	中国检察出版社（www.zgjccbs.com）
编辑电话：	（010）68658769
发行电话：	（010）68650015　68650016　68650029
经　　销：	新华书店
印　　刷：	保定市中画美凯印刷有限公司
开　　本：	720 mm×960 mm　16 开
印　　张：	30.25 印张
字　　数：	554 千字
版　　次：	2016 年 1 月第一版　2016 年 1 月第一次印刷
书　　号：	ISBN 978－7－5102－1586－5
定　　价：	52.00 元

检察版图书，版权所有，侵权必究
如遇图书印装质量问题本社负责调换

《检察教育"十三五"规划教材》编审委员会

主　任　田　凯

副主任　刘秋香

委　员　韩锦霞　史玉琴　陶　峰　郭　剑
　　　　　李文霞　焦子国　张鹏升　杨亚丽

作一套彰显时代、检察和高职特色的好教材

田 凯[*]

  法学教育是高等教育的重要组成部分，是建设社会主义法治国家的重要基础。近年来，我国的法学教育事业取得了辉煌的成就，但也面临着诸多挑战。随着我国全面深化改革和依法治国方略的大力推进，如何培养出治理国家、管理社会和发展经济的高素质法律人才，成为当前法学教育的一项重要任务。完成法学教育的使命，探索、建设适应这种需要的教材体系，是其中一个关键环节。因为法学教材是实现法学教育功能的重要工具和媒介，它不仅是法学知识传承的载体，也是规范教学内容、提高教学质量的关键，对法学教育有着不可估量的重要作用。

  作为全国检察机关唯一一所面向社会招生的全日制高等院校，河南检察职业学院始终高度重视教材建设，着重开发适合检察特色高职教育的系列教材。2006 年，承蒙中国检察出版社的大力支持，我院组织编写了《刑法教程》、《公诉教程》等高等检察教育系列教材。这些教材的出版对我院培养大批优秀法学人才起到了重要作用。随着形势的变化，法学理论在不断更新，我院专业建设在不断深入，经过认真思考，学院决定组织编写检察教育"十三五"规划教材，旨在适应我院高职高专法律教育的最新发展需要。这套教材的参编人员主要是来自学院教学科研第一线、具有深厚专业功底和丰富教学经验的老师，并邀请相关领域的专家审稿，以保证教材的质量。该规划教材首批出版 5 本，今后将分期分批陆续出版其他规划教材。

---

[*] 作者系河南检察职业学院院长、教授、博士后、硕士生导师，享受国务院特殊津贴专家。

总体来看，这套教材具有以下三个突出特点：

前瞻性强。本套教材着重吸收改革开放以来中国法学研究的最新成果和近年来颁布的法律法规，特别是吸收国家"十三五"规划的最新精神、全面依法治国和全面深化改革等最新的改革动态，力争使教材内容能够站在21世纪初的法治发展最前沿。在总体上既注重创新，又注重知识传承。

实用性强。在本套教材的开发上，既强调适应我院高职教育教学的现实需要，又突出检察教育特色；既重视法学基础理论，又注重吸收近年来检察教育理论研究的优秀成果，兼顾了法学通识教育和检察职业教育的要求。另外，本套教材针对高职生的特点，力求将深奥的法学专业术语及原理，通过生动的案例作简明的阐述，突出易学性和可读性，方便高职层次学生学习。

针对性强。本套教材的使用对象是我院法律专业的高职生，高职法律教育是高等法学教育不可或缺的重要组成部分，培养目标是社会需要的应用型、辅助型法律人才。高职法律教育不同于高等院校法律本科教育。前者在办学理念、办学模式、专业设置和课程设置方面与后者有较大差别。但从目前看，不少高职高专院校包括我院在内，在教材的选用上大多借用本科教材，教材建设滞后于高职法律教育的发展需要。为此，我们编写并出版这套适合高职教育需求的专门教材，结合高职学生的特点，注意在内容上有详有略，语言上简明流畅，能照顾到我院高职的教学层次，以便更好满足学院高职教育教学的需要。

"长风破浪会有时，直挂云帆济沧海"，早在十年前，中国检察出版社就出版了学院高等检察教育系列教材，并在教材的设计、编写和出版方面做了大量的开创性工作。十年后的今天，再次承蒙中国检察出版社的厚爱，学院得以出版检察教育"十三五"规划教材。我们期望并相信，经过组织者、编写者和出版者的共同努力，这套教材能够满足检院莘莘学子的求知渴望，为我国的法学教育和法治建设奉献微薄之力。

是为序。

2016年1月19日

编写说明

法律文书是法律专业人员履行其职责的一个重要书面表达形式，是国家司法权的重要体现，对于弘扬社会主义民主与法治，保证国家法律的正确实施，保护公民、法人和其他组织的合法权益，惩罚罪犯、保护人民、保障依法治国方略的实施等方面都具有十分重要的意义和作用。它反映了司法的公平正义，衡量着法律从业人员的专业水平，受到社会各界的广泛重视。法律文书写作是一门独立的、综合的、实用性很强的交叉学科，它肩负的使命是任何一个学科都无法完成的。法律文书的制作涉及很多技巧性问题，是法律实践经验的总结；也涉及许多理论问题，包括宪法学、法理学、诉讼法学、民商法学和其他法学部门的一些基础理论，离开了这些理论，法律文书是无法制作出来的；同时，它还涉及写作学、逻辑学的一些基本理论。法律文书的研究对象和教学内容是任何一个既有学科无法完全包容的，而且在现实生活和司法实践中具有重要影响。

党的十八届四中全会指出，要让人民群众在每一个司法案件中都感受到公平正义，构建开放、动态、透明、便民的阳光司法机制。为全面推进司法公开，构建阳光司法机制，深化司法改革，最高人民法院《关于人民法院在互联网公布裁判文书的规定》从 2014 年 1 月 1 日起正式实施，最高人民检察院于 2015 年 1 月印发了《关于全面推进检务公开工作的意见》，进一步规范检务公开。法律文书的公开上网，接受社会公众的监督，可以更好地促进审判程序合法、规范地开展，实体问题公正、正确地处理，也促使相关人员必须提高法律文书的制作水平。

在英美法系国家，法律文书写作是法学院的重要课程，学生需要在教师的指导下做大量的练习。而我国司法部门普遍重视法律文书的制作能力，法律职业教育也非常重视这门课程，很多高职高专类院校都把法律文书写作作为必修课，对学生素质的提高有很大帮助。

本书在多年的教学经验和相关研究的基础上，根据最新的规范格式对法律文书的制作予以系统介绍。本书主要有以下几方面特点：

1. 关注法律文书的实践操作。法律文书的实践操作性非常明显，本书采

编写说明

用格式和实例相结合的编写体例，以直观、醒目的方式介绍各类文书，有助于学生在短时间内掌握制作要点，提高制作水平。

2. 重视法律思维的训练。法律文书的范式基本是固定的，但随着社会转型的深入，法律理念的不断更新，一些固有的法律文书格式也在不断更新，法律文书本身也在不断变革。对既有的法律文书进行历史的叙事，对其演进历史和变革原因进行反思，必将对我们当前和今后的法律文书变革以及整个司法改革产生影响，对学生的学习能力、反思能力的提高以及今后从事相关法律工作都大有裨益。

3. 充分反映近年来法律文书改革和法律文书教学、研究取得的新成果。

本书在编写过程中得到了学院领导的大力支持，并参考了一些专家、学者的有关著述，不再一一指出，在此一并表示衷心感谢！

全书虽经反复修改，恐仍有纰漏与不妥之处，恳请同仁及读者批评指正。

编　者

2016年1月

目　　录

第一章　绪论 …………………………………………………………（ 1 ）
　第一节　法律文书概述 ……………………………………………（ 1 ）
　　一、法律文书的概念 ……………………………………………（ 1 ）
　　二、法律文书的特点 ……………………………………………（ 2 ）
　第二节　法律文书的起源与历史发展 ……………………………（ 3 ）
　　一、中国古代法律文书概况 ……………………………………（ 3 ）
　　二、中国近现代法律文书发展概况 ……………………………（ 6 ）
　第三节　法律文书的作用与种类 …………………………………（ 8 ）
　　一、法律文书的作用 ……………………………………………（ 8 ）
　　二、法律文书的种类 ……………………………………………（ 9 ）
第二章　法律文书的结构和制作原则 ………………………………（11）
　第一节　法律文书结构概述 ………………………………………（11）
　　一、法律文书结构的概念与特点 ………………………………（11）
　　二、法律文书结构的成因 ………………………………………（13）
　第二节　法律文书的结构类型 ……………………………………（14）
　　一、填充、表格类文书 …………………………………………（14）
　　二、笔录类文书 …………………………………………………（15）
　　三、制作式文书 …………………………………………………（16）
　第三节　法律文书制作原则 ………………………………………（16）
　　一、尊重客观事实 ………………………………………………（17）
　　二、依法严格制作 ………………………………………………（17）
　　三、坚持司法公正 ………………………………………………（17）
　　四、坚持依法公开 ………………………………………………（17）
第三章　法律文书的语言运用 ………………………………………（19）
　第一节　法律文书的语言特点 ……………………………………（19）
　　一、法律文书词汇特点 …………………………………………（19）

— 1 —

目 录

  二、法律文书语法特点 …………………………………………（21）
 第二节　法律文书的语体 ………………………………………（23）
  一、语体概述 ……………………………………………………（23）
  二、法律文书语体的特点 ………………………………………（24）
  三、法律文书语体的分类 ………………………………………（25）
 第三节　法律文书语言的修辞 …………………………………（26）
  一、法律文书语言修辞的基本要求 ……………………………（26）
  二、法律文书语言的修辞手段 …………………………………（27）

第四章　法律文书的表达方式 …………………………………（30）
 第一节　法律文书中的叙述 ……………………………………（30）
  一、法律文书叙述对象 …………………………………………（30）
  二、法律文书叙述特点和要求 …………………………………（31）
  三、法律文书叙述内容 …………………………………………（32）
  四、法律文书叙述方法 …………………………………………（34）
 第二节　法律文书中的说理 ……………………………………（35）
  一、论点 …………………………………………………………（35）
  二、论据 …………………………………………………………（36）
  三、论证 …………………………………………………………（37）
 第三节　法律文书中的说明 ……………………………………（39）
  一、法律文书说明的对象 ………………………………………（39）
  二、法律文书说明的基本要求 …………………………………（40）
  三、法律文书说明的主要方法 …………………………………（41）

第五章　公安机关法律文书 ……………………………………（43）
 第一节　公安机关法律文书概述 ………………………………（43）
  一、公安机关法律文书的概念和作用 …………………………（43）
  二、公安机关法律文书的分类 …………………………………（43）
 第二节　立案决定书 ……………………………………………（45）
  一、立案决定书概述 ……………………………………………（45）
  二、立案决定书的格式及制作方法 ……………………………（46）
  三、制作立案决定书应注意的问题 ……………………………（47）
 第三节　呈请报告书 ……………………………………………（48）
  一、呈请报告书概述 ……………………………………………（48）
  二、呈请报告书格式及制作方法 ………………………………（49）
  三、制作呈请报告书应注意的问题 ……………………………（50）

第四节 通缉令 ……………………………………………（51）
  一、通缉令概述 …………………………………………（51）
  二、通缉令的格式及制作方法 …………………………（52）
  三、制作通缉令应注意的问题 …………………………（53）
第五节 提请批准逮捕书 …………………………………（53）
  一、提请批准逮捕书概述 ………………………………（53）
  二、提请批准逮捕书的格式及制作方法 ………………（55）
  三、制作提请批准逮捕书应注意的问题 ………………（57）
  四、实例阅读 ……………………………………………（58）
第六节 起诉意见书 ………………………………………（59）
  一、起诉意见书概述 ……………………………………（59）
  二、起诉意见书的格式及制作方法 ……………………（60）
  三、制作起诉意见书应注意的问题 ……………………（63）
  四、实例阅读 ……………………………………………（64）

第六章 检察机关法律文书 …………………………………（66）
第一节 检察机关法律文书概述 …………………………（66）
  一、检察机关法律文书的概念和作用 …………………（66）
  二、检察机关法律文书的种类 …………………………（66）
第二节 审查批准、决定逮捕文书 ………………………（67）
  一、批准逮捕决定书 ……………………………………（67）
  二、不批准逮捕决定书 …………………………………（69）
  三、逮捕决定书 …………………………………………（70）
第三节 公诉文书 …………………………………………（71）
  一、起诉书 ………………………………………………（72）
  二、不起诉决定书 ………………………………………（79）
第四节 抗诉文书 …………………………………………（84）
  一、刑事抗诉书 …………………………………………（84）
  二、民事抗诉书 …………………………………………（87）
  三、行政抗诉书 …………………………………………（89）

第七章 刑事裁判文书 ………………………………………（92）
第一节 刑事裁判文书概述 ………………………………（92）
  一、刑事裁判文书的概念 ………………………………（92）
  二、刑事裁判文书的种类 ………………………………（92）

— 3 —

目　录

第二节　第一审刑事判决书 （93）
一、第一审刑事判决书的概念与制作依据 （93）
二、第一审刑事判决书的类别 （93）
三、第一审公诉案件适用普通程序刑事判决书 （93）
四、第一审未成年人犯罪公诉案件适用普通程序刑事判决书 （110）
五、第一审单位犯罪案件刑事判决书 （115）
六、第一审刑事附带民事判决书 （119）
七、第一审简易程序刑事判决书 （123）

第三节　第二审刑事判决书 （126）
一、第二审刑事判决书的概念 （126）
二、第二审刑事判决书的格式 （126）
三、第二审刑事判决书的内容及制作方法 （127）
四、实例阅读 （131）

第四节　再审刑事判决书 （135）
一、再审刑事判决书的概念 （135）
二、再审刑事判决书的格式 （135）
三、再审刑事判决书的内容及制作方法 （137）
四、实例阅读 （140）

第五节　刑事裁定书 （152）
一、刑事裁定书的概念 （152）
二、第一审刑事裁定书 （153）
三、第二审刑事裁定书 （154）
四、再审刑事裁定书 （157）
五、死刑复核刑事裁定书 （160）

第八章　民事裁判文书 （166）

第一节　民事裁判文书的概念和分类 （166）
一、民事裁判文书的概念 （166）
二、民事裁判文书的分类 （166）

第二节　第一审民事判决书 （167）
一、第一审民事判决书的概念和分类 （167）
二、第一审民事判决书制作依据 （167）
三、第一审适用普通程序的民事判决书 （168）
四、第一审适用简易程序的民事判决书 （181）

目 录

第三节 第二审民事判决书 …………………………………（184）
一、第二审民事判决书的概念 ………………………………（184）
二、第二审民事判决书的格式 ………………………………（184）
三、第二审民事判决书的内容及制作方法 …………………（185）
四、制作第二审民事判决书应注意的问题 …………………（188）
五、实例阅读 …………………………………………………（188）

第四节 再审民事判决书 …………………………………（192）
一、再审民事判决书的概念 …………………………………（192）
二、再审民事判决书的格式 …………………………………（192）
三、再审民事判决书的内容及制作方法 ……………………（193）
四、实例阅读 …………………………………………………（195）

第五节 特别程序民事判决书 ……………………………（198）
一、特别程序民事判决书的概念和分类 ……………………（198）
二、选民资格案件民事判决书 ………………………………（198）
三、申请宣告失踪或者宣告死亡案件民事判决书 …………（200）
四、申请宣告公民无民事行为能力或者限制民事行为能力案件民事判决书 ……………………………………………（203）
五、申请指定监护人案件民事判决书 ………………………（204）

第六节 民事裁定书 ………………………………………（206）
一、民事裁定书的概念和分类 ………………………………（206）
二、第一审民事裁定书 ………………………………………（206）
三、第二审民事裁定书 ………………………………………（212）
四、再审民事裁定书 …………………………………………（215）
五、督促民事裁定书 …………………………………………（217）
六、公示催告民事裁定书 ……………………………………（219）
七、民事执行裁定书 …………………………………………（220）

第七节 民事调解书 ………………………………………（223）
一、民事调解书的概念和分类 ………………………………（223）
二、一审民事调解书的格式 …………………………………（223）
三、一审民事调解书的内容及制作方法 ……………………（224）

第八节 民事决定书 ………………………………………（225）
一、民事决定书概述 …………………………………………（225）
二、各类民事决定书的写法 …………………………………（226）

目 录

第九节 涉外民事案件专用文书 ………………………………(228)
　一、涉外民事裁定书 …………………………………………(228)
　二、执行令 ……………………………………………………(231)
　三、涉外公告 …………………………………………………(231)
　四、委托书 ……………………………………………………(233)
　五、请求书 ……………………………………………………(233)

第九章 行政裁判文书 ……………………………………………(237)
　第一节 行政判决书概述 ……………………………………(237)
　　一、行政判决书的概念 ……………………………………(237)
　　二、行政判决书适用范围 …………………………………(238)
　第二节 第一审行政判决书 …………………………………(238)
　　一、第一审行政判决书的概念 ……………………………(238)
　　二、第一审作为类行政判决书 ……………………………(239)
　　三、第一审不作为类行政判决书 …………………………(253)
　　四、第一审行政赔偿判决书 ………………………………(256)
　第三节 第二审行政判决书 …………………………………(262)
　　一、第二审行政判决书的概念 ……………………………(262)
　　二、第二审行政判决书的格式 ……………………………(263)
　　三、第二审行政判决书的内容及制作方法 ………………(264)
　　四、实例阅读 ………………………………………………(266)
　第四节 再审行政判决书 ……………………………………(270)
　　一、再审行政判决书概述 …………………………………(270)
　　二、再审行政判决书的格式 ………………………………(270)
　　三、再审行政判决书的内容及制作方法 …………………(272)
　　四、实例阅读 ………………………………………………(274)
　第五节 行政裁定书 …………………………………………(278)
　　一、行政裁定书概述 ………………………………………(278)
　　二、第一审行政裁定书 ……………………………………(279)
　　三、第二审行政裁定书 ……………………………………(282)

第十章 国家赔偿文书 ……………………………………………(286)
　第一节 国家赔偿文书概述 …………………………………(286)
　　一、国家赔偿文书的概念 …………………………………(286)
　　二、国家赔偿文书的种类和适用范围 ……………………(287)
　　三、国家赔偿文书的特点 …………………………………(288)

四、制作国家赔偿文书的意义 …………………………………（289）
第二节　赔偿确认裁定（决定）书 …………………………………（289）
　　一、赔偿确认裁定（决定）书的概念 …………………………（289）
　　二、人民法院确认裁定书 ………………………………………（291）
　　三、人民检察院刑事赔偿确认决定书 …………………………（294）
　　四、制作赔偿确认裁定（决定）书应注意的问题 ……………（296）
第三节　赔偿义务机关赔偿决定书 …………………………………（296）
　　一、赔偿义务机关赔偿决定书的概念 …………………………（296）
　　二、人民法院赔偿决定书 ………………………………………（297）
　　三、人民检察院刑事赔偿决定书 ………………………………（299）
　　四、共同赔偿决定书 ……………………………………………（301）
　　五、制作赔偿决定书应注意的问题 ……………………………（302）
第四节　刑事赔偿复议决定书 ………………………………………（303）
　　一、刑事赔偿复议决定书的概念 ………………………………（303）
　　二、刑事赔偿复议决定书的内容及制作方法 …………………（304）
　　三、制作刑事赔偿复议决定书应注意的问题 …………………（305）
第五节　人民法院赔偿委员会决定书 ………………………………（306）
　　一、人民法院赔偿委员会决定书的概念 ………………………（306）
　　二、人民法院赔偿委员会决定书的内容及制作方法 …………（307）

第十一章　监狱法律文书 …………………………………………（312）
第一节　监狱法律文书概述 …………………………………………（312）
　　一、监狱法律文书的概念 ………………………………………（312）
　　二、监狱法律文书的类别 ………………………………………（312）
第二节　罪犯入监登记表 ……………………………………………（313）
　　一、罪犯入监登记表的概念 ……………………………………（313）
　　二、罪犯入监登记表的格式 ……………………………………（314）
　　三、罪犯入监登记表的内容及制作方法 ………………………（315）
第三节　罪犯奖惩审批表 ……………………………………………（316）
　　一、罪犯奖惩审批表的概念 ……………………………………（316）
　　二、罪犯奖惩审批表内容及制作方法 …………………………（318）
第四节　提请减刑、假释建议书 ……………………………………（318）
　　一、提请减刑、假释建议书的概念 ……………………………（318）
　　二、提请减刑、假释建议书的格式 ……………………………（319）
　　三、提请减刑、假释建议书的内容及制作方法 ………………（319）

— 7 —

目 录

　　四、实例阅读 …………………………………………………… (321)

第五节　监狱起诉意见书 ……………………………………… (323)
　　一、监狱起诉意见书的概念 …………………………………… (323)
　　二、监狱起诉意见书的内容及制作方法 ……………………… (324)
　　三、实例阅读 …………………………………………………… (325)

第六节　对死缓罪犯提请执行死刑意见书 …………………… (326)
　　一、对死缓罪犯提请执行死刑意见书的概念 ………………… (326)
　　二、对死缓罪犯提请执行死刑意见书的格式 ………………… (327)
　　三、对死缓罪犯提请执行死刑意见书的内容及制作方法 …… (327)
　　四、实例阅读 …………………………………………………… (328)

第十二章　律师实务文书 …………………………………… (332)

第一节　律师实务文书概述 …………………………………… (332)
　　一、律师实务文书的概念与作用 ……………………………… (332)
　　二、律师实务文书的特点与种类 ……………………………… (332)
　　三、律师实务文书的制作要求 ………………………………… (333)

第二节　代理词 ………………………………………………… (335)
　　一、代理词的概念 ……………………………………………… (335)
　　二、代理词的格式 ……………………………………………… (335)
　　三、制作代理词应注意的问题 ………………………………… (336)
　　四、实例阅读 …………………………………………………… (336)

第三节　辩护词 ………………………………………………… (338)
　　一、辩护词的概念 ……………………………………………… (338)
　　二、辩护词的格式 ……………………………………………… (339)
　　三、辩护词的内容及制作方法 ………………………………… (339)
　　四、实例阅读 …………………………………………………… (340)

第四节　非诉讼律师文书 ……………………………………… (341)
　　一、合同 ………………………………………………………… (341)
　　二、法律意见书 ………………………………………………… (345)

第十三章　诉状文书 ………………………………………… (351)

第一节　诉状概述 ……………………………………………… (351)
　　一、诉状的概念 ………………………………………………… (351)
　　二、诉状的种类 ………………………………………………… (351)
　　三、诉状的作用 ………………………………………………… (352)
　　四、诉状制作的基本要求 ……………………………………… (353)

目 录

第二节 刑事自诉状 …………………………………… (353)
    一、刑事自诉状的概念 ………………………………… (353)
    二、刑事自诉状的格式及制作方法 …………………… (354)
第三节 刑事上诉状 …………………………………… (356)
    一、刑事上诉状的概念 ………………………………… (356)
    二、刑事上诉状的格式及制作方法 …………………… (357)
第四节 刑事申诉状 …………………………………… (359)
    一、刑事申诉状的概念 ………………………………… (359)
    二、刑事申诉状的格式及制作方法 …………………… (360)
第五节 民事起诉状 …………………………………… (361)
    一、民事起诉状的概念 ………………………………… (361)
    二、民事起诉状的格式及制作方法 …………………… (362)
    三、实例阅读 …………………………………………… (365)
    四、民事反诉状 ………………………………………… (368)
第六节 民事答辩状 …………………………………… (369)
    一、民事答辩状的概念 ………………………………… (369)
    二、民事答辩状的格式及制作方法 …………………… (370)
第七节 民事上诉状 …………………………………… (372)
    一、民事上诉状的概念 ………………………………… (372)
    二、民事上诉状的格式及制作方法 …………………… (373)
    三、实例阅读 …………………………………………… (376)
第八节 行政起诉状 …………………………………… (378)
    一、行政起诉状的概念 ………………………………… (378)
    二、行政起诉状的格式及制作方法 …………………… (379)
第九节 行政答辩状 …………………………………… (382)
    一、行政答辩状的概念 ………………………………… (382)
    二、行政答辩状的格式及制作方法 …………………… (382)
第十四章 仲裁文书 …………………………………… (385)
  第一节 仲裁文书概述 ………………………………… (385)
    一、仲裁文书的概念和特点 …………………………… (385)
    二、仲裁文书的种类 …………………………………… (386)
    三、仲裁文书制作要求 ………………………………… (387)
  第二节 当事人制作的仲裁文书 ……………………… (387)
    一、仲裁协议书 ………………………………………… (387)
    二、仲裁申请书 ………………………………………… (390)

目 录

    三、仲裁答辩书 ……………………………………………… (394)
    四、仲裁管辖权异议书 ……………………………………… (398)
    五、撤销仲裁裁决申请书 …………………………………… (400)
  第三节　仲裁机构制作的仲裁文书 …………………………… (405)
    一、仲裁裁决书 ……………………………………………… (405)
    二、仲裁调解书 ……………………………………………… (415)
    三、仲裁管辖权异议决定书 ………………………………… (419)
  第四节　涉外仲裁文书 ………………………………………… (420)
    一、涉外仲裁申请书 ………………………………………… (421)
    二、涉外仲裁答辩书 ………………………………………… (422)
    三、涉外仲裁裁决书 ………………………………………… (422)
    四、制作涉外仲裁文书应注意的问题 ……………………… (422)

第十五章　公证文书 ……………………………………………… (427)
  第一节　概　述 ………………………………………………… (427)
  第二节　公证书 ………………………………………………… (429)
    一、公证书的效力 …………………………………………… (429)
    二、公证书的分类 …………………………………………… (430)
    三、出具公证书的条件 ……………………………………… (431)
    四、公证书结构 ……………………………………………… (432)
  第三节　要素式公证书 ………………………………………… (434)
    一、要素式公证书概述 ……………………………………… (434)
    二、保全证据公证书 ………………………………………… (436)
    三、现场监督类公证书 ……………………………………… (438)
    四、合同协议类公证书 ……………………………………… (444)
    五、继承权公证书 …………………………………………… (446)
  第四节　定式公证书 …………………………………………… (449)
    一、定式公证书的概念和种类 ……………………………… (449)
    二、遗嘱公证书 ……………………………………………… (449)
    三、赠与公证书 ……………………………………………… (451)
    四、婚前财产协议公证书 …………………………………… (452)
    五、析产协议公证书 ………………………………………… (453)
  第五节　涉外和涉港澳台公证书 ……………………………… (454)
    一、涉外和涉港澳台公证书概述 …………………………… (454)
    二、涉外和涉港澳台公证书的内容和制作 ………………… (457)
  第六节　公证机构制作的其他专项证书 ……………………… (461)

第一章 绪 论

法律文书其实很美，不过这种美只是犹如夜空的烟花，偶尔绽放于文书表面，更多的时候，这种美默默地潜行于文书字里行间，思维深处，轻易难寻其芳踪。

——高 云

【内容提要】

法律文书是法律关系主体在参与各类诉讼案件或其他非诉法律事务的过程中，依法制作的具有法律效力或意义的各种文书的总称。法律文书是国家司法机关行使司法权的一种重要形式，是对法律行为效力的一种确认，在维护社会秩序和市场经济秩序，维护国家法律的正确实施，保障诉讼活动依法、规范进行，进行法制宣传教育，检验制作者的法律水平等方面起着重要作用。

第一节 法律文书概述

一、法律文书的概念

法律文书的概念可以从广义和狭义两方面理解。广义的法律文书，是指一切用文字表述涉及法律内容的文书，包括规范性文件与非规范性文件两大类。狭义的法律文书，是指公安机关（含国家安全机关，下同）、检察院、法院、监狱以及公证机关、仲裁机关依法制作的处理各类诉讼案件和非诉案件的法律文书和案件当事人、律师及律师事务所自书或代书的具有法律效力或法律意义的文书的总称。

关于法律文书的概念，可以从以下几个方面理解：

（一）法律文书的制作主体

法律文书的制作主体，是指在各种法律关系中享有权利和承担义务的主体，包括依法行使国家司法权的各级国家司法机关或者负有侦查、起诉、审判和监督职责的司法工作人员等。

1. 国家司法、执法机关

在我国，司法机关主要指人民法院和人民检察院。国家执法机关主要指公安机关、国家安全机关、监狱，以及行使行政职权的各级行政机关。

2. 当事人及其代理人

当事人及其代理人可以分为诉讼案件的当事人及其诉讼代理人，具体包括：刑事诉讼中自诉案件的自诉人及其诉讼代理人、刑事公诉案件的被告人及其辩护人、刑事附带民事诉讼的当事人及其诉讼代理人、民事和行政诉讼中的当事人及其诉讼代理人。

3. 其他法律关系主体

在法律关系主体中，除国家机关、当事人及其代理人外，还有其他可以成为法律文书制作者的主体，例如具有准司法机关性质的仲裁机构、公证机关、证人、鉴定人、翻译人员、勘验人员等。

（二）法律文书的制作依据

法律文书制作的法律依据是刑事诉讼法、民事诉讼法、行政诉讼法、监狱法、律师法、仲裁法、公证法以及其他相关法规、最高司法机关的有关司法解释。任何违背三大诉讼法及其相关法规规定所制作的文书，都是无效的。

（三）法律文书的适用范围和法律效果

1. 法律文书的适用范围

法律文书的适用范围，是指法律文书适用的各种法律活动。也就是说，凡是形成法律关系的活动，法律关系主体在此过程中制作的文书都是法律文书。例如，诉讼文书、行政执法文书、其他诉讼参与人制作的法律文书等。

2. 法律文书的法律效果

法律关系主体制作的法律文书，只要制作完成并且生效，就具有法律效力。具有法律效力的法律文书对制作主体或所涉及的其他主体均有约束力，不得随意加以变更或否定。

二、法律文书的特点

（一）合法性

法律文书是具有法律效力的文书，必须依法制作，不能任由制作者的意志自由发挥，它是国家司法权的体现形式，受法律的约束。主要体现在以下三个方面：

1. 外在形式的合法性

法律文书必须符合法律规定的形式。以民事起诉状为例，《中华人民共和国民事诉讼法》第120条规定："起诉应当向人民法院递交起诉状，并按照被告人数提出副本。书写起诉状确有困难的，可以口头起诉，由人民法院记入笔录，并告知对方当事人。"

2. 制作程序的合法性

法律文书的制作主体、制作过程、制作期限必须符合法律规定。例如，《中华人民共和国刑事诉讼法》第 116 条第 1 款规定："讯问犯罪嫌疑人必须由人民检察院或者公安机关的侦查人员负责进行。讯问的时候，侦查人员不得少于二人。"

3. 内容的合法性

法律文书的写作内容每部分都有明确的规范，只有准确、完整地写清各项要素，才符合各种文书的法定要求。文种不同，内容事项也有不同的规定和要求，并且不能任意增减或颠倒顺序。例如，审判文书中公诉案件的一审刑事判决书，其事实部分，首先应概述控辩双方的意见，然后详写法院审查认定的事实、情节和证据。

（二）程式性

法律文书的制作程序和格式必须符合特定的要求，法律文书的制作语言和结构一般是固定模式，结构一般分为首部、正文和尾部，格式一般由主管部门统一制定，语言大都较为固定，制作程序依据的法律和相关规定也有统一要求。

（三）效力的稳定性

法律文书具有很强的实效性，一经宣布，非经法定程序是不得变更或撤销。一旦生效，便由国家的强制力保证执行，任何机关、单位和个人都必须执行或认可，否则将承担法律后果。因此，制作法律文书一定要反复琢磨，精益求精，以保证法的尊严和威慑力，维护诉讼当事人的正当利益，打击犯罪，不断提高人们的法律意识。

第二节　法律文书的起源与历史发展

法律文书的产生，一般要具备两个条件，即比较完整的文字体系和较为成型、完善的司法体系。法律文书在中国的起源，可以追溯到远古时期，它是和悠久灿烂的中华文明相互依存、共同发展的。

一、中国古代法律文书概况

中国古代的法律文书大致经历了四个阶段：

（一）发轫阶段：先秦时期

远在殷商时期的甲骨文和西周时期的金鼎文中就有一些关于对奴隶的惩罚或者王室对贵族之间争讼的裁决的记述。可以说，这是中国最早的法律文书。

第一章 绪　论

到了西周时期，司法规定具备了雏形，重要案件需要原告提交"剂"（诉状），审讯要听"两辞"（双方供词）并记录在案，叫作"供"（即法庭笔录），判决要制作"书"（判决书），并当庭宣布，叫作"读鞫"……可以说，整个诉讼过程都有相应的文书。

（二）形成阶段：秦汉魏晋南北朝时期

1. 秦朝法律文书

秦朝存在的时间虽然很短，但法律制定相当严密，在司法实践中，法律文书大量使用，并且有格式可循。

秦朝法律文书文字简单、字数较少，很多时候都是夹杂在其他文书或文章中的。1975年在湖北云梦睡虎地出土的一批秦简中，《封诊式》堪称法律文书的结集，内含23件法律文书，其中《贼死》、《经死》、《穴盗》三例勘查笔录，制作水平已达相当高度，文字说明详细严谨，选词用语恰当得体，还有比较规范的结构程式。

2. 汉朝法律文书

汉朝法律文书在秦朝的基础上有所发展，文书的制作侧重案例和文辞，以典型案例作为宣判标准。判词根据功能可以分为实判和拟判，实判指对真实案件的判词；拟判指虚构的或模拟的判词，并无实际的法律效力，但会对实判的写作产生影响或者被实判模仿。现存最早的拟判收录于董仲舒的《春秋决狱》中。《春秋决狱》使裁判文书为儒家思想渗入司法实践活动提供了方便，成为封建法律儒家化的重要过渡形式。当事人向官府提起诉讼称为"自言"。所谓"自言"不是口头诉讼，而是必须递交书面的文书。自言文书有着规范的格式要求，需写明自言者的身份、籍贯、爵位、姓名、年龄，包括争议一方的身份、姓名等。

3. 魏晋南北朝法律文书

魏晋南北朝时期，出现了科、比、格、式等法律文书形式，在审判原则和法律概念的解释方面也有了新的认识，进一步丰富了判词的内容。

（三）发展阶段：唐宋时期

1. 唐朝法律文书

隋唐时期，我国逐渐步入封建社会鼎盛时期，传统的法律体系、立法原则、理念以及各项法律制度都得到了确立。判词此时真正成为一种成熟完备的文体，还成为科举考试的重要内容。因此，唐朝文人十分重视法律文书的写作，形成了竞相练习、写作判词的风气，同时也出现了众多的法律文书专集或汇编，供士子模仿练习。例如，白居易的《白氏长庆集》中，就收录了百余篇《甲乙篇》。因为当时士人练习写作的判词内容大多是虚拟的，主人公常常

— 4 —

以"甲"、"乙"的身份出现,所以这些判词也被称为"甲乙判"。由于唐朝保存下来的判词大部分是用骈体文写成,文辞典雅庄重、语言清晰流畅、说理充分有力,所以也被称为"骈判"。但因为过于追求华丽的辞藻、深奥的典故,唐朝判词也有不切实用的缺点。

2. 宋朝法律文书

宋朝的判词大部分为实判,判词也趋向通俗,骈体文逐渐被散文替代,语言注重平实、朴素,行文注重简明扼要,与现实接近,能被社会各阶层及不同层次的人所接受。《名公书判清明集》是一部司法判决书和官府公文的分类汇编。它与唐判的根本区别是变拟判为实判,都是对现实生活中具体实案的判决。

随着司法实践经验的积累,宋代在制作法医鉴定书方面也在前代的基础上逐渐规范化,制作诉状,必须使用官府颁发的印子,当事人制作的诉状如果不符合要求,可能就得不到受理。如《宋刑统》卷二十四规定:诉状必须注明年月,指陈事实,不得称疑。并且要写明告状人的姓名,不能投匿名状。

(四) 成熟期:明清时期

明清时期是古代法律文书制作日趋成熟的时期,法律文书的体系和写作要求更加规范完备。科举考试依然考判词的写作,但是无论考试还是司法实践中,判词的写作已经改变了唐宋华丽有余、质朴不足的缺点,虽然也用四六对仗句,但语言以简单、恰当为贵。

1. 明朝法律文书

明朝的科举考试中,制作判书是乡试、会试的考试内容之一。从当时判词的内容上看,争议事实、判决理由、根据以及裁判结果一应俱全,并且相互结合成为有机联系的整体;从表达上看,叙事清楚、说理充分;从语言上看,字斟句酌、用语平实。明朝的判词有审语和看语的区别。对于自己有权处理的案件,审理者拟具判词后就可以宣告,称为审语;对于自己无权裁决的案件,审理者拟具判词后须转呈上级审核批准,称为看语。

明朝判词流传下来的主要有李清的《折狱新语》、祁彪佳的《莆阳谳牍》、张肯堂的《莹辞》等。其中,李清的《折狱新语》收录判词230篇,是现存唯一的一部明朝判词专集,是作者在宁波府推官任内审理各类民刑事案件的结案判词,是当时的地方司法实录。

明朝对诉状的格式、内容以及制作者都有明确要求。诉状可以由原告自行书写,也可以由他人代为书写,包括代书、讼师或者当事人的亲友等。当时有多种流行的讼师秘本,如《萧曹遗笔》等,是指导诉状制作的重要书籍。这些书籍不但讲述了如何撰写诉状,还附有详细规范的诉状范本以备套用。另外，由于明太祖朱元璋曾多次下令对热衷参与讼事的"刁民"进行严厉打击，所以明朝在各州县以及乡之里社设立了申明亭，一般的户婚官司必须先到申明亭调解，未能解决的，再诉于县衙。中国古代早就盛行的调处制度这时得到了进一步完善，也促进了民间调解类文书制作的繁盛与成熟。

2. 清朝法律文书

清朝处于我国法制开始走向近代化的重要历史变革时期。清朝的法律，也是中国封建社会法律制度的集大成者。清朝的判词专集有《樊山判牍》、《陆稼书判牍》、《于成龙判牍精华》、《清朝名吏判牍选》等。

清朝的判词多是实判，有的重在认定事实和判断、说明，有的重在分析、评价，对争议事件根据法理、法律进行深入细致的剖析，并据此裁判。从现存档案资料来看，清代诉讼程序中出现的许多法律文书已经趋于定型。例如，诉状一般以"状式条例"限定字数，而且诉状首行必须列明起诉时间、当事人（具呈人）姓名、案由以及诉讼请求，如"同治十三年（1874）十二月十八日徐延夔呈为噬修被殴泣求讯追事"。当时大部分案由是四字句格式，被称为"珠语"；诉讼请求或理由，一般出现在诉状结尾，以四字句为主，少数是六字句或其他格式。在这些诉状中，可以看出当事人的诉求并不是以类似现代法律的权利义务为基础，而是直接指控对方当事人造成的严重危害，并请求衙门通过惩处对方，以除暴安良、扶弱锄强。除诉状外，对于审判中的证据在当时也有了明确规定，例如，对于人命案件，必须检验尸体，然后填写"尸格"；盗窃案件必须赃证明确；证人证言、被害人陈述、被告人口供等也是定案的重要依据。这些要求强化了各种笔录的制作。

二、中国近现代法律文书发展概况

（一）中国近代法律文书

1. 清末法律文书

鸦片战争以后，中国逐渐沦为半殖民地半封建社会，西方的法律思想和法律制度随着战争传入中国，传统的中华法系面临着极大的挑战。晚清政府迫于现实，进行了司法改革。从1901年开始，清王朝任命修律大臣，聘请国外法学专家在借鉴西方立法和司法经验的基础上，大规模修律改制，先后制定、颁布了几十部法律和单行法规。这次改革虽然随着清王朝的覆灭而以失败告终，但在法律观念、法律制度、法律体系方面依然给后世以启迪。

关于法律文书的制作和研究，这时期也一直受到人们的关注。宣统年间以沈家本为代表的修律大臣编纂了《考试法官必要》，对刑事、民事裁决书的结构和内容作了统一规定，形成了现代司法文书的雏形。例如，书中规定刑事判决书的内容要包括：（1）罪犯之姓名、年龄、籍贯、职业、住所；（2）犯罪之事实；（3）证明犯罪之理由；（4）援引法律某条；（5）援引法律之理由。民事裁决书要包括：（1）诉讼人之姓名、年龄、籍贯、职业、住所；（2）呈诉事实；（3）证明事实之缘由；（4）判决主文。诉讼费附于判决主文的末尾。这些规定，与当代裁决书的制作模式已经相当接近了。

2. 民国法律文书

民国时期的法律文书是在承袭清末司法文书的基础上发展起来的，称为司法机关公文，分为五大类：一是行政公牍，即一般的行政公文；二是诉讼文书，即各种诉状，包括检察官起诉书；三是侦查审理文书，包括侦查笔录、法院审理笔录等；四是裁判执行文书，包括裁决书、裁定书、执行命令、执行书等；五是应用文件，包括提票、押票、法院和监狱的各种报表等表格式文书。

民国的司法机关公文还借鉴了日本、德国等国家的文书格式，和清末相比，有了一些变化。例如判决书，民国的刑事判决书需要记载下列事项：（1）被告身份事项；（2）案由；（3）事实；（4）理由；（5）有关事项；（6）法院。民事判决书需要记载下列事项：（1）当事人姓名、住所或居所，当事人为法人或其他团体者，其名称及事务所或营业所；（2）有法定代表人、诉讼代理人者，其姓名、住所或居所；（3）主文；（4）事实；（5）理由；（6）法院。

民国时期出版并保存了许多法律文书，如魏易的《司法公牍》、胡暇的《司法公文式例解》、张树声的《司法公牍类存》、张虚白的《分类译解司法公文程式大全》等。这些丰富的著述为新中国法律文书制作的进一步规范和提高打下了良好的基础。

抗日战争时期和解放战争时期，抗日根据地和解放区政权的法律文书基本上采用了当时通用的文书格式，不过更强调通俗易懂，反对文辞晦涩，所以语言上不适用文言文，而采用了白话文，一般按照"主文——事实——理由"的三段论模式，简述案件事实，着重阐述理由，事实和理由泾渭分明，整个法律文书浑然一体。这种制作原则对于新中国的法律文书制作影响深远。

（二）中国当代法律文书

中华人民共和国成立之初，主要是沿用民国时期和解放区时期的裁判文书格式，后来借鉴了苏联的法律文书模式，"司法文书"的概念就是这个时期引入的。裁决书的正文按照"事实——理由——主文"的新三段论式，内容趋于简单化，说理也比较简单。1951年，中央人民政府司法部制定了《诉讼用纸格式》，基本沿用了民国时期和革命根据地司法文书的格式，废除了文言文，改直排为横排。同时借鉴了当时苏联、东欧等社会主义国家的文书格式。公证制度建立后，1956年司法部制定了《公证文书格式》，包括公证书格式和公证等级簿等共13种公证文书。20世纪60年代初，最高人民法院下达《关于改进审判文书的文风问题》，要求裁判文书叙述事实简单清晰，把关键问题交代清楚；判断事实观点正确、态度鲜明、理由充分、引用法律和政策恰当；使用语言文字通俗易懂，标点符号也要运用正确。但1959年司法部被撤销后，特别是在"文化大革命"期间，司法文书质量日益下降。

党的十一届三中全会以后，为加强法制建设，法律文书的制作再次受到了重视并得到了发展。1980年，司法部颁发了《诉讼文书样式》，共计8类64种。1982年，国家机构改革，调整政府职能，形成了公安、检察院、法院、司法行政四个系统分别制定和修订本系统文书格式的局面。公安部在1989年重新制定了《预审文书格式》，共48种。最高人民检察院1991年制定了《刑事检察文书格式（样式）》共46种。最高人民法院1992年制定了《法院诉讼文书样式（试行）》共14类314种。此后，法律文书格式逐渐完备。

第三节　法律文书的作用与种类

一、法律文书的作用

法律文书是国家司法机关行使司法权的一种重要形式，对于维护社会秩序和市场经济秩序，维护国家法律的正确实施，保护公民、法人和其他组织的合法权益，有着十分重要的作用。

（一）是国家实施法律的重要工具

法律文书是国家司法权实施的重要形式，对实体法律问题的处理以及处理实体问题的程序保障都必须通过法律文书这种形式反映出来。例如，人民法院的裁判文书、人民检察院的批准逮捕决定书、起诉书等，均反映国家司法权的行使。

（二）是诉讼活动依法、规范进行的保证

根据法律程序办案，是维护司法公正，确保办案质量的前提。法律文书是以法律为依据制作的，诉讼活动的每个阶段和每个环节，在诉讼法中都有相应的规定，而每个诉讼程序的发生又必须以相应的法律文书为实施前提。一个没有法律文书而实施的程序是不具有法律效力的。例如，人民检察院审查批准逮捕，必须先有公安机关制作的《提请批准逮捕书》，这是检察机关批捕的文书基础和依据。

（三）是进行法制宣传教育的重要教材

进行法制宣传，教育公民自觉遵守宪法和法律，是执法机关的一项重要任务。各类起诉、仲裁、裁决等法律文书，是处理各类案件具体生动的写照和记录，是正确适用法律的结果。通过法律文书的制作与发布，进一步揭示了案件中各种法律关系的发生、发展和消灭过程，反馈了法律、法规实际运行的大量信息。事实证明，以法律文书内容为教材的法制课，不仅可以加强人们的法治意识，知法用法，自觉规范自己的行为，而且有利于提高人们同各种违法、违规和犯罪行为作斗争的积极性和主动性。

（四）是法律活动的有效记录

各种笔录、合同等法律文件，伴随整个法律活动的进程，从立案起诉、证据收集、开庭审理到执行判决，每个诉讼程序和环节，都有相应的法律文书作为实施司法行为的依据。通过法律文书反映的情况，不但可以清楚地了解具体案件事实、证据的认定是否清楚、确实充分，适用法律和据以定案的理由是否言之有理有据，处理的结果是否正确，还可以检验办案是否符合法定程序，手续是否齐全、完备。法律文书是检验办案质量的重要标尺，也是对案件进行申诉复查的重要依据。

（五）是检验制作者法律水平的重要尺度

法律文书是由具有特定资格的人员制作的，一份优秀的法律文书，首先，应该具备较高的法律专业知识水平和写作基础知识水平；其次，要有一定的政治理论水平和相应的社会知识。可以说，法律文书的制作是法律知识、社会经验和工作能力等多种素质综合运用的结果。法律文书质量的高低，在一定程度上是司法人员政治业务能力、法律修养和文化知识水平的体现，是衡量制作者法律素质的重要标准。

二、法律文书的种类

从不同的角度，按照不同的标准，法律文书可以进行多种分类：

（一）按照制作主体分类

按照制作主体可分为：公安机关法律文书、检察机关法律文书、人民法院法律文书、监狱机关法律文书、律师实务法律文书、公证文书、仲裁文书等。

（二）按照法律文书的诉讼性质分类

根据我国诉讼法律制度的性质可分为：刑事诉讼法律文书、民事诉讼法律文书和行政诉讼法律文书。每类还可以按照不同的审级和诉讼程序进行分类。例如，刑事诉讼法律文书又可以分为第一审程序的刑事裁判文书、第二审程序的刑事裁判文书、死刑复核程序的刑事裁判文书、审判监督程序的刑事裁判文书和执行程序的刑事裁定书。

（三）按照法律文书的性质和用途分类

法律文书的用途十分广泛，可分为：提请类文书、处罚类文书、决断类文书、证据类文书、一般公文类文书等。

每一类文书又可以分为若干种。例如，笔录类文书可以分为：报告、控告、检举笔录，现场勘验笔录，搜查笔录，调查笔录，询问证人笔录，讯问犯罪嫌疑人、被告人笔录，法庭审理笔录等。

（四）按照法律文书的制作体式分类

由于法律文书不同的需要和共性，形成了法律文书不同的制作体式。按照制作体式，可以把法律文书分为：表格类文书、填充类文书、报告类文书、演说类文书等。

本章习题

一、简答题

1. 什么是法律文书？
2. 法律文书的特点有哪些？
3. 法律文书有什么作用？

二、论述题

中国古代法律文书的演变过程可以给我们带来哪些启示？

第二章　法律文书的结构和制作原则

徒善不足以为政，徒法不能以自行。

——孟　子

【内容提要】

法律文书的结构是组织安排法律文书的组成要素、材料和内容的各种具体形式，也是法律文书的形式要素之一。法律文书的形式结构是其外在的组织形式，一般分为首部、正文、尾部三个部分。法律文书在制作过程中必须遵循这样几个原则：尊重客观事实，严格依法制作，坚持司法公正和坚持依法公开。

第一节　法律文书结构概述

无论哪种体式的文章，制作者都必须根据表情达意的需要，对已掌握的各种材料适当加以剪裁，并遵循一定的思路进行组织安排，这就是文章结构的谋篇布局。法律文书格式多种多样，但法律文书的结构却是相对固定的。

一、法律文书结构的概念与特点

（一）概念

法律文书的结构，是指构成法律文书的基本框架，是组织安排法律文书的组成要素、材料及内容的具体形式。制作之前，必须充分了解法律文书的结构特征。

（二）特点

1. 结构的固定性

法律文书结构的固定性，就是行文模式的程式化。无论拟制文书还是填充文书，在结构上大体都是由首部、正文和尾部三部分组成。法律文书大多采用相同的结构形式来安排同一种类文书的层次，这种稳定的结构层次和排列顺序已形成固定的模式，不允许或者不提倡制作者随意增删改造。

第二章　法律文书的结构和制作原则

（1）首部

首部是法律文书的开头部分，就好像一个建筑物顶部，能让人一目了然地看到建筑物的轮廓。首部虽然篇幅不大，语言精练，但反映出制作者的法律主张和立场，主旨鲜明，目的明确，是法律文书制作的基础。它的内容要素一般包括文书名称、文书编号、诉讼主体和诉讼参与人或者非诉主体的基本情况，受文（主送）机关或者主管领导人姓名，案由或者事由、案件来源和审理经过，以及原判认定事项六项。

（2）正文

正文是法律文书的核心部分。提出问题、分析问题和解决问题构成正文的主体内容，包括事实、证据、理由和处理结果等项。总的要求是事实清楚、论据充分、有说服力，处理结果或者结论正确，体现法律的公平正义。

不同种类的法律文书，在组织安排各个要素时，会有不同的侧重和顺序。例如，对当事人及其委托的律师而言，起诉状、答辩状、上诉状、申请书等诉讼法律文书，是为了向法官陈述意见和主张，最终得到有利于己方的司法裁判。因此，在事实要素的选择和排列，对证据资料的选择和分析上，都会体现"有利于"己方的原则立场。而法院的裁判文书一定要体现出被动、中立的特点，做到兼听则明、不偏不倚。要如实概括双方当事人陈述的案件事实，并依法对其陈述作出评价，采纳与否要说明理由；法律适用和实施的认定往往是相互伴随、不可分割的，需要法官针对不同的案件，选择不同的方法来进行，提出的要求则更高。

（3）尾部

尾部是法律文书的结束部分，特点是结论明确、程式严格、用语固定、紧扣法律、一目了然。具体地说，包括交代有关事项、法律文书的签署、日期、院印、附项等内容。法律文书尾部除了案件结论，还包括依法享有的相关权利以及实施这些权利的方法和时限等重要信息，是相关当事人特别需要知晓的重要信息，对于他们下一步的司法救济十分重要，是文明司法的重要体现。

2. 结构用语程式化

法律文书的任何一个层次结构在文书中都不是孤立存在的，而是彼此联系、相互衔接的。构成承接和过渡部分的样式固定，用语程式化。以第一审刑事裁判文书为例，在首部的末尾，通常用"现已审理终结"一句引出正文，即开始事实部分的陈述。在事实部分，第一层次叙述结束后，紧接着叙述第二层次，即法院认定的事实及其证据，衔接这两个层次的过渡语通常是"经审理查明"，从而表明以上叙述是根据诉辩双方各自的意见，从这以下是经法院审理核实的事实。如果没有过渡用语，很难分清这两个层次，甚至会使人感到内容重复。

3. 章法的多样化

法律文书虽然有严格的程式，但在谋篇布局，具体的行文方法上，则是多种多样。概括起来，常用的章法有以下几种：

（1）由事而理，由理而断

在拟制类文书中，这是常见的一种行文方法。一般来说，叙述事实之前先要介绍诉辩双方的基本情况及案由，接着叙述事实，这是落笔的基本部分。叙事完结后，文章便转入阐述案件处理理由及其法律依据。最后，归结为判决结果。如果用公式表示，就是"起头（介绍情况）——承接（叙述事实）——转折（阐述理由）——合结（判决结果）"。

（2）突出重点，兼顾一般

制作刑事裁判文书时，对于一人犯数罪或者多人犯一罪，在叙述事实时，多采用这种章法，以突出主犯或者主罪。同时存在数罪或多种事实的，不能主次不分，平铺直叙，而应该区别对待，详述主要事实。在叙述顺序上，主要事实放在前面，次要事实列后，并不拘泥于时间顺序。

（3）揭示矛盾，明确焦点

这种章法通常在叙述抗辩双方的诉讼请求和意见时采用。无论刑事裁决还是民事裁决，在概括诉辩双方意见时，都要准确如实地反映诉辩双方的诉讼要求及其争执焦点，要注意揭示矛盾，加强针对性。

（4）论辩说理，章法多样

在理由部分的阐述中，行文章法比对事实的叙述更具有多样性，特别是一些侧重说理的法律文书，例如，公诉词、辩护词、代理词、抗诉书、裁决书、裁定书等，章法套路往往随着案件而变化，灵活多样。

二、法律文书结构的成因

法律文书结构的形成是多种因素互相影响与制约的结果，也是法律文化不断发展与推进的结果。

（一）法律文书结构形成的历史条件

通过对大陆法系和英美法系两大法系历史发展的回顾，可以发现一些无法忽略的因素。

1. 法制传统的影响

在普通法法系，判例法是主要的法律渊源。法官从一个个案件中获得原则，建立了一套完整的法律体系，并在裁决相关案件时，通过判例约束后来的法官。普通法的这种特色和风格必然影响英美法系法律文书结构模式的形成。

第二章 法律文书的结构和制作原则

而在大陆法系国家范围内，主要的法律渊源是制定法，法典繁多。法官自由解释法律的权力受到严格的限制，他们的使命主要在于不折不扣地适用法律。这自然促使大陆法系国家法律文书的模式不同于英美法系。

2. 法律制度的影响

法律制度与法律文书结构模式的关系十分密切。以裁判文书为例，英美法系国家，法官一般是从律师中挑选出的，被看作社会的精英，具有极高的社会地位和威望，他们制作的裁判书一般具有自己独特的风格并且充满缜密、理性的思考。而在法德等大陆法系国家，法官普遍认为他们只需要依据成文法对案件作出适当的判决就可以。虽然由于案件情况和文书制作者个人素养的不同，大陆法系国家法官制作的判决书通常是遵循了通行的文书结构，有明显的趋同性。

（二）法律文书结构形成的现实条件

法律文书结构模式的形成在受到历史条件约束的同时，更直接受到众多现实因素的影响。

1. 现行立法及法治思想的规制

法律文书是法律实施的具体表现，法律规定是法律文书形式构成的核心要素。法律文书结构模式的创造和形成都以法律的具体规定为基础。各种法律文书的组成部分，例如，事实、理由、结论或意见等都以法律的规定为前提。与此同时，社会政治制度、法律制度的变化和调整，法律思想的更新也会引起法律文书结构的变动。

2. 各种法律思想之间的碰撞融合

不同文化之间的交流和借鉴对法律文书的结构也有着巨大的影响。在我国历史上，自先秦时期到清朝末年这一漫长的历史进程中，法律文书的结构模式几乎没有发生较大的变化：在结构上借用一般的叙事议论文体，而且刑事法律文书、民事法律文书的体式缺乏根本的区别。新中国成立后，我国学习借鉴了苏联、东欧各国法律文书的结构。随着对两大法系了解的不断深入，对各国法律文书结构研讨的进一步深化，进入新时期，我国的法律文书结构在扬长避短之后，更加趋于合理，更加切合时代的需要。

第二节 法律文书的结构类型

一、填充、表格类文书

填充、表格类文书，其制作形式和内容较为固定，相对而言比较容易掌握。

（一）填充类文书

填充类文书的形式结构和内容结构比较单一，制作者只需要根据应处理或者宣示的事项在文书中相应的空档按要求填写就完成了制作任务。填充类文书往往特别强调时效性，应依照法律规定的期限及时制作完成。公安机关的逮捕证就是典型的填充类文书。

（二）表格类文书

表格类文书的形式要素明确而固定，只留出空格由制作者加以填充。这类文书不需要进行复杂的叙述和严谨的分析说理。例如，会见犯罪嫌疑人申请表就是填充类文书。

二、笔录类文书

（一）笔录类文书的概念

笔录类文书是公安司法机关、公证机关、仲裁机关、行政机关、律师以及司法行政机关依照法定程序，以文字形式如实记录诉讼活动或者非诉讼活动的实录体法律文书。对于诉讼案件而言，笔录是案卷材料的重要组成部分，是法定诉讼证据之一。就外在表现形式来讲，笔录类文书是制作者运用规范的语言文字记录相关事项，必须写在特定的笔录纸上，而不能采用图形、符号等方式记载。

（二）笔录类文书的特点

1. 内容的纪实性

这是笔录类文书最基本的特点。作为实录体的法律文书，笔录必须如实记录法律活动中出现的对话或者行为经过。尽管在记录时由于技术原因等不得不有所概括和总结，但真实反映记录者耳闻目睹的有关情况始终是笔录制作的根本要求。在记录过程中制作者无须重构所直面的记录对象，即使明知记录对象陈述或行为中存在虚假或错误，笔录制作者也只能如实呈现。

2. 材料的原始性

各种笔录的材料，一般由当事人、证人、知情人直接提供，或者是留存在相关场所由办案人员亲自提取、固定，对于文书制作者来说，均源自其亲自的接触。因此，笔录材料的获取途径与其他法律文书相比，就显得更为原始，笔录内容也就成了法律工作者获得的第一手与案件相关的信息。

3. 制作的及时性

这是从制作时间上对笔录的限定。笔录不像判决书或者诉状那样是在事发后的一定时间内，经过深思熟虑后制作来的。只有及时制作才能保证记录内容

第二章　法律文书的结构和制作原则

的准确，才能有效防止因记忆或其他干扰因素而对笔录的客观性产生的不利影响，而且只有及时制作，才能保证笔录的证据能力和证明力。

4. 适用的广泛性

笔录类文书适用的广泛性主要体现在两个方面：一方面，笔录文书的制作主体十分广泛，既包括公安机关、人民检察院、人民法院，还包括公证机关、仲裁机关、行政机关、律师和司法行政机关等；另一方面，笔录的对象十分广泛，在诉讼活动和非诉法律活动的各个阶段都会出现需要以文字形式留存下来的信息，笔录类文书不可或缺。

（三）笔录类文书的分类

笔录类文书的适用范围十分广泛，种类繁多。根据不同的标准，可以分为以下几类：

1. 按照记录对象的法律性质划分：可分为诉讼笔录和非诉讼笔录。
2. 按照制作主体划分：可分为公安机关的侦查类笔录、人民检察院的审查起诉类笔录、人民法院的审判类笔录、公证机关的公证类笔录、仲裁机关的仲裁类笔录、行政机关的行政类笔录等。
3. 按笔录的客体划分：可分为对话体笔录、记事体笔录。
4. 按记录内容的来源划分：可分为原始笔录、整理笔录。

三、制作式文书

（一）制作式文书的概念

制作式文书，又称为书写式文书，指没有事先印好的空白文书格式，而是由文书制作人根据规定的格式，自己制作，在制作过程中，既要叙述事实，说明情况，又要对案件涉及的有关问题进行分析判断，提出处理意见或作出裁决。其制作通常要经过拟稿、修改、打印、校对过程。

（二）制作式文书的基本结构

制作类文书有着不同的写作要求和写作模式，本教材将在相应章节中进行具体介绍。

第三节　法律文书制作原则

法律文书制作原则，是指在制作法律文书的过程中应当遵循的准则。主要有以下几个方面：

一、尊重客观事实

事实是定案的基础，也是法律文书制作的基础。制作法律文书必须尊重客观事实，忠于事实真相。这是办案的一项准则，也是制作法律文书的一项基本原则。

制作法律文书，任何时候都要实事求是，不能为适应某种需要而不顾客观事实，凭空说话。叙述事实，写明证据，不能夸大或缩小，不能捕风捉影，以假代真，必须是已经查明核实的事实。

二、严格依法制作

法律文书的制作必须严格依法进行，主要体现在以下几个方面：一是法律文书的制作应当按照法定程序进行，不能超越程序，先写后办或者先定后审。二是每类法律文书的制作，包括对具体内容的要求，都有相应法律规定，不能任意制作。三是法律文书所解决的是实体或者程序问题，其中，大多数要在文书中引用相关的法律、法规作为处理案件的法律依据。因此，制作法律文书要求准确适用相关的实体法或程序法。

三、坚持司法公正

司法公正是现代司法制度的基础，也是依法治国的基本要求。反映在法律文书的制作上，应当做到：一是法律文书的内容和制作方式要"公正"。在认定事实和适用法律上，要秉公执法、光明磊落，刚直不阿。对诉辩双方要平等对待，不能厚此薄彼，徇私枉法。二是要重视"程序公正"。法律文书的制作，不能有重内容轻程序的观念。没有程序的公正，就没有实体的公正，就不可能做到法律面前人人平等。

四、坚持依法公开

依法公开是现代司法工作的一项重要原则。实践中，无论是"检务公开"还是"审判公开"，均都包含法律文书的公开。增加法律文书的透明度，也可以使司法活动更好地处在社会的监督之下。

第二章　法律文书的结构和制作原则

本章习题

一、填空题

1. 笔录类文书的特点有：_____，_____，_____，适用的广泛性。

2. 法律文书的_____是其核心部分，一般包括提出问题、分析问题和解决问题等几个部分。

3. 法律文书的格式多种多样，但法律文书的结构却是相对固定的，分为_____，_____和_____三个部分。

二、问答题

1. 法律文书的结构特点是什么？
2. 法律文书有哪些制作原则？

三、思考题

影响法律文书结构的原因有哪些？

第三章　法律文书的语言运用

很多诗人是法学院逃逸的学生。

——【德】古斯塔夫·拉德布鲁赫

【内容提要】

法律文书的语言有着独特的要求和风格。在词汇方面，多使用规范的正式用语，强调法律术语的适用，注重词汇的辨析和褒贬色彩等；在语法方面，法律文书通常要求语句结构完整、逻辑周密，以陈述句和长句为主。法律文书的语体属于书面语体中的公文语体，具有准确、庄重、简洁、严谨等特点。法律文书语言的修辞有结构形式模式化、内容表示条理化、修辞手段消极化基本要求。

第一节　法律文书的语言特点

法律语言既是法律人办案的工具，又是法治思维和法律权力的存在和体现。

一、法律文书词汇特点

语言文字运用到法律领域，具体化为法制的载体，它记载与认定了侦查、起诉、审判、执法等活动，形成了各种类型的法律文书。因此，在语言运用上，法律文书体现出高度专业化色彩，这一点尤其明显地表现在词汇的选用方面。

（一）使用正式规范的词汇

法律文书中的词汇分为三类：标准法律术语、一般标准法律术语和限选性一般词汇。这三类词汇中以标准法律术语为核心，一般标准法律术语次之，以体现文书专业气氛，而第三类词汇则只对前两类的表意起辅助作用。

标准法律术语是指仅限于法律科学范围内使用的、意义精确、语义单一的词汇。它们构成了法律文书的骨干词汇成分。如有关诉讼参与人称谓及身份情

第三章　法律文书的语言运用

况,在民事案件中就有原告、被告、第三人、上诉人、被上诉人等不同用语,每一词语都有准确的外延与内涵,均在民事诉讼中有明确规定。

一般标准法律术语指在一般语言中常被作为一般词语使用的法律术语。例如"疑案"一词,本指真相不明、证据不足、一时难以判决的案件,原是法律上的术语,后来在一般语言里也用于泛指情况了解不够、无法确定的事件或情节。这类术语由标准法律术语转化而来,仍然以法律交际领域为主要适用对象。

限选性一般词汇,指那些被有条件地吸收进法律文书中,用于丰富、补充文书专业化色彩的词汇。这类词汇被广泛运用于各种领域。

例如:

例1,被告人邢××交通肇事犯罪,有第一现场目击者仲××和第二现场目击者常××作证证实,且有现场勘查笔录、现场照片及交通事故责任鉴定书等证据在卷,被告人亦予以供认。

例2,本院认为,被告人沈×无视国法,仅因为生活琐事竟动刀伤人,且又造成严重后果。根据《人体轻伤鉴定标准(试行)》第21条之规定,被告人沈×的行为已构成故意伤害罪,应当依法惩处。

例1是一份刑事判决书的证据部分,共包括两个句子,却运用了5次标准法律术语、4次一般标准法律术语,用法言法语详细列举了具体证据,证明力较强,合乎法律规范。例2除了运用标准法律术语"被告人"、"故意伤害罪"之外,还出现了"无视国法"、"动刀伤人"、"严重后果"、"依法惩处"等限选性词汇,它们以法律术语为核心,为文书用语的专业化起到烘托、渲染等辅助作用,也正是它们的出现才足以说明"故意伤害罪"的犯罪特征。

(二)应严格区分近义词汇的界限

法律文书写作中常会碰到"抵押"与"扣押"、"检察"与"检查"、"抢劫"与"抢夺"等词汇,它们在一般言语交际中表意相近,甚至可以混用,然而在法律文书中却要严格区分它们之间的细微差别,绝对不能替换。注意辨析它们的不同,是保证法律文书词汇专业化的一个重要方面。

辨析时可以从词义的性质和范围上进行,具体包括语义的轻重程度、范围大小、褒贬色彩、适应对象以及具体和概括之不同。例如,(情节)严重—(情节)恶劣,审判—判决,诉讼—起诉,询问—讯问等,这几组词语意义上有相近之处,但又互相区别。"(情节)严重"和"(情节)恶劣"是文书理由部分在论证刑事案件被告人的犯罪性质时常用到的,但二者是有着语义轻重程度的差别。"严重"指行为的罪恶程度深,或社会危害性严重,相应的刑罚也较重;"恶劣"偏重于反映行为人的主观态度和思想品质很坏,起点刑期相对不高,因而在刑事诉讼文书中这两个词语的运用应与案情相符。"审判"和"判决"在语意上虽均指法院的司法职能,但前者所表范围较后者要广泛,既包括法院对案件的审查处理又包括判决,更具概括性,"判决"一词具体化含义明显。"诉讼"和"起诉"与此相同,可从范围大小、具体与概括角度划分。"询问"与"讯问"在适用对象上各异,"讯问"只适用于刑事案件的被告人、犯罪嫌疑人,而"询问"则适用于被害人、证人以及民事案件的当事人,态度和缓。

以上所举是法律文书中比较典型的几组近义词,实际上这类近义词现象还有很多,通过这些词汇之间细微的差别,体现了法律术语界限的分明和适用的单纯性,因此也才能够在言语表达中避免信息误差的出现,确保法律震慑犯罪,排解纠纷的权威性、庄重性。

法律文书应当明确表明制作者的立场,但应当注意的是,即使面对罪犯,也应当尊重其人格;即使心中有憎恶和否定,也应当坚持文明执法。词汇的专业化,可以说是制作法律文书的第一规范。

二、法律文书语法特点

(一)语句结构完备严谨

1. 语义明确,避免歧义

法律文书在制作过程中,特别强调语句含义的自足、独立,即使脱离语境和上下文,也不会引发歧义。因此,法律文书的每一句话都要遵循语法规范,句子的主要成分须完整。歧义句的出现会导致法律文书不明确、不严谨,甚至会降低办案效率。例如,某公安机关侦破了一起强奸案件,犯罪嫌疑人邵某第一次对被害人强奸未遂,第二次实施了强奸行为。案件事实十分清楚。公安机关将该案件移送检察机关起诉,其起诉意见书写道:"犯罪嫌疑人邵某一次强奸未成,又二次强奸。"人民检察院在审查公安机关起诉意见书时提出了质疑,即犯罪嫌疑人到底是"一次强奸未遂、一次强奸既遂",还是"一次强奸未遂、二次强奸既遂"呢?人民检察院根据这一质疑,认为该案件事实不清,故退回公安机关补充侦查。

法律文书中出现歧义句往往会有多个原因,这就要求制作者应仔细推敲,通过使用单义词语、追加语境等方法,力求消除其中存在的歧义。例如,"被告人王某某因盗窃两次被判刑。"这个歧义句可根据客观情况分别在不同的地方加逗号,就可消除歧义。即"被告人王某某因盗窃两次,被判刑";"被告人王某某因盗窃,两次被判刑"。这样,就不会再出现不同理解了。

第三章　法律文书的语言运用

2. 语序正常，逻辑合理

句子成分一般有相对稳定的排列顺序，按照常规语序排列的句子，叫作常式句；改变正常排序的句子，叫作变式句或倒装句。常见的倒装句有主谓倒装、状语和中心语倒装等。在法律文书的语言中，常有多重状语或定语，但基本不使用定语后置或者状语后置等句式。法律文书还经常使用一些程式化的句式，其组成部分、语序固定，是不允许制作者随意改变的。如起诉书正文的法律依据部分，必须表述为："其行为触犯了《中华人民共和国刑法》第×条，犯罪事实清楚，证据确实充分，应当以××罪追究刑事责任。根据《中华人民共和国刑事诉讼法》第172条之规定，提起公诉，请依法判处。"

（二）句式规范，准确得体

1. 法律文书的基本句式

最经典的法律文书句式是"主谓宾结构"，即以单一主语开头，连接一个或多个动词的复合形式，这种句式在合同类的法律文书中最为常用。例如，描述单一行为或义务的句式："甲方有权单方宣布解除合同。"又如描述多个行为或义务的句式："若乙方存在本合同7.1条所述情形之一者，甲方有权单方宣布解除本协议，收回已经向乙方交付的文件，同时没收乙方已经向甲方支付的保证金。"在上述陈述中，只有一个单一主语"甲方"，但连续有三个行为：解除协议—收回文件—没收保证金，但由于句子之间结构紧密，叙事严谨，不会因此造成歧义。

这种"主谓宾结构"的句式，就是陈述句。有时，为了增强文书表达的力度，也可以适当使用反问句。另外，法律文书中经常使用主动语态，很少使用被动语态。

2. 长句和短句，长短兼顾

长句和短句是相对而言的。一般来说，长句结构复杂、词语较多，结构层次也较复杂；短句的结构和层次较简单，词语较少。汉语用词序和虚词表示语法关系，句子一长，词语一多，词语的词序难以安排妥帖。因此，一般情况下多用短句明快有力地把意思准确地表达出来。然而，长句可以把丰富的内容在一个单句或复句中表达出来，语气连贯，条理清楚。因此，人们在多用短句的同时也兼用长句，"长"、"短"交替使用。而法律文书因为普遍使用并列结构和复杂的同位成分及复杂的附加、修饰成分，句子一般都较长。法律文书的某些特定部分，如第一审"刑事判决书"首部的案由、案件来源、审判组织、审理方式及被告人和诉讼参与人等参加诉讼情况，一般多用几个长句规范地表述。

此外，判决书的判决主文和上诉事项各由一个长句构成。这种句式虽然很

— 22 —

长，但都有固定格式，只要照格式拟写，一般来说不会产生错误。而在叙述案件事实、说明情况、论述理由时，由于情况千变万化，运用长句无章可循，因此失误较多。常见的问题有疏漏主语、偷换主语和句子不连贯等情况，使词不达意，义有两歧。例如，某一离婚案"民事调解书"写道："长期以来，男方对女方进行摧残和虐待，身心健康受到严重损害，长期不能上班，后来又提出离婚要求，最后精神失常。"这个长句由于中途缺主语和几次偷换主语，语义含混，使局外人不知所云。应改为："长期以来，男方对女方进行摧残和虐待，使女方身心健康受到严重损害，长期不能上班，男方提出离婚诉讼又导致女方精神失常。"

在使用这类长句，特别是事关多人时，行为主体和行为对象均需写明，不可省略。当再次提及这些人物或事件时仍须写出全名（称）。

有的时候，为了语言表达的简洁明确，需要把长句拆成短句。例如，在某份法律意见书中有这样一个句子："我们的客户 A 公司拥有一家专门从事产品检测业务并拥有多个跨国集团认可产品检测资质的子公司——C 公司。"这个句子的弊病在于主体多重嵌套，而且在同一句子当中使用两个相同的动词——拥有，因此理解起来特别费劲，正确改法是将一个复杂的长句拆散为三个简单的短句，同时注意行动主体的前后衔接顺序。具体改法如下："我们的客户是 A 公司，A 公司全资拥有 C 公司，C 公司专门从事产品检测业务并拥有多个跨国集团认可产品检测资质。"

3. 整句和散句，一般用散句

整句是句与句之间结构相同或相近，散句是句与句之间结构不同、长短不一。整句有排比、对偶、相同位置出现某些相同词语等格式，这种句式有形式规整、音节匀称等特点，具有突出和强调语义的作用。一般情况下，多以散句为主，整、散结合使用，这样可以使语言生动活泼、气势贯通、节奏鲜明。法律文书有别于一般文体，它用于法律活动，不追求语言的艺术性，一般都用散句，平实、准确地叙事达意。

第二节 法律文书的语体

一、语体概述

语体，也称言语体式，是根据语言风格的异同划分的类别。现代汉语语体类型一般分为两大类，即口头语体与书面语体。口头语体可以分为对话语体和演讲语体；书面语体又可以分为文艺语体、政论语体、科技语体和公文语体。

口头语体讲求生动活泼，多用短句、省略句等；书面语体讲求庄重严谨，多用长句、复句等。

法律文书是以公文语体为主体的书面语体。公文语体以实用为目的，其语言运用有特殊标准。

二、法律文书语体的特点

法律文书具有公文语体明确、简要的特点，还具有准确、庄重、简洁、严谨等风格特色。

（一）准确

任何语体都讲究用词准确。但法律文书写作中对字、词、句的准确性要求更为严格。因为法律文书是依法办案的重要凭证，它往往关系到当事人的荣辱福祸乃至生杀予夺。法律文书中使用的每个字、每个词、每句话都应意思明确，恰如其分。既不能含混不清，也不能模棱两可。如"违法"与"犯罪"，"不起诉"与"免予起诉"，"无罪释放"与"免除刑罚"，每组词都是前者表示无罪，后者表示有罪，这涉及非罪与罪的界限问题，含糊不得。

（二）庄重

庄重指法律文书的语体特色必须与法律的权威性和庄严性一致。言必有据，不言过其实，不带个人情感色彩，不引用秽语、黑话、行话。法律文书常常涉及社会的阴暗面，如反映奸情类案件的文书，语言应着力克服叙述可能给社会带来的负面影响，最好用概括叙述，尽量避免原始引用。

（三）简洁

简洁主要有两层含义：第一是指语言要简明扼要，言简意赅，在表意明确的前提下，不重复、不啰嗦，不写废话、空话、套话，做到惜墨如金。第二是指语言要质朴平易，朴实无华，通俗易懂。力戒华丽词藻，不用过分的修辞、描写和抒情，不搞弦外之音，不事渲染铺陈夸张，不故作高深。对于案件中的一切事实、情节都恰如其分、实事求是地反映，不作人为的夸大或缩小，尤其是归纳概括表述时，不能改变案件的性质，必须完全符合法律要求，无懈可击。

简洁要适度，以准确表达为必要限度，不能单纯为了追求简洁而丧失了法律文书的正确表达。

（四）严谨

严谨是指法律文书的用语细致周密，搭配得当，文句结构紧密，符合逻辑，用相同的概念和术语表示同一事物。法律文书的表情达意或者陈述观点都要有理有据，在语言的运用上不能前后矛盾，漏洞百出。另外，由于案件千差万别，因此法律文书不应千篇一律，应该具有个性化的特点，用严谨的语言表达制作者对案件的认识、理解和分析，只有这样才具有较强的说服力。

三、法律文书语体的分类

法律文书的语体特点基本一致，但仍存在一些差别。我们可以进一步把法律文书的文体划分为以下几类：

（一）演说语体

法律文书中的法庭演讲词如公诉意见书、辩护词、代理词等，具有情理交融的独特风格。法律文书应当着重于以理服人，通过充分地解说阐明事理和法理，以求引起共鸣，使自己的观点和主张得到他人的认同和首肯。但在必要时，法律文书也不能完全抛却情感的适当表现，有时情感也不失为一种争取胜利的有力工具。在具有演说性质的辩护词、代理词以及公诉人在法庭上发表的公诉意见书中，文书制作者为了使自己的观点能够直接赢得他人的接受和赞同，演讲词必然会注重法律文书语言的感染力和说服力，法律文书中独特的一类——法庭演讲词就具有了情理交融的独特风格。但是除演讲词以外的其他法律文书对文学性的描绘、渲染风格是绝对排斥的。

（二）公文语体

公文语体反映了法律文书最本质的语体风格特色：用语法律化、句式稳定化、风格平实化。这类文书往往涉及国家、集体的利益以及有关当事人的切身利益，有相当一部分文书要付诸实施。因此，法律文书的语言往往使用正式的书面用语，在遣词造句上准确、精练、庄重而不失严密，句子多用完整的句式，复句较多，修饰语较长，组段谋篇条理清楚，层次分明，结构严密。

法律文书的规范性和庄重性还表现为语句相对的稳定性，对社会流行语的排斥。如流行语"二奶"，司法公文则绝对摒弃，表述时应为"高××与王××以夫妻名义非法同居"，以保持司法公文的约束性、庄重性。

（三）对话语体

口语表达一般比较随意，会出现较多的不符合语法规范的语句和随心所欲的词类活用。法律文书制作的客观性要求使其不可避免地出现口语的某些特点。这其中最为典型的就是各类对话体笔录。

对话体笔录记录的是法律活动中的对话，如实记录是其基本要求。但记录对象的特殊性和留存、固定证据的笔录的制作目的决定了其不同于一般的对话语体。太过通俗的方言土语、庸俗不堪的俚语必须删除；全然不符合语法规范，难以理解的省略语在记录时也需要稍作填充或解释。这些取舍的过程，再加上记录内容涉及法律活动，使得法律文书的对话语体在具备通俗灵活的特点

第三章　法律文书的语言运用

的同时，也与其他生活中的口语表达有着明显的分界。

（四）书状语体

简约而自由是民用书状的风格特色。当自身合法权益受到侵害时，当事人往往要拿起法律武器维护自己的合法权益，制作各式各样的起诉类或反驳类法律文书，如刑事自诉状、民事起诉状、行政答辩状、民事再审申请书、申诉状等，这些文书我们叫作书状。

书状的制作者为公民、法人和其他组织，由于制作者个体因素的差异，制作时文书中的语言运用方面会表现出各不相同的语体风格：有的当事人文化水平高，书状言简意赅，有理有力，文通字顺；有的当事人文化水平不高，书状可能语句欠通，缺少文采。法院为平等保护各方主体权利的需要，大多对当事人制作的文书语体不会提出过高的要求，只要符合法律的规定能把案情说明白即可。因而，书状类文书在语言风格上表现出独特的风格，或通俗自由或规范得体，语言表达或详尽全面或简单概括，只要满足基本的法定形式要件是不会影响其制作目的的。

第三节　法律文书语言的修辞

法律文书不像文学创作那样，追求辞藻的华丽、意境的深远、句法的新奇，但并不意味法律文书不讲究语言的修辞，只是其修辞手段和其他文体不同而已。

一、法律文书语言修辞的基本要求

根据已经掌握的语言材料，对各种表现手段进行恰当的运用，从而使语言表达准确清晰、新奇自然、栩栩如生而且引人入胜，这就是修辞。法律文书的修辞有一些特殊要求：

（一）结构形式模式化

为了表现内容的需要，也为了体现所处理和解决的问题之性质，更重要的是为了坚持法律实施的统一性，许多法律文书采用相同的结构形式来安排同一类法律文书的篇章结构。这种稳定的结构模式不允许制作者依照个人意愿而增删改造。例如行政判决书，不管行政争议的性质如何，案情复杂程度怎样，双方当事人之间分歧的多寡，第一审程序的行政判决书结构模式均是一样的。

（二）表述内容条理化

在结构模式化的基础上，具体法律文书的每一个组成部分所包含的事项，都要求内容明确齐备、条理清楚合理，而不能内容纷繁，形神散漫。如各类民事法律文书的事实陈述部分，均要求全面而合理地反映民事案件的基本叙述要素，并将当事人之间所形成的法律关系以及法律关系发展变化以致引发争议的过程展现出来，随后列出的证据也应当与陈述的事实相对应。

（三）修辞手段消极化

法律文书的语言不同于文艺作品，不能过度追求艺术化，那些艺术性非常强的修辞手段不适用于法律文书的写作。所以，法律文书在修辞手段上要遵循消极化的原则，追求表意的准确清晰、逻辑的严谨周密。

二、法律文书语言的修辞手段

（一）消极修辞和积极修辞

消极修辞和积极修辞是修辞学研究中的两大分野，这一界定是由中国修辞学研究的泰斗陈望道先生在《修辞学发凡》中作出的。消极修辞是各种修辞手法和技巧的隐性适用，它强调的是利用平实的语言和文字来准确（甚至精确）地进行表述，抽象的形式逻辑语言是其最高级的表现形式。积极修辞则是强调各种修辞手法和技巧的综合运用，通过引发联想（甚至幻想和激情）来实现最优的修辞效果。

消极修辞和积极修辞的区分在法律文书的写作中也引起了相关学者的注意。著名法律文献专家加纳[1]在论及法律文书写作时就认为，从古希腊和罗马时代开始就存在两种修辞传统，一种是华丽而雄辩的亚洲式风格，现实详尽阐述的对比、复杂的句式以及词义与声音之间的联系；另一种是阿提卡式风格，表现为精练的对话、简洁、有节制又不包含复杂晦涩的内容。亚洲式风格和阿提卡式风格实质上就对应着积极修辞和消极修辞两种分类。加纳的这些论述也从侧面说明，消极修辞和积极修辞在判决书写作中具有相当价值的借鉴作用。

法律文书等公文语体以记述为特征，并不追求语言的"艺术化"，它主要运用消极修辞，积极修辞手段则很少运用。这是因为消极修辞是以准确的语言来描述法律事实，可以最大限度地减少法律事实与客观事实之间的差距。在援引法律规范时，消极修辞有利于法官依据严格的逻辑关系处理具体的案情，进而得出合法与合理的判决结论。

虽然法律的写作应当以消极修辞为主，但是，也并不完全排除积极修辞的运用。例如，积极修辞可以保持司法领域与社会公众的有效沟通。近年来，具有较大社会影响的案件层出不穷，但是，这些案件中获得大众广泛认可的却比

---

[1] 布莱恩·A.加纳，《布莱克法律辞典》的主编，代表作品有《布莱克法律辞典》、《胜券在握：案情摘要写作要领》、《法律写作：使用朴素的语言》等。

第三章 法律文书的语言运用

较少,"许霆案"和"彭宇案"就是其中的典型。要加强司法领域与社会公众的沟通,除实体性判断外,判决书的说理与论证是一条重要的途径。只有理由详尽、论证充分、推理得当的判决书,才能达到应有的社会效果,达到宣扬行为准则、教育公众遵守法律的目的。而要达到这种要求,判决书的写作就不能仅使用"法言法语",而应当照顾到特定社会公众的理解能力,也就是注意积极修辞的运用,这方面也已经出现了一些案例。例如,北京市东城区法院在审理一起家庭房产纠纷案时,首次在判决书中引用儒家经典《孝经》。

在现实写作中,消极修辞侧重于法律评价和法律效果,而积极修辞更强调社会意义和社会影响,二者的结合则可以推动法律效果与社会效果的统一。

(二) 模糊修辞

模糊修辞学是模糊理论和修辞学相结合而产生的一门新兴边缘学科。模糊修辞学的研究对象是模糊语言,是语言在运用过程中产生的模糊现象。所以,要想探讨法律语体中的模糊修辞现象,必须认识模糊语言的性质和属性。

"模糊语言"是与"准确语言"相对而言的。世界上没有绝对准确的语言。因为语言都是具有概括性的,而概括性导致了语言的模糊性。法律语言必然要大量使用准确语言。如立法语言中对罪犯的量刑时间,侦查询问语言中对犯罪嫌疑人犯罪时间、地点,相关物品的数量、质量等记叙,都需要使用准确语言。但法律语体中,当准确语言不能完整表达法律现象时,就需要使用模糊语言。例如,某判决书中写道:"本院认为,被告人邓××无视国法,以爆炸的危险方法破坏公共建筑物,性质恶劣,影响极坏。"这句话中就使用了模糊词语"恶劣"、"极坏"对犯罪嫌疑人的罪行量定。

模糊修辞之所以在法律文书中存在和运用,首先,主要是由语言的性质和法律文书的行文特点决定的。语言作为表达思想,进行交流的工具,是人们为满足认识客观世界的需要而创造的一套约定俗成的符号系统。因此,词义的概括性既是语言的性质,又是它的最大特点。正因为词语的这种概括性,只指称事物的共性,语言在反映客观事物时也就不可避免地带有表意模糊性的一面,"可意会不可言传"、"言有尽而意无穷"等说法,无不说明语言在表意方面的局限性,只不过这种模糊性,大多情况下在理解和体会的基础上,为别人所理解而消隐了。但是,从语言产生的过程来看,因其概括的属性而导致的表意模糊的一面,是客观存在的,这是模糊修辞在法律文书中存在的根本原因。其次,法律文书行文的庄重性和简洁性是模糊修辞存在的重要原因。法律文书中使用模糊语言,适当地减少内涵、扩大外延,既能把案件的有关情况表述清楚明白,又能体现它作为执法工具的庄重性。如某破案报告书的结语是:"犯罪嫌疑人何××,抢劫杀人,手段残忍,……""侦查终结"、"审理"、"抢劫杀人"三词没有说明如何侦查、怎样审理、如何抢劫，就属于模糊语言。

　　法律模糊修辞的使用是有条件、有限制的。如果不顾法律事实的具体题旨情境要求，无条件地大量滥用模糊修辞，就会使法律本身变得模棱两可，让人莫衷一是，直接影响诉讼和法律程序的展开；司法语体中模糊修辞使用不当，会令执法者无所适从，也会损害当事人利益。

本章习题

一、简答题
1. 法律文书的词汇特点主要表现在哪些方面？
2. 法律文书的语体特点是什么？
3. 在法律文书中如何使用消极修辞？
4. 模糊修辞在法律文书中有哪些作用？

二、论述题
1. 法律文书的语言有哪些要求和特点？
2. 法律文书常用的修辞手段有哪些？

第四章　法律文书的表达方式

法律是一门艺术，在一个人能够获得对它的认识之前，需要长期的学习和实践。

——【英】爱德华·柯克爵士

【内容提要】

在法律文书的制作中，采用的主要表达方式是叙述、说理（议论）和说明三种。法律文书叙述的对象是案件事实，亦即法律事实。法律文书中的说理（议论）是其灵魂，可以从法、事、情等不同的角度来进行。法律文书的说明是对客观事物的外形特征、性质、功能等所做的解释或介绍。

第一节　法律文书中的叙述

一、法律文书叙述对象

在文章的表达方式中，叙述多用来记述主体的行为或某一特定事件发生、发展的经过。而法律文书的叙述对象是与争议相关的，受法律规范限制的案件事实，亦即法律事实。法律事实，也就是通常所指的案件事实，是指引起各类法律关系产生、变更或消灭的事实和构成各种法律关系本身的事实的总称。

（一）案件事实的构成要素

案件事实构成要素中既包括物的要素，也包括人的要素。物的要素是指法律事实中外在于人的物（包括自然物和人造物）及其运动的过程；人的要素又分为人的行为和心理两个方面。

根据法律争议的类型不同，法律事实的构成要素所涵盖的内容也有所不同。可从刑事案件事实和非刑事案件事实两个方面进行分析。

1. 刑事案件事实必备要素

刑事案件事实的必备要素通常包括犯罪行为发生的时间、地点、行为人，行为起因（即动机和目的）、行为经过（包括情节和手段）、行为后果以及行为人事后的态度和犯罪行为所涉及的人与事等。

2. 非刑事案件事实必备要素

非刑事案件事实的必备要素包括纠纷发生的时间、地点，纠纷的各方当事人，纠纷的起因、经过、结果等。

(二) 案件事实的属性

属性是一个事物质的规定，是区别于其他事物的根本所在。案件事实的属性，可从以下几个方面来界定。

1. 案件事实的客观性

首先，案件事实的客观性是指案件事实的存在性，即案件事实独立于主体的思维、意识、观念之外实地存在或曾经存在于客观物质世界中。无论人们是否意识到，都不影响案件事实在世界中的存在。这是不以任何人的主观意志为转移的。其次，案件事实的客观性是指对案件事实的记忆和表达必须依靠客观的物质载体，如语言文字、各种物证等。

2. 案件事实的主观性

案件事实的存在和对案件事实的认识是两个不同的概念。案件事实的存在先于对案件事实的认识。从认识论的角度出发，凡是为了人们所认识并用于一定目的的，案件事实就不可避免地烙上主观性的印记。案件事实的主观性表现为案件事实被有关主体记忆、认识、理解、表达和接受的整个过程。

由此可见，案件事实具有双重属性。事件经过与将之表现出来为他人所知的语言及其载体之间存在客观的、必然的逻辑联系。但是，人们只有通过其主观能动性才能发现和认识案件事实。案件事实的主观性和客观性是统一的。

二、法律文书叙述特点和要求

(一) 叙事为主，平实简洁

叙述的对象主要是人和事，法律文书的叙述更侧重于展现事件经过及结果。制作者首先要真实地反映涉及的案件事实，将各种关系交代清楚。法律文书的叙述不追求精细的刻画，也排斥冗长拖沓，而是追求简洁平实，用较少的语言传达较大的信息量。因此，法律文书中很少使用描述性强，文学色彩浓厚的词语，而要求制作者认真推敲，选择凝练严肃的书面语。

(二) 准确完整，直陈其事

任何文章的叙述都要求准确，不同的文体，对准确的要求也不一样。文学作品的准确要求叙事状物活灵活现，表情达意细致入微，能令人身临其境。而法律文书的准确要求叙事确切清晰，能把整个事件经过全面地展现出来，又能做到通俗易懂。

实事求是是法律文书制作过程中必须秉持的态度。叙述法律事实不但要求阐明各个叙述要素，还应开门见山，直接切入正题。法律文书在陈述法律事实时，不需要烘托环境、营造氛围，也不能含蓄隐晦，而必须做到让普通读者明确其中涉及的法律关系的性质是什么，这种法律关系是如何发生、发展、变更和消灭的。

（三）概括叙述为主，因果明确

概括叙述和具体叙述在叙事中都是必不可少的，但在不同文体中出现的比例不一样。法律文书的叙述是以法律规范为中心的，表现法律事实时不应过于纠缠细枝末节，只需要按照适用的法律规范将相关情节叙述清楚就可以。所以，多采用概括叙述。

法律文书的叙事还要求把因果关系交代清楚。行为人实施的行为和实际的危害后果之间是否存在因果关系，对于明确争议的性质和行为人责任的有无及大小有着重要的意义。例如，在交通肇事案件中，被害人的死亡与被告人的违章驾驶行为之间是否存在因果关系，直接决定被告人应否承担刑事责任以及刑事责任的大小。

三、法律文书叙述内容

（一）刑事诉讼中的案件事实

刑事诉讼中的证明对象是指为了赢得诉讼而必须由公诉人予以证明的案件事实，以及受到刑事指控的被告人及其辩护人为了有效地进行辩护而加以证明的案件事实。根据刑事诉讼法及有关司法解释的规定，我国刑事诉讼中的案件事实主要有：

1. 被指控犯罪的构成要件事实

根据犯罪构成理论，犯罪构成要件包括犯罪客体、犯罪主体、犯罪的客观方面和犯罪的主观方面四项。刑事案件中的证明对象应着重围绕这四个方面加以确定，刑事诉讼法律文书中叙述案件事实也以这四个方面的内容为核心来进行。

2. 被指控罪行较轻的量刑情节事实

影响量刑的情节事实包括法定情节事实和酌定情节事实。这些情节如果有证据证明在案件发生过程中确实曾经出现，法律文书的叙事就不能忽略它们。

3. 排除行为的违法性、可罚性和行为人刑事责任的事实

证明排除行为的违法性、可罚性和行为人刑事责任的事实，是为了在惩罚犯罪的同时，依法保障无罪的人不受刑事追究。如果行为人所涉及的案件事实中具有符合这些条件的事项，法律文书制作者不能遗漏。

此外，还有关于刑事诉讼程序的事实，只要在控辩双方或当事人之间出现

争议，主张该事实的一方当事人同样需要对其进行证明并在相关法律文书中进行陈述。

（二）民事诉讼中的案件事实

民事诉讼中的证明对象围绕当事人的主张进行。

1. 案件主要事实

民事案件的主要事实与当事人之间的民事权利义务密不可分。民事诉讼证明对象的主要内容涵盖了当事人之间是否存在民事权利义务关系，其民事权利义务的具体表现和范围如何，其分歧及争议的焦点是什么等。这些都是民事诉讼文书中应着重予以陈述的对象。

2. 案件相关事实

民事案件的相关事实主要包括两个方面：一是双方当事人的有关情况，二是当事人主张的程序法事实。这些事实虽然不直接涉及双方当事人之间争议的实体问题，但能够保障整个诉讼活动的顺利进行，属于应当叙述的事实范围。

3. 免证事实

在特定情况下，以上事实的全部或部分有可能不必运用证据证明就能视之为存在，也就是依法免于证明，又称为无须证明的事实。根据最高人民法院《关于民事诉讼证据的若干规定》，免证的事实包括：众所周知的事实；自然规律及定理；根据法律规定或者已知事实和日常生活经验法则，能推定出的另一事实；已为人民法院发生法律效力的裁判所确认的事实；已为仲裁机构的生效裁决所确认的事实；已为有效公证文书所证明的事实。立法及司法解释规定的免证事实，可以减轻当事人的证明负担，提高诉讼效率。

（三）行政诉讼中的案件事实

行政诉讼中双方争议的焦点在于被诉具体行政行为的合法性，所以，行政诉讼法律文书中的证明对象应围绕这个中心进行。

1. 被告应证明的案件事实

根据相关法律规定，被诉具体行政行为以及所依据的事实应由被告予以证明。法律要求行政机关对行政相对人为具体行政行为时，首先要有事实依据。不但如此，被告还应进一步证明自己在作出具体行政行为时所依据的规范性文件，以及被诉具体行政行为是否符合法定程序。在行政答辩状和判决书中，这些事实都是叙述的对象。

2. 原告应证明的案件事实

作为行政相对人的原告在诉讼中需要依法证明下列对象：被诉具体行政行为存在；起诉符合法定的条件。除此以外，在起诉被告不作为的行政诉讼中，原告还应提供其在行政程序中曾经向被告提出申请的证据材料；在行政赔偿诉

第四章　法律文书的表达方式

讼中，原告要提供证据证明其遭受损害的事实。所以，在行政起诉状即裁判文书中，这些也是需要阐述清楚的事实。

非诉法律活动的文书也可参照上述方式确定叙述的对象及其基本内容。

四、法律文书叙述方法

（一）时序法

时序法就是以时间为线索，按照案件事实发展顺序加以记述的方法。这是一种最常用、最基本的记叙方式。其特点是文章的层次和案件发展的基本过程一致，因此，首尾分明、脉络清晰，能够比较详尽地反映案件全过程，符合读者的接受心理。时序法的缺点是容易平铺直叙，难以突出重点。

民事案件一般采用时序法叙述案情，以客观、全面、真实地反映纠纷事实，当然，叙述时应该抓住重点，详述主要情节和因果关系。

刑事案件在叙述凶杀、抢劫、强奸等案件的始末时，叙述被告人或犯罪嫌疑人多次犯性质相同的罪行时，叙述重大责任事故案或伤害案时多采用时序法。

（二）突出法

突出法就是在叙述案情时，依照突出主要矛盾、主要情节、主要人物的方法进行，将案件的重点人、事叙述清楚，并加以强调的叙述方法。这种方法的特点是主次分明，以主带次，详略得当，能够突出案件事实的本质特点。突出法主要适用于刑事案件相关法律文书的制作，具体表现为：

1. 突出主罪法

这种叙述方法适用于一人多次犯一罪、一人多次犯多罪及多人多次犯多罪的刑事案件。就是按照被告人或犯罪嫌疑人所犯罪行的主次轻重顺序来记叙，把性质严重、情节恶劣、危害性大的罪行放在主要位置详细叙述。将性质、危害、情节相对较轻的犯罪事实放在后面叙述。这样叙述主次罪责分明，可避免定罪失据，量刑畸轻畸重等弊端。

2. 突出主犯法

适用于叙述共同犯罪或犯罪集团的案件。以各被告人或犯罪嫌疑人在共同犯罪中的地位和作用为线索，依先主犯后从犯的顺序叙述犯罪事实。这种方法的特点是罪责分明，便于定罪量刑，使复杂的案情条理清楚。

（三）总分法

总分法的特点是先把该案的犯罪事实提纲挈领地加以概括，然后再按照犯罪嫌疑人主从顺序或者罪行轻重顺序分别叙述，以区分罪责，结构严谨。适用于记述触犯多种罪名的共同犯罪案件。这类案件一般案情错综复杂，叙述时要点面结合，既不能有遗漏，也不能平行罗列。

（四）归纳法

归纳法就是运用概括的文字将被告人、犯罪嫌疑人的犯罪事实加以综合归纳，适合记叙多次犯有同类罪行的案件。这种方法的优点是语言简练、文字节省，便于了解犯罪嫌疑人、被告人的全部罪行。但归纳法容易冲淡重点部分，在使用时要注意既全面又突出重点。

综上，无论哪种叙述方法，都要把构成案件事实的有关要素交代清楚。刑事案件应从犯罪预备写起，包括犯罪的既遂和未遂，以刑法学的犯罪构成理论为指导，抓住犯罪构成要件，写出不同罪行的不同特征，写明反映具体罪行特征的时间、地点、动机、目的、手段、行为过程、危害结果和被告人、犯罪嫌疑人事后的态度以及涉及的人和事等要素，同时要兼顾影响量刑轻重的各种情节。

第二节　法律文书中的说理

说理，是指对客观事物进行分析评价，阐述道理，论证是非曲直的表达方法。法律文书的说理，一般不拔高、不作长篇大论，力求客观、公正、充分、平实。2013年中共中央《关于全面深化改革若干重大问题的决定》明确要求："增强法律文书说理性，推动公开法院生效裁判文书。"以党的文件方式对审判实务中的一项具体问题提出要求并不常见，凸显全社会对法院裁判文书说理和司法公开的需求和关切。

说理是法律文书的灵魂，是制作法律文书必须掌握的表达方法。说理通过概念、判断、推理进行，由论点、论据、论证三部分组成。

一、论点

法律文书的论点，就是对案件事实所做的判断和结论。论点是法律文书制作者的观点和见解。法律文书的论点有以下特点：

（一）论点必须正确、合法、鲜明

法律文书论点的确立，必须坚持以"事实为依据，法律为准绳"的原则，做到正确、合法、鲜明。

所谓正确，就是要用辩证唯物主义方法，全面客观地反映案件事实的本质。正确的论点，必须合乎逻辑，准确地把握概念的内涵与外延，正确处置概念中的种属关系，并严格遵循逻辑思维的基本规律。

所谓合法，就是论点的内容要符合法律规定，不能和法律、法规的规定

第四章　法律文书的表达方式

相悖。

所谓鲜明，就是主张见解旗帜鲜明，不含混其词，不模棱两可。支持什么、反对什么必须清清楚楚，一目了然。

（二）不同法律文书的论点，各具特色

侦查、起诉、审判等各类法律文书，由于写作主旨不同，因而提出的论点也各有特色。

侦查文书中的立案报告，它的主旨在于论述立案的必要性，围绕开展侦查立案活动提出的论点，大部分表现为对案件性质及其情节作出的初步分析和判断。

在检察阶段，起诉书的论点主要说明犯罪嫌疑人的行为已经构成犯罪，依法应当追究其刑事责任，提起公诉。不起诉决定书论点的共同点，在于说明对被不起诉人终止刑事责任的追究。

刑事裁判文书的论点主要集中说明被告人的行为已经构成犯罪，依法应予以处罚；不构成犯罪的，其论点则重在说明被告人无罪；证据不足，不能认定被告人有罪的，其论点主要表现为指控的犯罪不能成立，应宣告无罪。

属于民事判决的，主要论点是对当事人双方的权利义务关系作出判断。

二、论据

论据，就是用来说明论点的材料。法律文书的论据，是指文书制作者提出论点的理由和事实依据。法律文书的论据必须真实、典型、具有针对性，应当能充分有力地证明论点，不可牵强附会，也不能强词夺理。如：

池×与上影厂依据著作权法的有关规定，在自愿协商基础上签订的将池×所著小说《太阳出世》由上影厂改编摄制成影视作品的著作权专用使用合同，合法有效。

上例中提出的论点是，双方签订的改编摄制合同合法有效。而支持这一论点的论据，一是合同内容符合著作权法的有关规定；二是合同由双方自愿协商签订。

在法律文书中，用作论据的材料通常包括以下几个方面：

1. 案件事实情况。它是构成论据的主要材料。

2. 论据。包括证人证言、物证、书证、鉴定结论、勘验检查笔录、当事人陈述、视听资料等。

3. 数据。包括违法所得的数额、诉讼标的额，以及其他相关的数字材料等。

4. 法学理论。主要是指引用的法学基本原则、原理。

5. 法律、法规或者司法解释规定。主要是引用有关的实体法或者程序法条款作为论据。

作为论据的事实材料，一定要可靠，必须选择那些经过查证核实的、典型的，并经得起推敲的材料使用。由于这些材料反映了事物本质，并具有代表性，因而也最有说服力。"事实胜于雄辩"，说的就是这个道理。对于作为论据引用的法律条款，必须准确无误，才有说服力。

三、论证

论证是运用论据证明论点的过程，也是将论据与论点相联系，剖析事理的方法。论点和论据是不能孤立存在的，必须通过论证使论据服务于论点。

（一）论证的方法

法律文书的论证，一般比较复杂，往往需要从多个方面进行。除了注意论证的逻辑性外，还需要注意论证的步骤与层次。常见的论证方法有：

1. 引证法

引证法，指通过引用人尽皆知的法律条文、自然规律，或者无可争议的科学发现、历史事件等来证明自己的观点或主张。法律文书需要引用法律条文，于是法条常常成为重要的论据。但法条本身是抽象的，将其引入具体案例，必须对其内涵进行阐释，即进行法律解释。阐释的内容可以直接来源于法律条文本身的界定，也可以援引相关司法解释，或者运用权威解释或者学理上的通说。如果论证时面临出现法律空白的新问题，难以寻找到上述依据，制作者可以从法律原则出发，依靠自身的积累，综合各方面的知识阐述自己的见解，以此来进行论证。

2. 例证法

这是一种用具体的事实作为论据来证明论点的方法。因为法律文书在论述正面观点或者反驳错误观点时，往往要举出具体的事实作为依据，使自己的观点建立在坚实的论据上。这种论证方法不仅运用得较普遍，而且很具有说服力。

在运用这一论证方法时，必须注意三点：一是事实必须确凿可靠，并要有充分的证据加以证明。一切道听途说或者未经核实查证的事实，均不可使用。因为这种事实，既不能说明问题，又很容易被推翻，而使自己陷入被动的地位。二是事实必须和案件有关。如果和案件无关，事实即使确凿可靠，也不能说明问题。三是论据和论点方向的一致性和紧密统一，而不可有距离，更不能相互矛盾。

第四章　法律文书的表达方式

3. 反证法

反证法是先找出对方论点的错误或者论据的虚假，然后据此进行反驳。所谓论点的错误是指通过论据必然无法推导出论点而产生的一种错误论证，对此，需要根据事实，引用法律，合乎逻辑地进行推导，从而得出正确结论加以反驳。对于虚假的论据，则必须明确指出其错在何处，为何不足为据。论据被驳倒了，论点及论证也就不攻自破。这种方法多用于辩护词、答辩状、上诉状、申诉状、抗诉书等文书的说理部分，各类判决书中理由的批驳部分也可以使用这种方法。例如，下例上诉状的理由部分：

"上诉人认为原判认定的事实和理由是不正确的。我与被上诉人，虽由双方父母做主，但订婚后，不断约见，彼此印象都很好。结婚时，被上诉人欢天喜地，绝无异议，有亲友可证。这怎么能认定无感情基础呢？父母做主，必然无情，这是不能成立的。我们结婚12年，生了两个孩子，家庭和睦。只是由于近几年来被上诉人在经济上和生活上对上诉人和子女照顾不够，始有争吵。但就争吵的内容来说，毕竟是家庭琐事，原判也作此认定。因为琐事而判决离婚，于法无据。"

这段文字从三个层次反驳了原判论证的错误：第一是婚前双方印象均好，有感情基础；第二是由父母做主，推出必然无情是错误的；第三是因琐事争吵而判决离婚于法无据。

4. 喻证法

喻证法，指借助一个与需要进行论证的对象相近或相似的事例进行引喻从而证明观点或主张。有时直接从事实、法律和理论等入手论证以表明看法或澄清道理十分困难，就可以使用这种方法。采用喻证法要特别注意比喻的事物和比喻的对象之间的相通之处，以及推理是否严谨和合乎规则，否则就会适得其反。正因为存在一定的难度和风险，所以这种方法在实践中并不多见。

5. 归谬法

这种论证方法以对方的观点为基础，完全合乎逻辑规则地进行推导，最终得出全然错误或者荒谬的结论。结论出现之际也就是对方的论点或主张被驳倒之时。这种方法技巧性强，要求从错误的前提出发，依循逻辑规律一步一步严密地进行推理，否则容易让人产生歪曲事实、偷换概念的看法。归谬法如果运用恰当，能够充分体现说理者的技巧和智慧，能给人留下鲜明深刻的印象。

（二）论证的基本要求

1. 立论要准确、具体，有根有据。立论，是指从正面确立自己的观点，它必须立足于准确的基石。一个论点的提出，不仅定性要准，定量也要准。要言之有物，能使人感到它的真实存在。

2. 分析要透彻，周密严谨，不说空话套话。具体运用论证方法说理，要针对案情深入剖析，把理说透，要善于把逻辑思维与形象思维紧密结合起来，做到言必及义，一语破的。论证过程要保持观点首尾一致，前后贯通；说理要逻辑性强，无懈可击。

3. 辨别无误，公正不偏。议论要是非清楚、责任分明、客观公正。不能因为是被告就把据理合法的辩解误解为抗拒、狡辩，对于指控不实的说法，应该据理反驳，不予采信，要坚持从客观实际出发，实事求是。

4. 坚持以事论理，依法论理，还要辅以情理。议论必须以法律为准绳，要符合法学的基本原理，要用具体的法律条款来分析事实，阐明道理。既不能以一般的常情论断，又要注意在合乎法律规定的前提下，照顾到一般情理，做到合法、合理、合情。

第三节　法律文书中的说明

　　说明是对客观事物外形特征、性质、功能所作的解释、介绍，或者对某一事理所进行的解释的表达方式。在法律文书制作中，对案件事实、侦查及审理过程、国家权力的行使、相关权利义务的介绍、法律规定的使用等都离不开说明。

一、法律文书说明的对象

（一）对事实要素的说明

　　法律文书对案件事实的说明要做到简明、准确，特别要注意对事实要素中的时间、位置、角度、范围、结果等的介绍，对于人的感觉所进行的说明也要注意其条件的限制，说明中的语言选择就特别重要。在对案件事实要素的说明中，顺序也很关键，不能想当然地排列。

（二）对法律规定的说明

　　对法律规定的说明一般是指对法律条款具体规定的理解和认识，并且要把这种正确的理解表达出来。有些法律规定本身非常清楚，有些则容易产生误解，有些还存在司法解释或者立法解释，这些都属于法律文书中解释说明的对象。在法庭演说词中，说明出现的频率相对较高，并且常常伴随着议论说理。

（三）对关联性的说明

　　法律文书的关联性就像连接法律规定和案件事实的一个纽带，是判定三段论推理中小前提与大前提是否吻合的标志，也是法庭辩论的关键环节。这就需要法律文书的制作者准确地把法律规定和案件事实的相同点找出来，技巧就是

第四章 法律文书的表达方式

按照法律关系的要素实现案件事实与法律规定要件的一一对应，抓住事物的本质属性进行剖析和说明，让人们意识到案件与法律规定的一致性。这种说明是对案件特征的分析，特别注意对表面现象的剥离，注意对相似现象的区分，揭示本质上的相同点。

二、法律文书说明的基本要求

（一）简而明，不繁冗

文字简练是手段，意思明确才是目的。如果简而不明，就失去了"简"的意义，也有悖于说明要旨。

（二）明白无误，没有歧义

说明的文字不但要简明、准确，还要有排他性，就是只能有一种解释，不能有多种说法。否则，会给实际工作带来困惑，造成损失。例如，"犯罪嫌疑人张×把重要的资料和手稿偷走了。""重要的"的是资料还是手稿，这里含混不清，有两种解释。

（三）圆满周详，滴水不漏

说明旨在使人了解全貌，不能以偏概全，有所疏漏。对于复杂的事物或者过程的说明，必须严密周详。该详述的要详述，不能单纯求简单。例如下面这则"公告"：

"李××，本院已判决潘××与你离婚。特此公告送达。

××县人民法院××××年××月××日"

按照司法解释，公告期满即视为送达。但这份公告一方面没有说明送达期限，视为送达难以确定；另一方面没有交代有关上诉事项，影响了被告诉讼权利的行使。可以把它改写成：

"李××：本院依法判决潘××与你离婚。限你自公告之日起60日内来本院领取判决书，逾期视为送达。如不服本判决，可自公告期满之日起15日内向本院递交上诉状及副本，上诉于××××中级人民法院。逾期本判决即发生法律效力。"

（四）言之有序

客观事物是有顺序的，反映事物的说明文字也应该是有一定顺序的，特别是对错综复杂的事物，尤其要注意语言表达的条理性和文字结构的层次性，要按照客观事物发展规律或者依存联系，文字须前后相连，符合逻辑。例如，书写离婚判决书，只能先写准许双方离婚，再依次写明子女抚养费、夫妻共同财产分割、债务承担等的处理内容。至于说明顺序的表达，采用何种方式，可以从不同的角度着笔，依据说明对象的不同特点而相制宜，恰到好处。

三、法律文书说明的主要方法

（一）列举

列举多用于说明对象的数量或者涉及方面十分确定的情形。如对法律关系主体身份的说明就是列举。

（二）阐释

阐释就是借助权威的界定或者社会公众能理解的语言文字阐明说明对象的本质特征，使阅读者对说明对象形成一个明确概念。阐释方法大多用于对专业知识的说明。

（三）分类

按照说明对象的形态、性质、成因、功用等，将之分成并列的几个种类予以说明的方法，称为分类法。如果证据较多，证明对象内容复杂，就可以将证据按照种类或说明对象的不同分类加以说明。

（四）比较

将两种以上类别相同或不同的事物、现象进行比较以突出说明对象的特征的方法，就是比较。比较主要通过事物的差异来说明问题。

（五）分解

对于比较复杂的事物，在作出说明时可以将该事物分成若干部分或者若干方面，采取从整体到局部或者从局部到整体的方式逐一进行解说，以帮助人们达成对事物整体的清晰认识。

本章习题

一、填空题

1. 法律文书中常用的表达方式有：_____、_____、_____。
2. 说理是法律文书的灵魂，由_____、_____和_____三个要素组成。
3. 法律文书的叙述对象是与争议相关的，受法律规范限制的案件事实，即_____。

二、简答题

1. 案件事实的叙述要素是什么？
2. 叙述案件事实的方法主要有哪几种？

第四章 法律文书的表达方式

3. 法律文书说理的基本要求是什么?
4. 法律文书中的说理方法主要有哪些?
5. 法律文书中说明的主要方法是什么?在应用时要注意什么?

三、论述题

试论述我国目前法律文书制作中说理不足的现象及其成因。

第五章　公安机关法律文书

侦查工作的前几个小时，其重要性是不可估量的，因为失去了时间就等于蒸发了真理。

——【法】埃德蒙·路卡德

【内容提要】

通过本章学习，明确公安机关法律文书的概念、种类，掌握立案决定书、呈请报告书、通缉令、提请批准逮捕书和起诉意见书等几种重要的文书的写作要素、语言、表达方式和文书写作的基本步骤等公安机关法律文书制作的基础理论知识。

第一节　公安机关法律文书概述

一、公安机关法律文书的概念和作用

公安机关法律文书，是指公安机关在刑事诉讼过程中，依照法律规定，制作、认可与使用的具有法律效力或法律意义的文书的总称。本章所述公安机关法律文书，专指刑事诉讼过程中制作的公安机关文书，不涉及行政执法文书。

公安机关法律文书是公安机关履行刑事侦查职责的重要工具，是公安机关依法办理刑事案件的重要凭据，是公安机关办理刑事案件的档案记录，是法制宣传的生动教材，是检查公安机关办案质量、考核公安干警综合素质的重要尺度。公安机关法律文书是对刑事诉讼活动最初阶段的记录，是人民检察院审查起诉和人民法院审判的基础和依据，其作为刑事诉讼的"第一道工序"，必须慎重对待。

二、公安机关法律文书的分类

对公安机关法律文书进行分类，便于文书的制作，有利于文书的整理、装订与管理、使用，更好地为侦查工作服务。根据不同的分类标准，公安机关法律文书有多种分类方法，常见的分类方法有：

第五章 公安机关法律文书

（一）按照公安机关法律文书的制作方式分类

以文书的制作方式为依据，侦查文书可分为填写类文书和叙述类文书。

1. 填写类文书。即文书内容、格式事先印好，实际制作时，只需在空白处准确填写相关内容即可形成的公安侦查文书。决定类、通知类和清单类文书均是填写类侦查文书。

2. 叙述类文书。即内容不固定或正文长度不好把握的文书。这类文书，一般在考虑文书格式时，只印制单位、文书名称、字号以及首部相关内容，实际制作时，其他内容根据制作要求在拟稿后书写或打印。如现场勘查笔录、询问笔录、起诉意见书等。

（二）按照公安机关法律文书的组成联数分类

以文书的组成联数，可将公安机关法律文书分为单联式文书和多联式文书。

1. 单联式文书。即在整体结构上只有一联组成，如需制作多份，可以复写或复印，但有关印章不得复写或复印。笔录类、清单类、审批类活动形成的公安机关法律文书多为单联式文书。

2. 多联式文书。一般是对外使用的，其制作要求较为严格。多联式文书一般由存根、正本和副本等联组成，有些甚至由存根和不同文书联组成。一般来说，正本和副本的内容完全一致，存根的内容与各联以及其他有关文书的内容也保持一致，但更简练一些；不同文书联往往是同一侦查活动适用不同的对象，其要求主旨一致，具体内容根据文书制作需要进行调整，例如，准予会见犯罪嫌疑人决定书、通知书。决定类、通知类活动形成的公安机关法律文书多为多联式文书。

（三）按照公安机关法律文书在刑事诉讼活动的进程、环节分类

按照刑事诉讼活动的进程、环节，可将公安机关法律文书分为立案、管辖、回避文书，律师参与刑事诉讼文书，强制措施文书，侦查取证文书，技术侦查文书，通用文书和规范性文书。

1. 立案、管辖、回避文书。立案、管辖、回避文书包括受案登记表、受案回执、立案决定书、不予立案通知书、不立案理由说明书、指定管辖决定书、移送案件通知书、回避/驳回申请回避决定书共 8 种。

2. 律师参与刑事诉讼文书。律师参与刑事诉讼文书包括提供法律援助通知书、会见犯罪嫌疑人申请表、准予会见犯罪嫌疑人通知书、不准予会见犯罪嫌疑人决定书 4 种。

3. 强制措施文书。强制措施文书包括拘传证、取保候审决定书、监视居住决定书、拘留证、逮捕证等公安机关依法对犯罪嫌疑人采取、变更、解除刑

事强制措施时制作的文书等共计30种。

4. 侦查取证文书。侦查取证文书包括传唤证、询问/讯问笔录、现场勘查笔录、调取证据通知书、搜查证、查封决定书、扣押决定书、鉴定意见通知书、通缉令、撤销案件决定书、终止侦查决定书、起诉意见书等37种。

5. 执行文书。执行文书包括提请减刑/假释审批表、假释证明书、收监执行通知书、刑满释放证明书等公安机关在刑罚执行过程中依需要制作的文书。

6. 通用文书。通用文书包括呈请报告书、复议决定书、要求复议意见书、提请复核意见书、死亡通知书5种。

7. 规范性文书。规范性文书包括刑事侦查卷宗（封面）、卷内文书目录、××告知书。

本章从兼顾程序和写作的角度考虑，主要就立案决定书、呈请报告书、提请批准逮捕书、通缉令和起诉意见书的制作予以介绍。

第二节 立案决定书

一、立案决定书概述

（一）概念

立案决定书是公安机关发现犯罪事实或犯罪嫌疑人后，经审查认为符合立案条件，决定立案侦查时制作的法律文书。其作用在于表明公安机关已经立案，案件进入了侦查阶段，可以采取有关的强制措施和侦查措施。

（二）制作条件

1. 有犯罪事实，需要追究刑事责任

有无犯罪事实，应当根据证据认定；是否需要追究刑事责任，则应当依据《刑事诉讼法》第15条和《刑法》的有关规定认定。只要有犯罪事实，需要追究行为人的刑事责任，不论行为人是否已经明确，均应依法立案侦查。

2. 符合立案管辖的规定

案件应属于公安机关管辖。对于接受后不属于自己立案管辖的案件，应当移送主管机关处理。

3. 县级以上公安机关负责人已经批准立案侦查

公安机关受理刑事案件后，经过审查，认为有犯罪事实，需要追究刑事责任，且案件属于自己管辖的，应当由接受单位制作《呈请立案报告书》，经县级以上公安机关负责人批准，予以立案。县级以上公安机关负责人直接在《受案登记表》上批示立案侦查的，也应制作立案决定书。

二、立案决定书的格式及制作方法

（一）格式

1. 存根联

```
            ××市公安局××分局
                立案决定书
                 （存根）
                        ××公刑立字〔××××〕第×号
案件名称 _____
案件编号 _____
犯罪嫌疑人 _____
出生住址 _____
单位及职业 _____
批准人 _____
批准时间 _____
办案人 _____
办案单位 _____
填发时间 _____
填发人 _____
```

2. 正本

```
            ××市公安局××分局
                立案决定书
                        ××公刑立字〔××××〕第×号
    根据《中华人民共和国刑事诉讼法》第一百零七条或第一百一十条之规
定，决定对_____案立案侦查。
                              ××市公安局××分局
                               ××××年××月××日

此联附卷
```

（二）制作方法

立案决定书是多联填空式文书，由正本和存根两部分组成。立案决定书的存根联作为公安机关立案的凭证，用于公安机关留存备查，制作时按格式要求填写规定项目即可，其中犯罪嫌疑人尚未明确的，可以将犯罪嫌疑人基本情况一栏用斜线划掉。

立案决定书的正本分为首部、正文和尾部三个部分。

1. 首部

首部包括公安机关名称及文书名称、文书编号。实际制作时只需按照格式依次填写文书编号中的部门简称、年度全称、填发顺序号等内容。

2. 正文

正文填写法律依据和案件名称两项内容。

（1）法律依据。对于公安机关在工作中发现犯罪事实或者犯罪嫌疑人的案件，法律依据应填写《刑事诉讼法》第107条；对于公民或有关单位报案、控告、举报或犯罪嫌疑人自首的案件，法律依据应填写《刑事诉讼法》第110条。

（2）案件名称立案时犯罪嫌疑人明确的，填写犯罪嫌疑人姓名和涉嫌的罪名，例如"王××故意杀人罪"；犯罪嫌疑人不明确但被害人或被害单位明确的，可填写被害人或被害单位、被害情况，例如"××仓库被盗案"；犯罪嫌疑人和被害人均不明确的，可填写案发时间或地名、案件性质，例如"9·19爆炸案"、"××小区盗窃案"等。

（3）尾部

尾部填写成文时间，并加盖公安机关印章。成文时间应填写县级以上公安机关负责人批准立案的时间。

三、制作立案决定书应注意的问题

（一）案件性质表述准确

立案决定书中案件性质的填写是重点所在，在确定案件性质时，应依据《刑法》的相关规定和犯罪构成的理论进行分析认定。凡案件性质明确的，应以《刑法》规定的罪名作为标准。对于一些案件性质难以确定而又需立案的，以案件事实表现的特征立案。例如"7·12枪击案"等，属于此类案件。

（二）法律依据适用准确

立案决定书中的法律依据包括程序法和实体法两项内容。程序法属于填写的内容，主要是根据案件来源的不同分别选择《刑事诉讼法》第107条、第110条。实体法在立案决定书中并不直接填写，但准确适用《刑法》的有关规定是准确确定案件性质的关键。

第三节 呈请报告书

一、呈请报告书概述

（一）概念

呈请报告书是公安机关在办理刑事案件的过程中，对即将进行或准备进行的有关诉讼行为，按规定呈报有关领导审批时所制作的文书。呈请报告书是一类文书，具体包括呈请立案报告书、呈请不予立案报告书、呈请破案报告书、呈请撤销案件报告书、呈请拘传报告书、呈请取保候审报告书、呈请监视居住报告书、呈请拘留报告书、呈请延长拘留期限报告书等。

（二）制作依据

呈请报告书属于公安机关内部使用的审批类文书。由于公安机关进行有关诉讼活动往往涉及公民的人身权利或财产权利，因此，《刑事诉讼法》和《公安机关办理刑事案件程序规定》对这些诉讼活动都规定了严格的审批程序。这些诉讼活动涉及的《刑事诉讼法》和《公安机关办理刑事案件程序规定》的有关内容较广泛，在此就不再一一列举，实际制作中，要严格遵循有关规定。

（三）制作条件

1. 必须是《刑事诉讼法》或《公安机关办理刑事案件程序规定》中明确要求的与刑事诉讼活动有关的需要审批的事项。例如，拘传、拘留、取保候审、监视居住、立案、不予立案、破案、撤销案件等事项，凡涉及需要审批的环节均应制作呈请报告书。

2. 必须严格把握相应的诉讼行为所适用的条件。例如，法律规定的立案、破案、撤销案件、拘传、拘留、取保候审、监视居住等情况，只有符合法律规定的适用条件，才能制作呈请报告书。

（四）作用

呈请报告书对于规范公安机关刑事执法行为，保证及时、准确地惩罚犯罪，保护公民合法权益不受侵害，具有十分重要的作用。经领导审批的呈请报告书是制作相应法律文书、采用相应侦查措施的主要依据和凭证。

二、呈请报告书格式及制作方法

（一）格式

领导批示
审核意见
办案单位意见

呈请××报告书

犯罪嫌疑人的基本情况［姓名、性别、出生年月日、出生地、身份证件号码、民族、文化程度、职业或工作单位及职务、政治面貌（如是人大代表、政协委员，一并写明具体级、届代表、委员）、采取强制措施情况、简历等］。尚未确定犯罪嫌疑人的，写明案件基本情况。如果涉及其他人员，写明该人基本情况。

呈请事项（立案，采取或解除强制措施、侦查措施，破案，侦查终结，撤销案件等需要领导批示的事项）。

事实依据（简要叙述有关案件事实，并对有关证据进行分析）。

法律依据（写明依据的具体法律规定）。

妥否，请批示。

承办单位　××××
承办人　×××
××××年××月××日

（二）制作方法

呈请报告书的文头是表格式，主要有领导批示、审核意见和办案单位意见三项内容，以供领导审批使用，制作时不需填写。呈请报告书的主体部分属于叙述类文书，可以分为首部、正文和尾部三个部分。

1. 首部

（1）文书标题。应当写明呈请的事项，如"呈请不予立案报告书"、"呈请取保候审报告书"、"呈请拘传报告书"等。但一般不需要写当事人姓名和案件名称。

（2）犯罪嫌疑人基本情况。包括：姓名、性别、出生年月日、出生地、身份证件号码、民族、文化程度、职业或工作单位及职务、政治面貌（如是人大代表、政协委员，一并写明具体级、届代表、委员）、采取强制措施情况、简历等。由于办案中需要审批的内容不同，每次呈请报告时，上述情况并不一定都要一一列举，可根据具体事项确定。对于那些不能确定犯罪嫌疑人的事项，可写明案件基本情况。如果涉及其他人员的，也可写明该涉案人基本情况，如被害人、案件的关系人等。

2. 正文

（1）写明呈请领导批示的事项。如"现呈请对犯罪嫌疑人刘××予以监视居住，理由如下……"。

（2）写明拟实施事项的理由。包括两个方面：一是拟实施事项的事实依据。简要叙述有关事实，并对有关证据进行分析。二是拟实施事项的法律依据。应具体引用适用的实体法和程序法名称和条款，必要时应予以分析论证。

3. 尾部

尾部包括结语和落款。结语属公文性质的礼貌性用语，如"妥否，请批示"或"以上报告妥否，请批示"等。落款由承办单位和承办人署名，并写明制作日期。

三、制作呈请报告书应注意的问题

（一）材料齐全

制作呈请报告书时所要求的材料齐全主要有两层含义：一是要求制作时应掌握案件的事实材料和相关的法律规定；二是要求在呈报领导审批时应按规定同时呈报相关的案件材料，以供领导全面审查。

（二）区分类别

呈请报告书是通用文书，种类繁多，《公安机关办理刑事案件程序规定》明确规定了《呈请立案报告书》、《呈请不予立案报告书》、《呈请拘传报告书》、《呈请取保候审报告书》、《呈请监视居住报告书》、《呈请拘留报告书》等具体文书，但对于搜查、侦查实验、传唤、撤销案件等事项，也同样规定了经县级以上公安机关负责人审批的程序，虽然没有明确规定文件名称，但实际工作中，除提请批准逮捕等有特殊规定外，均可以使用呈请报告书这一通用文书格式，但一定要仔细区分，以避免混淆、滥用或误用。

（三）规范操作程序

呈请报告书是审批类文书，对于即将进行或准备进行的有关诉讼行为，凡是按规定需呈报有关领导审批的事项，除法律法规另有规定外，均需规范操作程序，严格审批制度，不得擅作主张、越级申报或任意简化程序不呈报。

（四）事实叙述要概括，并对证据进行分析

呈请报告书属内部审批性文书，制作时对事实部分的叙述要简明扼要，不必事无巨细，必要时可附送相应材料。对有关证据可进行必要的分析，以便领导审批时能准确地把握批准事项的必要性。

第四节 通缉令

一、通缉令概述

（一）概念

通缉令是公安机关为抓获罪该逮捕而在逃的或者拘留、逮捕后脱逃的犯罪嫌疑人、被告人以及从监狱内逃跑的罪犯，采取通缉措施时制作的法律文书。

（二）制作依据

《刑事诉讼法》第153条规定："应当逮捕的犯罪嫌疑人如果在逃，公安机关可以发布通缉令，采取有效措施，追捕归案。各级公安机关在自己管辖的地区以内，可以直接发通缉令；超出自己管辖的地区，应当报请有权决定的上级机关发布。"

《公安机关办理刑事案件程序规定》第265条规定："应当逮捕的犯罪嫌疑人如果在逃，公安机关可以发布通缉令，采取有效措施，追捕归案。县级以上公安机关在自己管辖的地区内，可以直接发布通缉令；超出自己管辖的地区，应当报请有权决定的上级公安机关发布。通缉令的发送范围，由签发通缉令的公安机关负责人决定。"

《公安机关办理刑事案件程序规定》第266条规定："通缉令中应当尽可能写明被通缉人的姓名、别名、曾用名、绰号、性别、年龄、民族、籍贯、出生地、户籍所在地、居住地、职业、身份证号码、衣着和体貌特征、口音、行为习惯，并附被通缉人近期照片，可以附指纹及其他物证的照片。除了必须保密的事项以外，应当写明发案的时间、地点和简要案情。"

《公安机关办理刑事案件程序规定》第273条规定："通缉越狱逃跑的犯罪嫌疑人、被告人或者罪犯，适用本节的有关规定。"

（三）制作条件

1. 主体条件。通缉令的制作主体是公安机关。人民检察院、人民法院决定通缉的案件应通知公安机关执行。监狱或其他刑罚执行机关抓捕脱逃的罪犯但不能即时抓获的，也应通知公安机关执行。

2. 对象条件。通缉的对象是应当逮捕而在逃的或者拘留、逮捕后脱逃的犯罪嫌疑人、被告人以及从监狱内逃跑的罪犯。应当逮捕而在逃的犯罪嫌疑人，既包括检察机关已经批准逮捕而在逃的犯罪嫌疑人，也包括公安机关经调查取证，认为符合逮捕条件，但尚未提请检察机关批准逮捕的犯罪嫌疑人。

3. 逮捕条件。被通缉对象的行为符合《刑事诉讼法》规定的逮捕条件，即有证据证明有犯罪事实、可能判处有期徒刑以上刑罚、有逮捕的必要性。

（四）作用

通缉令是公安机关为抓获在逃犯罪嫌疑人、被告人、罪犯而采取的一种有效的侦查措施。通缉是公安机关协同作战并动员和组织群众共同打击犯罪的有效方式。对于被通缉对象，各级、各地公安机关都可以将其缉拿归案，任何单位和个人都有权力和责任将其扭送到公、检、法机关处理，因此，发布通缉令对于案件顺利侦破和及时打击犯罪具有重要作用。

二、通缉令的格式及制作方法

（一）格式

```
                    ×××公安厅（局）
                        通缉令
                        ××公（刑）缉字〔××××〕第×号
犯罪嫌疑的人基本情况、在逃人员网上编号、身份证号码、体貌特征、行为
特征、口音、携带物品、特长＿＿＿＿＿＿＿＿＿＿＿＿＿＿＿＿＿＿
发布范围＿＿＿＿＿＿＿＿＿＿＿＿＿＿＿＿＿＿＿＿＿＿＿＿＿＿
简要案情＿＿＿＿＿＿＿＿＿＿＿＿＿＿＿＿＿＿＿＿＿＿＿＿＿＿
工作要求和注意事项＿＿＿＿＿＿＿＿＿＿＿＿＿＿＿＿＿＿＿＿
联系人、联系电话＿＿＿＿＿＿＿＿＿＿＿＿＿＿＿＿＿＿＿＿＿
附：1. 犯罪嫌疑人照片、指纹。
    2. 犯罪嫌疑人社会关系。
    3. DNA 编号。
                                        （公安厅或局印）
                                        ××××年××月××日

抄送部门：＿＿＿＿＿＿＿＿
```

（二）制作方法

通缉令为三联填空式文书，分为对内发布联、对外发布联和存根。存根的填写较为简单，对内发布联、对外发布联可以分为首部、正文和尾部三个部分。

1. 首部

首部包括标题、文书编号。标题一般包括发布通缉令的公安机关名称和文

书名称"通缉令",分上、下两行排列。文书编号由机关代字、文种代字、年份和序号四个部分组成。

2. 正文

正文包括被通缉人的基本情况、发布范围、简要案情、工作要求和注意事项四个部分。被通缉人的基本情况应尽可能写明已经掌握的犯罪嫌疑人在逃人员网上编号、身份证号码、体貌特征、行为特征、口音、携带物品、特长等项内容。发布范围应是本机关的辖区范围内受文机关的名称。简要案情主要是介绍案件的基本情况。工作要求和注意事项,主要是写明缉查要求、缉查中应注意的事项及联系人、联系方法等内容。其中,简要案情和被通缉人的基本情况是制作重点。

3. 尾部

尾部包括附件、日期和发文机关印章、抄送部门名称等内容。附件主要包括在有条件的情况下提供的照片、指纹、DNA编号、物证、被通缉人社会关系等。其中对外发布联的通缉令不需要公开指纹、DNA编号、物证、被通缉人的社会关系等专业事项。

三、制作通缉令应注意的问题

(一)介绍案情要概括

案情介绍主要是叙述案件发生的时间、地点、案件性质抓获或在逃的犯罪嫌疑人姓名等内容,这一部分制作要简明扼要,同时还应根据案件保密需要灵活掌握。

(二)体貌特征是制作重点

通缉令中犯罪嫌疑人的体貌特征是制作重点,包括其面态、脸型、五官、肤色、发型及颜色、口音、生理特征、病理特征、生活习惯等多项内容,以及其携带的枪支、弹药、爆炸物及其他物品等。在逃人员若具有驾驶、搏击、射击、爆破等特种技术的,也应作出介绍。体貌特征这一部分是确定被通缉人的重要依据,需认真制作。

第五节　提请批准逮捕书

一、提请批准逮捕书概述

(一)概念

提请批准逮捕书,是公安机关对符合逮捕条件的犯罪嫌疑人,提请人民检

第五章 公安机关法律文书

察院审查批准逮捕时制作的文书。

（二）制作依据

《刑事诉讼法》第78条规定："逮捕犯罪嫌疑人、被告人，必须经过人民检察院批准或者人民法院决定，由公安机关执行。"

《刑事诉讼法》第79条规定："对有证据证明有犯罪事实，可能判处徒刑以上刑罚的犯罪嫌疑人、被告人，采取取保候审尚不足以防止发生下列社会危险性的，应当予以逮捕：（一）可能实施新的犯罪的；（二）有危害国家安全、公共安全或者社会秩序的现实危险的；（三）可能毁灭、伪造证据，干扰证人作证或者串供的；（四）可能对被害人、举报人、控告人实施打击报复的；（五）企图自杀或者逃跑的。对有证据证明有犯罪事实，可能判处10年有期徒刑以上刑罚的，或者有证据证明有犯罪事实，可能判处徒刑以上刑罚，曾经故意犯罪或者身份不明的，应当予以逮捕。被取保候审、监视居住的犯罪嫌疑人、被告人违反取保候审、监视居住规定，情节严重的，可以予以逮捕。"

《刑事诉讼法》第69条第3款规定："被取保候审的犯罪嫌疑人、被告人违反前两款规定，已交纳保证金的，没收部分或者全部保证金，并且区别情形，责令犯罪嫌疑人、被告人具结悔过、重新交纳保证金、提出保证人，或者监视居住、予以逮捕。"

《刑事诉讼法》第75条第2款规定："被监视居住的犯罪嫌疑人、被告人违反前款规定，情节严重的，可以予以逮捕；需要予以逮捕的，可以对犯罪嫌疑人、被告人先行拘留。"

《刑事诉讼法》第85条规定："公安机关要求逮捕犯罪嫌疑人的时候，应当写出提请批准逮捕书，连同案卷材料、证据，一并移送同级人民检察院审查批准。"

（三）作用

逮捕是最为严厉的强制措施，制作提请批准逮捕书，严格履行批准逮捕手续，对于保护公民人身权利不受侵犯，体现公、检、法三机关分工负责、互相配合、互相制约的法律原则具有十分重要的作用。

二、提请批准逮捕书的格式及制作方法

（一）格式

×× 市公安局 ×× 分局

提请批准逮捕书

×× 公刑提捕字〔××××〕第 × 号

犯罪嫌疑人×××……［犯罪嫌疑人姓名（别名、曾用名、绰号等）、性别、出生日期、出生地、身份证件种类及号码、民族、文化程度、职业或工作单位及职务、居住地（包括户籍所在地、经常居住地、暂住地）、政治面貌（如是人大代表、政协委员，一并写明具体级、届代表、委员）、违法犯罪经历以及因本案被采取强制措施的情况（时间、种类及执行场所）］案件有多名犯罪嫌疑人的，应逐一写明。

辩护律师×××……（如有辩护律师，写明其姓名，所在律师事务所或者援助机构名称，律师执业证编号）

犯罪嫌疑人×××涉嫌×××（罪名）一案，由×××举报（控告、移送）至我局（写明案由和案件来源，具体为单位或者公民举报、控告、上级交办、有关部门移送、本局其他部门移交以及工作中发现等）。简要写明案件侦查过程中的各个法律程序开始的时间，如接受案件、立案的时间。具体写明犯罪嫌疑人归案情况。

经依法侦查查明：……（应当根据具体案件情况，详细叙述经侦查认定的罪事实，并说明应当逮捕理由）。

（对于只有一个犯罪嫌疑人的案件，犯罪嫌疑人实施多次犯罪的犯罪事实应逐一列举；同时触犯数个罪名的犯罪嫌疑人的犯罪事实应该按照主次顺序分别列举；对于共同犯罪的案件，写明犯罪嫌疑人的共同犯罪事实及各自在共同犯罪中的地位和作用后，按照犯罪嫌疑人的主次顺序，分别叙述各个犯罪嫌疑人的单独犯罪事实。）

认定上述事实的证据如下：

……（分列相关证据，并说明证据与犯罪事实的关系。）

综上所述，犯罪嫌疑人×××……（根据犯罪构成简要说明罪状），其行为已触犯《中华人民共和国刑法》第 × 条之规定，涉嫌×××罪，符合逮捕条件。依照《中华人民共和国刑事诉讼法》第七十九条、第八十五条之规定，特提请批准逮捕。

第五章　公安机关法律文书

```
        此致
                                          局长　×××
    ×××人民检察院                        公安局（印）
                                          ××××年××月××日
    附：1. 本案卷宗×卷×页。
        2. 犯罪嫌疑人羁押处所。
```

（二）制作方法

提请批准逮捕书属于叙议类文书，由首部、正文和尾部三部分组成。

1. 首部。首部内容包括发文机关、文书名称、文书字号、犯罪嫌疑人基本情况、违法犯罪经历以及因本案被采取强制措施的情况。需要书写文书字号、犯罪嫌疑人基本情况、违法犯罪经历以及因本案被采取强制措施的情况。（1）犯罪嫌疑人基本情况。包括姓名（包括曾用名、别名、绰号等与案件有关的名字，真实姓名未查清的按自报姓名书写）、性别、出生日期、出生地、身份证件号码、民族、文化程度、单位、职务、住址、政治面貌等。（2）违法犯罪经历以及因本案被采取强制措施的情况。写清楚犯罪嫌疑人曾受到的刑事处罚、治安处罚及被劳动教养的主要情况（包括处罚时间、处罚内容、释放或脱逃的时间），同时写清楚因本案被采取强制措施的情况。如果共同犯罪有多个犯罪嫌疑人需要逮捕的，各个犯罪嫌疑人的基本情况和违法犯罪经历，按照由主犯、从犯、胁从犯的顺序依次叙述。有辩护律师的，还应将辩护律师的主要情况（姓名、所在律师事务所、律师执业证号）在写完各个犯罪嫌疑人的相关情况后接着书写。

2. 正文。正文包括犯罪事实和证据、理由和提请批捕的意见。

（1）犯罪事实和证据。简要写明公安机关依法侦查查明的犯罪事实和有关证据。犯罪事实要紧扣犯罪构成要件，写明犯罪嫌疑人犯罪的时间、地点、动机、目的、手段、情节、危害结果等基本要素。对于只有一名犯罪嫌疑人的案件，犯罪嫌疑人实施多次的犯罪事实应逐一列举；对于共同犯罪案件，应写明共同犯罪的事实，再按照各犯罪嫌疑人在共同犯罪中所处的地位和作用，分别叙述。证据主要是写明公安机关已经收集获取并经查证属实的证据。证据并不是将案件所有证据一一列举，而是根据不同性质的案件的不同特点，有针对性地列举主要证据，说明证据与犯罪嫌疑人的关系。

（2）理由和提请批捕意见。提请批准逮捕的理由和法律依据，首先要根据犯罪构成的理论简要说明犯罪嫌疑人罪状，其次写明其行为触犯的法律条款、涉嫌罪名，最后引用《刑事诉讼法》第79条、第85条的规定，阐明提请批准逮捕的意见。可表述为："综上所述，犯罪嫌疑人×××……（根据犯罪构成简要说明罪状），其行为已触犯《中华人民共和国刑法》第×条之规定，涉嫌××罪，有逮捕必要。依照《中华人民共和国刑事诉讼法》第七十九条、第八十五条之规定，特提请批准逮捕。"

3. 尾部。尾部内容包括致送机关、发文机关印章、发文日期和附件说明。其中，附件说明主要概括叙述随案移交的卷宗数量、实物证据资料。

三、制作提请批准逮捕书应注意的问题

（一）掌握制作条件

掌握制作条件，是指要严格把握逮捕的以下三个条件：

1. 有证据证明有犯罪事实。根据《公安机关办理刑事案件程序规定》，有证据证明有犯罪事实是指同时具备下列情形：（1）有证据证明发生了犯罪事实；（2）有证据证明犯罪事实是犯罪嫌疑人实施的；（3）证明犯罪嫌疑人实施犯罪行为的证据已经查证属实的。

2. 可能判处徒刑以上刑罚。应当根据犯罪嫌疑人实施犯罪的具体情节，对照《刑法》相关规定认定是否可能判处徒刑以上罚。逮捕实质上剥夺了犯罪嫌疑人的人身自由，其强度已经达到了徒刑的程度，强调本条件，可以使逮捕的羁押期限折抵在判处的刑期之内，将逮捕的负面效应减小到最低程度。如果对犯罪嫌疑人只可能判处管制、拘役、独立适用附加刑，不可能判处徒刑以上刑罚的，就不宜采用逮捕措施。

3. 有逮捕必要。有逮捕必要，是指犯罪嫌疑人具备下列情形之一的情况：（1）可能实施新的犯罪的；（2）有危害国家安全、公共安全或者社会秩序的现实危险的；（3）可能毁灭、伪造证据，干扰证人作证或者串供的；（4）可能对被害人、举报人、控告人实施打击报复的；（5）企图自杀或者逃跑的。

为了防止涉嫌罪行严重的犯罪嫌疑人、被告人以及曾经故意犯罪或者身份不明的犯罪嫌疑人、被告人逃避、妨碍诉讼的顺利进行，《刑事诉讼法》规定了三种逮捕的情形：一是对有证据证明有犯罪事实，可能判处10年有期徒刑以上刑罚的犯罪嫌疑人、被告人，应当予以逮捕；二是对有证据证明有犯罪事实，可能判处徒刑以上刑罚犯罪嫌疑人、被告人，曾经故意犯罪的，应当予以逮捕；三是对有证据证明有犯罪事实，可能判处徒刑以上刑罚，身份不明的犯罪嫌疑人、被告人，应当予以逮捕。

（二）注意事实与证据之间的逻辑关系

证据是证明案件事实存在的基础。确认证据的真伪、证据的证明力、证据与被证明对象的关联性是认定案件事实的根本途径。因此，提请批准逮捕书中应注意证据与事实之间的逻辑关系，用确凿充分的证据证明符合逮捕条件事实的存在。

四、实例阅读

×××公安局
提请批准逮捕书

××公刑提捕字〔2015〕18号

犯罪嫌疑人陈××，男，1975年××月××日出生，出生地××省××县，身份证号码：××××××××××××××××××，汉族，初中文化，无业，户籍所在地××省××市××区××路××号，现住××省××市××区××路××号。

犯罪嫌疑人陈××于20××年曾因抢夺罪被××省××市××区人民法院判处有期徒刑2年，20××年××月××日刑满释放。20××年××月××日因涉嫌抢劫罪被我局拘留。

辩护律师张××，××省××律师事务所律师，执业证号：××××××××××。

犯罪嫌疑人陈××抢劫一案，由被害人王××于20××年××月××日报案至我局。我局经过审查，于××月××日立案侦查。犯罪嫌疑人陈××于20××年××月××日被抓获归案。

经依法侦查查明：犯罪嫌疑人陈××于20××年××月××日晚11时许，在××市××区××路以租车去××市为名物色搭客的小汽车（豫A8888）为作案目标。当行至××偏僻路段时，以下车小便为名叫司机停车，陈××用刀威胁司机王××交出身上钱财（共抢人民币2800元），然后以殴打的方式把司机打成重伤，再用封口胶封嘴及捆绑手脚后将司机弃之荒野，后开车逃逸。

认定上述犯罪事实的证据如下：被害人王××的陈述，可证实犯罪事实发生及被抢劫的财物价值，并辨认出犯罪嫌疑人；多名证人证言、视听资料、现场勘验笔录，可证实犯罪嫌疑人实施抢劫的经过，并可辨认出犯罪嫌疑人；被害人王××的人身伤害法医鉴定；犯罪嫌疑人陈××对上述犯罪事实的供述，可与上述材料证据相互印证。

综上所述，犯罪嫌疑人陈××以非法占有为目的，在公共交通工具上使用暴力手段抢劫他人财物，并伤害他人身体，其行为已触犯《中华人民共和国刑法》第二百六十三条之规定，涉嫌抢劫罪，符合逮捕条件。依照《中华人民共和国刑事诉讼法》第七十九条、第八十五条之规定，特提请批准逮捕。

此致
×××人民检察院

局长　×××
公安局（印）
××××年××月××日

附：1. 本案卷宗×卷×页。
2. 作案现场视频资料光碟两张。

第六节　起诉意见书

一、起诉意见书概述

（一）概念

起诉意见书是公安机关侦查终结的案件，认为犯罪事实清楚，证据确实、充分，需追究犯罪嫌疑人的刑事责任，向同级人民检察院移送审查起诉的法律文书。起诉意见书是公安机关的侦查人员对侦查的案件，认为具备结案条件时，制作结案报告报请县级以上公安机关负责人批准结案后制作。

（二）制作依据

《刑事诉讼法》第160条规定："公安机关侦查终结的案件，应当做到犯罪事实清楚，证据确实、充分，并且写出起诉意见书，连同案卷材料、证据一并移送同级人民检察院审查决定；同时将案件移送情况告知犯罪嫌疑人及其辩护律师。"

（三）适用条件

1. 制作起诉意见书的主体是侦查机关，其他任何单位及个人均无权制作。
2. 犯罪嫌疑人的行为已经构成犯罪，应当依法追究刑事责任，需要起诉的，才能制作起诉意见书。
3. 经侦查犯罪嫌疑人的犯罪事实清楚，证据确实、充分，犯罪性质和罪名认定正确，法律手续完备，依法应当追究刑事责任。

犯罪事实清楚是指已经查清以下内容：（1）查清犯罪人是谁；（2）查清犯罪要素，包括犯罪的时间和地点、犯罪的动机和目的、犯罪手段、犯罪结果等；(3) 其他有关犯罪的具体情节，并且没有遗漏罪行和其他应该追究刑事责任的人。

证据确实、充分是指证据完全能够确认犯罪嫌疑人有罪和犯罪情节的轻重。具体有以下含义：(1) 证明犯罪嫌疑人犯罪事实、情节的每一个证据都已经查证属实；(2) 证据与证据之间没有矛盾（或矛盾已被排除）且能够相互印证；(3) 证据之间能够形成一个完整的证明体系。

犯罪的性质和罪名认定正确是指根据查明的事实和法律规定，足以对犯罪嫌疑人犯了某种罪或者某几种罪的性质和罪名作出明确的认定。

法律手续完备是指公安机关进行各项侦查活动必须有相应的法律手续，如拘留要有拘留证。同时，进行侦查活动的各项手续还必须符合法律规定，如搜查笔录要有侦查人员、被搜查人或其家属和见证人签名或盖章等。

根据已经查明的事实和法律规定，只有对犯罪嫌疑人应当追究刑事责任时，公安机关才能作出移送检察机关审查起诉的决定。如果发现对犯罪嫌疑人不应追究刑事责任的，应当作出撤销案件的决定。

（四）作用

起诉意见书是公安机关侦查工作的总结，集中反映了公安机关办理案件的情况和质量。起诉意见书是要求检察机关对犯罪嫌疑人提起公诉的书面意见，同时也是人民检察院审查决定对犯罪嫌疑人提起公诉的基础和凭据，是人民法院审理案件的重要参考资料。

二、起诉意见书的格式及制作方法

（一）格式

×× 市公安局 ×× 分局

起诉意见书

×× 公刑诉字〔××××〕第 × 号

犯罪嫌疑人 ×××……[犯罪嫌疑人姓名（别名、曾用名、绰号等）、性别、出生日期、出生地、身份证件种类及号码、民族、文化程度、职业或工作单位及职务、居住地（包括户籍所在地、经常居住地、暂住地）、政治面貌、违法犯罪经历以及因本案被采取强制措施的情况（时间、种类及执行场所）。案件有多名犯罪嫌疑人的，应逐一写明]。

辩护律师 ×××……（如有辩护律师，写明其姓名，所在律师事务所或者法律援助机构名称，律师执业证编号）。

犯罪嫌疑人涉嫌 ×××（罪名）一案，由 ××× 举报（控告、移送）

至我局（写明案由和案件来源，具体为单位或者公民举报、控告、上级交办、有关部门移送或工作中发现等）。简要写明案件侦查过程中的各个法律程序开始的时间，具体写明犯罪嫌疑人归案情况。最后写明犯罪嫌疑人×××涉嫌×××案，现已侦查终结。

经依法侦查查明：……（详细叙述经侦查认定的犯罪事实，包括犯罪时间、地点、经过、手段、目的、动机、危害后果等与定罪有关的事实要素。应当根据具体案件情况，围绕《刑法》规定的该罪构成要件，进行叙述）。

（对于只有一个犯罪嫌疑人的案件，犯罪嫌疑人实施多次犯罪的犯罪事实应逐一列举；同时触犯数个罪名的犯罪嫌疑人的犯罪事实应该按照主次顺序分别列举。对于共同犯罪的案件，写明犯罪嫌疑人的共同犯罪事实及各自在共同犯罪中地位和作用后，按照犯罪嫌疑人的主次顺序，分别叙述各个犯罪嫌疑人的单独犯罪事实。）

认定上述事实的证据如下：

……（分列相关证据，并说明证据与案件事实的关系）

上述犯罪事实清楚，证据确实、充分，足以认定。

犯罪嫌疑人×××……（具体写明是否有累犯、立功、自首、和解等影响量刑的从重、从轻、减轻等犯罪情节）

综上所述，犯罪嫌疑人×××……（根据犯罪构成简要说明罪状），其行为已触犯《中华人民共和国刑法》第×条之规定，涉嫌×××罪。依照《中华人民共和国刑事诉讼法》第一百六十条之规定，现将此案移送审查起诉。（当事人和解的公诉案件，应当写明双方当事人已自愿达成和解协议以及履行情况，同时可以提出从宽处理的建议）。

此致

×××人民检察院

公安局（印）

××××年××月××日

附：1. 本案卷宗××卷××页。
　　2. 犯罪嫌疑人现在处所。
　　3. 随案移交物品××件。
　　4. 被害人×××已提出附带民事诉讼。

（所附项目根据需要填写）

第五章 公安机关法律文书

（二）制作方法

起诉意见书是叙述类文书。该文书结构上分为首部、正文和尾部三部分。

1. 首部

首部内容包括文书标题、发文字号、犯罪嫌疑人基本情况、违法犯罪经历及因本案被采取强制措施的情况、辩护律师情况。

（1）标题。包括机关名称和文书名称。分两行居中排列。如第一行为"××市公安局××区分局"，第二行为"起诉意见书"。

（2）文书编号。应依次写明机关简称、案件性质、文种简称、年度全称和案件顺序号。如"郑公刑诉〔2015〕283号"。

（3）犯罪嫌疑人基本情况。包括犯罪嫌疑人姓名（别名、化名、曾用名、绰号等）、性别、出生年月日、出生地、身份证件号码、民族、文化程度、职业或工作单位及职务、住址、政治面貌（如是人大代表、政协委员，一并写明具体级、届代表、委员）、违法犯罪经历以及因本案被采取的强制措施的情况等内容。案件有多名犯罪嫌疑人的，应逐一写明。单位犯罪案件，应写明单位的名称、地址。

（4）犯罪嫌疑人委托律师情况。犯罪嫌疑人委托律师或已按法律援助规定委派律师的，应列明律师姓名、工作单位及律师执业证号。如"辩护律师×××，工作单位：×××律师事务所，律师执业证号：××××××"。

（5）案由和案件来源、案件办理情况。案件来源，说明案件为单位或公民举报、控告、上级交办、有关部门移送或工作中发现等；侦查过程，简要写明案件侦查过程中各个法律程序开始的时间、犯罪嫌疑人归案等案件办理的情况；另指明案件性质和案件已经侦查终结，写明"犯罪嫌疑人×××涉嫌×××一案，现已侦查终结"。

2. 正文

正文是起诉意见书的核心部分，包括犯罪事实和证据、移送审查起诉的理由和意见。

（1）犯罪事实和证据

犯罪事实部分，应概括叙述经侦查认定的犯罪事实，包括犯罪时间、地点、经过、手段、目的、动机、危害后果等与定罪有关的事实要素。应当根据具体案件的情况，围绕《刑法》规定的犯罪构成要件，简明扼要叙述。犯罪嫌疑人实施多次犯罪的，应逐一列举；同时犯有数罪的，应按照主次顺序分别列举。对于共同犯罪案件，在写明共同犯罪的事实及各犯罪嫌疑人在共同犯罪中的地位和作用后，再按照犯罪嫌疑人的主从顺序，分别叙述各个犯罪嫌疑人单独犯罪的事实。

证据部分，在叙述清楚犯罪事实后，另起一行以"认定上述事实的证据如下："，分别列举证据并且说明各项证据与案件事实之间的关系。在列举证据以后，另起一行写明"上述犯罪事实清楚，证据确实、充分，足以认定"。

在列举证据以后，可根据案件具体情况，写明犯罪嫌疑人是否属累犯或是否具有自首、立功等影响量刑的从重、从轻、减轻处罚情节。如不具备以上情节，可不写此段内容。

（2）移送审查起诉的理由和意见

这一部分首先应根据犯罪构成说明罪状，然后指明其触犯的刑法条文和涉嫌罪名，最后引用《刑事诉讼法》第160条之规定，提出移送审查起诉的意见。

3. 尾部

（1）致送机关。写明致送的同级人民检察院名称。

（2）署名、日期及用印。写明移送审查起诉的日期，加盖局印。

（3）附项。写明移送卷宗册数、随案移交物品、犯罪嫌疑人现在处所等事项。被害人提起附带民事诉讼的，也应在附项中予以注明。

三、制作起诉意见书应注意的问题

（一）掌握制作条件

制作起诉意见书必须准确掌握制作条件。起诉意见书的制作条件实际就是起诉的条件。对于尚未侦查终结的案件，犯罪事实不清、证据不足的案件，或者依法不需追究或不应追究犯罪嫌疑人刑事责任的案件，无须制作起诉意见书。

（二）紧扣犯罪构成要件制作案件事实与有关情节

犯罪构成反映了构成某种犯罪的本质特征，包括犯罪主体、犯罪客体、犯罪主观方面、犯罪客观方面等，制作案件事实与有关情节时，必须紧扣犯罪构成要件。如未成年人犯罪、国家工作人员职务犯罪等，必须强调说明犯罪嫌疑人主体资格；故意犯罪或过失犯罪，必须强调说明犯罪嫌疑人主观心理状态；此罪彼罪之分，应特别注意犯罪行为所侵害的直接客体；自首、犯罪中止等犯罪情节，必须注意写明行为人的行为以及行为对象和危害结果等内容。

（三）理由论述要充分

移送审查起诉的理由要充分，主要是指以下方面：

1. 应根据最高人民法院《关于执行〈中华人民共和国刑法〉确定罪名的规定》准确确定罪名。

第五章 公安机关法律文书

2. 应根据犯罪构成理论准确说明罪状。

四、实例阅读

××市公安局××区分局
起诉意见书

××公刑诉字〔××××〕第×号

犯罪嫌疑人杨××，男，19××年10月12日出生，××省××市人，身份证件号码××××××××××××××××××、汉族、高中文化程度、无业，群众，户籍所在地××省××市××区××路××号，现住××省××市××区××路××号。犯罪嫌疑人杨××于20××年曾因盗窃罪被××省××市××区人民法院判处有期徒刑3年，20××年××月××日刑满释放。20××年××月××日因涉嫌抢劫罪被我局拘留，××月××日经××市××区人民检察院批准被逮捕，现关押于××市××区看守所。

辩护律师袁××，××省××律师事务所，律师执业证编号：××××××××。

犯罪嫌疑人杨××涉嫌盗窃一案，由被害人张××于20××年3月1日报案至我局，我局经过审查，于3月2日立案并展开侦查。3月16日晚，被害人张××在本市××区万达购物广场游戏城发现犯罪嫌疑人杨××后电话报警，××市公安局××区分局犯罪侦查大队将犯罪嫌疑人杨××抓获，当场从犯罪嫌疑人杨××身上缴获苹果5S移动电话一部。犯罪嫌疑人杨××涉嫌盗窃一案，现已侦查终结。

经依法侦查查明：20××年3月1日晚8点许，犯罪嫌疑人杨××在本市××区华联商厦6楼游戏厅内，先以借打电话为由，探知同在此厅内打游戏的张××的移动电话之处，而后趁张不备，从张的外衣下口袋内盗窃苹果5S型手机一部（经××区价格认证中心评估鉴定，涉案手机价值人民币4500元整）。杨××逃出华联商厦后，将电话卡丢弃。在对犯罪嫌疑人杨××第一次讯问后，犯罪嫌疑人杨××如实供述了自己的犯罪事实。

认定上述事实的证据如下：报案记录、被害人张××的陈述和××区价格认证中心评估鉴定意见，可证实有犯罪事实的发生以及被害人损失财物的价值；证人李××、许××的证人证言、××区华联商厦6楼游戏厅提取的视频资料，可证实盗窃案件事实情况；从杨××身上查获的涉案赃物、被害人张××的辨认笔录可证实犯罪嫌疑人杨××所携带的手机确系被害人张××的财物。犯罪嫌疑人杨××的供述与上述材料可以相互印证。

上述犯罪事实清楚，证据确实、充分，足以认定。

犯罪嫌疑人杨××自20××年××月××日刑满释放后又于20××年3月1日实施盗窃行为，尚未满五年，属累犯；侦查人员对犯罪嫌疑人杨××第一次讯问时，杨××如实供述了自己的犯罪事实，有如实供述罪行的行为。

综上所述，犯罪嫌疑人杨××以非法占有为目的，采取秘密窃取的手段盗窃他人财物，数额较大，其行为已触犯《中华人民共和国刑法》第二百六十四条之规定，涉嫌盗窃罪。犯罪嫌疑人杨××在接受侦查讯问时如实供述了自己的盗窃行为，有如实供述罪行的情节，同时适用《中华人民共和国刑法》第六十七条第三款之规定；犯罪嫌疑人杨××自20××年××月××日刑满释放后又于20××年3月1日实施盗窃行为，尚未满五年，属累犯，同时适用《中华人民共和国刑法》第六十五条第一款之规定。依照《中华人民共和国刑事诉讼法》第一百六十条之规定，现将此案移送审查起诉。

此致
××市××区人民检察院

××市公安局××区分局（印）
××××年××月××日

附：1. 本案卷宗×卷×页；
2. 随案移交物品×件。

本章习题

一、名词解释
1. 立案决定书
2. 起诉意见书

二、简答题
1. 立案决定书的作用是什么？
2. 通缉令的正文主要包括哪些内容？
3. 试论提请批准逮捕书的制作条件？
4. 试分析制作起诉意见书应当具备的条件？

第六章　检察机关法律文书

没有告诉就没有法官。

——古罗马法谚

【内容提要】

通过本章学习，明确公安机关法律文书的概念、种类，掌握立案决定书、呈请报告书、通缉令、提请批准逮捕书和起诉意见书等几种重要的文书的写作要素、语言、表达方式和文书写作的基本步骤等公安机关法律文书的基础理论知识。

第一节　检察机关法律文书概述

一、检察机关法律文书的概念和作用

检察机关法律文书是指人民检察院在刑事、民事、行政诉讼中，履行其法律监督职能，进行诉讼活动时依法制作的具有法律效力或法律意义的法律文书。

检察机关处在侦查机关与审判机关之间，检察机关法律文书是保障诉讼顺利进行的有关诉讼行为、诉讼环节发生法律效力的凭证，是整个诉讼文书的重要组成部分；检察机关法律文书还是办理案件的客观记录，是检查办案质量、复查案件的重要依据。

二、检察机关法律文书的种类

根据文书的性质和作用，检察文书可以分为以下八类：

1. 立案文书，即人民检察院依据报案、控告、举报、自首的材料和通过其他途径发现的犯罪材料，决定立案、不予立案或者移送主管机关时制作的文书。

2. 侦查文书，即人民检察院对直接受理的案件在进行侦查过程中依法决

定使用各种侦查措施以及侦查终结所使用的文书。

3. 强制措施文书，即人民检察院在侦查、审查起诉中，依法决定采取、变更、解除、撤销各种强制措施时所制作的文书。

4. 公诉文书，即人民检察院在履行审查起诉和出庭支持公诉职责的过程中所制作的法律文书。

5. 诉讼法律监督文书，即人民检察院在履行刑事、民事审判和行政诉讼法律监督职责中所依法制作的法律文书。

6. 控告、申诉文书，即人民检察院在受理控告、举报，办理申诉案件时所制作的文书。

7. 刑事赔偿工作文书，即人民检察院办理检察机关及其工作人员违法行使职权而需要进行刑事赔偿时所制作的文书。

8. 检察通用文书，即人民检察院在各诉讼阶段、各业务部门共同使用的文书。

以下重点讲授反映检察机关主要职能活动的常用的检察法律文书。

第二节 审查批准、决定逮捕文书

一、批准逮捕决定书

（一）概念

批准逮捕决定书，是人民检察院对公安机关（含国家安全机关等侦查机关，下同）提请批准逮捕的犯罪嫌疑人，依法审查批准逮捕所制作的文书。《刑事诉讼法》第78条规定："逮捕犯罪嫌疑人、被告人，必须经过人民检察院批准……"第85规定："公安机关要求逮捕犯罪嫌疑人的时候，应当写出提请批准逮捕书，连同案卷材料、证据，一并移送同级人民检察院审查批准。"第88条规定："检察院对于公安机关提请批准逮捕的案件进行审查后，应当根据情况分别作出批准逮捕或者不批准逮捕的决定。"人民检察院批准逮捕决定书应当依据上述法律规定制作。

批准逮捕决定书适用于公安、国家安全机关、监狱、缉私警察等依法行使侦查权的机关对犯罪嫌疑人提请批准逮捕的案件，人民检察院经审查后，对于符合《刑事诉讼法》第79条规定条件的应当作出批准逮捕决定，制作本文书。

第六章　检察机关法律文书

（二）格式

```
×××人民检察院
批准逮捕决定书
（正本）

　　　　　　　　　　　　　　　　　×检刑批捕〔××××〕第×号
　　你局于××××年××月××日以××公刑提捕字〔××××〕第×号提请批准逮捕书提请批准逮捕犯罪嫌疑人×××，经本院审查认为，犯罪嫌疑人×××涉嫌抢劫、盗窃犯罪，符合《中华人民共和国刑事诉讼法》第七十九条第一款规定的逮捕条件，决定批准逮捕犯罪嫌疑人×××。请依法立即执行，并将执行情况3日内通知本院。
　　　　　　　　　　　　　　　　　　　　××××年××月××日
　　　　　　　　　　　　　　　　　　　　　　　（院印）
```

（三）内容及制作方法

批准逮捕决定书为填充式文书，共四联：第一联为存根，第二联为副本附卷，第三联为正本送达执行机关，第四联为回执。

1. 正本

（1）首部。制作文书的人民检察院名称。文书名称，即批准逮捕决定书。文书编号，即"×检刑批捕〔××××〕第×号"，空余地方依次填写人民检察院简称、具体办案部门简称、年度和序号。

（2）正文。包括：送达单位，即提请批准逮捕机关名称，可简称你厅或你局。公安机关提请批捕文书的时间、文书编号及犯罪嫌疑人姓名，即"你×于××××年××月××日以××号提请批准逮捕书提请批准逮捕犯罪嫌疑人×××"。人民检察院的审查意见，即"经本院审查认为，该犯罪嫌疑人×××涉嫌××犯罪"，这里的罪名是指人民检察院审查认定的罪名。法律根据，即"符合《中华人民共和国刑事诉讼法》第60条规定的逮捕条件"。决定事项，即"决定批准逮捕犯罪嫌疑人×××。请依法立即执行，并将执行情况3日内通知本院"。

（3）尾部。包括填发文书的年月日、院印。

2. 副本

除在文书名称下增加"副本"二字外，其他内容与正本相同。

3. 存根

除在文书名称下增加"存根"二字外，其他内容与正本相同。

4. 回执

（1）首部。要写明所送达的人民检察院名称。

(2) 正文。包括法律根据，即"根据《中华人民共和国刑事诉讼法》第八十八条的规定"；公安机关的执行情况，即"现将我局执行你院××号批准逮捕决定书的情况通知如下"，执行情况应填写准确、详细。

(四) 制作批准逮捕决定书应注意的问题

第一，应查明公安机关的提请批准逮捕书及案卷材料是否齐备，并在审阅案卷材料的基础上，制作阅卷笔录，提出审查意见，经审查逮捕部门负责人审核后，报请检察长批准，重大案件应当经检察委员会讨论决定。

第二，对提请批准逮捕的犯罪嫌疑人，已被拘留的，应当在收到提请批准逮捕书后的 7 日内作出是否批准逮捕的决定；未被拘留的，应当在 15 日内作出是否批准逮捕的决定，重大复杂案件，不得超过 20 日。

第三，人民检察院对已作出的逮捕决定发现有错误，应当撤销原逮捕决定，送达公安机关执行；对已作出的不逮捕决定发现有错误，需要逮捕的，应当撤销原不逮捕决定，并重新作出逮捕决定，送达公安机关执行；对已撤销原批准逮捕决定而被释放的犯罪嫌疑人，又发现需要逮捕的，应当重新制作批准逮捕决定书。

第四，发现应当逮捕而公安机关未提请批准逮捕的犯罪嫌疑人，应当建议公安机关提请批准逮捕，对不提请批捕，理由不能成立的，也可以直接作出逮捕决定，这种情况下不使用本文书，而应制作《逮捕决定书》，送达公安机关执行。

二、不批准逮捕决定书

(一) 概念

不批准逮捕决定书，是人民检察院对公安机关提请批准逮捕的犯罪嫌疑人进行审查后，依法作出不批准逮捕决定所制作的文书。

《刑事诉讼法》第 88 条规定，人民检察院对于公安机关提请批准逮捕的案件进行审查后，应当根据情况分别作出批准逮捕或者不批准逮捕的决定。对于不批准逮捕的，人民检察院应当说明理由，需要补充侦查的，应当同时通知公安机关。《刑事诉讼法》第 89 条规定，人民检察院不批准逮捕的，公安机关应当在接到通知后立即释放，并且将执行情况及时通知人民检察院。以上规定是制作不批准逮捕决定书的法律依据。

不批准逮捕决定书适用于人民检察院办理公安机关等具有侦查职能的机关提请批准、逮捕的案件。

(二) 内容及制作方法

不批准逮捕决定书为四联填充式文书。

1. 正本（第三联）和副本（第二联）的内容除首部和尾部外，主要是正文。包括：送达机关，即提请批捕的机关。应逐项写明提请批准逮捕的机关、提请批捕的年月日、文书编号、犯罪嫌疑人姓名。审查意见，是本文书的重点，应当根据具体情况填写，写明不批准逮捕的事实理由和法律依据。由于不批准逮捕的案件，事实情况不同，法律规定不同，因此写法要有针对性。

2. 回执（第四联）的正文，包括送达单位的名称，填写制作文书的人民检察院名称。执行情况，内容为："现将你院_____号不批准逮捕决定书的执行情况通知如下：_____。"第一个空格填写的内容为本决定书的文书，第二个空格填写是否已将被拘留的人释放等内容。

3. 本文书共四联。第一联为存根，由制作部门统一保存。第二联为副本，由人民检察院附卷。第三联为正本，送达提请批捕的机关，送达时，由收件人在送达回证上签名或盖章，然后附卷。第四联为回执，和第三联同时送达提请批捕的机关，待该机关执行不批准逮捕决定书后，在上面填写有关内容，再退回人民检察院附卷。

（三）制作不批准逮捕决定书应注意的问题

1. 要根据案件的具体特点，有针对性地、准确地写明不批准逮捕的事实原因和法律依据，不要笼统写为"不符合逮捕条件"。

2. 需要同时通知公安机关补充侦查的，在附项上写明"附：补充侦查提纲"，同时制作补充侦查提纲，连同不批准逮捕决定书一同送达公安机关。补充侦查提纲一式两份，除送达公安机关外，另一份附卷。如果不需要补充侦查，要划去文书中的"附：补充侦查提纲"一行。

三、逮捕决定书

（一）概念

逮捕决定书，是人民检察院在办理案件过程中，依法决定逮捕犯罪嫌疑人所制作的文书。

《刑事诉讼法》第163条规定，人民检察院直接受理的案件中符合《刑事诉讼法》第79条规定，需要逮捕犯罪嫌疑人的，由人民检察院作出决定，由公安机关执行。对有证据证明有犯罪事实，可能判处徒刑以上刑罚的犯罪嫌疑人、被告人，采取取保候审尚不足以防止发生社会危险性的，应当予以逮捕；对有证据证明有犯罪事实，可能判处十年有期徒刑以上刑罚的，或者有证据证明有犯罪事实，可能判处徒刑以上刑罚，曾经故意犯罪或者身份不明的，应当予以逮捕。根据这些规定制作的逮捕决定书，是人民检察院重要的刑事诉讼法律文书。

逮捕决定书既适用于人民检察院办理自侦案件依法决定逮捕犯罪嫌疑人的

情形，也适用于办理公安机关提请批捕案件时，对应当逮捕的犯罪嫌疑人而公安机关没有提请批捕，由人民检察院直接作出逮捕决定的情形。

(二) 内容及制作方法

逮捕决定书为填充式文书，共四联：第一联为存根，第二联为副本附卷，第三联为正本送达执行机关，第四联为回执。

1. 正本的正文。依次填写的具体内容包括：被决定逮捕的犯罪嫌疑人的姓名；犯罪嫌疑人涉嫌罪名；执行逮捕的机关名称。尾部附注：同时附有犯罪嫌疑人基本情况。

2. 回执的正文。依次填写：作出逮捕决定的人民检察院名称；逮捕决定日期（年、月、日）；文号；犯罪嫌疑人姓名；犯罪嫌疑人被执行逮捕的时间（年、月、日）；执行逮捕的机关名称。

3. 副本的正文。依次填写的具体内容与第三联正本的制作要求一样。

4. 存根的正文。依次包括：案由，可以根据案件所涉嫌罪名填写，如"贪污"、"受贿"、"挪用公款"等，对于涉嫌多个罪名的，应逐一填写全；犯罪嫌疑人基本情况，包括姓名、性别、年龄、工作单位、住址、身份证号码、是否为人大代表或政协委员，上述犯罪嫌疑人基本情况，并不要求每一项内容都必须填写，可根据具体案件需要和实际掌握的情况加以填写；送达机关名称；制作本文书的批准人的姓名或者名称；具体承办人姓名；文书填发人姓名；填发文书时间。

(三) 制作逮捕决定书应注意的问题

1. 实践中，人民检察院办理直接立案侦查的案件，需要逮捕犯罪嫌疑人的，由侦查部门填写逮捕犯罪嫌疑人意见书，连同案卷材料，一并送交本院审查逮捕部门审查。审查逮捕部门对符合逮捕条件的要报经检察长或者检察委员会作出逮捕决定，然后将逮捕决定书连同案卷材料送交侦查部门。逮捕决定书由侦查部门存入侦查卷，执行逮捕通知书送达公安机关执行。

2. 人民检察院认为，公安机关不提请批捕的理由不能成立的，可以直接作出逮捕决定，制作逮捕决定书，并通知公安机关执行。但是，鉴于这类案件不是人民检察院直接受理的案件，所以没必要引用《刑事诉讼法》第163条的规定，而是直接引用《刑事诉讼法》第79条的规定。这种情况下，应当划去文书中的"第一百六十三条"的字样。

第三节 公诉文书

公诉文书，是指人民检察院在依法履行审查起诉和出庭支持公诉职责的过

第六章 检察机关法律文书

程中所制作的各种法律文书。

《刑事诉讼法》第167条规定:"凡需要提起公诉的案件,一律由人民检察院审查决定。"根据《刑事诉讼法》和最高人民检察院的有关规定,公诉活动主要分为审查起诉、提起公诉和出庭支持公诉几个阶段。在审查起诉阶段,人民检察院对于公安机关、国家安全机关移送起诉的案件,依法进行审查,可以要求公安机关提供法庭审判所必需的证据材料,可以退回公安机关补充侦查等;经过审查起诉,人民检察院依法应当作出提起公诉或者不起诉的决定。如果发现起诉、不起诉决定确有错误,还应当作出撤销不起诉决定书;提起公诉的,人民检察院应当派员出庭,支持公诉,对于适用简易程序的案件,人民检察院可以建议也可以同意适用简易程序。人民检察院在履行上述公诉职能时,均应制作相应的法律文书。

基于起诉书、不起诉决定书在检察机关公诉文书中的重要位置,本章将对其予以重点介绍。

一、起诉书

(一) 概念

起诉书,是人民检察院经依法审查,认为被告人的犯罪行为应当受到刑事追究,决定将其交付审判而向人民法院提起公诉所制作的法律文书。根据《刑事诉讼法》第3条、第167条、第168条和第172条的规定,凡需要提起公诉的案件,一律由人民检察院审查决定。人民检察院对公安机关、国家安全机关、监狱侦查终结移送起诉的案件以及对本院自侦部门侦查终结的案件进行审查后,认为犯罪嫌疑人的犯罪事实已经查清,证据确实、充分,依法应当追究刑事责任的,应当作出起诉决定,制作起诉书,并按审判管辖的规定,向同级人民法院提起公诉。

起诉书是检察机关代表国家将被告人提交人民法院审判的重要法律凭证,是公诉人出庭支持公诉,参加法庭调查,对证据和案件情况发表意见并且进行辩论的重要基础,也是人民法院审理公诉案件的合法依据。起诉书既是告知已将被告人提交人民法院审判的通知,又是公开指控被告人犯罪行为的法定文件。起诉书是刑事公诉案件由审查起诉阶段进入审判阶段的重要标志,是连接起诉和审判程序的桥梁。

(二) 格式

按照审理程序的不同,起诉书又可分为普通程序案件适用起诉书、简易程序案件适用的起诉书和单位犯罪适用的起诉书。鉴于普通程序案件适用的起诉书是司法实践中常用的、最基本的起诉书,因而本书重点讲授这一类起诉书。

×××人民检察院

起诉书

×检刑诉〔××××〕第×号

被告人×××（写明姓名、性别、出生年月日、身份证号码、民族、文化程度、职业或工作单位及职务、住址、曾受到行政处罚、刑事处罚的情况和因本案采取强制措施的情况等）。

本案由×××（侦查机关）侦查终结，以被告人×××涉嫌××罪，于××××年××月××日向本院移送审查起诉。本院受理后，于××××年××月××日已告知被告人×××有权委托辩护人，××××年××月××日已告知被害人及其法定代理人（或者近亲属）、附带民事诉讼的当事人及其法定代理人有权委托诉讼代理人，依法讯问了被告人，听取了被害人的诉讼代理人××和被告人的辩护人××的意见，审查了全部案件材料……（写明退回补充侦查、延长审查起诉期限等情况）。

经依法审查查明：……（写明经检察机关审查认定的犯罪事实包括犯罪时间、地点、经过、手段、目的、动机、危害后果等与定罪有关的事实要素。应当根据具体案件情况，围绕刑法规定的该罪构成要件叙写）。

（对于只有一个犯罪嫌疑人的案件，犯罪嫌疑人实施多次犯罪的犯罪事实应逐一列举；同时触犯数个罪名的犯罪嫌疑人的犯罪事实应按照主次顺序分类列举。案件，对于共同犯罪的案件，写明犯罪嫌疑人的共同犯罪事实及各自在共同犯罪中的地位和作用后，按照犯罪嫌疑人的主次顺序，分别叙明各个犯罪嫌疑人的单独犯罪事实。）

认定上述事实的证据如下：

……（针对上述犯罪事实，分列相关证据）

本院认为，……（概括论述被告人行为的性质、危害程度、情节轻重），其行为触犯了《中华人民共和国刑法》第×条（引用罪状、法定刑条款），犯罪事实清楚，证据确实充分，应当以××罪追究其刑事责任。根据《中华人民共和国刑事诉讼法》第一百七十二条的规定，提起公诉，请依法判处。

此致

×××人民法院

检察员　×××

××××年××月××日

第六章　检察机关法律文书

> 附：1. 被告人现在处所。具体包括在押被告人的羁押场所和监视居住、取保候审的处所。
> 2. 证据目录、证人名单和主要证据复印件，并注明数量。
> 3. 有关涉案款物情况。
> 4. 被害人（单位）附带民事诉讼的。
> 5. 其他需要附注的事项。

（三）内容及制作方法

起诉书是叙述式文书，按照《人民检察院法律文书格式（样本）》中的格式内容要求，大致由制作机关和文书名称及文号、被告人基本情况、案由和案件审理过程、案件事实、证据、起诉书要求和根据、尾部七部分组成。从形式结构上划分，则是由首部、正文和尾部组成。

1. 首部

（1）制作文书的人民检察院名称，除最高人民检察院外，各级地方人民检察院的名称前，应当写明所在省、自治区、直辖市的名称，涉外案件还须在上述名称前冠以"中华人民共和国"字样。

（2）文书名称，即"起诉书"。

（3）文书编号，即"×检刑诉〔××××〕第×号"，空白地方依次填写：院名（代字）、部门（代字）、年度、顺序号。

（4）被告人的基本情况。应依次写明：

①被告人姓名。应写正使用的正式姓名（即户口簿、身份证等法定文件中使用的姓名）。如有曾用名或与案件有关的别名、化名的，要在其姓名后加括号注明。是又聋又哑人或盲人的，也应在姓名后注明。《刑事诉讼法》第128条第2款规定，对于符合起诉条件不讲真实姓名、住址，身份不明的被告人，应按其自报的姓名书写，并加以括号注明。

②性别。

③年龄。一般应写公历的出生年、月、日；具体出生日期查不清楚的，应写明以公历计算的周岁年龄，但涉及刑事责任年龄界限（犯罪时不满14周岁以及14周岁至18周岁）的，必须写明出生的年、月、日。

④出生地。本省的只写市、县名；外省的需加写省或自治区；直辖市的直接写为"××市人"。是外国人的应写明国籍。

⑤身份证号码。如果不详可以不写。

⑥民族。应写全称。

⑦文化程度。应写经正规教育所达到的程度。不识字的，写为"文盲"。

⑧职业或工作单位及职务。应写明具体工作单位和职务;城镇无业者,写为"无业"。

⑨住址。一般写户籍所在地。户籍所在地与经常居住地不一致的,写经常居住地。对流窜犯,户籍所在地或经常居住地不明的,写其暂住地。

⑩是否受过刑事处罚。受过刑事处罚的,要写明何时因何罪被判处何种刑罚及刑满释放或逃跑的时间;受过劳动教养处分的,要写明决定劳教的因由、时间和解除劳教或逃跑的时间;受过行政处罚的,如行政拘留等情况,按时间顺序写明。

⑪被采取强制措施情况。应依次写明被采取强制措施的种类、因由、时间、批准或决定的机关、执行时间和机关。如果有两种以上强制措施的,要依时间顺序来写。如果一案中的多名被告人是在同一时间,被采取同种强制措施的,可在写完各被告人基本情况之后,另起一段,写明"上列被告人因××(因由)均于××××年××月××日经××机关批准或者决定被××(强制措施名称)"。一案有两名以上被告人时,应按先首要分子、主犯,后从犯、胁从犯的顺序排列。不划分主从犯的,按各被告人在犯罪中的作用大小先后排列。

(5)辩护人的基本情况。依次写明:辩护人姓名;工作单位,即辩护人执业的律师事务所。非律师担任辩护人的,写明其所在单位。

(6)案由和案件来源。分别写明以下内容:

①案由。应写公安机关(或国家安全机关、监狱,下同)移送起诉(或建议不起诉)时确定的案由(即涉嫌犯罪行为,下同),如"被告人孙××抢劫一案";检察机关直接侦查的案件,如果侦查终结和审查起诉时认定的案由不一致,只写起诉时认定的案由。对一案多名被告人的,可省略各被告人姓名,用"上列被告人"一语替代。一案涉嫌数个犯罪的,要写齐全。同案被告人涉嫌犯罪不相同时,应当分别表述,如"被告人王××盗窃,赵××销赃一案"。多名被告人共同犯罪,并有多种罪交叉的案件,要将全案被告人所犯之罪一一列出,如"上列被告人盗窃、抢劫、强奸一案"。

②案件移送过程。写明侦查机关侦查终结后,何时移送人民检察院审查起诉(或建议不起诉)。由于案件审判管辖变更而引起受理审查起诉的人民检察院变更的,应写明法律依据和移送时间。其他有关情况的变化,如撤回起诉后又起诉的,一律不写。

之后应写明依法告知的情况。根据《刑事诉讼法》规定,人民检察院受理审查起诉案件后,应当在3日以内告知犯罪嫌疑人有权委托辩护人,告知被害人及其法定代理人或者近亲属、附带民事诉讼的当事人及其法定代理人有权

第六章　检察机关法律文书

委托诉讼代理人；办理审查起诉的简要情况；其他有关情况，如退回补充侦查的，即写明退回补充侦查的时间和重新移送审查起诉的时间，这些内容一般要根据实际情况叙写。

2. 正文

（1）案件事实和认定证据

这部分是起诉书的主体，是指控犯罪的基础。应写明经检察机关审查认定的犯罪事实，包括犯罪时间、地点、经过、手段、动机、目的、危害后果和被告人犯罪后的态度以及有关的人和事等要素，并以是否具有犯罪构成要件为重点，兼叙影响量刑轻重的各种情节。既不能把查无实据或证据不足的行为作为犯罪事实写入起诉书，也不能将把与罪无关的非犯罪行为及人员写入起诉书。

叙述事实要层次清楚、重点突出。应当根据案件情况，恰当选用表达方法。对于起诉指控的所有犯罪事实，无论是一人一罪、多人一罪、还是一人多罪、多人多罪都必须逐一列举，这是原则。具体叙述时，要按照合理顺序进行。一般可以时间先后为序，如果是一人多罪的，应按多种犯罪轻重顺序叙述，重罪在前，轻罪在后；多人多罪的，则应突出主犯、重罪，从犯、轻罪在后叙述。

用作认定案件事实的主要证据，应写明证据的名称、种类，具体叙述，一般应采取"一事一证"的方式，即在每一起案件事实后，写明据以认定的主要证据。对于概括叙述事实的，其证据的写法也可以采取"一罪一证"的方式，即在该罪概述后写明主要证据的种类即可。关于证人证言，要写出证明的直接程度，如"在场目睹者"；物证、书证，要写出具体名称、数量、来源和证明的具体事实，如"被告人杀人的凶器菜刀一把"；鉴定意见，要写明鉴定单位及鉴定的内容，使其足以说明认定的事实证据确凿。

叙事举证，应当注意以下五个问题：一是涉及国家秘密时，须注意保密，非叙述不可的，应概述，不能原文抄录；二是对有伤风化的污秽情节，应考虑社会影响，不作具体叙述；三是犯罪后自首的，应写明自首的时间、地点、内容以及受理的机关等，如有立功表现的，也应同时写明；四是对行为已构成犯罪或严重违法，公安机关已经或正在另案处理的，应注明"另案处理"，对本案被害人，凡涉及个人隐私的，为保护其名誉，只留其姓，隐去其名；五是共同犯罪案件中有共犯在逃的，应在其后注明"另案处理"。

（2）起诉的根据和理由

这部分是起诉书的重点，要针对案情特点，运用犯罪构成要件分析被告人的行为性质，论证起诉的根据和理由。开头一般用"本院认为"，引出下文。

概括罪行事实，要突出本案特点，用准确的语言写明被告人主观恶性，犯罪行为的恶劣程度，犯罪社会危害性的严重程度。

引用法律条文，首先，要准确、完整、具体。准确就是引用的法律条文与适用的对象恰如其分；完整就是要把据以定性处理的法律规定全部列出；具体就是要写明第×条第×款第×项，条文只分项不分款时则写明第×条第×项。其次，要有一定的条理和先后次序。先引用有关定罪与确定量刑幅度的条文，后引述从重、从轻、减轻的条文；适用以他罪论处的条文时，先引用本条文，再按本条文的规定，引用相应的他罪条文；一人犯数罪的，应逐罪引用法律条文，且引用定罪的法律条文顺序应与叙述各罪事实的顺序相一致；共同犯罪中，多人触犯同一罪名的，可集中引用法律条文。

确定罪名应以《刑法》分则条文规定的罪状特征为依据，一人犯数罪的，一般先控重罪，后诉轻罪；共同犯罪案件，应在分清各被告人的地位、作用和刑事责任的前提下，依次确定主犯、从犯的罪名。引述法律、确定罪名时，应先引定罪法律条文，后写明构成××罪，如"触犯《中华人民共和国刑法》第×××条，构成×××罪"。

对被告人具有从重或从轻、减轻处罚情节的，一般应予分别认定，并写出相应的量刑根据和处罚意见。但不宜把轻重两种情节简单并列，以致分不出主从，要对倾向性意见写明理由，用肯定语气明确表述。

（3）决定事项

应当依次写清三方面内容：一是提起公诉的必要性，如"本院为维护社会秩序，保护公民的财产权利不受侵犯……"。二是提起公诉的法律依据，应写明"依据《中华人民共和国刑事诉讼法》第一百七十二条之规定"。三是提起公诉的决定，写明"特提起公诉，请依法判处"。

3. 尾部

尾部应当写明以下内容：

（1）主送的人民法院名称。在正文结束后，另用两行，先写送达用语"此致"，再写"×××人民法院"。

（2）公诉人法律职务及姓名。法律职务应写明检察长、副检察长、检察员、代理检察员等职务，姓名写在法律职务之后。

（3）尾部的日期应写检察长签发起诉书的日期，要写在检察人员法律职务及姓名的下一行对应位置，上面加盖院印。

（4）附注。应当写明以下事项：被告人羁押处所或监视居住、取保候审处所；本案的证据目录、证人名单和主要证据复印件或者照片清单；同案被告人中，检察机关作出不起诉决定的文书副本；被害人（或其法定代理人）提出的附带民事诉状。附注应在文书尾部的顶格处写明"附："字样，然后再具体写明内容。有两项以上内容的,应注明顺序号。

(四) 制作起诉书应当注意的问题

1. 在起诉书送达后,法院开庭审理前,如果发现遗漏重要罪行,或抓获在逃犯应一并起诉,以及对起诉书须作重要补充修改的(如重新认定犯罪数额等),应收回起诉书,使用原文号重新制作。在原文号后加"—2"以示区别,如"第16—2号",不宜采用"补充起诉书"方式。

2. 需要提起附带民事诉讼的,应另行制作刑事附带民事起诉书。

3. 在制作适用单位犯罪案件的起诉书时,要注意全面列举有关主体的基本情况。一般包括被告单位、被告单位诉讼代表人、被告单位委托的辩护人等。被告单位基本情况,包括被告单位名称、住所地、法定代表人姓名、职务等。由于被告单位是法律上虚拟的人格主体,因此被告单位必须由诉讼代表人代表其参加诉讼。被告单位诉讼代表人的基本情况,包括诉讼代表人的姓名、性别、年龄、工作单位、职务等情况。

4. 当自然人犯罪、单位犯罪并存时,在叙写被告单位、被告人情况时,应当先叙述被告单位、法定代表人、诉讼代表人及属于责任人员的被告人情况,再叙述一般的自然人被告人情况;同时,在起诉理由和根据部分,也应当按照先单位犯罪、后自然人犯罪的顺序叙述。

5. 适用简易程序案件的起诉书一般应当一式八份,每增加一名被告人,增加起诉书五份。适用单位犯罪案件的起诉书一般应当一式八份,每增加一个被告单位、被告人,增加起诉书五份。

6. 起诉书应在尾部年月日的左下角加盖"本件与原件核对无异"字样图章。多页的,要在各页的一侧边沿与其相邻页合盖"×××人民检察院骑缝章"。起诉书中对文字作少量删改的,要在删改处加盖"核对章"。

(五) 实例阅读

×××人民检察院

起诉书

×检刑诉〔××××〕第×号

被告人马××,男,19××年××月××日生,身份证号:61040319××××××××××,汉族,小学文化,农民,住××区××乡××村××号。2014年8月26日因涉嫌交通肇事罪被××市××区公安分局批准刑事拘留后潜逃,经本院批准,于2014年10月22日由××市××区公安分局逮捕。

本案由××市××区公安分局侦查终结,以被告人马××涉嫌交通肇事罪,于2014年11月10日向本院移送审查起诉。本院受理后,于2014年11

月 12 日已告知被告人马××有权委托辩护人，2014 年 11 月 12 日已告知被害人景××有权委托诉讼代理人，依法讯问了被告人马××，听取了被害人景××和被告人马××的辩护人王××的意见，审查了全部案件材料。

经依法审查查明，2014 年 8 月 26 日 20 时 50 分许，被告人马××无证、醉酒驾驶陕 V13××号两轮摩托车，沿常青路西侧非机动车道由北向南行驶时，与被害人景××发生相撞，致被害人景××受伤，经××交巡警支队责任事故认定，被告人马××负本次交通事故的全部责任。经法医临床司法鉴定被害人景××的损伤程度为重伤。2014 年 8 月 26 日被告人马××因涉嫌交通肇事罪被××市××区公安分局依法批准刑事拘留后潜逃，2014 年 10 月 14 日，被告人马××被××市××区公安分局抓获归案。

认定上述事实的证据如下：（1）被告人马××的供述；（2）证人闫××、杨××、吕××的证言；（3）事故现场勘验笔录、辨认笔录及现场照片、辨认照片；（4）××市××区公安分局交巡警支队二大队交通事故认定书；（5）西安交通大学法医学鉴定中心鉴定意见书；（6）车辆驾驶员血液、呼吸酒精含量检验与机动车驾驶证查询结果。

本院认为，被告人马××主观上具有完全责任能力，客观上无证、醉酒驾驶车辆致使一人重伤，负事故的全部责任，其行为触犯了《中华人民共和国刑法》第一百三十三条之规定，依法已构成交通肇事罪。犯罪事实清楚，证据确实、充分，应当以交通肇事罪追究其刑事责任。根据《中华人民共和国刑事诉讼法》第一百七十二条之规定，提起公诉，请依法判处。

此致

××市××区人民法院

检察员　张××
2014 年 11 月 20 日
（院印）

附：1. 被告人马××现羁押于××市第一看守所。
　　2. 证据目录 2 份，证人名单 1 份，主要证据复印件 12 页。
　　3. 被害人景××附带民事诉讼起诉状 1 份。

二、不起诉决定书

（一）概念

不起诉决定书是人民检察院经过审查起诉，认为案件不符合《刑事诉讼法》规定的起诉条件，决定不将案件移送人民法院审判而终止诉讼所作出的书面决定。

第六章 检察机关法律文书

存疑不起诉,即《刑事诉讼法》第171条第4款规定:"对于补充侦查的案件,人民检察院仍然认为证据不足,不符合起诉条件的,可以作出不起诉决定。"法定不起诉,即第173条第1款规定:"犯罪嫌疑人没有犯罪事实,或者有本法第十五条规定的情形之一的,人民检察院应当作出不起诉决定。"相对不起诉,即第173条第2款规定:"对于犯罪情节轻微,依照刑法规定不需要判处刑罚或者免除刑罚的,人民检察院可以作出不起诉决定。"人民检察院在审查起诉中,认为案件符合上述法律规定的,可以或者应当分别作出不起诉决定,并相应制作适用上述三种不起诉情况的不起诉决定书。

(二)格式

×××人民检察院
不起诉决定书

×检××刑不诉〔××××〕第×号

被不起诉人×××……(写明姓名、性别、出生年月日、身份证号码、民族、文化程度、职业或工作单位及职务、住址、曾受到行政处罚、刑事处罚的情况和因本案采取强制措施的情况等)。

(如被不起诉人系单位,则应写明名称、住所地等)

辩护人×××(写明姓名、单位)。

本案由××(侦查机关)侦查终结,以被告人××涉嫌××罪,于××××年××月××日向移送本院审查起诉。

经本院依法审理查明:……

[如果是根据《刑事诉讼法》第十五条第(一)项即公安机关移送起诉认为行为构成犯罪,经检察机关审查后认定行为情节显著轻微、危害不大,不认为是犯罪而决定不起诉的,则不起诉决定书应当先概括叙述公安机关移送审查起诉意见书认定的犯罪事实,然后叙写检察机关审查后认定的事实及相应的证据,重点反映显著轻微的情节和危害程度较小的结果。如果行为已经构成犯罪,本应当追究刑事责任,但有《刑事诉讼法》第十五条第(二)至(六)项规定的法定不追究刑事责任的情形,因而决定不起诉的,应当重点叙写符合法定不追究刑事责任的事实和证据,反映出法律规定的内容。]

(如果是根据《刑事诉讼法》第一百七十一条第四款规定即对于补充侦查的案件,人民检察院仍然认为证据不足,不符合起诉条件而决定不起诉的,则不起诉决定书应当重点叙述已经经过补充侦查,收集的证据仍然不足以认定犯罪事实的,不能达到起诉标准,人民检察院有权作出不起诉的决定)

（如果是根据《刑事诉讼法》第一百七十三条第二款规定即对于犯罪情节轻微，依照刑法规定不需要判处刑罚或者免除刑罚的，人民检察院决定不起诉的，应当重点写明有关被不起诉人具有的法定情节及检察机关酌情作出不起诉决定的具体理由的事实。）

本院认为，×××（被不起诉人的姓名）上述行为，情节显著轻微、危害不大，不构成犯罪。（对于补充侦查的案件，人民检察院仍然认为证据不足，不符合起诉条件；对于犯罪情节轻微，依照刑法规定不需要判处刑罚或者免除刑罚的，人民检察院决定不起诉的。）依照《中华人民共和国刑事诉讼法》第十五条（第一百七十一条第四款；第一百七十三条第二款）规定，决定对×××（被不起诉人的姓名）不起诉。

被不起诉人如不服本决定，可以自收到本决定书后七日内向本院申诉。

被害人如果不服本决定，可以自收到本决定书后七日内向×××人民检察院申诉，请求提起公诉；也可以不经申诉，直接向×××人民法院提起自诉。

×××人民检察院
××××年××月××日
（院印）

（三）内容及制作方法

不起诉决定书是叙述式文书。由首部、正文和尾部三部分组成。

1. 首部

不起诉决定书的首部包括制作文书的人民检察院名称、文书名称、文书编号、被不起诉人基本情况、辩护人基本情况、案由和案件来源。

（1）人民检察院名称即为提起公诉的人民检察院。

（2）文书名称即不起诉决定书。

（3）文书编号为"×检刑不诉〔××××〕第×号"，空白处分别填写提起公诉的人民检察院简称、具体办案部门简称、年度和文件序号，其中年度必须填写完整的四位数，如"2014"。

（4）被不起诉人基本情况。应逐一写明被不起诉人的姓名、性别、出生年月日、身份证号码、民族、文化程度、职业或工作单位及职务（如案件系国家机关工作人员利用职权实施的犯罪，还应当写明犯罪期间在何单位任何职）、住址（一般写被不起诉人居住地，如果户籍所在地与暂住地不一致的，则应分别写明户籍所在地和暂住地）、是否受过刑事处罚，采取强制措施的种类、时间、决定机关等。如果被不起诉的是单位，则应写明单位名称、住所地等，并以被不起诉单位替代不起诉格式中的"被不起诉人"。

（5）辩护人基本情况。包括辩护人的姓名、单位。

（6）案由和案件来源。具体表述为："本案由×××（侦查机关名称）侦查终结，以被不起诉人×××涉嫌××罪，于×××年××月××日移送本院审查起诉。"如系检察机关直接受理立案侦查的案件，则表述为："被不起诉人×××涉嫌××一案，由本院侦查终结，于×××年××月××日移送审查起诉或不起诉。"

如果案件是其他人民检察院移送的，则应当将指定管辖、移送单位以及移送时间等情况写明。其中，"案由"应当写移送审查起诉时或者侦查终结时认定的行为性质，而不是审查起诉部门认定的行为性质；在这部分，还要写明移送审查起诉及本院受理的时间，如果案件曾经退回补充侦查，则应写明退回补充侦查的日期、次数以及再次移送审查起诉的时间。

2. 正文

正文是不起诉决定书的核心内容，具体包括案件事实情况、不起诉理由、法律依据和决定事项。

（1）案件事实情况

这部分可以根据不同情形采取以下两种不同的表述方法：其一，如果是根据《刑事诉讼法》第15条第（一）项的规定作出不起诉决定，即侦查机关认为已经构成犯罪而移送起诉，检察机关经审查后认定行为情节显著轻微、危害不大，不认为是犯罪而决定不起诉的，应先概括叙述侦查机关移送审查起诉意见书认定的犯罪事实（如系检察机关自侦案件，则不写此部分），然后叙写检察机关经过审查认定的事实及相应证据，其中应重点反映显著轻微的情节和危害程度较小的结果。其二，如果被不起诉人的行为已构成犯罪，本应追究刑事责任，但在审查过程中，出现了《刑事诉讼法》第15条第（二）至（六）项规定的不追究刑事责任的情形之一，因而决定不起诉的，应当重点叙明符合法定不追究刑事责任的事实和证据，以充分体现法律规定的内容。

属于相对不起诉情形的，这部分要概括叙写案件事实，重点写明有关被不起诉人具有的法定情节及检察机关酌情作出不起诉决定的具体理由。应注意将检察机关审查后认定的事实和证据写清楚，而对于侦查机关移送审查时认定的事实和证据则不必叙写。对于证据不足的事实，不得写入此文书中。在事实部分表述犯罪情节时应当以犯罪构成要件为标准，还要将体现其情节轻微的事实及符合相对不起诉条件的特征叙述清楚。在叙述完事实后，应当将证明"犯罪情节"的各项证据一一列举，以阐明犯罪情节如何轻微。

属于存疑不起诉情形的，这一部分只需概括叙述侦查机关认定的事实即可。

(2) 不起诉理由、法律依据和决定事项。

属于法定不起诉情形的,这部分根据决定不起诉的法定事由的不同有两种表述方法:

其一,如系根据《刑事诉讼法》第15条第(一)项的规定作出不起诉决定的,表述为:"本院认为,×××(被不起诉人的姓名)的上述行为,情节显著轻微、危害不大,不构成犯罪。依照《中华人民共和国刑事诉讼法》第十五条第(一)项和第一百七十三条第一款规定,决定对×××(被不起诉人的姓名)不起诉。"

其二,如系根据《刑事诉讼法》第15条第(二)至(六)项的规定作出不起诉决定的,则应重点阐明不追究被不起诉人刑事责任的理由及法律依据,并写明决定不起诉的法律依据。

属于相对不起诉情形的,其不起诉理由、法律依据和决定事项,可表述为:"本院认为,犯罪嫌疑人×××实施了《中华人民共和国刑法》第×条规定的行为,但犯罪情节轻微,具有××情节(具体写明行为人具有从轻、减轻或者免除刑罚的情节表现),根据《中华人民共和国刑法》第×条的规定,不需要判处刑罚(或者免除刑罚)。依照《中华人民共和国刑事诉讼法》第一百七十三条第二款规定,决定对×××(被不起诉人的姓名)不起诉。"

属于存疑不起诉情形的,只须写明:"经本院审查并退回补充侦查,本院仍然认为×××(侦查机关名称)认定的犯罪事实不清、证据不足(或者本案证据不足),不符合起诉条件。依照《中华人民共和国刑事诉讼法》第一百七十一条第四款规定,决定对×××(被不起诉人的姓名)不起诉。"

如果系检察机关直接受理立案侦查的案件,则应表述为:"本案经本院侦查终结后,在审查起诉期间,经两次补充侦查,本院仍认为本案证据不足,不符合起诉条件。依照《中华人民共和国刑事诉讼法》第一百四十条第四款规定,决定对×××(被不起诉人的姓名)不起诉。"

3. 尾部

(1) 告知事项。对于有被害人的案件,不起诉决定书应当写明被害人享有的申诉权及起诉权,具体可表述为:"被害人如果不服本决定,可以自收到本决定书后七日内向×××人民检察院申诉,请求提起公诉;也可以不经申诉,直接向×××人民法院提起自诉。"此处的"×××人民检察院"应为作出不起诉决定的上一级人民检察院。至于"×××人民法院"则是指与作出不起诉决定的人民检察院同级的人民法院。

如果是相对不起诉,在告知事项书中还应写明被不起诉人享有的申诉权,可表述为:"被不起诉人如不服本决定,可以自收到本决定书后七日内向本院申诉。"同时,存在被不起诉人与被害人的,应按这一顺序分别写明各自享有的申诉权与起诉权。

(2) 作出不起诉决定的人民检察院名称、院印。

(3) 文书制发日期。文书制发日期应为签发日期。

(四) 制作不起诉决定书应注意问题

1. 要正确把握不起诉决定书的使用范围。对于经审查认为犯罪嫌疑人没有犯罪事实,或者犯罪行为不是犯罪嫌疑人所为的案件,人民检察院应依法将案件退回侦查机关(对于自侦案件,审查起诉部门应将案件退回侦查部门),由侦查机关作出撤销案件的决定,而不能决定不起诉。

2. 对于人民检察院决定不起诉的案件,如果在侦查过程中对有关财物采取了扣押、冻结措施的,应予解除。对于公安等侦查机关移送审查起诉的案件,人民检察院应当及时将不起诉决定书送达侦查机关,由其解除扣押、冻结。

3. 人民检察院在作出不起诉决定时,如果认为应对被不起诉人给予行政处罚、行政处分或者需要没收违法所得的,应当提出检察意见书,连同不起诉决定书一并移送有关主管机关处理。

4. 本文书分为正本和副本,其中,正本一份归入案卷,副本发送被不起诉人、辩护人及其所在单位、被害人或者其近亲属及其诉讼代理人、侦查机关。

第四节 抗诉文书

根据我国《宪法》规定,人民检察院是国家法律监督机关,在诉讼中,对人民法院的审判活动是否合法,实行法律监督。抗诉权是人民检察院行使法律监督权的重要组成部分。根据案件性质的不同,人民检察院提起抗诉时应分别制作刑事抗诉书、民事抗诉书、行政抗诉书。

一、刑事抗诉书

(一) 概念

刑事抗诉书,是人民检察院发现人民法院的刑事判决或者裁定确有错误而依照法定程序提出抗诉所制作的文书。

根据《刑事诉讼法》第217条、第243条第3款以及其他法律和最高人民检察院的有关规定,地方各级人民检察院认为本级人民法院的第一审判决、裁定确有错误时,在法定时限内,应当向上一级人民法院提出抗诉,通常称为上诉程序（二审程序）的抗诉。最高人民检察院对各级人民法院已经发生法律效力的判决和裁定，上级人民检察院对下级人民法院已经发生法律效力的判决和裁定，如果发现确有错误，有权按照审判监督程序提出抗诉，通常称为审判监督程序抗诉。不论以哪种程序提出抗诉，都必须制作抗诉书，送达人民法院。制作并送达抗诉书，是引起人民法院第二审或者再审的法定程序之一。抗诉书是检察机关行使审判监督职权的重要工具，对于纠正人民法院确有错误的判决和裁定，保证法律正确实施具有重要作用。

二审程序的抗诉书和审判监督程序的抗诉书这两种刑事抗诉书尽管在格式、内容方面存在一些差异，但其性质、名称、结构与制作要求大致相同，故本节将以二审程序适用的刑事抗诉书为例，对刑事抗诉书的格式及制作方法予以学习。

（二）格式

×××人民检察院
刑事抗诉书
（二审程序用）

×检××刑抗〔××××〕第×号

×××人民法院以第×号刑事判决书（裁定书）对被告人×××（姓名）××（案由）一案判决（裁定）……（判决、裁定结果）。本院依法审查后认为（如果是被害人及其法定代理人不服地方各级人民法院第一审的判决而请求人民检察院提出抗诉的，应当写明这一程序，然后再写"本院依法审查后认为"），该判决（裁定）确有错误（包括认定事实有误、适用法律不当、审判程序严重违法），理由如下：

……（根据不同情况，理由从认定事实错误、适用法律不当、审判程序违法等几方面阐述）

综上所述……（概括上诉理由），为维护司法公正，准确惩治犯罪，依照《中华人民共和国刑事诉讼法》第二百一十七条规定，特提出抗诉，请依法判处。

此致
×××人民法院

×××人民检察院
××××年××月××日
（院印）

附：1. 被告人×××现羁押于××。
    2. 新的证人名单或者证据目录。

（三）内容及制作方法

刑事抗诉书是叙述式文书，从形式结构划分，由首部、正文和尾部组成。

1. 首部。包括：制作文书的人民检察院名称；文书名称一律称为"刑事抗诉书"；文书编号，即"×检××刑抗〔××××〕第×号"。

2. 原判决（裁定）情况，即写明所抗诉案件的第一审判决、裁定的有关情况，说明本案来源。包括原审的人民法院名称及文书编号，文书名称（刑事判决书成裁定书），案由和判决或裁定结果。

3. 审查意见。概括写明检察机关对原判决的审查意见，指出原审判决、裁定的错误所在，阐述提出抗诉及纠正错误的必要性。明确抗诉焦点，观点要鲜明、简要。可表述为，如"本院审查后认为：该判决（裁定）确有错误（包括认定事实有误，适用法律不当、审判程序严重违法）理由如下：……"

4. 抗诉理由。有针对性地运用事实和证据，具体指出原审判决或裁定的错误，阐明为什么错误，同时论证抗诉意见的正确性。书写抗诉理由时，论点要准确，论据有理，论证合理。主要应针对以下几个方面提出：

（1）原判决或裁定认定事实有错误的，要具体指出错在什么地方，突出争议重点，再论证检察机关查实认定的事实和证据。论述事实要有针对性地列举证据，说明证据的内容要点及与犯罪的联系。

（2）原判决或裁定适用法律有错误的，主要针对犯罪行为的本质特征论述如何认定行为性质，从而正确适用法律。要从引用罪状、量刑情节等方面分别论述。

（3）要针对量刑不当的原因，阐述抗诉理由。如果是认定事实错误，致使定罪适用法律错误的，应参照上述要求，在阐明正确认定事实和准确适用法律的意见后，再写清量刑的不当所在。如果事实和定罪基本无误，只是量刑过轻或过重的，应着重从情节、社会危害性等影响量刑的诸要素方面进行分析，指出原判量刑上的错误所在，进而提出准确量刑的原则意见。

（4）原判决或裁定违反法律规定的诉讼程序的，要根据《刑事诉讼法》和有关司法解释逐个论述，先写明原审违反诉讼程序的事实表现，再写明影响公正判决的现实或可能性，最后阐述法律规定的正确诉讼程序。

（5）原裁定将犯罪事实清楚、证据确凿的案件错误地裁定为事实不清、证据不足的，要针对分歧焦点，充分运用犯罪事实和证据，逐条逐项论证本案符合法定条件，足以认定的道理。

5. 结论性意见、法律根据、决定和要求事项。这部分应依次写明三方面内容：

（1）阐明结论性意见，即根据所述的抗诉理由，针对原判错误，阐述检察机关认定的被告人行为性质、罪名、量刑等意见。

（2）引用法律根据。要针对实际写明实体和程序两个方面的法律根据，据以指出和纠正原判决或裁定错误的法律条款；据以提出抗诉的法律条款，即我国《刑事诉讼法》第217条。

（3）要求事项，即在末尾写明"特提出抗诉，请依法判处"。

6. 尾部。写明"此致"、受理抗诉的法院名称（即写上一级法院全称）。发出本文书的年、月、日，加盖院章。所附事项包括被告人羁押场所和新的证人名单和证据目录。

（四）制作刑事抗诉书应注意的问题

1. 抗诉书以案件或被告人为单位制作。其制作份数按实际需要计算。正本送达主送的人民法院，副本（通过法院）送达被告人及其辩护人。另附检察内卷一份，抄送上一级检察院一份。

2. 二审程序抗诉书，应由起诉检察院在法定期限内，将抗诉书正本和送达被告人及其辩护人的副本，一并送达原审人民法院，由其分别向上一级人民法院移送和向被告人及辩护人送达。

3. 在抗诉书中不能追诉起诉书中没有指控的犯罪事实。如果有自首、立功等情节，亦应在抗诉书中予以叙述。

二、民事抗诉书

（一）概念

民事抗诉书，是人民检察院对人民法院已经发生法律效力的民事判决、裁定，符合法定情形之一的，按照审判监督程序向人民法院提出抗诉时用的文书。

根据《民事诉讼法》第208条规定："最高人民检察院对各级人民法院已经发生法律效力的判决、裁定，上级人民检察院对下级人民法院已经发生法律效力的判决、裁定，发现有本法第二百条规定情形之一的，或者发现调解书损害国家利益、社会公共利益的，应当提出抗诉。地方各级人民检察院对同级人民法院已经发生法律效力的判决、裁定，发现有本法第二百条规定情形之一的，或者发现调解书损害国家利益、社会公共利益的，可以向同级人民法院提出检察建议，并报上级人民检察院备案；也可以提请上级人民检察院向同级人民法院提出抗诉"。第212条规定："人民检察院决定对人民法院的判决、裁定、调解书提出抗诉的，应当制作抗诉书"。民事抗诉书可以启动法院的民事再审程序，对于督促法院纠正错误裁判有重要意义。

第六章 检察机关法律文书

（二）内容及制作方法

民事抗诉书为叙述式文书，可以分为首部、正文和尾部三部分。

1. 首部

标题分两行居中表述为"×××人民检察院"、"民事抗诉书"。

文书编号可表述为"×检××民抗〔××××〕第×号，空白处依次填写制作文书的人民检察院简称、部门编号、年度和序号。

案件来源，分为当事人向检察机关直接申诉的、下级院提请抗诉的、检察机关自行发现的和案外人向检察机关提出申诉的四种情况，写明"我院对该案进行了审查……（写审查过程），现已审查终结"。这里审查过程要写明检察机关何时受理申诉或发现同级人民法院判决、裁定有错误，具体做了哪些审查工作。根据《人民检察院民事行政抗诉案件办案规则》规定，人民检察院应当在立案之后调（借）阅人民法院审判案卷。检察机关一般情况下应就原审案卷进行审查，审查时发现了什么问题，具体予以列明。对下级检察院提请抗诉的案件，应结合原审案卷及所附材料全面审查提请抗诉书的内容及法律依据。

2. 正文

（1）审查认定的事实。写明检察机关审查认定的事实，并写明由谁提起诉讼。是否写检察机关认定的事实，有不同意见。有人认为，检察机关没有必要也没有条件全面、正确地认定案件事实，只要在民事抗诉书中指明原审判决中的不足就足够了。笔者认为，应当写明，因为"以事实为根据，以法律为准绳"是原则，检察机关确实掌握了案件事实，这样有的放矢地提出抗诉意见，论证才更加有力。对于审判人员在审理该案时有贪污受贿、徇私舞弊或者枉法裁判的，以及人民法院违反程序的，也在此一并写明。

（2）诉讼过程。按时间顺序写明一审法院、二审法院判决、裁定的作出日期、文号、理由、主文及诉讼费负担情况。若该案件经过了再审，要一并写明。如果法院判决、裁定与检察机关认定事实有不同之处，要在该部分写明法院认定的事实，如果认定相同，就无须再写。

（3）抗诉理由。结合案件具体情况，分析、论证生效判决、裁定存在的问题及错误。着重指出已生效民事判决、裁定符合《民事诉讼法》第208条及《人民检察院民事行政抗诉案件办案规则》的抗诉要求。

（4）总结。写明生效判决、裁定存在的问题，有几个方面就写几个方面。然后写明经本院检察委员会讨论，依照"《中华人民共和国民事诉讼法》第二百零八条的规定，向你院提出抗诉，请依法再审。"

3. 尾部

写明送达的人民法院名称，决定抗诉的年月日，并加盖院印，最后写明随案移送的卷宗及有关材料情况。

（三）制作民事抗诉书应注意的问题

1. 民事抗诉书与民事行政检察提请抗诉报告书不同，民事抗诉书是人民检察院向同级人民法院提出的抗诉书，它的后果是直接导致再审程序的发生，民事行政检察提请抗诉报告书是下级人民检察院认为原生效民事行政判决、裁定确有错误，向上一级人民检察院提请抗诉的报告，是否抗诉，由上一级检察院决定，也就是说，民事行政检察提请抗诉报告书并不一定导致再审程序的发生。

2. 正本加盖"正本"印章，副本加盖"副本"印章。正本送同级人民法院，同时按当事人人数送达副本，副本存入检察副卷，还要报同级人大和上级人民检察院备案。

三、行政抗诉书

（一）概念

行政抗诉书，是指人民检察院对人民法院已经发生法律效力的行政判决、裁定，符合法定情形的，按照审判监督程序向人民法院提出抗诉时用的文书。

根据《行政诉讼法》第11条规定，人民检察院有权对行政诉讼实行法律监督。《行政诉讼法》第93条规定，人民检察院对人民法院已经发生法律效力的判决、裁定，发现违反法律、法规规定的，有权按照审判监督程序提出抗诉。行政抗诉书可以启动法院对行政案件的再审程序，这对于维护司法公正和司法权威具有重要意义。

（二）内容及制作方法

行政抗诉书为叙述式文书，可以分为首部、正文和尾部三部分。

1. 首部

标题分两行居中表述为"×××人民检察院"、"行政抗诉书"。

文书编号可表述为"×检××行抗〔××××〕第×号，空白处依次填写制作文书的人民检察院简称、部门编号、年度和序号。

案件来源。先写明由谁向人民检察院提出申诉，这里要区分四种情况，即当事人向检察机关直接申诉的、下级检察院提请抗诉的、检察机关自行发现的和案外人向检察机关提出申诉的。然后写明"我院对该案进行了审查……（写审查过程），现已审查终结"。这里只写明检察机关何时受理申诉或发现同级人民法院判决、裁定有错误，具体做了哪些审查工作。根据《人民检察院

第六章 检察机关法律文书

民事行政抗诉案件办案规则》之规定,人民检察院应当在立案之后调(借)阅人民法院审判案卷。检察机关一般情况应就原审案卷进行审查,审查时发现了什么问题,具体列明。对下级检察院提请抗诉的案件,应结合原审案卷及所附材料全面审查提请抗诉书的内容及法律依据。

2. 正文

(1)审查认定的事实。写检察机关审查认定的事实,并写明由谁提起诉讼。是否写检察机关认定的事实,有不同意见。笔者认为,与对民事抗诉书的同一问题的意见相同。发现人民法院违反程序的以及原判决、裁定违反《行政诉讼法》第34条规定的举证责任的,也在此一并写明。根据《行政诉讼法》第34条规定,被告对作出的具体行政行为负举证责任,应当提供作出该具体行政行为的证据和所依据的规范性文件。最后写明由谁提起诉讼,即写明由原审中原告提起诉讼。

(2)诉讼过程。按时间顺序写明一审法院、二审法院判决、裁定的作出日期、文号、理由、主文及诉讼费负担情况。这一部分的叙述方法、要求,与民事抗诉书的写法基本相同。

(3)抗诉理由。结合案件具体情况,分析、论证生效判决、裁定存在的问题及错误。有针对性地运用事实和证据,具体指出原审判决或裁定存在哪些错误,并说明相关依据,同时论证检察机关抗诉意见的正确性。这是论述重点。一般着重从以下几个方面提出:①原判决、裁定认定事实错误的,如原判决、裁定认定行政事实行为是否存在、是否合法发生错误的;原判决、裁定认定事实的主要证据不足的;原判决、裁定错误认定具体行政行为的性质的。认定事实错误,必然导致定性和适用法律错误。这里首先指出原审判决、裁定认定的事实错在何处,接着说明检察机关认定事实和证据的正确性。②原判决、裁定违反法律规定的诉讼程序的。例如,原判决、裁定违反了《行政诉讼法》第34条规定的举证责任规则的;原判决、裁定违反了法定程序,可能影响案件正确判决的。这里需写明原审法院违反法律规定的诉讼程序情况以及影响正确判决的可能性或现实表现。③原判决、裁定适用法律错误,如原判决、裁定违反《立法法》第78条至第86条的规定适用法律的,原判决、裁定确定权利归属或责任承担违反法律规定的。如果原审判决适用法律错误是因认定事实错误造成的,应先将检察机关查清认定的事实和证据写明,然后指出原审判决在适用法律上的错误,再说明本案应如何认定犯罪性质、正确适用法律。如果原审判决认定事实无误,只是在适用法律上有错误,应在指出具体错误后,着重围绕行为事实的本质特征,论证如何认定案件性质,如何正确适用法律。④原裁定违反法律规定的,如人民法院对依法应予受理的行政案件,裁定不予受理或者驳回起诉的；人民法院裁定准许当事人撤诉违反法律规定的。这里着重论述该案件人民法院依法应予受理或不应驳回起诉。

（4）总结。指出生效判决、裁定存在哪些方面的问题。然后写明经本院检察委员会讨论决定（若未经检察委员会讨论的，可不写）。依照《行政诉讼法》第93条规定向你院提出抗诉。此部分是对前部分抗诉理由和依据加以总结，言辞要简练、概括，并且用语准确。

3. 尾部

写的送达的人民法院名称，决定抗诉的年月日，并加盖院印，最后写明随案移送的卷宗及有关材料情况。

（三）制作行政抗诉书应注意的问题

1. 行政抗诉书与民事行政检察提请抗诉报告书的区别在于行政抗诉书是人民检察院向同级人民法院提出的抗诉书，它的后果是直接导致再审程序的发生，民事行政检察提请抗诉报告书是下级人民检察院认为原生效民事行政判决、裁定确有错误，向上一级人民检察院提请抗诉的报告，是否抗诉，由上一级检察院决定。

2. 正本加盖"正本"印章，副本加盖"副本"印章。正本送同级人民法院，同时按当事人人数送达副本，副本存入检察副卷，还要报同级人大和上级人民检察院备案。

本章习题

一、名词解释

1. 刑事抗诉书
2. 起诉书

二、简答题

1. 检察机关法律文书概念和种类？
2. 起诉书的制作方法？
3. 刑事抗诉书的制作方法？
4. 不起诉决定书的种类？

第七章 刑事裁判文书

正义不仅要实现，而且应当以人们看得见的方式实现。

——英美法谚

【内容提要】

刑事裁判文书是审判机关处理刑事案件时使用的最主要的法律文书，是审判机关行使刑事审判权的凭证与记载。本章重点介绍司法实践中法官审理刑事案件必须制作的各种常用的重要裁判文书。主要包括第一审刑事判决书、第二审刑事判决书、再审刑事判决书、刑事附带民事判决书、刑事附带民事调解书、死刑复核刑事裁定书等。

第一节 刑事裁判文书概述

一、刑事裁判文书的概念

刑事裁判文书，是审判机关在审判刑事案件过程中，依照《刑法》和《刑事诉讼法》，针对案件的实体问题和程序问题，所制作的具有法律效力的文书。刑事裁判文书是人民法院常用的法律文书之一。刑事裁判文书只能由代表国家行使审判权的人民法院制作。

二、刑事裁判文书的种类

刑事裁判文书，主要指刑事判决书、刑事裁定书和刑事附带民事调解书。

刑事判决书，按照文书内容，可分为有罪判决书和无罪判决书；按照审判程序，可分为第一审刑事判决书、第二审刑事判决书、死刑复核刑事判决书、再审刑事判决书和刑事附带民事判决书。

刑事裁定书，可分为第一审刑事裁定书、第二审刑事裁定书、死刑复核刑事裁定书、再审刑事裁定书和执行程序裁定书。

刑事调解书，可分为刑事调解书和刑事附带民事调解书。

第二节 第一审刑事判决书

一、第一审刑事判决书的概念与制作依据

第一审刑事判决书，是指第一审人民法院依照刑事诉讼法规定的第一审程序，对审理终结的刑事案件，依照已经查明的事实、根据和相关实体法规定，认定被告人的行为是否构成犯罪、构成何种罪，并科以刑罚或者免除刑罚而作出的书面决定。

根据《刑事诉讼法》第195条规定："在被告人最后陈述后，审判长宣布休庭，合议庭进行评议，根据已经查明的事实、证据和有关的法律规定，分别作出以下判决：（一）案件事实清楚，证据确实、充分，依据法律认定被告人有罪的，应当作出有罪判决；（二）依据法律认定被告人无罪的，应当作出无罪判决；（三）证据不足，不能认定被告人有罪的，应当作出证据不足、指控的犯罪不能成立的无罪判决。"第197条规定："判决书应当由审判人员和书记员署名，并且写明上诉的期限和上诉的法院。"这是制作第一审刑事判决书的法律依据。

二、第一审刑事判决书的类别

第一审刑事判决书种类很多。根据最高人民法院通过的《法院刑事诉讼文书样式》（样本）、增补本，其中所包含的第一审刑事判决书主要有以下几种：第一审公诉案件适用普通程序刑事判决书、第一审单位犯罪案件刑事判决书、第一审公诉案件适用普通程序刑事附带民事判决书、第一审未成年人犯罪公诉案件适用普通程序刑事判决书、第一审公诉案件适用简易程序刑事判决书。本部分主要介绍上述几类刑事判决书。

三、第一审公诉案件适用普通程序刑事判决书

（一）概念与制作依据

第一审公诉案件适用普通程序刑事判决书，是指第一审人民法院根据刑事诉讼法的规定，对于公诉案件按照第一审普通程序审理终结后，根据已经查明的事实、证据，依据有关法律规定，作出被告人有罪或者无罪，犯什么罪，判处什么刑罚或者免除处罚，或者宣告无罪等处理决定所使用的判决文书。《刑事诉讼法》第180条、第195条、第197条的规定为制作第一审公诉案件适用普通程序刑事判决书提供了法律依据。按照上述法律规定，第一审公诉案件适

第七章 刑事裁判文书

用普通程序刑事判决书适用于定罪处罚、定罪免刑和宣告无罪三类案件。

（二）格式

×××人民法院

刑事判决书

〔××××〕××刑初字第×号

公诉机关×××人民检察院

被告人……

辩护人……

×××人民检察院以×检×诉〔　〕第×号起诉书指控被告人×××犯××罪，于××××年××月××日，向本院提起公诉。本院依法组成合议庭，公开（或不公开）开庭审理了本案。×××人民检察院指派检察员×××出庭支持公诉，被害人×××及其法定代理人×××、诉讼代理人××，被告人×××及其法定代理人、辩护人×××、证人×××、鉴定人×××等到庭参加诉讼。现已审理终结。

×××人民检察院指控……

被告人辩称……

经审理查明，……

本院认为，……依照……的规定，判决如下：

……

如不服本判决，可在接到判决书的第二日起十日内，通过本院或者直接向×××人民法院提出上诉。书面上诉的，应当提交上诉状正本一份，副本×份。

　　　　　　　　　　　　　　　　　　审判长　×××
　　　　　　　　　　　　　　　　　　审判员　×××
　　　　　　　　　　　　　　　　　　审判员　×××
　　　　　　　　　　　　　　　　　××××年××月××日
　　　　　　　　　　　　　　　　　　　（院印）

本件与原件核对无异

　　　　　　　　　　　　　　　　　　书记员　×××

（三）内容及制作方法

刑事判决书是对案件的处理决定，具有约束力，是结论性文书，结构布局及语言运用上以简洁为贵，强调严谨缜密，准确无误，绝不能有遗漏和含混之处，更不能牵强附会。在制作方法上要开门见山，突出主旨；布局紧凑，层次分明，富有逻辑性。第一审刑事判决书由首部、事实、理由、判决结果和尾部五个部分组成。事实、理由和判决结果是判决书的正文和核心部分。

1. 首部

依次写明下列内容：

（1）标题。在文书上部正中分两行写法院名称和文书名称。其中法院的名称，一般应与院印的文字一致，但是基层法院应冠以省、自治区或直辖市的名称。涉外刑事案件，各级法院均应冠以"中华人民共和国"的国名。文书名称无须标明审判程序和起诉主体的性质。

（2）文书编号。由立案年度、制作法院、案件性质、审判程序的代字和案件顺序组成，如"〔××××〕××刑初字第×号"。写在"刑事判决书"的右下方。

（3）公诉机关的称谓事项。根据《刑事诉讼法》第167条规定，代表国家提起公诉的是人民检察院，应写明提起公诉的检察机关全称，如"公诉机关×××人民检察院"，在"公诉机关"和"×××人民检察院"之间不用冒号隔开。

（4）被告人的基本情况。应依次列明如下项目：姓名（括号注明与案情有关的别名、化名和绰号）、性别、出生年月日、民族、出生地、文化程度、职业或工作单位和职务、住址以及因本案所受强制措施情况，现羁押何处。

被告人曾经受过刑事处罚、行政处罚等酌定从重处罚情节，应写明其事由和时间。对涉及累犯的情形，应当写明其原判刑罚的情况和刑满释放的日期。凡被拘留、逮捕的，应写明被拘留、逮捕的年月日，以便折抵刑期。一般表述为"因涉嫌犯×××罪于××××年××月××日被逮捕（或被采取其他羁押措施）"。

同案被告人有两人以上的，按主犯、从犯的顺序列项书写。被告人是外国人的，应在其中文译名后用括号写明其外文姓名、护照号码、国籍。

（5）辩护人的基本情况。辩护人是律师的，写明姓名、工作单位和职务，如"辩护人：×××，××律师事务所律师"；如果是人民团体或者被告人所在单位推荐的，或者是经人民法院许可的公民，应写明其姓名、工作单位和职务；如果是被告人的监护人、亲友，除应写明其姓名和职务外，还应写明其与被告人之间的关系；辩护人是依法由人民法院指定的，写明"指定辩护人"。各被告人的辩护人，应另起一行，依次分别写在各被告人的下一行。一案有几个被告人并各有辩护人的，应分别写在各被告人的下一行，不要集中列辩护人。

（6）案件由来、审判组织、审判方式和审判经过。主要包括：案件来源、

第七章 刑事裁判文书

起诉案由、合议庭审判还是独任审判、是否依法公开审理、到庭参加诉讼的情况。

公诉案件要写明起诉日期，即法院签收起诉书等材料的日期，这关系到审理期限的计算。同时，应当在裁判文书中写明审理案件的起始日，亦即立案日期。

对于依法不公开审理的案件，应当写明不公开审理的理由。一般表述为："本院依法组成合议庭，因本案涉及国家秘密（或者个人隐私，或者被告人系未成年人），不公开开庭审理本案。"

出庭参加诉讼的人员，不仅要写明控方人员，而且还要写明被告人及其辩护人出庭情况。出庭的被告人、辩护人有多人的，可以概写为"上列被告人及其辩护人"；出庭支持公诉的如系检察长、副检察长、助理检察员的，分别表述为"检察长"、"副检察长"、"代理检察员"。

对于前案依据《刑事诉讼法》第 195 条第（三）项规定作出无罪判决，人民检察院又起诉的，原判决不予撤销，但应在案件审判经过阶段"×××人民检察院以×检×诉〔××××〕第×号起诉书……"一句前，增写"被告人×××曾于××××年××月××日被×××人民检察院以××罪向×人民法院提起公诉。因证据不足，指控的犯罪不能成立，被×××人民法院依法宣告为无罪。"

对于经第二审人民法院发回重审的案件，原审法院重审以后，在制作判决书时，在"开庭审理了本案……"一句后，增写以下内容："于×××年××月××日作出的〔××××〕×刑初字第×号刑事判决，被告人×××提出上诉（或者×××人民检察院提出抗诉）。×××人民法院于×××年××月××日作出〔××××〕×刑终字第×号刑事裁定，撤销原判，发回重审。本院依法另行组成合议庭，公开（或者不公开）开庭审理了本案。"

2. 事实

本部分是判决的基础，是判决理由和判决结果的根据。有罪判决的事实部分，是确认被告人的行为构成犯罪和处以刑罚的根据。按照最高人民法院修订的新样式，刑事判决书事实部分一般包括以下内容：人民检察院指控被告人犯罪的事实和证据；被告人的供述、辩解和辩护人的辩护意见、有关证据；经庭审调查查明的犯罪事实；经举证、质证、认证、认定这些犯罪事实的证据。

首先，要概述公诉机关指控的基本内容，写明被告人的供述、辩解和辩护人的辩护要点。这部分旨在加强刑事判决的透明度，维护控、辩双方的诉讼权利，突出争讼的焦点，有利于法院在认定事实和列举证据及阐述判决理由的时候具有针对性。按修订样式，控方的意见和辩方的意见要分两个自然段分别表述,以体现控辩式的审理方式。在归纳双方意见时,应简练概括,切忌文字冗长,以免与后文有明显重复。归纳控辩双方意见时,原则上以控辩双方有无争议为标准。对于控辩双方没有争议的事实,可以简要概括,公诉机关指控的证据可以用"检察机关提供了相应的证据"一句话概括。在证据的表述上可以首先写明:"上述事实,由检察机关提交,并由经法庭质证、认证的下列证据予以证明。"对于控辩双方有争议的事实,控辩意见应当详细叙述,对有争议的事实、证据进行具体的分析、认证,写明采信或不予采信的理由。

其次,详细叙述法院认定的事实、情节和证据。本部分文字由"经审理查明……"一语领起,将经过法庭查证属实的事实和证据,详细写明。经查证属实的事实和证据是有罪、无罪和定性判刑的主要根据,叙述时一定要实事求是,对控辩双方有异议的事实、情节、证据,应当作重点分析论定。具体而言,要做到以下几点:(1)叙述案情时,要写清案件发生的时间、地点、动机、目的、手段、行为过程、危害结果、被告人的事后态度以及涉及的人和事等要素,围绕犯罪构成理论,总结归纳影响量刑轻重的各种情节。(2)写入文书的事实和证据必须经过查证属实,经得起时间的检验。用作认定事实的证据必须确凿可靠,主要根据间接证据定案的,证据之间若有矛盾,应当综合分析,去伪存真;证据与被证事实之间要具有必然联系;证据与证据之间要能够互相印证,环环相扣,形成一个严密的证明体系;列举证据要具体,不能抽象笼统,流于形式,必须坚决改变用空洞的"证据确凿"几个字来武断代替认定犯罪事实的具体证据的格式化做法。(3)叙述事实要层次清楚,重点突出。一般按时间先后顺序进行,着重写清主要情节:一人犯数罪的,应当按罪行主次的顺序叙述;一般共同犯罪案件,应以主犯为主线进行叙述;集团犯罪案件,可以先综述集团的形成和共同犯罪行为,再按首要分子、主犯、从犯、胁从犯或者罪重、罪轻的顺序分别叙述各个被告人的犯罪事实。(4)叙述犯罪事实要真实、全面,但也应该有所选择,如涉及国家机密及侦查技术手段的事实不能写入;有关隐私案件的具体情节和检举人的姓名、被害妇女和幼女的姓名等不要写入。

有关认定事实的证据,制作时必须做到以下几个方面:(1)依法公开审理的案件,除无须举证的事实外,证明案件事实的证据必须经法庭公开举证、质证,才能认证;未经法庭公开举证、质证的,不能认证。(2)特别要注意通过对证据的具体分析、认证来证明判决所确认的犯罪事实。防止并杜绝用"以上事实,证据充分,被告也供认不讳,足以认定"的抽象、笼统的说法或者用简单的罗列证据的方法,来代替对证据的具体分析、认证。法官认证和采信的过程应当在判决书中充分体现出来。(3)证据要尽可能写得明确、具体。

第七章 刑事裁判文书

证据的写法，应当因案而异。案情简单或者控辩双方没有异议的，可以集中表述；案情复杂或者控辩双方有异议的，应当进行分析、认证；一人犯数罪或者共同犯罪案件，还可以分项或者逐人逐罪叙述证据或者对证据进行分析、认证。对控辩双方没有争议的证据，在控辩主张中可不予叙述，而只在"经审理查明"的证据部分具体表述，以避免不必要的重复。

控辩双方没有争议并且经庭审并且经庭审查证属实的同种数罪，事实和证据部分可以按犯罪的时间、地点、手段、对象等归纳表述。叙述证据时，应当注意保守国家秘密，保护报案人、控告人、举报人、被害人、证人的安全和名誉。

3. 理由

理由是判决书的灵魂，是将犯罪事实和判决结果有机地联系在一起的纽带。理由是依法对前面事实的分析论证，这一部分所提出的每一个理由都必须在前面的事实部分找到根据。主要包括犯罪性质的认定、罪责的确定、犯罪的社会危害性的说明、法律条款的引用等内容，为下文的判决结果奠定基础。具体表述依次如下：

第一，对案件事实分析认定。主要是围绕定罪量刑两方面事实展开论证。针对犯罪的事实、性质、情节，根据法律规定、政策精神与犯罪构成理论，阐述公诉机关的指控是否成立，分析被告人的行为是否构成犯罪，触犯了什么罪名；分析被告人所具备的量刑情节，如被告人具有从重、加重或从轻、减轻、免除处罚等情节的一种或数种的，应当分别予以肯定或者综合论定，以明确对被告人的处理原则。

在确定罪名时，应以《刑法》和最高人民法院《关于执行〈中华人民共和国刑法〉确定罪名的规定》为依据，按分则各条规定的罪状特征，以被侵犯的直接客体为基础，使罪名准确合法。一人犯数罪时，一般先定重罪，后定轻罪；一般共同犯罪和集团犯罪案件，应在分清各被告人的地位、作用和刑事责任的前提下，依次确定首要分子、主、从犯的罪名，做到理由和事实的密切呼应。

本部分还要针对事实中控辩双方关于适用法律方面的意见，有分析地表示是否予以采纳，即对于检察院指控的罪名，正确的应当表示肯定；不构成犯罪或者罪名不当的，应有理有据地分析评定；对于辩护、辩解的主要理由，应当表明予以采纳或据理反驳，使控、辩、判三方意见密切联系，力避脱节现象。

第二，引述法律条文。引用法律条文时，应当做到以下几点：（1）准确。即所引法条与判决结果相吻合。一定要避免部分引错甚至完全引错的情况出现，这样会极大地损害审判机关的形象，降低司法公信力。（2）完整。即要把据以定性量刑的法律规定全部引出，绝不能出现缺项、漏项等不严密的情况。（3）具体。即所引条文外延最小，内容明确，绝不空泛笼统。例如，刑法分则条文中凡条下分款、项的一定要写明第几条第几款第几项，只分项不分款的则写明第几条第几项。这样才能使刑与法一一对应，避免无所适从的情况出现。（4）针对性。即同一份判决书中引用的法律条文之间，不能互相排斥。例如，既引用从重条文又引用从轻条文，且没有分析论证，使判决结论处于模棱两可的状态。（5）有序。即所引法律条文排列有序，有条理性，而非随心所欲。一般规范为：先主刑后附加刑；先分则后总则；先程序法后实体法；先定罪量刑后引从重、加重、从轻、减轻和免除处罚条文；判决结果既有主刑又有附加刑内容的，应当先引用适用主刑的条文，后引用适用附加刑的条文；适用以他罪论处的条文时，先引用本条条文，再按本条之规定，引用相应的他罪条文；一人犯数罪时，应逐罪引用法律条文；一般共同犯罪的，可集中引用有关的法律条文，必要时应逐人逐罪引用法律条文；集团犯罪案件，应结合分项判处，逐人逐罪引用法律条文。既有法律规定又有司法解释规定的，应当先引用法律规定，再引用相关司法解释。

4. 判决结果

判决结果是根据事实和理由所作出的定性处理结论，是判决书画龙点睛的部分。一定要和事实、理由相一致，和法律条文相吻合，做到定罪准确，量刑恰当，明确具体。

第一审公诉案件适用普通程序案件的判决结果有三种情况：

第一，定罪判刑的，表述为：

"一、被告人×××犯××罪，判处……（写明主刑、附加刑）；（刑期从判决执行之日起计算。判决执行以前先行羁押的，羁押一日折抵刑期一日，即自××××年××月××日起至××××年××月××日止）

二、被告人×××……（写明追缴、退赔或者发还被害人、没收财物的决定，以及这些财物的名称、种类和数额）。"

第二，定罪免刑的，表述为：

"被告人×××犯××罪，免予刑事处分（如有追缴、退赔或没收财物的，续写第二项）。"

第三，宣告无罪的，表述为"被告人×××无罪"。

本部分制作时，要注意下列事项：

一是罪名要准确，和理由部分保持一致，不能漏写或前后矛盾。

二是刑种、刑量要清楚、明白、准确，表述要规范。有如下几种表述方式：

（1）有期徒刑的刑罚，应当写明刑种、刑量和主刑的折抵办法及刑期的起止时间。判处结果适用缓刑的，应当写成"被告人×××犯××罪，判处有期徒刑（或拘役）××年（月），缓刑××年（月）"，而不能写成"被告人×××犯××罪，判处缓刑××年"，因为这样写不符合法律规定。

（2）适用死刑的，表述为"被告人×××犯××罪，判处死刑，剥夺政治权利终身"。不能写为"判处死刑，立即执行"，因为这样不符合刑法规定，而且从程序上看，任何一个死刑判决，都要经过死刑复核程序，由负有核准死刑权的法院下达执行死刑命令后，才能执行。

对判处死刑缓期执行的，应依刑法规定，表述为"被告人×××犯××罪，判处死刑，缓期二年执行，死刑缓期二年执行的期间，从高级人民法院核准之日起计算"。

如系判处管制的，表述中"羁押一日折抵刑期一日"，变更为"羁押一日折抵刑期二日"，其余同格式。

（3）数罪并罚的应当分别定罪量刑，然后按照刑法总则第四章第四节的规定，决定最后执行的刑罚。

三是对未成年人、精神病人和被告人死亡的三类特殊案件判决结果的表述。对被告人因不满16周岁不予刑事处罚和被告人是精神病在不能辨认或者不能控制自己行为的时候造成危害结果不予刑事处罚的，应当在判决结果中宣告"被告人不负刑事责任"；对于被告人死亡的案件，根据已经查明的案件事实和认定的证据材料，能够认定被告人无罪的，也应在判决结果中宣告"被告人无罪"。

四是对于因证据不足，宣告被告人无罪的，应将"×××人民检察院指控的犯罪不能成立"作为判决的理由，而不应该作为判决主文。判决主文上仍只写"被告人×××无罪"。

五是追缴、退赔和没收的财物，应写明其名称、数额。如果财物多、种类复杂的，只在判决书上写明其种类和总数，另列清单作为判决书的附件。

六是一案多名被告人的，应以罪责的主次或者所判刑罚的轻重为顺序，分项定罪判处。

七是对同一被告人既被判处有期徒刑又并处罚金的，应当在判处的有期徒刑和罚金刑之后，分别用括号注明有期徒刑刑期起止的日期和缴纳罚金的期限。

5. 尾部

尾部包括上诉事项、签署、时间等内容，表述文字基本固定。

（1）交代上诉期限、上诉法院、上诉方式。如果适用《刑法》第63条第

2款的规定在法定刑以下判处刑罚的,应当在交代上诉权之后另起一行写明:"本判决依法报请最高人民法院核准后生效"。

(2) 署名。由参加审判案件的合议庭组成人员署名。须注意:合议庭成员中有陪审员的,署名为"人民陪审员×××";是助理审判员的,署名为"代理审判员×××";助理审判员担任合议庭审判长的,与审判员担任合议庭审判长的一样,均署名为"审判长×××";院长或庭长参加合议庭,应担任审判长的,亦应署名为"审判长×××"。

(3) 日期。写明当庭宣判的日期或者签发判决书的日期。年、月、日上加盖院印。在时间下方由书记员署名。判决书正本制成后,书记员应将正本与原本进行核对,确认无异后,在日期左下方与书记员署名的左上方,加盖"本件与原本核对无异"的核对章,个别涂改之处,应盖校对章。

(四) 实例阅读

广东省惠州市惠阳区人民法院
刑事判决书

〔2014〕惠阳法刑二初字第×号

公诉机关惠州市惠阳区人民检察院。

被告人于××,男,汉族,初中文化。因本案于2013年12月12日被羁押,同日被刑事拘留,同年12月26日被逮捕,2014年7月31日被本院取保候审。

辩护人黄××,广东××律师事务所律师。

惠州市惠阳区人民检察院以惠阳检公诉刑诉〔2014〕119号起诉书指控被告人于××犯诈骗罪,于2014年3月12日向本院提起公诉。本院依法组成合议庭进行审理。应惠阳区人民检察院的建议,本院依法分别于同年6月6日、7月23日对本案延期审理。同年6月4、8月22日,惠阳区人民检察院先后向本院移交补充侦查的证据,并于同年8月22日向本院移送惠阳检公诉刑变诉〔2014〕4号变更起诉决定书,对认定事实作出变更,并将指控于××的罪名变更为盗窃罪。本院依法于同年4月1日、9月11日、9月28日先后公开开庭审理了本案。惠阳区人民检察院指派检察员万××、代理检察员高××首出庭支持公诉,被告人于××及其辩护人黄××到庭参加诉讼。现已审理终结。

惠阳区人民检察院指控,2013年10月30日20时30分许,被告人于××用其邮政储蓄银行卡(卡号为……)到惠阳区新圩镇塘吓创亿商场旁邮政储蓄银行惠州市惠阳支行ATM柜员机存款时,于××先后几次存入300元,均

— 101 —

第七章 刑事裁判文书

遇到现金退回的情况，经多次在柜员机查询，发现账户余额相应增加。发现这一情况后，于××尝试从该网点旁边的农业银行跨取2000元和1000元，获得成功，遂产生了恶意存款并窃取银行资金的念头。于是返回邮政储蓄柜员机，连续10次存款3300元，马上到附近银行柜员机跨取1.5万元，并转账5000元，再次返回，连续存款5000元1次、9900元3次、10000元3次，至2013年10月30日21时58分59秒，于××共恶意存款17次，恶意存入人民币97700元，后被告人于××到深圳市龙岗区其他网点陆续跨取和转账，至2013年10月31日6时28分10秒，于××共窃取人民币90000元。中国邮政储蓄银行惠州市惠阳支行工作人员发现后，于2013年11月3日联系于××无果后报警。2013年12月12日于××被公安机关抓获。至2013年12月15日于××共退还人民币92800元。认定上述犯罪事实的证据如下：被告人供述、现场勘查笔录、抓获经过、扣押决定书及书证等。被告人于××采取秘密手段窃取他人人民币90000元，数额巨大，其行为已触犯《中华人民共和国刑法》第二百六十四条的规定，应当以盗窃罪追究其刑事责任。提请依法判处。

被告人于××辩称：我不是盗窃，而是侵占。

辩护人辩护称：于××的行为并非"秘密窃取公私财物"，不管其当晚存了多少次钱，最后是和银行形成了9万多元不当得利的债权债务关系，其存钱取钱行为均为合法，其行为如果构成犯罪的话，也只能构成侵占罪。于××刚开始对柜员机故障并不知情，屡次存款存不进去，其在知道柜员机出故障前的这部分金额，不应计入盗窃金额。同样情形的其他客户经银行通知退清款项不构成犯罪、于××未及时退款构成犯罪，这不可能是盗窃罪的法律特征，而是侵占罪的法律特征。于××的犯罪行为在特定条件下才能实施，柜员机存在故障，银行方存在过错在先，诱发了犯罪，望法院对其减轻处罚乃至宣告缓刑。于××归案后次日就将所有赃款归还了银行，银行方也明确表示不追究他的责任，请法院量刑时充分考虑。

经审理查明，2013年10月30日20时30分许，被告人于××用其于2013年9月19日开设的邮政储蓄银行卡，到惠阳区新圩镇塘吓宜之佳（原创亿）商场旁的中国邮政储蓄银行惠州市惠阳支行（以下简称惠阳支行）ATM机存款时，连续6次操作存款300元，现金均被柜员机退回，于××发现ATM机屏幕显示"系统故障"，且其手机信息显示每次所存的钱已到账，账户余额相应增加，于是其尝试从该ATM机旁边的农业银行ATM机支取该邮政储蓄账户的2000元和1000元，获得成功，其确认上述所存的款已到账后，遂产生了恶意存款以窃取银行资金的念头。于是于××返回上述邮政储蓄银行ATM机，连续10次存款3300元，并到附近银行ATM机分三次支取15000元

— 102 —

和转账5000元后再次返回上述邮政储蓄银行ATM机,连续存款5000元1次、9900元3次、10000元3次,至2013年10月30日21时58分59秒,于××共恶意存款17次,存入人民币97700元,接着于××到深圳市龙岗区其他网点对该账户内的存款进行支取和转账,至次日6时28分10秒共将存款90000元转移并非法占有。2013年11月1日,惠阳支行工作人员清查核算数据时,发现账实不符,后查明系该行位于惠阳区新圩镇塘吓宜之佳(原创亿)商场旁的ATM机发生故障,客户于××利用ATM机故障多次恶意存款,获取该行资金所致。同月4日该行联系于××无果后报警。同年12月12日于××在湖北省襄阳市樊城区太平店镇其家中被公安机关抓获。至同年12月15日止,于××及其亲属通过转账和汇款方式将人民币92800元转入其卡号为×××的账户,退还给惠阳支行。

另查明,惠阳支行位于新圩塘吓宜之佳(原创亿)商场旁的ATM机因设备故障,于2013年10月30日19:55:48至31日凌晨出现异常情况,用户在该ATM机上进行存款交易时,用户确认存款信息后,系统入账成功,用户账户余额增加,而自动存取款机却没有将用户递交的现金收入钞箱,而是直接退回给了用户。

证明上述事实的证据有:证人证言;惠阳支行出具的一本通/绿卡通交易明细(司法)、银信通查询结果、循环机流水阅读、柜员机的监控录像截图、个人账户开户申请书、手续费收据、《关于我行离行自助终端发生异常的情况说明》、《关于客户于××案发前后账户余额情况说明》、《关于客户于××退还资金情况说明》、《关于我行对用户于××追讨非法所得的情况说明》及追讨人员到追讨现场的照片资料;现场勘查记录扣押决定书及扣押清单;被告人于××的供述等。

上述证据均依法经法庭质证,本院予以确认。

本院认为,本案(惠阳于××案)因与广州许××案非常类似引起社会的广泛关注。本案审理过程中,控辩双方也针对被告人的行为是否构成犯罪?构成盗窃罪还是侵占罪展开了激烈辩论。根据双方的争论焦点及本案的所有证据,本院综合分析评判如下:

一、罪与非罪

(一)关于ATM机与银行的关系。ATM是英文Automatic Teller Machine的缩写。中文一般称为自动柜员机,因大部分用于取款,又称自动取款机。它是一种高度精密的机电一体化装置,利用磁性代码卡或智能卡实现金融交易的自助服务,代替银行柜台人员工作,可以完成存入或提取现金、查询存款额、进行账户之间的资金划拨等工作。它是银行运用高科技进行自助交易的终端形式，也是目前银行与公众都认可的交易方式。它意味着通过ATM进行交易的行为一经结束，就某一个交易行为而言就已经具有了法律意义上的终端完成形式。所以，ATM机与存款人之间的关系应该确定为ATM机的管理使用者（银行）与存款人的关系，而不是ATM机与存款者的关系，更不是ATM机的技术维护人与存款者的关系。如果ATM机发生故障，造成损害的后果，银行作为机器的管理人，其责任是不能免除的。

在广州许×案中，许多法律专家认为许×不构成犯罪的主要理由也在于此。首先，ATM机被视为银行的延伸，ATM机所发出的指令代表银行的意志，那么许×在ATM机上进行的符合规则的操作行为，以及ATM机对许×所作的回应行为，都应被看作储户与银行的民事交易行为，这种交易由于银行方面的错误而支付了超出储户存款限额的钱款，这只能说明银行发出了错误指令，提供了不真实的意思表示，只是一种无效交易行为，而不具有盗窃犯罪的基本行为属性。其次，没有银行的配合和互动，许×恶意取款是无法完成的。ATM机支付了许×所申请的取款数额，只扣除了极少数额，这说明银行同意将这些所有权转移给许×，而许×并没有采取任何欺骗、暴力、敲诈等非法行为。不仅如此，作为银行意志的代表，ATM机一旦发现故障，既可能向储户多付款，也同样可能向储户少付款，这都代表银行表达了错误的意思表示，取款人只要是符合规范地进行取款操作，就属于无效交易情形，而不是盗窃行为。

我们认为，专家意见的立论前提很明显，就是不管ATM机是否正常都代表银行行为，不管是民事交易还是刑事罪案，其过错全部由银行负责或承担。对此，本院持不同意见，我们尤其不认可机器故障对操作人的刑事犯罪行为构成过错。理由是，首先，ATM机并不是由银行设计生产，而是有专门的公司生产和维护，银行一般只是购买或租赁使用，机器是否发生故障，银行并不能控制甚至纠正，（经过法庭调查及证人出庭作证证明，银行人员没有人懂得ATM机的运行和维修技术）。即使ATM机作为银行服务延伸具有拟人人格，这种故障也不是银行所希望发生或故意造成的，所以，如果把机器故障导致的错误指令等同于银行的正常意志，是不合理的，对银行也是不公平的；其次，机器虽然能替代人完成一些工作，但机器本身是无意识的，人有意识而机器无意识，这是人与机器的本质区别，也就是说，银行柜台员工一旦发现错误时会及时纠错，但机器在没有被发现并排除故障之前，它不会自动修复故障，它会一直错下去，所以机器故障不能等同于银行的过错，即使机器故障产生的民事后果可能要由银行或机器的生产和维护者承担。二者的关系放到刑事罪案中，更应该将责任进行明确的区分。本案中，我们只能说，机器故障是操作人产生犯意的前提之一，但绝不是操作人产生犯意的原因，银行管理即使有过错也不是被告人恶意存款的必然原因，既不能说银行对被告人的犯意存在过错，更不能说机器故障是银行在诱导被告人犯罪。因为物质前提不能等同于犯罪的因果关系，故障只是犯罪行为实施的前提，但与犯罪本身没有因果关系。所以，把机器自身故障视为银行对操作人恶意取款的配合和互动，显然有失偏颇。

（二）控辩双方的意见。在ATM机正常的情况下，被告人于××拿着银行借记卡前往ATM机存钱，与其本人拿着现金前往银行柜台存钱完全一样，这是一种公开合法、为银行所允许和欢迎的交易方式。这种情况下，将ATM机接受指令的交易等同于银行柜台交易，交易双方及普通公众都会认可，没有疑虑。所以，控辩双方对于××开始不知情的存款行为的性质不持异议，均认为不构成犯罪。双方争论焦点是在于××发现ATM机发生故障以后继续反复存钱这一后续行为上。

辩方认为，ATM机因发生故障造成存款入账成功但吐出现金，如同银行柜员发生差错，多付给客户钱款一样。于××存款于ATM机后，手机短信提示存款成功，即说明于××与银行之间的交易已经完成。交易完成后，ATM机又将于××存入的现金原封不动地吐出来，这时候现金的性质已经发生变化，属于银行的遗失物，于××不取走其他人也会取走，所以于××是在保管银行的遗失物。ATM机存款入账之后，又将现金吐回，这是银行的过错，于××没有纠正银行过错的法律义务。于××反复存款，与ATM机（银行）之间都是合法交易，最后将钱款从其他银行取走，也是处理遗失物，涉及的是民法中的不当得利问题，而不是犯罪。道德的评价不能等同于法律的评价，刑法关注的是人们的底线行为。

控方认为，被告的后续行为绝对是非法的。于××前往ATM存钱开始的目的是存300元，但因ATM机发生故障，存几次钱均被退回，于××在准备放弃存钱时，发现手机来信息表明存款已经入账，他继而从旁边的农业银行跨行取款两次（分别是2000元和1000元）获得成功，被告人在此之前的行为不是犯罪。但此后于××已经证实其存款时虽然现金被退回但存款已经入账，存款交易完成但没收现金。又返回邮政储蓄ATM机连续操作10次3300元，后又到附近银行ATM机取现金15000元，转账5000元，再次回到邮政储蓄这台故障ATM机反复存款，共17次，存入人民币97700元，并于当晚到深圳市龙岗区其他银行网点跨行提取现金和转账，得款人民币90000元。这时其与ATM机的一系列交易，完全是以非法占有为目的的行为，已经不具有合法性。

我们认同控方的观点，理由是，于××通过取款方式验证，确认邮政储蓄这台ATM机已经发生故障，他此后17次交易的目的很明显，通过这种方式获

第七章 刑事裁判文书

取银行现金，而且，被告人于××的所有行为也证实其内心非常清楚，这些钱不是他的，所以其行为构成非法占有。

被告人后续交易不构成民法中的不当得利。《民法通则》第92条规定，没有合法依据，取得不当利益，造成他人损失的，应当将取得的不当利益返还受损失的人。尽管发生不当得利的原因有事件也有行为，但本质上，不当得利属于事件，作为事件，应当与获利人的意志无关，不以获利人有行为或识别能力为前提，不是由获利人的意志决定而取得。本案中，既然后来的17次交易都是被告人故意为之，说明被告人已经由意外受益的心理转变为非法占有的意图，其先前不当得利的性质也已经发生变化，由意外被动获得转变为主动故意侵权，严重的侵权行为即可构成犯罪。所以被告后来的17次交易行为显然不再构成不当得利。同理，辩方称，被告人行为构成对银行遗忘物的占有或保管，也是不成立的，因为，如果说银行遗忘物是通过被告人故意、反复的行为而"制造"出来的，那么认定后续17次交易吐回的钱款是遗忘物，显然违背基本逻辑和常理。

综上，我们认为，被告人的后续行为是非法的，存在明显的非法占有的故意，并且具有社会危害性，应当进入刑法规范的领域。

二、此罪与彼罪

既然被告行为应当进入刑法规范的领域，那么他构成什么罪？控方认为，被告于××的行为构成盗窃罪，辩方认为构成侵占罪。

（一）我们认为，被告人的行为构成盗窃罪。理由如下：

首先犯罪的主客体不存在问题。被告人达到法定责任年龄，也具有刑事责任能力，侵犯的客体是银行财产权。

从主观方面来讲，被告人于××具有非法占有的目的。责任主义原则要求，责任与行为同存，也即行为人必须在实施盗窃行为时已经具有非法占有的目的，本案中，被告人后面17次存款的目的非常明显，其明知ATM机发生故障，积极追求多存款不扣现金的后果，明显具有非法占有公私财产的故意。

本案的关键在于犯罪的客观方面，被告人的行为是否符合盗窃罪中秘密窃取的特征？本案及许××案的争议集中于此，许多人认为，被告人以真实银行卡，到有监控录像的ATM机操作，银行可以根据真实账号查到，被告人的行为具有公开性，是"公开"窃取，不是秘密窃取，也就不构成盗窃罪。我国刑法理论认为，秘密窃取是指行为人采取自认为不使他人发觉的方法占有他人财物，只要行为主观意图是秘密窃取，即使客观上已经被人发觉或者注意，也不影响盗窃的认定。本案中，被告人利用机器故障，通过存款方式占有银行资金时，银行并不知晓其非法占有的目的，也不知道存款最后被非法占有的情况，即构成秘密窃取。身份的公开性并不能否定其行为的秘密性，不能将盗窃罪要求行为的秘密性等同于身份的秘密性，混淆两者的区别。退一步说，即使银行当时知晓情况，但只要被告人行为时自认为银行不知晓，也构成秘密窃取。从被告人后来连夜转移资金的行为来看，他就是希望在银行未知晓或将ATM机维修正常之前占有银行资金。因而，其行为符合秘密窃取的特征。

辩方还认为，盗窃罪作为一种最原始最古老的犯罪，被赋予了约定俗成的含义，国民在日常生活中对什么是盗窃有明确的认识和界定，被告人以合法形式取得钱财，认定其构成盗窃罪很难让公众信服和认可，因为法律制度的正当性，必须使基本规则为民众所认可。我们认为，认定任何犯罪都需要主客观相统一。本案中，案件事实和被告的行为过程都显示，被告人于××由于主观意图发生的变化，导致先前合法行为后来转化成了非法行为，所以被告人的合法形式并不能掩盖其非法目的。同时，本案也是因ATM机故障让被告临时起意的犯罪，发生的概率较小，在盗窃方式上具有特殊性，但概率小和特殊性都不影响对被告人犯罪构成的分析。被告人于××后来的多次操作行为，主观上具有非法占有银行资金的故意，客观上实施了窃取银行资金的行为，已经构成盗窃罪。

（二）被告人的行为不构成侵占罪。我国刑法规定，侵占罪是指以非法占有为目的，将代为保管的他人财物，或者将他人的遗忘物、埋藏物非法据为己有，数额较大，拒不退还或拒不交出的行为。分析侵占罪的客观要件，侵占的突出特点是"变合法持有为非法所有"，这也是侵占和盗窃的本质区别，即行为人已经合法持有他人财物，是构成侵占的前提条件。《中华人民共和国刑法》第270条规定，合法持有他人财物包括两种情形：一是以合法方式代为保管他人的财物，是典型意义的侵占，二是合法占有他人的遗忘物或者埋藏物，即对于脱离占有物的侵占。本案不能认定是侵占的关键在于，银行没有同意或授权，所以不构成典型侵占；同时，被告人于××对银行资金的占有是通过恶意存款取得，不是合法持有，也不构成脱离占有物的侵占。

前面已经分析过，如果在被告人未采取任何主动行为时，ATM机吐钱，被告人得到，可以认定为遗忘物。但本案是被告人通过故意行为，ATM机"被操纵"而吐出现金，那么这些现金肯定不是银行的遗忘物，被告人也不是替银行保管钱财，因为从立法本意来说，遗忘物、保管物、不当得利都不是获得者通过主动行为来获得。如果说某人通过自己故意的、主动的行为获得他人的遗忘物，显然违反法律关于遗忘物的定义，违反基本逻辑。本案中，被告人通过故意行为取得的财物，显然与遗失物、不当得利的法律含义不一致。既然银行资金不能认定为遗忘物，那么被告的行为更不可能是替银行保管，因而其行为也不构成侵占罪。

三、刑罚的衡量

综观本案前行为合法后行为违法的全过程，我们认为，被告人犯意的基础动因在于一念之间的贪欲。欲望人人都有，眼耳鼻舌身意，人有感知就会有欲望，所以欲望是人的本性，它来自基因和遗传，改变不了，因而是正常的。欲望本身也是有益于人类的，没有欲望人类可能早已灭绝。与此同时，人作为社会中的存在，欲望必须得到控制，必须被控制在合理范围之内。我们知道，许多犯罪尤其是财产犯罪的最初（甚至是唯一）动因就是贪欲，当然在极端情况下，如严重冻饿、危及生命时，可能还有其他动因，但是属于例外或极少数，这里不予以展开。对财产犯罪科以刑罚，目的就是通过报应和预防两种方式，将人的欲望控制在一个合理范围，不让欲望演变为贪欲而危及他人利益，以维持社会的正常交易秩序和人类正常的生活秩序。所以，从这个层面来说，必须对被告人处以刑罚，通过惩罚和警示，将被告人以及有类似想法和行为的人的贪欲限制在一个正常合理的范围之内，以防止类似犯罪行为再次发生。

我们同时认为，应当对被告人科以较轻的处罚。理由是：

第一，从主观方面来说，被告人的主观恶性是较轻的，在知道ATM机发生故障之前，被告人就是去存钱，是一个合法行为，没有任何犯罪意图。他是在取钱过程中，发现ATM机故障并且这一故障可以给他带来巨大利益的时候，因为贪欲而产生的犯意。也就是说，没有ATM机故障作为前提，被告人不会产生盗窃的犯意，因此，其主观恶性有限。同时，银行作为ATM机的管理者和拥有者，其对机器故障（错误吐钱）应当承担过错责任，这一过错虽然与被告人的犯罪行为不构成因果关系，但可以作为对被告人从轻处罚的情节予以考虑。

第二，从被告人的行为方式来看，其获取钱财的方式是平和的，他没有通过其他手段如破坏机器、修改电磁信息、蒙骗他人或通过电脑技术侵入故意改变ATM指令而窃取钱款，他只是利用了ATM机的故障，通过"规范"的方式获取钱款。被告人利用机器故障进行盗窃，与那些典型的盗窃罪案中，受害人因财物损失产生的痛苦和报复欲望，以及毫无民事救济的可能性，必须依赖刑法保护的情形截然不同，这在量刑上必须予以考虑。

第三，从被告人的行为后果来看，因为银行ATM机总体事故发生率很低，利用ATM机的故障进行盗窃，其发生概率更低；既然银行资金受损与其ATM

机故障有直接关联，此后，银行必会在机器的运行精度以及失窃保险上完善制度，那么，将来这类案件发生率应该更低。另外，据银行方面称，当晚机器故障涉及存款错误的有二十多人，仅有被告一人利用机器故障进行盗窃。可以说，这一盗窃案是否发生，几乎产生于公民贪欲是否膨胀的一念之间。面对这种罪案，普通公民关注的应该是自己面对这种情况会怎么选择，而不会因这一特殊形式的盗窃对自己的财物产生失窃的恐惧感。所以，这一犯罪对社会秩序和公民的人身财产安全感并不会产生恶劣影响，本案的社会危害性比常态化的盗窃犯罪要小得多。

第四，对被告人个人生活状况等其他方面的考虑。被告人于××的父母早已病亡，其与几个姊妹相依为命，生活困苦，不然，他也不会早早辍学外出打工谋生，以他的初小学历和人生经历，可以肯定，他对法律及其行为后果不会有高度清楚的认识，更不可能对这一法律界都存在争议的案件会自认为是盗窃犯罪。既然他不可能明确辨认自己的行为及其后果，我们也可以想象，对于一个穷孩子来说，几乎是从天而降的钱财对他意味着什么？！我们不能苛求每一个公民都具有同等的道德水平和觉悟。同时，被告人取了钱带回老家，除了给弟弟一些钱，剩下的也一直不敢乱花，这说明他对社会管理秩序还是心存畏惧，被抓获之后，被告人随即全部退清所有款项，我们觉得，这孩子仍心存良知。

基于上述事实和理由，本院认为，对被告人判处刑罚并宣告缓刑的量刑幅度，是适当的，能够达到刑罚报应与教育预防的目的。

四、最后说明

在作出本案判决之前，我们对与本案类似的著名许×案作了详细的研究和对比，许×案犯罪金额是十几万元，终审判决确定的刑期是五年。我们知道，法学理论界对许×案的判决分歧非常大，国内多位顶尖刑法学教授也各自发表了论证严密但结论完全不同的法律意见。这既说明本案作为一个新类型案件有其自身的特殊性，另外也说明正义本身具有多面性，从不同的角度观察和认识会得出不同的结论。众多争论也说明，对复杂的新类型案件作出正确的司法判断是件非常困难的事，对法官的各项能力甚至抗压能力要求都非常高，因为法律毕竟是一门应对社会的科学，司法判断面临的是纷繁复杂、日新月异的世界，面临的是利益交织、千差万别的社会矛盾和价值取向，面临的是当事人、公众、媒体、专业人士等的挑剔眼光和评价。因而法律专家也好，法官、检察官也好，即使法律观念一致，但也存在不同的伦理观、道德观、世界观，存在不同的思维方式和行为路径，因此，在追求正义的过程中，司法官对案件的判断经常是不一致的但同时也是正常的。检察机关和审判机关之间，以及不同层

第七章 刑事裁判文书

级的审判机关之间对同一案件存在不同的认识和答案是正常的,希望得到社会各界的理解和尊重。

就本案而言,判词虽然已经详细阐明理由,但因本案被告人在犯罪手段上非常特殊,合法形式与非法目的交织在一起,理论界对案件的定性争议也比较大,那么本判决结果可能难以让所有人肯定或认可。因此,我们也不能确认和保证本判决是唯一正确的,我们唯一能保证的是,合议庭三名法官作出的这一细致和认真的判断是基于我们的良知和独立判断,是基于我们对全案事实的整体把握和分析,是基于我们对法律以及法律精神的理解,是基于我们对实现看得见的司法正义的不懈追求。

综上所述,并经本院审判委员会讨论决定,依照《中华人民共和国刑法》第二百六十四条、第六十七条第三款、第七十二条第一款、第三款、第七十三条第二款、第三款、第五十二条,第五十三条的规定,判决如下:

被告人于××犯盗窃罪,判处有期徒刑三年,缓刑三年,并处罚金人民币一万元。(缓刑考验期限,从判决确定之日起计算。罚金自判决生效之日起一个月内付清。)

如不服本判决,可在接到判决书的第二日起十日内,通过本院或者直接向惠州市中级人民法院提出上诉。书面上诉的,应当提交上诉状正本一份,副本二份。

审判长　×××
审判员　×××
审判员　×××
二〇一四年十月十六日
(院印)

本件与原本核对无异

书记员　×××

四、第一审未成年人犯罪公诉案件适用普通程序刑事判决书

(一) 概念

第一审未成年人犯罪公诉案件适用普通程序刑事判决书,是人民法院依照《刑事诉讼法》和最高人民法院《关于审理未成年人刑事案件的若干规定》的程序,对适用普通程序审理终结的已满14周岁、不满18周岁的未成年人公诉案件,根据已经查明的事实、证据和法律的有关规定,以及我国对未成年人犯罪实行的方针和原则,确认被告人的行为已构成犯罪,并科以刑罚或者免除处罚,或者被告人的行为不构成犯罪,不应追究刑事责任而宣告无罪所作出的判

决文书。

我国人民法院内部设有少年法庭，专门审理未成年人刑事案件。少年法庭根据未成年人这一特殊犯罪主体所具有的特点，坚持"教育、感化、挽救"的方针和"教育为主、惩罚为辅"的原则，把惩治犯罪与矫治、预防犯罪有机结合起来，实行寓教于审，惩教结合，取得了较好的效果。少年法庭审理未成年人刑事案件在诉讼程序上的这些特点，不仅应当在庭审活动中，而且应当在裁判文书的制作上充分体现出来。未成年人刑事案件刑事判决书虽然总体上属于刑事判决书的范畴，但由于未成年人刑事案件主体的特殊性、未成年人刑事案件审理程序的特殊性，要求在判决书的制作上有别于一般的刑事判决书。

（二）格式

×××人民法院
刑事判决书
〔××××〕×刑初字第×号

公诉机关×××人民检察院

被告人……（写明姓名、性别、出生年月日、民族、户籍所在地、文化程度、职业或者工作单位、学校、住址，所受强制措施情况等，现羁押处所）。

法定代理人……（写明姓名、与被告人的关系、工作单位和职务、住址）。

辩护人（或指定辩护人）……（写明姓名、工作单位和职务）。

×××人民检察院以×检×诉〔　〕第×号起诉书指控被告人×××犯××罪，于××××年××月××日向本院提起公诉。本院于××××年××月××日立案，并依法组成合议庭。因本案被告人系未成年人（或者因本案涉及未成年被告人），依法不公开开庭审理了本案。×××人民检察院指派检察员×××出庭支持公诉，被害人×××及其法定代理人×××、诉讼代理人×××，被告人×××及其法定代理人×××、辩护人（或者指定辩护人）×××、证人×××、鉴定人×××等到庭参加诉讼。现已审理终结。

×××人民检察院指控……（概述人民检察院指控被告人犯罪的事实、证据和适用法律的意见）。

被告人×××辩称……（概述被告人对指控的犯罪事实予以供述、辩解、自行辩解的意见和有关证据）。法定代理人×××……（概述对公诉机关指控被告人犯罪的意见、提供的有关证据)。辩护人×××提出的辩护意见是……(概述辩护人的辩护意见和有关证据)。

×××根据最高人民法院《关于审理未成年人刑事案件的若干规定》,向法庭提交了被告人的情况调查报告。

经审理查明,……(首先写明经庭审查明的事实;其次写明经举证、质证定案的证据及其来源;最后对控辩双方有异议的事实、证据进行分析、认证)。

在审理过程中,法庭了解到……(概述被告人×××的情况调查报告中与其量刑密切相关的内容)。控辩双方对被告人×××的情况调查报告表述了以下意见:……(如果可能判处被告人非监禁刑罚的,概述所具备的监护、帮教条件等情况)。

本院认为,……(根据查证属实的事实、证据和有关法律规定,论证公诉机关指控的犯罪是否成立,被告人的行为是否构成犯罪,犯的什么罪,应否从轻、减轻、免除处罚或者从重处罚。对于控、辩双方关于适用法律方面的意见,应当有分析地表示是否予以采纳,并阐明理由。对于认定未成年被告人构成犯罪的,应当结合查明的未成年被告人的成长经历,剖析未成年被告人走上犯罪道路的主客观方面的原因)。依照……(写明判决的法律根据)的规定,判决如下:

……(写明判决结果)分四种情况:

第一,定罪判刑的,表述为:

"一、被告人×××犯××罪,判处……(写明主刑、附加刑)。(刑期从判决执行之日起计算。判决执行以前先行羁押的,羁押一日折抵刑期一日,即自××××年××月××日起至××××年××月××日止)。

二、被告人×××……(写明决定追缴、退赔或者发还被害人、没收财物的名称、种类和数额)。"

第二,定罪免刑的,表述为:

"被告人×××犯××罪,免予刑事处罚(如有追缴、退赔或者没收财物的,续写第二项)。"

第三,对被告人因不满十六周岁不予刑事处罚的,表述为:

"被告人×××不负刑事责任。"

第四,宣告无罪的,不论是适用《中华人民共和国刑事诉讼法》第一百九十五条第(二)项还是第(三)项,均应表述为:

"被告人×××无罪。"如不服本判决,可在接到判决书的第二日起十日内，通过本院或者直接向×××人民法院提出上诉。书面上诉的，应当提交上诉状正本一份，副本×份。

审　判　长　×××
人民陪审员　×××
人民陪审员　×××
××××年××月××日
（院印）

本件与原件核对无异

书　记　员　×××

（三）内容及制作方法

未成年人刑事裁判文书语言表述应当简洁、通俗易懂、注重说理，便于未成年被告人及其法定代理人理解。制作未成年人案件刑事判决书应当主要从首部、事实和理由部分充分反映其特点，以体现与一般刑事判决书的区别。

1. 首部

（1）未成年被告人的基本情况。未成年被告人的姓名和户籍所在地。应当写查明的未成年被告人的姓名和户籍所在地。如果未成年被告人属于《刑事诉讼法》第158条第2款规定的"对于犯罪事实清楚，证据确实、充分的，也可以按其自报的姓名移送人民检察院审查起诉"情形的，可以按照被告人自报的姓名予以表述，但应当用括号注明"自报"。户籍所在地可以不写。被告人自报的姓名在侦查、起诉、审判阶段都不一致的，由法官根据案件情况综合考虑予以确定。

未成年被告人的出生年、月、日。应当写经审理查明的未成年被告人出生的年、月、日。属于最高人民法院《关于审理未成年人刑事案件具体应用法律若干问题的解释》第4条第1款规定的"没有充分证据证明被告人实施被指控的犯罪时已经达到法定刑事责任年龄且确实无法查明的，应当推定其没有达到相应法定刑事责任年龄"情形的，可以分别表述为"实施被指控的犯罪时不满十四周岁"、"实施被指控的犯罪时已满十四周岁不满十六周岁"和"实施被指控的犯罪时已满十六周岁不满十八周岁"，同时用括号注明"推定"。属于该法第4条第2款规定的"相关证据足以证明被告人实施被指控的犯罪时已经达到法定刑事责任年龄，但是无法准确查明被告人具体出生日期"情形的，首部应当直接写明被告人"实施被指控的犯罪时已满××周岁"。

未成年被告人的文化程度。应当表述实际就学状况。

未成年被告人的工作单位、学校、住址。应当写查明的工作单位、学校和住址。户籍所在地和住址一致的,可以不写住址。在户籍所在地以外地方犯罪的,应当写明其被采取强制措施前的住址或者经常居住地。属于《刑事诉讼法》第158条第2款规定的"对于犯罪事实清楚,证据确实、充分的,也可以按其自报的姓名移送人民检察院审查起诉"情形的,可以不写上述情形。

未成年被告人所受强制措施的情况。表述为"因涉嫌犯×××罪于××××年××月××日被刑事拘留、逮捕(或者被采取其他强制措施)"。

首部还应当写明以前是否有因犯罪受到刑事处罚的情形。

(2) 法定代理人。未成年被告人没有法定代理人或者无法查明法定代理人的,可以不写法定代理人。

未成年被告人的法定代理人无法出庭或者确实不宜出庭的,应当写明法定代理人,并在审理经过一段中出庭人员表述为:"被告人×××的法定代理人×××经法院通知未出庭"或者"被告人×××的法定代理人×××因特殊原因未出庭"等内容。

被告人犯罪时未成年,开庭审理时已成年的,不列法定代理人。

(3) 在辩护人项应列"指定辩护人"。为了保证未成年被告人的辩护权,法律规定,未成年被告人如果没有委托辩护人的,"人民法院应当指定承担法律援助义务的律师为其提供辩护",并在首部列为"指定辩护人",以与一般辩护人相区别。

(4) 在审理经过阶段应写明本案依法不公开审理及其理由。具体可表述为:"本院于××××年××月××日立案,并依法组成合议庭。因本案被告人系未成年人(或者因本案涉及未成年被告人),依法不公开开庭审理了本案。"

(5) 社会调查员参加庭审的,在审理经过段"鉴定人×××"后增加表述为:"鉴定人×××,社会调查员×××等到庭参加诉讼。现已审理终结"。

(6) 对未成年刑事案件实行指定管辖的,在审理经过段可以表述为:"按照××中级人民法院指定管辖的决定,××人民检察院以×检×诉〔×××〕第×号起诉书……"。

2. 事实

从司法实践中制作未成年人刑事案件判决书的经验和补充样式的要求看,除应符合制作公诉案件刑事判决书的一般规定外,事实部分还应着重写明以下内容。

(1) 概述被告人的性格特点、家庭情况、社会交往、成长经历及实施被指控的犯罪前后的表现等情况时,应当简明扼要,注意保护未成年被告人及其家庭的隐私。写明与被告人量刑密切相关的情况即可。

（2）控辩双方对未成年被告人调查报告反映的情况提出的意见，应予以客观表述。

（3）对于人民法院自行调查未成年被告人情况的，可直接在判决书"经审理查明"事实证据之后，表述为："根据最高人民法院《关于审理未成年人刑事案件的若干规定》的规定，本院经自行调查了解到……"

（4）事实部分要注意写明有关未成年被告人年龄的证据情况；控辩双方对年龄及证据的意见；对控辩双方有异议的年龄、证据要进行分析、认证。对于未成年刑事案件的证人，应当写明其真实姓名。

3. 理由

在理由部分，应当着重阐明以下内容：（1）注意写明有关认定或者推定未成年被告人实施犯罪时年龄的理由，并结合庭审查明的未成年被告人的成长经历，剖析被告人走上犯罪道路的主、客观方面的原因。（2）可在判决书中载明，根据未成年被告人的成长经历和对犯罪原因的分析，从法、理、情等方面有针对性地对未成年被告人进行教育。（3）要充分论证对未成年被告人从轻、减轻处罚的理由和判处非监禁刑罚的理由。（4）对涉及隐私案件的未成年被害人，为保护其名誉，在裁判文书中应当只写其姓，不显示名字。

4. 判决结果

未成年刑事案件判决结果可分四种情况，如上述（二）格式部分所示。

5. 尾部

尾部包括上诉事项、签署、时间等内容。表述文字基本固定，如上述（二）格式部分所示。

五、第一审单位犯罪案件刑事判决书

（一）概念

第一审单位犯罪案件刑事判决书，是第一审人民法院依照刑法、刑事诉讼法和最高人民法院规规定的"单位犯罪案件的审理程序"，对审理终结的单位犯罪案件，根据已经查明的事实、证据和法律的有关规定，确认单位及其负责的主管人员和其他直接责任人员是否构成犯罪，犯的什么罪，应否实行"双罚制"，或者宣告无罪而作出的判决文书。

根据相关法律规定，单位犯罪案件刑事判决书适用于以下案件：（1）法律明文规定实行"双罚制"的单位犯罪案件；（2）依法设立的合资经营、合作经营企业和具有法人资格的独资、私营等公司、企业、事业单位犯罪的案件。

第七章 刑事裁判文书

《中华人民共和国刑法》、《中华人民共和国刑事诉讼法》及最高人民法院《关于执行〈中华人民共和国刑事诉讼法〉若干问题的解释》是人民法院制作第一审单位犯罪案件刑事判决书的法律依据。

（二）格式

×××人民法院

刑事判决书

〔××××〕×刑初字第×号

公诉机关×××人民检察院

被告单位……（写明单位名称、住所地）

诉讼代表人……（写明姓名、工作单位和职务）

辩护人……（写明姓名、工作单位和职务）

被告人……（写明直接负责的主管人员、其他直接责任人员的姓名、性别、出生年月日、民族、出生地、文化程度、职业或者工作单位和职务、住址以及因本案所受强制措施情况等，现羁押处所）

辩护人……（写明姓名、工作单位和职务）

×××人民检察院以×检×诉〔××××〕第×号起诉书指控被告单位×××犯××罪，被告人×××犯××罪，于××××年××月××日向本院提起公诉。本院依法组成合议庭，公开（或者不公开）开庭审理了本案。×××人民检察院指派检察员×××出庭支持公诉，被害人×××及其法定代理人×××、诉讼代理人×××，被告单位的诉讼代表人×××及其辩护人×××、证人×××，被告人×××及其辩护人×××，证人×××、鉴定人×××，翻译人员×××等到庭参加诉讼。现已审理终结。

×××人民检察院指控……（概述人民检察院指控被告单位和被告人犯罪的事实、证据和适用法律的意见）。

被告单位×××辩称……（概述被告单位对指控的犯罪事实予以供述、辩解、自行辩护的意见和有关证据）。辩护人×××提出的辩护意见是……（概述辩护人的辩护意见和有关证据）。

被告人×××辩称……（概述被告人对指控的犯罪事实予以供述、辩解、自行辩护的意见和有关证据）。辩护人×××提出的辩护意见是……（概述辩护人的辩护意见和主要证据）。

经审理查明，……（首先写明经法庭审理查明的有关被告单位犯罪的事实和被告人犯罪的事实；其次写明据以定案的证据及其来源；最后对控辩双方有异议的事实、证据进行分析、认证）。

本院认为，……（根据查证属实的事实、证据和法律规定，论证公诉机关指控的单位犯罪是否成立，被告单位及其直接负责的主管人员、其他责任人员的行为是否构成犯罪，犯的什么罪，应否实行"双罚制"，应否从轻、减轻、免除处罚或者从重处罚。对于控辩双方关于适用法律方面的意见，应当有分析地表示是否予以采纳，并阐明理由）。依照……（写明判决的法律依据）的规定，判决如下：

……（写明判决结果）。分三种情况：

第一，定罪判刑的，表述为：

"一、被告单位×××犯××罪，判处罚金××元，……（写明缴纳期限）；

二、被告人×××犯××罪，判处……（写明主刑、附加刑）。

（刑期从判决执行之日起计算。判决执行以前先行羁押的，羁押一日折抵刑期一日，即自××××年××月××日起至××××年××月××日止）。

（如有追缴、退赔或者发还被害人、没收财物的，应在以上各项之后续项写明）。"

第二，定罪免刑的，表述为：

"一、被告单位×××犯××罪，免予刑事处罚；

二、被告人×××犯××罪，免予刑事处罚。

（如有追缴、退赔或者发还被害人、没收财物的，应在以上各项之后续项写明）。"

第三，宣告无罪的，无论是适用《中华人民共和国刑事诉讼法》第一百九十五条第（二）项还是第（三）项，均应表述为：

"一、被告单位×××无罪；

二、被告人×××无罪。"

如不服本判决，可在接到判决书的第二日起十日内，通过本院或者直接向××人民法院提出上诉。书面上诉的，应当提交上诉状正本一份，副本×份。

审判长　×××
审判员　×××
审判员　×××

××××年××月××日

（院印）

本件与原本核对无异

书记员　×××

（三）内容及制作方法

在制作这种判决书时，应当注意从首部、事实、理由和判决结果部分，全面反映单位犯罪案件的特点。

1. 首部

（1）在公诉机关的下一项，首先要列明"被告单位"，写明单位名称和地址。

单位被注销或者被宣告破产的，应当列明被告单位的名称，并用括号注明单位已被有关部门注销或者被人民法院宣告破产；在下述事实部分应简要写明单位被注销或者被宣告破产的情况；在下述理由部分应阐明对被告单位终止审理的理由；在下述判决结果的第一项先写："对被告单位×××终止审理"；第二项再写对被告人（即直接负责的主管人员和其他直接责任人员）作出的判决。

被告单位犯罪后变更名称的，一般应当列明变更后的单位名称，但须注明单位的原名称。在下述判决结果中，应当根据庭审查明的事实和法律的有关规定，对变更后的单位定罪判刑，或者宣告无罪。

（2）由于法律规定对单位犯罪实行"双罚制"，因此，在"被告单位"项下，还需列明"诉讼代表人"。所谓诉讼代表人，是指代表被告单位出庭参加诉讼的单位的法定代表人或者主要负责人。如果法定代表人或者主要负责人被指控为单位犯罪中直接负责的主管人员的，则应当由单位的其他负责人作为单位的诉讼代表人出庭参加诉讼。如果被告单位的诉讼代表人与被指控为单位犯罪的直接负责的主管人员是同一人的，人民法院应当要求人民检察院另行确定被告单位的诉讼代表人出庭参加诉讼。写明诉讼代表人的姓名、工作单位和职务。

（3）在"诉讼代表人"及其辩护人的下一项，列明"被告人"。这里讲的"被告人"，即单位犯罪的直接负责的主管人员和其他直接责任人员。"直接负责的主管人员"，是指对单位的犯罪活动负有直接责任的主管人员。"其他直接责任人员"，是指除直接负责的主管人员之外，其他对单位犯罪负有直接责任的人员，也就是单位犯罪的直接实施者。

（4）在案件的由来和审判经过段中，要写明检察机关指控被告单位犯罪和被告单位的诉讼代表人参加诉讼的情况，以体现对单位犯罪案件当事人合法诉讼权利的保护。

2. 事实

根据单位犯罪案件的特点，事实部分一般应当分几个自然段来书写。第一，概述人民检察院指控被告单位和被告人犯罪的事实、证据和适用法律的意见。第二，概述被告单位对指控的犯罪事实予以供述、辩解、自行辩护的意见和有关证据；辩护人的辩护意见和有关证据。第三，概述被告人对指控的犯罪事实予以供述、辩解、自行辩护的意见和有关证据；辩护人的辩护意见和有关证据。第四，写明经法庭审理查明的有关被告单位犯罪的事实和被告人犯罪的事实。第五，认定事实的证据。对控辩双方有异议的事实证据还要经过法庭举证、质证后进行必要的分析、认证，才能作为定案的根据。

3. 理由

这一部分应当根据法庭查明的事实、证据和有关法律规定，首先论证指控的单位犯罪是否成立，被告单位及其直接负责的主管人员和其他直接责任人员的行为是否构成犯罪，犯什么罪，应否实行"双罚制"，应否从轻、减轻处罚、免除处罚或者从重处罚；其次对于控辩双方适用法律方面的意见，应当有分析地表示是否予以采纳；最后写明判决的法律依据。

4. 判决结果

由于法律规定对单位犯罪实行"双罚制"，即对单位判处罚金，又对其直接负责的主管人员和其他责任人员判处刑罚，因此，判决结果部分应该分两行书写。如上述（二）格式所示。

5. 尾部

尾部包括上诉事项、签署、时间等内容。表述文字基本固定，如上述（二）格式部分所示。

六、第一审刑事附带民事判决书

（一）概念与制作依据

第一审刑事附带民事判决书，是人民法院依照《刑事诉讼法》和《民事诉讼法》规定的程序，对适用普通程序审理终结的刑事附带民事案件，确认被告人的行为已构成犯罪，依法应负刑事责任和民事赔偿责任，或者被告人的行为虽不构成犯罪，但应负民事赔偿而作出的裁判文书。刑事附带民事判决书是将基于同一事实产生的两个性质的判决合并到一起制作的，是一种以刑事判决书特点为主、以民事判决书特点为辅的审判文书。

根据《刑事诉讼法》第99条规定，刑事附带民事判决书适用于以下范围：（1）被告人的行为已构成犯罪，而被告人的犯罪行为又直接造成被害人经济损失的；（2）被告人只有一般违法行为，尚不构成犯罪，但被害人的经济损失是由于被告人的违法行为直接造成的，（3）被告人系无刑事责任能力人（如精神病患者或者未达到刑事责任年龄的未成年人），但其行为已造成被

第七章　刑事裁判文书

害人的经济损失的。

（二）格式

×××人民法院
刑事附带民事判决书
（第一审公诉案件适用普通程序用）

〔××××〕×刑初字第×号

公诉机关×××人民检察院。

附带民事诉讼原告人……（写明姓名、性别、出生年月日、民族、出生地、文化程度、职业或者工作单位和职务、住址等）。

被告人……（写明姓名、性别、出生年月日、民族、出生地、文化程度、职业或者工作单位和职务、住址、因本案所受强制措施情况等，现羁押处所）。

辩护人……（写明姓名、工作单位和职务）。

×××人民检察院以×检×诉〔　〕第×号起诉书指控被告人×××犯××罪，于××××年××月××日向本院提起公诉。在诉讼过程中，附带民事诉讼原告人向本院提起附带民事诉讼。本院依法组成合议庭，公开（或者不公开）开庭进行了合并审理。×××人民检察院指派检察员×××出庭支持公诉，附带民事诉讼原告人×××及其法定（诉讼）代理人×××，被告人×××及其法定代理人×××、辩护人×××，证人×××，鉴定人×××，翻译人员×××等到庭参加诉讼。现已审理终结。

×××人民检察院指控……（概述人民检察院指控被告人犯罪的事实、证据和适用法律的意见）。附带民事诉讼原告人诉称……（概述附带民事诉讼原告人的诉讼请求和有关证据）。

被告人×××辩称……（概述被告人对人民检察院指控的犯罪事实和附带民事诉讼原告人的诉讼请求予以供述、辩解、自行辩护的意见和有关证据）。辩护人×××提出的辩护意见是……（概述辩护人的辩护意见和有关证据）。

经审理查明，……（首先写明经法庭审理查明的事实，既要写明经法庭查明的全部犯罪事实，又要写明由于被告人的犯罪行为使被害人遭受经济损失的事实；其次写明据以定案的证据及其来源；最后对控辩双方有异议的事实、证据进行分析、认证）。

本院认为，……（根据查证属实的事实、证据和法律规定，论证公诉机关指控的犯罪是否成立，被告人的行为是否构成犯罪，犯的什么罪，应否追究刑事责任；论证被害人是否由于被告人的犯罪行为而遭受经济损失，被告人对被害人的经济损失应否负民事赔偿责任；应否从轻、减轻、免除处罚或者从重处罚。对于控辩双方关于适用法律方面的意见，应当有分析地表示是否予以采纳，并阐明理由）。依照……（写明判决的法律依据）的规定，判决如下：

……（写明判决结果）。分四种情况：

第一，定罪判刑并应当赔偿经济损失的，表述为：

"一、被告人×××犯××罪，……（写明主刑、附加刑）。（刑期从判决执行之日起计算。判决执行以前先行羁押的，羁押一日折抵刑期一日，即自××××年××月××日起至××××年××月××日止）。

二、被告人×××赔偿附带民事诉讼原告人×××……（写明受偿人的姓名、赔偿的金额和支付的日期）。"

第二，定罪免刑并应当赔偿经济损失的，表述为：

"一、被告人×××犯××罪，免予刑事处罚；

二、被告人×××赔偿附带民事诉讼原告人×××……（写明受偿人的姓名、赔偿的金额和支付的日期）。"

第三，宣告无罪但应当赔偿经济损失的，表述为：

"一、被告人×××无罪；

二、被告人×××赔偿附带民事诉讼原告人×××……（写明受偿人的姓名、赔偿的金额和支付的日期）。"

第四，宣告无罪且不赔偿经济损失的，表述为：

"一、被告人×××无罪；

二、被告人×××不承担民事赔偿责任。"

如不服本判决，可在接到判决书的第二日起十日内，通过本院或者直接向×××人民法院提出上诉。书面上诉的，应当提交上诉状正本一份，副本×份。

审判长　×××
审判员　×××
审判员　×××
××××年××月××日
（院印）

本件与原本核对无异

书记员　×××

第七章 刑事裁判文书

（三）内容及制作方法

上述格式是供一审法院审理刑事公诉案件时，根据有关法律规定，在确认被告人是否承担刑事责任的同时，附带解决被告人对于被害人所遭受的物质损失（经济损失）是否承担民事赔偿责任时使用的。刑事附带民事诉讼判决书应当注意在首部、事实、理由判决结果部分完整地反映刑事附带民事诉讼这一特点。

1. 首部

标题。分两行居正中写明法院全称和文书名称。其中，文书名称以"刑事附带民事判决书"为标准，既不能写为"刑事判决书"也不能写为"民事判决书"或"附带民事判决书"。因为这类案件的主体部分刑事诉讼，是民事诉讼部分赖以存在的基础，只有写"刑事附带民事判决书"才能标明该文书是将基于同一事实产生的两个性质的判决合并到一起制作的，它既不同于独立的民事案件判决也不同于单纯的刑事案件判决。

文书编号。写法与一审刑事判决书相同。注意在写文书简称时不要写"刑民"，而仍应以"刑"字代称。完整写法"〔××××〕×刑初字第×号"。

公诉机关与诉讼参与人身份等情况。（1）如果提起附带民事诉讼的是被害人，其表述项目、顺序如格式。其中"附带民事诉讼原告人"项中依次写明姓名、性别、出生年月日、民族、出生地、职业或工作单位和职务、住址等内容，并在"单位和职务、住址"之后，续写"系本案被害人"。（2）如果被害人已经死亡，经更换当事人，由他的近亲属提起附带民事诉讼的，应当将其近亲属列为"附带民事诉讼原告人×××"，并注明其与死者的关系。（3）如果附带民事诉讼系被害人的法定代理人提起的，应在"附带民事诉讼原告人×××"之后，列第二项"法定代理人×××"，并注明其与被害人的关系。（4）如果附带民事诉讼是公诉机关提起的，则应将上述格式中"附带民事诉讼原告人"项删掉。正文中案由、案件来源和事实段亦作相应调整。（5）这部分内容中辩护人、被告人等身份事项的写法同一审刑事判决书。

案由、案件来源和审判经过。如果附带民事诉讼是由检察机关提起的，应将格式开头"被告人×××犯××罪，……提起附带民事诉讼"相应改为"被告人犯××罪，同时致使……（写明受损失单位名称或者被害人的姓名）遭受经济损失一案，向本院提起刑事附带民事的公诉"，并将"附带民事诉讼原告人×××"从到庭参加诉讼的人员中删掉。

2. 事实

本部分从两个方面进行叙述。

第一，简述控辩双方的基本内容。首先概述检察院指控的基本内容即犯罪事实、证据和适用法律的意见，并简述附带民事诉讼原告人起诉的民事内容即诉讼请求和有关部门证据；其次另起一段写明被告人供述、辩解、自行辩护和辩护人的辩护意见及有关部门证据。

第二，是事实部分的核心段。首先写明经法庭审理查明的事实，既要写明法庭查明的全部犯罪事实，又要写明由于被告人的犯罪行为使被害人遭受经济损失的事实；其次写明据以定案的证据及其来源；最后对控辩双方有异议的事实、证据进行分析认证，以充分阐明事实的正确性。

3. 理由

本部分既要论述刑事判决的理由，又要论证确定民事责任的理由，并引用相应的法律条款。

首先应根据查证属实的事实、情节和法律规定，论证公诉机关对犯罪的指控是否成立，能否认定被告人有罪、被告人犯什么罪，应否追究刑事责任。其次论证被告人（包括附带民事诉讼被告人）对附带民事诉讼原告人的经济损失应否承担民事赔偿责任；及其应否从轻、减轻、免除处罚或者从重处罚。对于控、辩双方关于适用法律方面的意见和理由，应有分析地表示采纳或予以批驳。最后引述判决所依据的法律条款。

刑事附带民事案件在该部分除需要引用刑法和刑事诉讼法的有关条文外，还必须同时引用《民法通则》第119条和最高人民法院《关于贯彻执行〈中华人民共和国民法通则〉若干问题的意见》中有关损害赔偿的规定，作为判决的法律依据。

4. 判决结果

判决结果有四种，如上述格式（二）中所示。判决结果中赔偿经济损失部分，一定要写清其名称、数额、给付期限、交付方式等内容。判决前，赔偿金额被告人已一次付清的，除应记入笔录外，仍应在判决结果中写明，但可用括号注明"已执行"，作为被告人承担民事赔偿责任的依据。

5. 尾部

交代上诉事项，其表述方式与一审刑事判决书相同，其上诉期限以刑事诉讼法规定的期限为准。其余事项与一审刑事判决书相同。

七、第一审简易程序刑事判决书

（一）概念

第一审简易程序刑事判决书，是基层人民法院依照《刑事诉讼法》规定的第一审简易程序，对审理终结的刑事案件，根据已经查明的事实、证据和法

第七章 刑事裁判文书

律的有关规定，确认被告人的行为是否构成犯罪，犯的什么罪，判处什么刑罚或者免除处罚作出的判决文书。

根据《刑事诉讼法》的规定，第一审简易程序刑事判决书适用于以下三类案件：(1) 事实清楚、证据充分，依法可能判处 3 年以下有期徒刑、拘役、管制、单处罚金的公诉案件。(2) 告诉才处理的案件。(3) 被害人起诉的有证据证明的轻微刑事案件，但被害人无证据或者证据不充分的案件不包括在内。

（二）格式

×××人民法院

刑事判决书

（第一审公诉案件适用简易程序用）

〔××××〕×刑初字第×号

公诉机关×××人民检察院。

被告人×××，性别，××××年××月××日出生于××省（或自治区、直辖市）××县，×族，××文化，工作单位和职务，住址。因本案于××××年××月××日所受强制措施情况。现羁押处所。

辩护人×××，工作单位和职务。

×××人民检察院以×检×诉〔××××〕第×号起诉书指控被告人×××犯××罪，于××××年××月××日向本院提起公诉。本院依法适用简易程序，实行独任审判，公开（或不公开）开庭审理了本案。（×××人民检察院检察员×××）、被告人×××（辩护人×××）等到庭参加了诉讼。现已审理终结。

公诉机关指控被告人（简要概括起诉书指控犯罪事实内容）。

上述事实，被告人在开庭审理过程中亦无异议，并有物证××、书证××、证人×××的证言、被害人×××的陈述、××公安机关（或检察机关）的勘验、检查笔录和××鉴定结论等证据证实，足以认定。

本院认为，被告人×××的行为（具体）已构成××罪。（对控辩双方争议的采纳或者驳斥理由；从轻、减轻或者免除处罚的理由）。依照《中华人民共和国刑法》第×条（第×款）的规定，判决如下：

被告人×××犯××罪，判处……（写明判处的具体内容）。

（刑期从判决执行之日起计算。判决执行以前先行羁押的，羁押一日折抵刑期一日，即自××××年××月××日起至××××年××月××日止）。

如不服本判决,可在接到判决书的第二日起十日内,通过本院或者直接向×××人民法院提出上诉。书面上诉的,应当提交上诉状正本一份,副本×份。

审判员　×××
××××年××月××日
(院印)

本件与原本核对无异

书记员　×××

(三) 内容及制作方法

简易程序不同于普通程序。适用简易程序制作的刑事判决书,应当有别于适用普通程序制作的刑事判决书。

1. 首部

除在案件由来和审理经过段,将"本院依法组成合议庭"改为"本院依法适用简易程序,实行独任审判"外,其他与适用普通程序制作的第一审刑事判决书的表述基本相同。

为了具体执行最高人民法院《关于严格执行案件审理期限制度的若干规定》,应当在首部写明立案的日期,可以在"×××人民检察院……于××××年××月××日向本院提起公诉"之后,续写:"本院于××××年××月××日立案,并依法适用简易程序,实行独任审判。"需要延长审限的,应一并写明。

2. 事实

(1) 对控辩双方意见的表述可以高度概括。适用简易程序制作的刑事判决书,对控辩双方的意见可以采取"高度概括"的方法叙述,且不要求写明指控犯罪事实的证据和应诉的证据。

(2) 经庭审查明的事实可以概述,对证明事实的证据可以不写。由于适用简易程序审理的案件,控辩双方对指控的犯罪事实和证据没有原则分歧,在这种情况下,对经庭审查明的事实可以用"概述"而不是详述的方式加以表述,证明事实的证据则可以省略。

3. 理由

判决理由可以适当论述,但不展开论述;对控辩双方适用法律方面的意见则应当给予明确回答,做到简明扼要,重点突出。

4. 判决结果

如上述(二)格式中所示,与第一审适用普通程序制作的刑事判决书相同。但依照法律规定,被告人不论犯的是一罪还是数罪,对被告人判处的刑罚

第七章 刑事裁判文书

都不能超过3年有期徒刑。

5. 尾部

与第一审适用普通程序制作的刑事判决书不同，应由独任审判员署名。

第三节 第二审刑事判决书

一、第二审刑事判决书的概念

第二审刑事判决书，是指第二审人民法院根据当事人的上诉或者人民检察院的抗诉，依刑事诉讼法规定的第二审程序，对第一审人民法院作出的未发生法律效力的判决进行第二次审判后作出的书面决定。

根据《刑事诉讼法》第225条、第227条规定，对第二审案件的审理，其结果有以下三种情况：第一，用裁定驳回上诉或抗诉，维持原判；第二，改判；第三，用裁定撤销原判，发回原审法院重审。因此，第二审刑事判决书只适用于二审改判案件。

二、第二审刑事判决书的格式

×××人民法院
刑事判决书
（二审改判用）

〔××××〕×刑终字第×号

原公诉机关×××人民检察院。

上诉人（原审被告人）……（写明姓名、性别、出生年月日、民族、出生地、文化程度、职业或工作单位和职务、住址和因本案所受强制措施情况等，现羁押处所）。

辩护人……（写明姓名、工作单位和职务）。

×××人民法院审理××人民检察院指控原审被告人×××犯××罪一案，于××××年××月××日作出〔××××〕××刑初字第×号刑事判决。原审被告人×××不服，提出上诉。本院依法组成合议庭，公开（或者不公开）开庭审理了本案。×××人民检察院指派检察员×××出庭履行职务。上诉人（原审被告人）×××及其辩护人×××等到庭参加诉讼。现已审理终结。

……（首先概述原判决认定的事实、证据、理由和判处结果；其次概述上诉、辩护的意见；最后概述人民检察院在二审中提出的新意见）

经审理查明，……（首先写明经二审审理查明的事实；其次写明二审据以定案的证据；最后针对上诉理由中与原判认定的事实、证据有异议的问题进行分析、认证）

本院认为，……（根据二审查明的事实、证据和有关法律规定，论证原审法院判决认定的事实、证据和适用法律是否正确。对于上诉人、辩护人或者出庭履行职务的检察人员等在适用法律、定性处理方面的意见，应当有分析地表示是否予以采纳，并阐明理由）。依照……（写明判决的法律依据）的规定，判决如下：

……（写明判决结果）。分两种情况：

第一，全部改判的，表述为：

"一、撤销×××人民法院〔××××〕××刑初字第×号刑事判决：

二、上诉人（原审被告人）×××……（写明改判的具体内容）。

（刑期从……）"

第二，部分改判的，表述为：

"一、维持×××人民法院〔××××〕××刑初字第×号刑事判决的第×项，即……（写明维持的具体内容）；

二、撤销×××人民法院〔××××〕××刑初字第×号刑事判决的第×项，即……（写明撤销的具体内容）；

三、上诉人（原审被告人）×××……（写明部分改判的具体内容）。"

（刑期从……）"。

本判决为终审判决。

审判长　×××
审判员　×××
审判员　×××
××××年××月××日
（院印）

本件与原本核对无异

书记员　×××

三、第二审刑事判决书的内容及制作方法

以上文书结构与第一审刑事判决书基本相同。它是按公诉案件的被告人提

出上诉的模式设计的。

(一) 首部

与第一审刑事判决书不同的是:

1. 文书编号。在上项的右下方写:"〔××××〕××刑终字第×号"。案号用"刑终"字,表明是第二审人民法院适用第二审程序作出的终审的即发生法律效力的判决。

2. 抗诉机关和上诉人的称谓及身份事项。分以下几种情况:

(1) 检察机关提出抗诉的,第一项写"抗诉机关",第二项写"原审被告人"。

(2) 公诉案件的被告人提出上诉的,第一项写"原公诉机关";第二项写"上诉人",并用括号注明是"原审被告人"。未成年被告人的法定代理人提出上诉的,第一项写"原公诉机关";第二项写"上诉人",并在姓名之后用括号注明其与被告人之间的关系;第三项写"原审被告人"。被告人的辩护人或者近亲属经过被告人同意提出上诉的,上诉人仍为原审被告人,但应当在审理经过段中将"原审被告人×××不服,提出上诉"一句,改为"原审被告人×××的近亲属(或者辩护人)×××经征得原审被告人×××的同意,提出上诉"。

(3) 自诉案件的自诉人提出上诉的,第一项写"上诉人(原审自诉人)",第二项写"原审被告人";被告人提出上诉的,第一项写"上诉人(原审被告人)",第二项写"原审自诉人";自诉人和被告人都提出上诉的,第一项写"上诉人(原审自诉人)",第二项写"上诉人(原审被告人)"。自诉案件的当事人的法定代理人提出上诉的,第一项写"上诉人",并用括号注明其与被代理人的关系;第二项写被代理人,如"原审自诉人";第三项写"原审被告人"。

(4) 共同犯罪案件中的个别或者部分被告人提出上诉的,第一项写"原公诉机关",第二项写"上诉人",并用括号注明其在原审中的诉讼地位,如"上诉人(原审被告人)";没有提出上诉的,在第三项写"原审被告人",以便二审对全案进行审查,一并处理。

(5) 人民检察院和当事人同时提出抗诉和上诉的,根据最高人民法院的解释,应按抗诉程序进行审理。因此,第一项写"抗诉机关",第二项写"上诉人"。

(6) 附带民事诉讼的当事人提出上诉的,第一项写"上诉人",第二项写"被上诉人",即对方当事人,并分别在括号内注明其在原审中的诉讼地位。附带民事诉讼当事人的法定代理人提出上诉的,与自诉案件当事人的法定代理人的书写相同。

上列当事人的身份事项和被拘留、逮捕日期，与第一审刑事判决书的书写相同。

3. 辩护人的称谓和身份事项，与第一审刑事判决书的书写相同。无辩护人的，此项不写。

4. 案件由来、一审处理结果、提出上诉或者抗诉的主要理由。具体表述如上述格式部分所示。在书写案件由来和审理经过段时，还应当注意：(1) 如果被害人及其法定代理人请求人民检察院提出抗诉，人民检察院根据《刑事诉讼法》第218条的规定决定抗诉的，应当在审理经过段中的"原审被告人×××不服，提出上诉"一句之后，续写："被害人（或者其法定代理人）不服，请求××人民检察院提出抗诉。××人民检察院决定并于××××年××月××日向本院提出抗诉"。(2) 第二审人民法院根据《刑事诉讼法》第223条的规定，决定不开庭审理的，应当将在"本院依法组成合议庭"之后、"现已审理终结"之前的内容，改写为"经过阅卷，讯问被告人、听取其他当事人、辩护人、诉讼代理人的意见，认为事实清楚，决定不开庭审理"。

（二）事实

事实部分要写明以下两层内容：第一，首先概述原判决的基本内容，即原判认定的事实、证据、理由和判处结果；其次写明上诉、辩护方的意见；最后概述检察院在二审中提出的新意见。第二，由"经审理查明……"一语引起，首先写明经二审审理查明的事实；其次写明二审据以定案的证据；最后针对上诉理由中与原判认定的事实、证据有异议的问题进行分析、认证。

根据《刑事诉讼法》第225条第（二）项、第（三）项的规定，二审改判或者原判决认定事实没有错误，但适用法律错误或者量刑不当；或者原判决认定事实不清或者证据不足。因此，虽然二审刑事判决书叙述犯罪事实的原则和方法与一审刑事判决书基本相同，但仍具有自己的特点。

1. 二审刑事判决书所写的事实，必须是经二审法院全面审查认定的事实和证据，不受上诉（或抗诉）范围的限制。

2. 在叙述方法上，应详略得当，焦点明确，有较强针对性。对于无异议的事实应简要概述，有争议的事实特别是作为改判根据的事实要详叙，并针对上诉人或抗诉机关的异议提出肯定、否定的根据。如上诉或者抗诉对原判认定的事实全部否认的，应针对上诉或者抗诉的主要理由，依二审查证核实的证据材料，逐一写明案件事实，提出认定或者否定原判事实的根据和理由；上诉或者抗诉认为原判认定的事实有部分不符合的，二审应就没有争议的事实略述，

第七章 刑事裁判文书

有争议的详述。

（三）理由

理由部分应当根据二审查明的事实、证据和法律的有关规定，论证原审法院判决认定的事实、证据和适用法律是否正确，上诉或者抗诉是否有理。对于上诉人、辩护人或者出庭履行职务的检察人员等在适用法律、定性处理方面提出的意见，应当有分析地表示是否予以采纳，并阐明理由。对上诉或者抗诉有理的应当支持，无理的应当否定；原审判决正确的应当维护，不正确的应当纠正，并指出错误或者不当之处，实事求是地作出令人信服的结论。

1. 对于原判决认定事实没有错误，但适用法律确有错误，或者量刑不当，上诉或者抗诉有理的，应当阐明原判决适用法律有什么错误或者量刑有什么不当，以及改判的根据和理由。

2. 对于原判决认定事实不清或者证据不足，上诉或者抗诉有理的，应当阐明原判哪些事实不清（是部分还是全部）、证据不足，以及改判的根据和理由。

3. 对于原判决认定事实和适用法律均不当的，则应当充分阐明否定原判的根据和理由。

凡改判（部分改判或者全部改判）的案件，除应当阐明改判的根据和理由外，还应当写明改判所依据的法律条文，即分别引用《刑事诉讼法》和《刑法》的有关条文，作为改判的法律依据；在顺序上，应当先引用程序法，再引用实体法。

（四）判决结果

判决结果有两种情况，其表述方式也不相同。

第一，全部改判的，表述为：

"一、撤销×××人民法院（××××）×刑初字第×号刑事判决；

二、上诉人（原审被告人）×××……（改判具体内容）。

（刑期从……）"

第二，部分改判的，表述为：

"一、维持×××人民法院（××××）×刑初字第×号刑事判决的第×项，……（维持的具体内容）；

二、撤销×××人民法院（××××）×刑初字第×号刑事判决第×项，即……（撤销的具体内容）；

三、上诉人（原审被告人）×××……（部分改判内容）。

（刑期从……）。"

第一种格式主要针对原判认定事实、适用法律均有错误；原判认定事实没有错误，但适用法律有错误或者量刑不当；原判事实不清楚或者证据不足，二审法院已经查清的；原判把无罪错定为有罪的等情况而进行全部改判时使用。其表述顺序先写撤销内容，再写改判结果，不能颠倒。

第二种格式主要针对原判定罪或者量刑有错误，事实正确；原判对共同犯罪案件中的部分被告人定罪量刑有错误；原判仅对其他非刑罚的处理（如追缴、没收、退赔的赃款、赃物的处理）不当等情况，进行部分改判时使用。其表述顺序为：先写维持原判决的具体内容，再写撤销的部分，最后写明改判内容，不能颠倒或省略。其中维持或撤销部分的写法，一定要明确具体，即先写明维持或撤销原判的第几项，再表述该项具体内容。

（五）尾部

1. 在判决结果下方写"本判决为终审判决"，表示第二审判决一经宣告即发生法律效力，交付执行。

随着死刑核准权于 2007 年 1 月 1 日起收归最高人民法院统一行使，二审判决书的制作机关如果是高级法院，改判的结果中有判处死刑的被告人的，应当在判决结果下方写："本判决由本院依法报送最高人民法院核准"，不写"本判决为终审判决"。

本判决书的制作机关如果是高级人民法院，改判的结果中有判处死刑缓期二年执行的被告人的，应在判决书的尾部写明"本判决为终审判决"即可，不再另起一行续写"依照《刑事诉讼法》第二百三十七条的规定，本判决为核准判处××死刑，缓期二年执行的判决。"

第二审人民法院审理上诉、抗诉案件的判决结果是在法定刑以下判处刑罚，并且依法应当报请最高人民法院核准的，在尾部写明"本判决报请最高人民法院核准后生效"。

2. 署名。只签署合议庭组成人员的名称，没有独任审判的情况，因为《刑事诉讼法》第 223 条第 1 款规定，第二审人民法院应当组成合议庭审理。然后签署的时间、加盖院印、书记员签名并加盖核对章，制作方法同第一审刑事判决书。

四、实例阅读

河南省高级人民法院
刑 事 判 决 书

〔2015〕豫法刑一终字第×号

原公诉机关河南省人民检察院××分院。

上诉人（原审被告人）颜××，男，1975 年 7 月 26 日出生，汉族，初中

第七章 刑事裁判文书

文化,农民。因涉嫌犯拐卖妇女罪于2013年6月25日被刑事拘留,同年8月2日被逮捕。现羁押于××市看守所。

辩护人张××,河南××律师事务所律师。

上诉人(原审被告人)李××,男,1964年6月6日出生,汉族,初中文化,农民。2013年9月24日被抓获并羁押,因涉嫌犯拐卖妇女罪于2013年9月28日被刑事拘留,2013年10月25日被逮捕。现羁押于××市看守所。

辩护人周××,河南××律师事务所律师。

上诉人(原审被告人)杨××,化名黄××,女,1984年8月8日生,景颇族,缅甸国贵凯镇南八旗人。因涉嫌犯拐卖妇女罪于2013年7月16日被监视居住,2013年9月11日被刑事拘留,同年9月26日被逮捕。现羁押于××市看守所。

辩护人郑××,河南××律师事务所律师。

原审被告人于××,男,1970年12月21日出生,汉族,小学文化,农民。因涉嫌犯拐卖妇女罪于2013年6月29日被济源市公安局邵州分局取保候审,2013年10月31日被河南省人民检察院××分院取保候审,2014年4月28日被××中级人民法院取保候审。

河南省济源中级人民法院审理河南省人民检察院××分院指控原审被告人颜××、于××、李××、杨××犯拐卖妇女罪一案,于2014年6月25日作出〔2014〕济中刑初字第3号刑事判决。宣判后,原审被告人颜××、李××、杨××不服,分别提出上诉。本院依法组成合议庭,公开开庭审理了本案。河南省人民检察院指派代理检察员黄××、李××出庭履行职务,上诉人颜××及其辩护人张××、李××及其辩护人周××、杨××及其辩护人郑××、原审被告人于××到庭参加诉讼。本案现已审理终结。

原判认定:被告人颜××、杨××以夫妻名义共同生活,杨××借用黄××的身份证与颜××登记结婚。后二人预谋回缅甸探亲时,带缅甸籍妇女到济源介绍婆家并从中牟利。自2004年至2008年,颜××、杨××、于××、李××等人单独或相互结伙,以打工、找婆家或者通过人贩子购买等手段,将缅甸籍妇女杨某某、张某甲、李某甲、李乙、李某乙、李某丙、王某某、张某乙、兰某骗至济源予以出卖。其中,颜××参与拐卖妇女7人,与他人共得赃款113600元;于××、李××参与拐卖妇女5人,与他人共得赃款98000元;杨××参与拐卖妇女2人,与他人共得赃款32600元。

上述事实,有下列证据证实:

1. 被害人杨某某、张某甲、李某甲、李乙、李某乙、李某丙、王某某、张某乙、兰某等人的陈述分别证实被拐卖的时间、经过等。经兰某、张某乙分别辨认，确认将其拐卖的人系于××、李××、王××。

2. 牛某某、杨某甲、卢某某、黄某甲等人证言分别证实通过颜××、于××等人收买杨某某、张某甲等人的情况。

3. 李××（另案处理）证实，其以到河南打工为名把一名缅甸籍女孩骗到昆明交给颜××的情况。

4. 王××（另案处理）证实，为了赚钱，其和于××、李××一起去云南带回四个缅甸籍妇女进行出卖。

5. 被告人颜××、于××、李××、杨××分别供述拐卖缅甸籍妇女的时间、经过、出卖数额等情节，所供与被害人陈述、证人证言、辨认笔录等证据相互印证。

根据上述事实和证据，济源中级人民法院认定被告人颜××犯拐卖妇女罪，判处无期徒刑，剥夺政治权利终身，并处没收个人全部财产；被告人××犯拐卖妇女罪，判处有期徒刑十一年，并处罚金5万元；被告人李××犯拐卖妇女罪，判处有期徒刑十年，并处罚金5万元；被告人杨××犯拐卖妇女罪，判处有期徒刑五年，并处罚金2万元，附加驱逐出境。

上诉人颜××及其辩护人称：杨某某系自愿到中国嫁人，该起事实不构成犯罪；颜××没有打骂威胁被害人，被害人在济源生活稳定，且愿意在这里生活，社会危害性小，系从犯，初犯，请求从轻处罚。

上诉人李××及其辩护人称：李××应认定为从犯；如实供述犯罪，系初犯，没有打骂威胁被害人，量刑重。

上诉人杨××及其辩护人称：杨某某自愿来中国嫁人，不构成犯罪；系从犯，请求改判缓刑。

河南省人民检察院出庭检察员意见：原判认定事实清楚，证据确实充分，定罪准确，上诉人颜××、李××、杨××的上诉理由不能成立。对上诉人颜××、李××的量刑适当，对杨××判处五年有期徒刑、罚金2万元的刑罚基本适当。但杨××在中国生活多年，有两个未成年子女，驱逐出境不利于子女成长，建议二审依法裁判。

经本院公开开庭审理查明的事实与一审相同，原判认定的证据经一审、二审当庭举证、质证，查证属实，本院予以确认。

关于上诉人颜××、杨××上诉及辩护人辩护称"杨某某系自愿到中国嫁人，该起事实不构成犯罪"的理由，经查，颜××、杨××事先预谋从缅甸带人介绍婆家赚钱，将杨某某带到济源后以16000元卖给牛××，二人以营利为目的，并实施了出卖妇女行为，符合拐卖妇女罪的构成要件，应以拐卖妇女罪追究其刑事责任。

关于上诉人颜××上诉及辩护人辩护称"颜××没有对被害人打骂，被害人在济源生活稳定，且愿意在这里生活，社会危害性小，系从犯，初犯"的理由，经查，颜××在共同犯罪中首先提起犯意，与其他被告人共同出资，参与贩卖被害人及分赃的全过程，在犯罪中起主要作用，系主犯。原判根据其犯罪性质、情节对其判处的刑罚适当。

关于上诉人李××上诉及辩护人辩护称"李××系从犯，没有对被害人威胁打骂，社会危害性小，初犯"的理由，经查，在拐卖妇女犯罪中，李××不仅驾驶车辆，还共同出资，事后分赃，亦系主犯。

关于上诉人杨××及其辩护人称"杨××系从犯"的理由，经查，杨××受颜××的指使参与拐卖妇女二人，在犯罪中起次要作用，可认定为从犯，该上诉理由成立。

本院认为，上诉人颜××、李××、杨××与原审被告人于××以营利为目的拐卖妇女，其行为已构成拐卖妇女罪。在共同犯罪中，颜××、李××、于××均起主要作用，系主犯，且拐卖妇女三人以上，应依法惩处。杨××拐卖妇女二人，起次要作用，系从犯，依法可减轻处罚；鉴于其在中国生活多年，并育有未成年子女，可以不驱逐出境。原审判决认定事实清楚，证据确实、充分，定罪准确，审判程序合法。对颜××、于××、李××的量刑适当，但对杨××的量刑不当。上诉人颜××、李××的上诉理由及辩护人的辩护意见不能成立，不予采纳。上诉人杨××的上诉理由及辩护人的辩护意见部分予以采纳。河南省人民检察院检察员的出庭意见予以支持。依照《中华人民共和国刑事诉讼法》第二百二十五条第一款第（一）、（二）项和《中华人民共和国刑法》第二百四十条、第二十五条、第二十七条、第六十三条第一款之规定，判决如下：

一、维持济源中级人民法院（2014）济中刑初字第3号刑事判决第一、二、三项对上诉人颜××、李××、原审被告人于××的定罪量刑；维持第四项对上诉人杨三妹的定罪部分；

二、撤销济源中级人民法院（2014）济中刑初字第3号刑事判决第四项对上诉人杨××的量刑部分；

三、上诉人杨××犯拐卖妇女罪，判处有期徒刑三年，并处罚金人民币20000元。（刑期自判决执行之日起计算，判决执行前先行羁押的，羁押一日折抵刑期一日，即自2013年9月11日起至2016年9月10日止。罚金于判决生效后十日内缴纳。）

本判决为终审判决。

　　　　　　　　　　　　　　审　判　长　×××
　　　　　　　　　　　　　　代理审判员　×××
　　　　　　　　　　　　　　代理审判员　×××
　　　　　　　　　　　　　　××××年××月××日
　　　　　　　　　　　　　　　　（院印）

本件与原本核对无异

　　　　　　　　　　　　　　书　记　员　×××

第四节　再审刑事判决书

一、再审刑事判决书的概念

　　再审刑事判决书，是人民法院、人民检察院对已经发生法律效力的判决，发现在认定事实或者适用法律上确有错误，依法提出并由人民法院进行重新审理后，就案件的实体问题作出的书面决定。

　　再审程序，首先应以裁定的形式提起，然后才能够进行再审审理，因此，制作再审刑事判决书，是以提起再审程序的裁定为前提依据的。

　　根据案件审理所依程序的不同，再审程序刑事判决书可分为三类：按一审程序再审改判用的刑事判决书，按二审程序再审改判用的刑事判决书，按照再审程序审判后的上诉、抗诉案件二审改判的刑事判决书。本节以一审程序再审改判用的刑事判决书为例来介绍再审刑事判决书。

二、再审刑事判决书的格式

```
　　　　　　　　×××人民法院
　　　　　　　　　刑事判决书
　　　　　　　（按一审程序再审改判用）
　　　　　　　　　　　　〔××××〕×刑再初字第×号
　原公诉机关×××人民检察院。
　原审被告人……（写明姓名、性别、出生年月日、民族、出生地、文化程度、职业或者工作单位和职务、住址等，现羁押处所）。
　辩护人……（写明姓名、工作单位和职务）。
　　×××人民检察院指控原审被告人×××犯××罪一案，本院于××××年××月××日作出〔××××〕×刑初字第×号刑事判决。该判决
```

— 135 —

第七章 刑事裁判文书

发生法律效力后……（写明提起再审的根据）。本院依法另行组成合议庭，公开（或者不公开）开庭审理了本案。×××人民检察院检察员×××出庭履行职务。被害人×××、原审被告人×××及其辩护人×××等到庭参加诉讼。现已审理终结。

……（概述原审判决认定的事实、证据、判决的理由和判决结果）。

……（概述再审中原审被告人的辩解和辩护人的辩护意见。对人民检察院在再审中提出的意见，应当一并写明）。

经再审查明，……（写明再审认定的事实和证据，并就诉讼双方对原判有异议的事实、证据作出分析、认证）。

本院认为，……（根据再审查明的事实、证据和有关法律规定，对原判和诉讼各方的主要意见作出分析，阐明改判的理由）。依照……（写明判决的法律依据）的规定，判决如下：

……写明判决结果。分两种情况：

第一，全部改判的，表述为：

"一、撤销本院〔××××〕×刑×字第×号刑事判决；

二、原审被告人×××……（写明改判的内容）。"

第二，部分改判的，表述为：

"一、维持本院〔××××〕×刑×字第×号刑事判决的第×项，即……（写明维持的具体内容）；

二、撤销本院〔××××〕×刑×字第×号刑事判决的第×项，即……（写明撤销的具体内容）；

三、原审被告人×××……（写明部分改判的内容）。"

如不服本判决，可在接到判决书的第二日起十日内，通过本院或者直接向×××人民法院提出上诉。书面上诉的，应当提交上诉状正本一份，副本×份。

审判长　×××
审判员　×××
审判员　×××
××××年××月××日
（院印）

本件与原本核对无异

书记员　×××

三、再审刑事判决书的内容及制作方法

再审刑事判决书的格式,按第一审程序审理的,与第一审刑事判决书基本相同;按第二审程序审理的,与第二审刑事判决书基本相同。详述如下:

(一) 首部

1. 文书编号

按第一审程序再审的用"刑再初字";按第二审程序再审的用"刑再终字"。

2. 身份事项

按第一审程序再审的,如系公诉案件,第一项写"原公诉机关×××人民检察院",第二项写"原审被告人",身份事项同一审刑事判决书;由上级检察机关提出抗诉的,第一项写"抗诉机关",第二项写"原审被告人"。如系自诉案件,第一项写"原审自诉人",第二项写"原审被告人"。

按第二审程序再审的,除写明"原公诉机关×××人民检察院"以外,应当根据不同情况写明:原来是第一审的,写明原审时的称谓,如"原审被告人";原来是第二审的,写明原二审时的称谓,如"原审上诉人(原审被告人)";未上诉的,写"原审被告人"。

3. 原审处理结果、再审的提起和审理经过

按第一审程序审理的,参照上述格式所述。

按第二审程序审理的,可表述为:"×××人民检察院指控被告人×××犯××罪一案,×××人民法院于××××年××月××日作出〔××××〕×刑初字第×号刑事判决,本院于××××年××月××日作出〔××××〕×刑终字第×号刑事判决(或者裁定)。上述裁判发生法律效力后,本院又于××××年××月××日作出〔××××〕×刑监字第×号再审决定,对本案提起再审〔上级人民法院指令第二审人民法院再审的,写为:×××人民法院于××××年××月××日作出〔××××〕×监字第×号再审决定,指令本院对本案进行再审;上级人民法院提审的,写为:本院于××××年××月××日作出〔××××〕×刑监字第×号再审决定,提审了本案;人民检察院按照审判监督程序向本院提出抗诉的,写为:×××人民检察院于××××年××月××日按照审判监督程序向本院提出抗诉〕。"以下审理经过段的写法与按第一审程序审理的写法相同。

(二) 事实

再审刑事判决书的事实部分包括以下内容:首先,概述原判认定的事实、证据、判决的理由和判决结果。其次,概述再审中原审被告人(或者原审上

诉人）的辩解和辩护人的辩护意见。对于人民检察院在再审中提出的意见，应当一并写明。如果是人民检察院按照审判监督程序提出抗诉的案件，则应当先写人民检察院的抗诉意见，再写原审被告人（或者原审上诉人）的辩解和辩护人的辩护意见。最后，写明经再审查明的事实和证据，并就控辩双方对原判有异议的事实、证据进行分析、认证，阐明采信证据的理由。

根据《刑事诉讼法》的规定，适用审判监督程序重新审理的案件，原判的错误可能有两个方面：认定事实不正确或者适用法律不当。因此，再审刑事判决的事实部分，应当针对当事人申请再审和提起再审的理由，区别不同情况，有所侧重。（1）原判认定事实全都有错误的案件，应当把全部否定原判认定事实的证据写清楚。（2）原判认定事实部分有错误的案件，则应当首先肯定原判认定事实中正确的部分，然后把再审查明的新的事实和证据详细加以叙述，为改判打下基础。（3）原判认定事实正确，只是适用法律有错误，或者量刑不当的案件，除概括地肯定原判认定的事实正确外，要着重写明原判适用法律有错误或者量刑不当的事实。（4）原判认定事实没有错误，但由于情节显著轻微，危害不大，不认为是犯罪的，则应当把不构成犯罪的事实、证据写清楚。

（三）理由

理由部分应当根据不同案情，有针对性地论述改判的理由及其法律依据。

1. 认定事实和适用法律均有错误，全部改判，宣告无罪的，应当分两种情况，阐明理由。第一，依据法律认定被告人无罪的，应当根据再审认定的事实、证据和有关法律规定，通过分析论证，阐明被告人的行为为什么不构成犯罪、原判确有错误。第二，证据不足，不能认定被告人有罪的，应当根据再审认定的事实、证据和有关法律规定，阐明原判认定被告人的行为构成犯罪为什么证据不足，指控的犯罪不能成立。

2. 定罪正确，量刑不当，部分改判的，应当有分析地根据再审认定的事实、证据和有关法律规定，通过分析论证，阐明为什么原判定罪正确，但量刑不当，以及为什么对被告人应当从轻、减轻、免除处罚或者从重处罚。

3. 适用法律有错误，需要变更罪名的，应当根据再审认定的事实、证据和有关法律规定，通过分析论证，阐明原判为什么定性错误；若被告人的行为仍构成犯罪，阐明犯何种罪，是否应当从轻、减轻、免除处罚或者从重处罚。

4. 对于全部改判，宣告无罪；或者量刑不当，部分改判；或者适用法律错误，须变更罪名的，都应当针对被告人的辩解和辩护人的辩护意见，有分析地表明是否予以采纳。

5. 依法应当对被告人实行数罪并罚的案件，原判决、裁定没有分别定罪量刑，而是综合量刑的，应当从法理上、法律上阐明为什么要撤销原判决、裁定，重新分别定罪量刑，并决定执行的刑罚。

凡属改判的案件，在判决理由部分，都应当写明再审改判所依据的法律。适用刑法定罪处刑的，除应当引用《刑事诉讼法》的有关条款以外，还应当引用《刑法》的有关条款，作为改判的法律依据；在顺序上，则应当先引用程序法，再引用实体法。

（四）判决结果

按照第一审程序再审，如果原判在认定事实上确有错误，直接影响定罪量刑的；或者原判认定事实没有错误，但适用法律有错误，需要全部或者部分改判的，应当先撤销原判，直接改判。按照第二审程序再审，原判认定事实没有错误，但适用法律有错误，需要改判的，应当先撤销原判，然后重新判决。

按第一审程序改判的，判决结果分全部改判和部分改判两种情况。具体写法如格式所示。

按第二审程序改判的，判决结果分六种情况：

第一，原系一审，提审后全部改判的，表述为：

"一、撤销×××人民法院〔××××〕×刑初字第×号刑事判决；

二、被告人×××……（写明改判的内容）。"

第二，原系一审，提审后部分改判的，表述为：

"一、维持×××人民法院〔××××〕×刑初字第×号刑事判决的第×项，即……（写明维持的具体内容）；

二、撤销×××人民法院〔××××〕×刑初字第×号刑事判决的第×项，即……（写明撤销的具体内容）；

三、被告人×××……（写明部分改判的内容）。"

第三，原系二审维持原判，再审后全部改判的，表述为：

"一、撤销×××人民法院〔××××〕×刑初字第×号刑事判决和本院〔××××〕×刑终字第×号刑事裁定；

二、被告人×××……（写明改判的内容）。"

第四，原系二审维持原判，再审后部分改判的，表述为：

"一、维持本院〔××××〕×刑终字第×号刑事裁定和×××人民法院〔××××〕×刑初字第×号刑事判决中……（写明维持的具体内容）；

二、撤销本院〔××××〕×刑终字第×号刑事裁定和×××人民法院〔××××〕刑初字第×号刑事判决中……（写明撤销的具体内容）；

三、被告人×××……（写明部分改判的内容）。"

第五，原系二审改判，再审后全部改判的，表述为：

"一、撤销本院〔××××〕×刑终字第×号刑事判决和×××人民法院〔××××〕刑初字第×号刑事判决；

二、被告人×××……（写明改判的内容）。"

第六，原系二审改判，再审后部分改判的，表述为：

"一、维持本院〔××××〕×刑终字第×号刑事判决的第×项，即……（写明维持的具体内容）；

二、撤销本院〔××××〕×刑终字第×号刑事判决的第×项，即……（写明维持的具体内容）；

三、被告人×××……（写明改判的内容）。"

（五）尾部

分别参照第一审和第二审刑事判决书制作。

四、实例阅读

河南省三门峡市中级人民法院
刑 事 判 决 书

〔2015〕三刑再终字第×号

原公诉机关陕县人民检察院。

原审被告人（一审被告、二审上诉人）吕××，现在河南省第一监狱服刑。

辩护人阴××，河南××律师事务所律师。

辩护人赵××，河南××律师事务所律师。

陕县人民检察院指控原审被告人吕××犯贪污、受贿罪一案，陕县人民法院审理后于2013年5月27日作出〔2013〕陕刑初字第28号刑事判决。吕××不服，提起上诉。本院于2013年9月25日作出〔2013〕三刑三终字第51号刑事裁定，撤销原判，发回重审。陕县人民法院经重新审理后于2014年1月22日作出〔2013〕陕刑初字第190号刑事判决。吕××仍不服，提起上诉。本院于2014年3月14日作出〔2014〕三刑终字第25号刑事裁定，已经发生法律效力。2014年6月3日，三门峡市人民检察院向本院提出三检刑诉建〔2014〕1号检察建议，本院于2014年10月30日作出〔2014〕三刑监字第1号再审决定，由本院另行组成合议庭再审，再审期间不停止原裁定的执行。本院依法另行组成合议庭，公开开庭进行了审理。三门峡市人民检察院指派检察员陈××、赵××出庭履行职务，被告人吕××及其辩护人阴××、赵××到庭参加了诉讼。现已审理终结。

陕县人民法院〔2013〕陕刑初字第190号一审判决查明：

（一）受贿罪

1.2000年至2003年，被告人吕××利用职务便利，将省粮食局老干部处下属豫良建筑安装公司无偿转让给董××，并将河南省粮油工业总公司下属两个粮库建设工程交给董××施工。2001年下半年，被告人吕××在购买郑州市金水区文博花园住房时，董××先后为吕××支付按揭房贷61.4950万元，装修费9万元，共计70.4950万元。

上述事实，有证人姬××、董××、侯××和侯某甲的证言，书证吕××将工程承包给董××证明材料、董××给吕××还房贷银行凭证，以及被告人吕××的供述等证据证实。

2.2006年，被告人吕××利用职务便利安排中牟县粮食局职工乔××为河南省粮油工业总公司代收小麦，乔××从中获利。后在2007年春节前，为表示感谢，乔××到吕××办公室送给吕××5万元，吕××将该款据为己有。

上述事实，有证人乔某某证言，书证河南省粮油工业总公司与乔某某签订的小麦代收购协议和付款凭证，以及被告人吕××的供述等证据证实。

（二）贪污罪

2000年，被告人吕××代表河南粮油工业总公司在山东省日照市以138万余元购买了海曲路东段海鲜城内商业用房一处，欲成立办事处，后因故没有成立，所买房屋一直空闲。2002年下半年，被告人吕××委托在日照粮食局工作的纪××帮忙将该房卖掉，但一直未果。后被告人吕××让纪××将空房利用起来经营项目，纪××便将该房进行装修开办旅馆，吕××也曾出部分装修款。2003年2月，被告人吕××利用职务之便，以河南省粮油工业总公司的名义与××妻子秦××签订了《商品房买卖协议》，将该房产以132万余元价格卖给秦××，约定房产过户后，秦××30日内将房款付清。该房产于2003年4月15日转移登记到秦××名下。秦××未向吕××支付房款，2004年3月，该房产由纪××以356万元的价格出卖给日照金冠新型建材有限公司。在日照金冠新型建材有限公司将房款付清后，吕××让纪××将所得款中134.5993万元为自己在日照市购买别墅，另用160.74万元与纪××、成××合伙购买日照大学城一门面房，出租获利（被告人获利44.45万元）。2004年后半年，因郑州市金水区检察院调查河南省粮油工业总公司在日照购房事情，被告人自己拿出140万元，以公司名义又与秦××签订了一份房产转让协议，后秦××将该140万元转到河南粮油工业总公司。

陕县人民法院〔2013〕陕刑初字第190号一审判决另查明，在办案机关调查他人案件过程中，向吕××了解情况时，吕××主动交代了收受董××和

第七章 刑事裁判文书

乔××钱款以及贪污日照房产的事实，并主动退缴赃款 300 万元。2013 年 1 月 11 日，陕县看守所对看管人员放风期间，吕××在同监室人员犯病时，进行了施救。被告人在羁押期间多次为陕县干部职工作警示教育报告，表现良好。

认定上述事实的证据如下：

（1）被告人吕××户籍证明、无前科证明、任职文件等（2卷，第140～151页）。

证明：被告人生于 1957 年 7 月 15 日，没有犯罪前科；1998 年至 2007 年曾任河南省粮油工业总公司总经理、河南金鼎粮食集团总经理、河南省粮工粮食储备库主任等职务。

（2）河南省纪委第三纪检监察室出具的归案经过、河南省罚没收入票据（检察卷第9页补充证据）。

证明：2012 年 8 月，在办案机关调查河南省粮食局原局长曹××案件过程中，通知向吕××到办案点说明情况，并采取双规措施，吕××主动交代了收受董××和乔××钱款以及贪污日照房产的事实，并主动退缴赃款 300 万元。

（3）河南省粮油工业总公司在日照购房发票、公司记账簿、银行账单、购房合同（4卷，第61～74页）。

证明：2001 年 12 月 12 日，河南省粮油工业有限公司购买日照市东港区石臼街道黄海二路居委海鲜城房产价值 138.4106 万元。

（4）纪××提供的房屋过户、装修合同等材料、银行凭证（4卷，第75～89页、95～109页）。

证明：2003 年 2 月 20 日，河南省粮油工业总公司将日照海鲜城商业用房一处出售给秦××（纪××妻子），计 132.68 万元；该房装修花费 120.90 万元，办了扬帆宾馆，秦××为法人代表；2004 年 3 月 3 日，秦××将该房产以 356 万元出卖给日照金冠新型建材有限公司，金冠新型建材有限公司陆续将 356 万元付给秦××。在 2004 年 12 月 16 日，河南省粮油工业总公司（吕××）又就该房产和秦××签订了转让协议，约定以 140 万元的价格将该房产转让给秦××。

（5）海鲜城的房产过户材料（4卷，第110～185页）。

证明：从日照市房地产管理局提供的房屋所有权登记显示，2000 年 12 月，海鲜城房产所有人为河南省粮油工业总公司；2003 年 4 月 15 日，转移登记到秦××名下；2004 年 3 月 9 日，转移登记至日照金冠新型建材有限公司名下。

(6) 纪××书写关于吕××使用资金情况说明及完税证明（4卷，第90~94页）

证明：海鲜城的房产出售给日照金冠新型建材有限公司得款356万元使用情况：2004年3月，吕××在日照大地房地产发展有限公司购买房产一处（金海岸花园），总共花费134.5993万元；2004年8月，吕××要求在日照大学城购买门面房做生意，该房总房款160.74万元，吕××占该房股份的70%，即112.5180万元；平时吕××来日照，花费3.7万元，办理土地证等花费7万元，共计支出257.8173万元。

(7) 金海岸房产材料（4卷，第186~200页；5卷，第1~18页）

证明：2004年3月12日，吕××购买日照大地房地产发展有限公司房产，价值102.8155万元。

(8) 日照大学科技园建设服务中心建设的毓秀园沿街房房产相关书证（5卷，第19~39页）

证明：2004年8月10日，以吕××名义与日照大学科技园建设服务中心签订了《毓秀园沿街房购销合同》，房产价值160.74万元。2011年11月1日，日照大学科技园建设服务中心和吕××、卞××三方签订补充协议，将该购销合同中约定吕××的所有权利、义务转让给卞××。

(9) 东升贸易公司、众邦船代公司的银行查询材料（5卷，第40~79页）

证明：2004年12月，吕××又和秦××签订一份房产转让协议，约定海鲜城房产以140万元价格卖给秦××，吕××自己拿出140万元通过其他公司转到纪××朋友的东升贸易有限公司，纪××朋友又将该款转给秦××，秦××分三次将这140万元打回河南省粮油工业总公司。

(10) 吕××收到大学城房租的银行凭证（5卷，第80~82页）

证明：纪××、成××于2010年8月3日、2011年8月12日、2012年7月6日分别汇给吕××大学城房租7万元、7万元、9.45万元。

(11) 谢××书写情况说明检察卷（10页）

证明：大约2004年，吕××曾给谢××打电话说单位有人举报自己用公款在外地买房的事情，让谢××去核实一下。

(12) 陕县看守所询问罗××、刘××、聂××笔录，辩护人提供

证明：2013年1月11日，在陕县看守所对看管人员放风期间，吕××同监室人员刘××突然倒下，被告人吕××判断可能是心脏病，并上前掐住刘××人中实施急救，吕××从刘××身上拿出救心丸，将救心丸放入刘××舌头下面，后所里医生和120医生及时赶到对刘××进行救治，刘××病情得到

缓解。

(13) 证人纪××证言(2卷,第101~109页)

证明:大约2000年四五月,吕××给我说日照地方很不错,公司想在日照设立一个办事处,让我帮他留意门面房,我就向他介绍了海区东路和青岛路交叉口海鲜城的门面房,吕××到现场看后,就和门面房的承建方东港区石臼街道办事处签订了预购楼房协议。房产的总面积大约800余平方米,总价款大约138万元。2002年下半年,吕××给我打电话说他公司的办事处不建了,让我帮忙把这套房子卖了。当时日照还没有房产中介公司,我就打了一个"此房出售"的条子贴在房门上。一直过了3个多月也没有人过问,吕××又给我打电话说:"这套房子一直闲着也不是办法,你妻子正好也在家闲着,你看着搞个啥,把这利用起来。"我说:"这是你们粮油总公司的房子,私人用了不合适。"吕××说:"没事,我是粮油总公司的'一把手',你怕啥,出了事我负责。"我就开始想如何利用这房子,之后我觉得搞个小旅馆应该不错,就开始装修、改造该房子,在装修过程中,我觉得吕××不会让我白用这套房子,他自己肯定也想得好处,光是我自己投资我觉得有点亏,就给吕××打电话,对他说装修房子没有钱了,吕××就分3次(这个记不太清楚了)给我打了21.5万元的装修款。装修、改建、购买家具、家电等花费共计约100余万元。2003年2月,我和吕××签订了一份商品房买卖协议,协议约定河南省粮油工业总公司把这套门面房卖给我妻子。签订这份协议是当时我觉得我投资这么大,不签个协议我觉得不保险,所以要求和粮油总公司签订这份协议。这份协议不是真实的,我当时就没有钱,不可能买起这套房子,协议就不可能履行,我只是为了保证我的投资不落空才向吕××要求签这份协议。吕××提出让我把这套房子过户到我妻子名下,我就拿着这份协议和吕××提供的授权证明等物品到日照市房管局办理了过户手续,把这套房产过户到我妻子秦××名下。2003年5月,旅馆开始营业,起名叫"扬帆宾馆",这个宾馆一直经营到年底,一年下来只有4.6万元的营业收入。我就给吕××打电话,说这个生意不行,干不成。吕××就提出把房子卖了。2004年3月,一个叫胡××的律师和我联系,他代表日照金冠新型建材有限公司和我谈,最后以356万元的价格成交。356万元全部付清后,我就将这套门面房过户到日照金冠新型建材有限公司名下。我把卖房的情况告诉吕××以后,吕××又来到日照,他看中了金海岸花园的一套别墅,让我替他付款购买这套别墅,这套别墅不是从开发商手中直接购买的,除了交给开发商的102.8155万元,还付给转让人25.8931万元的差价,共计房款为128.7086万元,之后又陆续缴纳了公共维修基金2.0563万元、契税3.0844万元、办证0.25万元、绿化0.5万元,等于给吕×

×买这套房子共花费134.5993万元。在此期间，吕××又看上了日照大学城的门面房，我就又拉上我的朋友成××和吕××合伙在大学城购买了一套门面房，总价值160.74万元。房款也是从卖海鲜城房产的356万元中出的，大学城这套门面房吕××占70%的股份，我占20%的股份，成××占10%的股份，成××出16万元。吕××占70%的股份当时只是大概地算了一下账，省粮油总公司在海鲜城的门面房一共卖了356万元，给吕××在金海岸花园购买了一套别墅花费130余万元，我装修、改建海鲜城房子大约花费90余万元、办理海鲜城门面房过户费和替吕××的其他支出大约共花费10万元，剩余大约112万元正好是大学城总房价的70%，所以吕××要求占这套房子70%的股份。2004年10月左右，吕××给我打电话，说有急事，约我见面，由于他说的非常紧急，我们两人就分别开车在菏泽服务区见面。见面后，吕××说金水区检察院的人正在调查他们公司在日照投资房产的事，让我想办法把他们公司买房的钱补上，我对吕××说："你把钱都用完了我用啥补。"吕××说他自己想办法，并让我妻子秦××和河南省粮油工业总公司重新签订一份房产转让协议，价格按照140万元，并说等他把钱打过来后再通过我妻子秦××的名义打回到河南省粮油工业总公司。2004年12月，吕××通过北京一个公司给我朋友的日照东升贸易有限公司打过来了140万元，我朋友又将这140万元全部转给我妻子，我妻子分三次将这140万元打回河南省粮油工业总公司。大学城门面房从2007年下半年开始向外出租，每年房租收入的70%我都汇给吕××，2007年至2011年，每年7万元，2012年9.45万元，共计44.45万元。海鲜城的房子是属于河南省粮油总公司的，房子卖了356万元，我拿走的只是我投资装修、改造房屋的不到100万元，剩余的钱全经吕××安排支出了，我当时没有想那么多，可能是吕××很早的时候已经想占有公家的财产了，我只是按照他的指示办理。

(14) 证人秦××证言（2卷，第112~117页）

证明：2003年初的时候，我丈夫纪××在日照海鲜城装修了一套800余平方米的房子，办理了营业手续，起名叫"扬帆宾馆"，由我负责经营，经营了大约不到一年的时间，生意不好就不干了。这是吕××他们单位买的房子，本来用它建办事处，后来办事处没建成，吕××让我丈夫纪××帮他卖这套房子，结果没有卖出去，吕××就让我们先装修、使用、经营。是我丈夫纪××招呼装修的，先用我家里的钱，我们自己家里的钱花完了就又找吕××要了20万元左右，装修这套房子一共花了100万元左右。2004年初的时候，我丈夫纪××把这套房子卖给了日照金冠新型建材有限公司，卖了356万元。卖房这356万元如何支配的我说不太清楚，我只是听我丈夫纪××的安排使用这些钱。大致就是给吕××在金海岸买了一套别墅,后来又在大学城购买了一套门面房,剩下的就是我们自己回收装修海鲜城房子的钱。

这些事情是我丈夫纪××和吕××定的,他们两人怎么说的我不清楚。从装修到卖房,再到替吕××购买别墅、购买大学城门面房,又打回粮油工业总公司140万元。这些情况的详细经过我都说不清楚,都是他们定的,我丈夫纪××让我签字我就签字,让我办款我就办款,我也没有管那么多,也不问为什么要这样办。

(15) 证人成××证言 (2卷,第120~124页)

证明:2004年3月左右,纪××给我打电话,说他和吕××准备在大学城购买一套门面房,问我有没有兴趣,我当时也不太愿意参与,不过想着朋友们一起搞项目,既然给我说了,我不参与也不太合适,就答应入10%的股份。2004年3月,我和纪××一起到大学城去看房,并和大学城签订了一份购销意向书,意向书是我签的字。之后就开始陆续付房款,房款的总价是160.74万元,大部分都是纪××的妻子秦××交的,分几次付清的我也不清楚,我只是2004年5月的时候向大学城管委会交了一次房款,是5万元。由于说好我占10%的股份,所以我又给了纪××11万元。2004年8月,和大学城签正式合同,由于吕××占的比例大,所以是我代吕××签的字,我的名字签在代理人处。我只知道吕××占的是大股,具体多少我当时都不知道。一直到2010年我向吕××打房租收益时才知道吕××占70%的股份。这个门面房一直到2007年才租出去,每年的租金10万元,租金是由我去收的,每年租金到账后我留下我的1万元房租收益,把剩余的全部打给纪××的妻子秦××。2012年房租涨到13.5万元,2012年8月我给吕××打了9.45万元的房租收益。2007年至2011年,每年给吕××7万元,2012年9.45万元,共计44.45万元。

(16) 证人郭××证言 (2卷,第127~131页)

证明:2003年六七月,我和其他三人注册成立了日照金冠新型建材有限公司之后,由于缺少资金一直没有经营。2004年二三月,日照的离休老干部惠××找到我,提出让我把公司转给她。在公司手续转让给惠××前,她和别人谈好了一处房产,需要过户到这个公司名下,并安排她的代理律师胡××和我一起办理相关手续。我就跟着胡××和卖方签订了合同,胡××自己去办理的房产过户手续。房屋买卖合同上的卖方写的是秦××,我不认识。

(17) 证人胡××证言 (2卷,第134~138页)

证明:大约2004年二三月的时候惠××找到我,让我帮她购买日照市海曲东路南侧海鲜城A区814.18平方米的门面房,并让我去找日照市粮食局的办公室主任纪××,我找到纪××后就问这房子是谁的,纪××拿出一个房产证，上面登记的名字是秦××，纪××告诉我这是他爱人。然后我就和纪××开始谈价钱，前后谈了两次，价格定在 4300 元每平方米，814.18 平方米的总价格定为 350 万元，我回去后将价格情况告诉惠××，她同意这个价格，惠××向我介绍了日照金冠新型建材有限公司的法人郭××，让我领着郭××和纪××签合同。合同签好后我和惠××一起到房管局办理过户手续，将海曲东路南侧海鲜城 A 区 814.18 平方米的门面房从秦××名下过户到了日照金冠新型建材有限公司。房屋过户后纪××给了我们一个账号，我和惠××一起到日照市农村信用社从惠××的卡上向这个账号上打了 50 万元，余下的 300 万元惠××如何支付给纪××的我就不清楚了。日照市房管局调取的房屋所有权转移申请审批书中附带的房屋买卖合同，上面房产价格写的是 140 万元，这份合同不是真实合同，只是为了买卖房产过户的时候少缴交易税才写的 140 万元，真实的合同约定价格是 350 万元。

（18）证人惠××证言（2 卷，第 139 页）

证明：2004 年二三月，我委托胡××、郭××以日照金冠新型建材有限公司的名义从日照市粮食局办公室主任纪××（产权人为纪××爱人秦××）手中购买日照市海曲东路南侧海鲜城 A 区 814.18 平方米的门面房，总价款 350 万元，房款已全部付清。

（19）被告人吕××供述和辩解（2 卷，第 1~65 页）

证明：2000 年 5 月左右，我们省粮油总公司以 138 万余元的价格在山东省日照市购买了一套 800 余平方米的门面房，本来准备作为公司的办事处，后来办事处没有建，该房一直空闲。2002 年后半年，我给纪××打电话，说该房闲着，让他看个项目经营，纪××决定开个小旅馆，就开始装修，纪××装修花费大概 50 余万元，我个人投资约 10 万余元。装修过程中，纪××说这套房子以后肯定要卖，也会升值，不如把房子过户到他妻子名下，我就同意了。纪××弄好协议，我拿着公司的章在协议上盖了章，纪××就以此协议为基础把这套房产过户到了他妻子秦××名下。旅馆装修后经营一段时间到 2003 年，纪××又给我说生意不行，我就让纪××把房子卖了。2004 年二三月，纪××给我说房子卖了 356 万元，扣除公司投资的 139（138 万余元）万元和装修款，盈利 160 万元，他问我怎么分配，我让他看着办，纪××就说给我 100 万元，他留 60 万元，我同意了。我分配的钱和公司投资的钱没让纪××给我，我让他替我在日照买一套别墅，纪××给我看了一套日照金海岸花园别墅房子，就买了下来，总共花费是 130 万余元。我又和纪××、成××合伙在日照大学城购买一套门面房，价值 160 万余元，我占 70% 的股份，约 112 万元，等于我所分的 100 万元和我公司投资的 139（138 万余元）万元我都使用完了。

到了2004年后半年，郑州市金水区检察院的人到我公司调查在日照购房的事时，我赶紧给纪××打电话，我们在菏泽服务区见面，我们俩人说好，再以省粮油工业总公司的名义和纪××的妻子秦××签一份协议，约定该房产以140万元的价格卖给秦××，我再准备140万元打给秦××，由秦××打回到我公司，造这个假象是应付检察院的调查。后在2004年12月初，我通过北京科泰生物有限公司往纪××一个朋友的公司打去140万元，接着，秦××就把这140万元打回到我公司。在大学城买的门面房后来出租出去，每年都有房租，具体多少以银行查询的结果为准。

陕县人民法院〔2013〕陕刑初字第190号一审判决认为：

被告人吕××身为国家工作人员，利用职务上的便利，采取转卖房屋的方法，非法占有公共财物，其行为已构成贪污罪，贪污数额应为海鲜城商品房转卖时的356万元扣除其装修费用120.9万元，即235.1万元；被告人吕××又利用职务便利，非法收受他人财物75.495万元，为他人谋取利益，其行为又构成受贿罪，公诉机关指控上述罪名成立。被告人一人犯数罪，应当数罪并罚。被告人吕××在案发后，主动投案，并如实供述犯罪事实，属自首，且积极退缴违法所得，依法对其受贿罪减轻处罚，对贪污罪从轻处罚；鉴于被告人在案发前，已将贪污房款140万元归还单位，可作为量刑情节予以考虑；被告人在看守所羁押期间，积极对同监室突发疾病人员施救，且多次为陕县干部职工作警示教育报告，其行为虽未构成立功，但可酌情从轻处罚。关于被告人及其辩护人提出的收受董××为被告人买房支付房款首付、装修、按揭房贷等款项中首付款10万元为被告人自行支付，不应认定为受贿数额的辩解及辩护意见，经查，该10万元仅有董××证言证明，无其他证据相印证，对该10万元受贿数额本院不予认定，被告人及其辩护人该辩解、辩护意见，本院予以采纳。对被告人提出在董××为其偿还房贷期间，曾还过董××20万元的辩解，因无证据证明，该辩解本院不予采纳。对被告人及其辩护人认为被告人收受乔××5万元系存在感情方面因素，不构成受贿的辩解、辩护意见，经查，被告人吕××明知他人有请托事项，仍利用职权收受他人财物，其行为已构成受贿。该辩解、辩护意见本院不予采纳。对被告人及其辩护人认为被告人不构成贪污罪的辩解、辩护意见，经查，被告人吕××明知日照海鲜城商业房产系其公司财产，而利用职务便利私自将该房产转卖并过户给秦××，在秦××丈夫纪××按照被告人意思将该房产又转卖并获款后，被告人指使纪××将所得款项用于为自己购置别墅、门面房等财产，被告人主观上具有非法占有以上财产的故意和目的，客观上利用其主管公司财产的职权形成的便利条件，实施了私自转卖、过户并支配转卖房产款项用途的行为，其行为符合贪污罪的构成要件，被告人的行为构成贪污罪。被告人及其辩护人该辩解、辩护意见不予采纳。对被告人及其辩护人提出被告人有自首情节，积极退赃，对同监室病人施救，且多次为陕县干部职工作警示教育，应从轻处罚的辩解、辩护意见，本院予以采纳。依照《中华人民共和国刑法》第三百八十二条第一款、第三百八十五条第一款、第三百八十六条、第三百八十三条第一款第（一）项、第六十七条第一款、第六十九条第一款、第六十四条之规定，陕县人民法院〔2013〕陕刑初字第190号一审判决：

被告人吕××犯贪污罪，判处有期徒刑十一年；犯受贿罪，判处有期徒刑七年，数罪并罚，决定执行有期徒刑十六年。涉案赃款170.595万元予以没收，上缴国库。

上诉人吕××及其辩护人对原判认定的受贿犯罪事实、证据均无异议，对贪污犯罪及量刑有异议。其上诉意见和辩护理由，一是认为原判决认定的贪污犯罪定性不当，涉案房产在单位账目上没有灭失，没有非法占有公共财产的主观故意，应定挪用公款罪；二是原判虽定其具有自首等情节，但量刑过重。

本院原二审查明的事实和认定的证据与一审相同。

关于上诉人吕××称原判决认定的贪污犯罪定性不当，涉案房产在单位账目上没有灭失，其没有非法占有公共财产的主观故意，应定挪用公款罪的上诉意见，本院原二审认为，贪污罪和挪用公款罪的区别为：挪用公款罪，主观上是为了挪用，改变公款的既定用途，但仍准备归还，并不改变公款的所有权。贪污罪则侵犯了国有财产的全部权能，主观上就是为了取得国有财产的所有权，永远占有，不准备归还。本案中，上诉人吕××作为国家工作人员，明知日照海鲜城商业房产系河南省粮油工业总公司财产，而利用职务便利私自将该房产转卖并过户给秦××，秦××丈夫纪××按照吕××的安排将该房产转卖获款后，并未将款项归还给河南省粮油工业总公司，而是指使纪××将所得款项用于为吕××购置别墅个人居住、购买门面房并出租获利。吕××在得知办案机关调查，害怕事情败露受到追究，才以原价归还给单位。综上，吕××的主观上非法占有公共财产的故意明显，客观上具有利用其职务便利，私自转卖房产、占有并处分该房产款项等具体贪污行为，侵害了公务人员的职务廉洁性，符合贪污罪的构成要件，吕××的行为构成贪污罪。

关于吕××及其辩护人认为其具有自首等情节，原判量刑过重的上诉理由及辩护意见，本院原二审认为，原判已经认定吕××具有自首情节，且积极退缴违法所得，已对其所犯的受贿罪减轻处罚，所犯的贪污罪从轻处罚；原判亦采纳了其与他人共同施救同监室病人，多次对陕县干部职工作警示教育等辩护意见，并对其酌予从轻处罚；原判在综合吕××的犯罪性质、涉案数额及自首等情节，在法定的幅度之内判处刑罚，并无不当。该上诉理由及辩护意见不能成立。

综上，本院原二审认为，原判认定上诉人吕××犯贪污、受贿罪的事实清楚，证据确实、充分，定罪准确，量刑适当，审判程序合法。上诉人的上诉理由不能成立。依照《中华人民共和国刑事诉讼法》第二百二十五条第一款第（一）项之规定，裁定：驳回上诉，维持原判。

原二审裁定生效后，三门峡市人民检察院向本院提出检察建议，认为原判决确有错误，理由为：（1）将涉案房屋的装修费用从贪污犯罪数额中予以扣除缺乏法律依据；（2）未予追缴的贪污孳息44.45万元应依法予以追缴。

原审被告人吕××的再审意见及其辩护人的辩护理由为：（1）对原审认定受贿罪的事实及定罪量刑没有意见。（2）吕××没有将本单位账面记载日照房产的原值部分非法占有的故意，原审认定吕××对房屋增值部分有贪污主观故意证据不足，确定房屋增值数额及确定增值部分属于公共财物证据不足，检察建议认为房屋租金系贪污犯罪的违法所得证据不足，案卷中吕××收取租金转账的三笔总计23.45万元，其余依据的是纪××和成××的证言认定，证据不能达到确实充分的程度。2004年秦××将购房款支付给吕××时，因该款是河南省粮油工业总公司的房款，所以，尽管尚未进入公司账户，也应当认定为公款，被告人将该款用于给自己买别墅，承诺另筹钱还公司款，应当定性为挪用公款，而不应定性为贪污。该款已经于2004年12月归还公司，还款并非因检察院查案才还，被告人还款做了一些想掩盖事实的行为，但掩盖的是挪用事实而不是贪污事实，所以，被告人的行为构成了挪用公款罪，而不是贪污罪。

本院再审中对全案进行了审理，经审理查明，吕××与纪××、成××合伙购买日照大学城一门面房，出租后2007年至2012年期间吕××的获利为23.45万元。

认定该事实的证据为：

(1) 吕××收到大学城房租的银行凭证（5卷，第80~82页）

证明：纪××、成××于2010年8月3日、2011年8月12日、2012年7月6日分别汇给吕××大学城房租7万元、7万元、9.45万元。

(2) 证人纪××证言

证明：大学城门面房从2007年下半年开始向外出租，每年房租收入的70%我都汇给吕××。2007年至2011年，每年7万元；2012年9.45万元，共计44.45万元。

(3) 证人成××证言

证明：这个门面房一直到2007年才租出去，每年的租金10万元，租金是由我去收的，每年租金到账后我留下我的1万元房租收益，把剩余的全部打给纪××的妻子秦××。2012年房租涨到13.5万元，2012年8月我给吕××打了9.45万元的房租收益。2007年至2011年，每年给吕××7万元；2012年9.45万元，共计44.45万元。

（4）被告人吕××供述和辩解

在大学城买的门面房后来出租出去，每年都有房租，具体多少以银行查询的结果为准。

本院再审查明的其他事实与证据与原一、二审相同。

本案经合议庭评议并报请本院审判委员会讨论认为：

一、被告人吕××利用职务便利，非法收受他人财物75.495万元，为他人谋取利益，其行为构成受贿罪。

二、贪污罪和挪用公款罪的区别为：挪用公款罪，主观上是为了挪用，改变公款的既定用途，但仍准备归还，并不改变公款的所有权。贪污罪则侵犯了国有财产的全部权能，主观上就是为了取得国有财产的所有权，不准备归还。本案中，吕××作为国家工作人员，明知日照海鲜城商业房产系河南省粮油工业总公司财产，而利用职务便利私自将该房产转卖并过户给秦××，秦××丈夫纪××按照吕××的安排将该房产转卖获款后，吕××并未将款项归还给河南省粮油工业总公司，而是指使纪××将所得款项用于为自己购置别墅个人居住、购买门面房并出租获利。吕××在得知办案机关调查，害怕事情败露受到追究，才以原价归还给单位。综上，吕××主观上非法占有公共财产的故意明显，客观上具有利用其职务便利，私自转卖房产、占有并处分该房产款项等具体贪污行为，侵害了公务人员的职务廉洁性，符合贪污罪的构成要件，吕××的行为构成贪污罪。被告人吕××及其辩护人认为吕××没有将本单位账面记载日照房产的原值部分非法占有的故意，构成挪用公款罪的意见不能成立。

三、关于贪污罪的数额问题。海鲜城的房产在空闲的情况下，吕××让纪××将空房利用起来经营项目，纪××对该房进行装修开办宾馆，共花费120.9万元，房屋在第一次卖给纪××的妻子秦××之后，秦××并未付款，房屋仍在吕××的控制之下。2004年3月，纪××将该房产以356万元卖掉之后，356万元包括两部分，个人投入的装修费用120.9万元和单位的公共财产235.1万元，吕××应将卖房款中单位部分予以归还，而未归还，指示纪××为自己购买别墅、日照大学城门面房谋利。因此，贪污罪的数额应认定为235.1万元，原审未将装修款120.9万元认定为贪污罪数额并无不当。

四、关于日照大学城门面房的获利问题，原审中认为吕××出租获利44.45万元，依据的是纪××、成××的证言，而该证言中纪××的证言为

— 151 —

2007年下半年房子才租出去，2007年、2008年、2009年的房租均为7万元。该证言因没有其他证据相互印证，故门面房的获利应以吕××收到大学城房租的银行凭证为准，共三张，2010年8月3日7万元、2011年8月12日7万元、2012年7月6日9.45万元，总计23.45万元。辩护人关于原审获利计算证据不足的意见予以采信。

综上，原判决认定吕××犯贪污罪、受贿罪的事实清楚，定罪准确，量刑适当，大学城门面房吕××出租的获利应认定为23.45万元，该部分金额不计入贪污罪金额，但作为涉案赃款，应予没收。依照《中华人民共和国刑事诉讼法》第二百四十五条、第二百二十五条第一款第三项之规定，判决如下：

一、撤销本院〔2014〕三刑终字第25号刑事裁定及陕县人民法院〔2013〕陕刑初字第190号刑事判决第二项。

二、维持陕县人民法院〔2013〕陕刑初字第190号刑事判决第一项。

三、涉案赃款194.045万元予以没收，上缴国库。

本判决为终审判决。

审判长　路××

审判员　宋××

审判员　苏××

二〇一五年三月十三日

（院印）

本件与原件核对无误

书记员　马××

第五节　刑事裁定书

一、刑事裁定书的概念

刑事裁定书，是人民法院在刑事诉讼活动中，依照法律，对有关诉讼程序问题和部分实体问题所作出的书面决定。

刑事裁定，从内容上分，有程序问题裁定和实体问题裁定；从程序上分，有第一审裁定、第二审裁定、死刑复核裁定、再审裁定和在执行程序中的减刑、假释裁定、减免罚金裁定等。

刑事裁定书是人民法院常用的文书之一。其格式、内容和制作方法与刑事判决书基本相同，但内容一般比较简单。本节重点讲授第一审刑事裁定书、第二审刑事裁定书、死刑复核刑事裁定书、再审刑事裁定书和减刑、假释裁定书的制作。

二、第一审刑事裁定书

（一）概念

第一审刑事裁定书，是指第一审人民法院在审理刑事案件过程中，依照刑事诉讼法规定的第一审程序，对有关程序问题作出的书面决定。

第一审刑事裁定书主要有五种：驳回自诉用刑事裁定书、准许撤诉或者按撤诉处理用刑事裁定书、中止审理用刑事裁定书、终止审理用刑事裁定书、补正裁判文书失误用刑事裁定书。

第一审刑事裁定书常用于一审刑事自诉案件驳回诉讼请求。基层法院在受理自诉案件后，经审查发现控告缺乏罪证，且提不出补充证据的，或者被告人的行为不构成犯罪而自诉人又不愿撤诉的，根据《刑事诉讼法》第205条的规定，驳回自诉时使用该裁定书。

（二）格式

```
                ×××人民法院
                 刑事裁定书
              （一审程序驳回自诉用）
                              〔××××〕×刑初字第×号
     自诉人……
     被告人……
     自诉人×××以被告人×××犯××罪于××××年××月××日，向本院提起控诉。
     本院审查认为，……（简写驳回自诉的理由）。依照……的规定，裁定如下：驳回自诉人×××对被告人×××的起诉。
     如不服本裁定，可在接到裁定书的第二日起五日内，通过本院或者直接向×××法院提出上诉。书面上诉的，应当提交上诉状正本一份，副本×份。

                              审判员  ×××
                              ××××年××月××日
                                （院印）

     本件与原本核对无异
                              书记员  ×××
```

(三) 内容及制作方法

首部"自诉人"、"被告人"的身份情况写法与一审刑事判决书相同。其余各项内容按上述格式要求书写即可。

正文中驳回自诉的理由，可采用简单论证的方法。应注意围绕驳回起诉刑事裁定的适用范围，有针对性地讲明道理。尤其因被告人的行为不构成犯罪而驳回自诉人的自诉时，更应注意从某一犯罪的构成要件上阐明理由，不能简单地以"被告人的行为不构成犯罪"一语带过。

裁定结果及尾部诸项内容的制作方法如上述格式所示。

另外，该格式同样适用于有附带民事诉讼内容的自诉案件，不过应作如下变动：（1）首部，将标题中的文书名称改为"刑事附带民事裁定书"；将"自诉人"称谓改为"自诉人兼附带民事诉讼原告人"；案由、案件来源段在"犯××罪"之后，增写"要求给予刑事处分，同时要求赔偿给他造成的经济损失"。（2）正文，在驳回自诉的理由中增加关于经济损失的内容。（3）其余内容不变。

三、第二审刑事裁定书

（一）概念

第二审刑事裁定书，是第二审人民法院依照《刑事诉讼法》规定的第二审程序，在审理上诉或者抗诉案件过程中，就有关诉讼程序问题和实体问题作出的书面决定。

根据刑事诉讼法的规定，第二审刑事裁定书适用于以下范围：（1）原判决认定事实和适用法律正确、量刑适当的，裁定驳回上诉或者抗诉，维持原判；（2）原判决事实不清或者证据不足的，裁定撤销原判，发回原审人民法院重新审判；（3）第二审人民法院发现第一审人民法院的审理严重违反法律规定的诉讼程序，可能影响公正审判的，裁定撤销原判，发回原审人民法院重新审判。

第二审刑事裁定书的首部和尾部与第二审刑事判决书相同，但是正文不同。

(二) 格式

×××人民法院

刑事裁定书

（二审程序维持原判用）

〔××××〕×刑终字第×号

原公诉机关×××人民检察院。

上诉人（原审被告人）……（写明姓名、性别、出生年月日、民族、出生地、文化程度、职业或者工作单位和职务、住址和因本案所受强制措施情况等，现羁押处所）

辩护人……（写明姓名、工作单位和职务）

×××人民法院审理×××人民检察院指控原审被告人×××犯××罪一案，于××××年××月××日作出〔××××〕×刑初字第×号刑事判决。原审被告人×××不服，提出上诉。本院依法组成合议庭，公开（或者不公开）开庭审理了本案。×××人民检察院指派检察员×××出庭履行职务。上诉人（原审被告人）×××及其辩护人×××等到庭参加诉讼。现已审理终结。

……（首先概述原判决认定的事实、证据、理由和判决结果；其次概述上诉、辩护意见；最后概述人民检察院在二审中提出的新意见）

经审理查明，……（首先写明经二审审理查明的事实；其次写明二审据以定案的根据；最后针对上诉理由中与原判认定的事实、证据有异议的问题进行分析、认证）

本院认为，……（根据二审查明的事实、证据和有关法律规定，论证原审法院判决认定事实、证据和适用法律是正确的。对于上诉人、辩护人或者出庭履行职务的检察人员等在适用法律、定性处理方面的意见，应当逐一作出回答，阐明不予采纳的理由）。依照……（写明裁定的法律依据）的规定，裁定如下：

驳回上诉，维持原判。

本裁定为终审裁定。

审判长　×××
审判员　×××
审判员　×××
××××年××月××日
（院印）

本件与原本核对无异

书记员　×××

第七章 刑事裁判文书

（三）内容及制作方法

本部分以二审维持原判的刑事裁定书为准，同时介绍二审发回重审的刑事裁定书。

1. 二审维持原判的刑事裁定书的正文由事实、理由和裁定结果三部分组成。

（1）事实部分

首先，概述原审法院判决认定的事实、证据、理由和判决结果。其次，概述上诉（或者抗诉）的主要理由和辩护意见。再次，概述人民检察院在第二审中提出的新意见。最后，写明经第二审法院审理查明的事实、据以定案的证据，并针对上诉理由中与原判认定的事实、证据有异议的问题进行分析、认证。驳回上诉的裁定，由于原判认定事实没有错误，因此，在叙述事实时，为了避免不必要的重复，可以采取"此繁彼简"的方法，重点叙述原判认定的事实和证据，而对二审查明的事实可以加以概括叙述，但对涉及定罪量刑的关键性的事实，则应当叙述清楚。

（2）理由部分

应当针对上诉（抗诉）所持的主要理由进行分析、论证。根据二审查明的事实、证据和有关法律规定，重点阐明原审法院的判决在认定事实和适用法律上为什么是正确的，上诉或者抗诉的理由为什么不能成立。对于上诉人、辩护人，或者出庭履行职务或者支持抗诉的检察人员在适用法律和定性处理方面的意见，应当逐一进行回答，说明不予采纳的理由。为了增强说服力，驳回的理由应当具体、充分。一般可采取逐点论述的方法，这样层次清楚，说服力强；也可以综合上诉、抗诉意见，重点加以论述。同时，写明维持原判的法律依据。

（3）裁定结果

依照《刑事诉讼法》的规定和修订样式的要求，裁定结果应当写明："驳回上诉（或者抗诉），维持原判。"

2. 发回重审的第二审刑事裁定书的内容及制作方法

由于发回重审的裁定，只解决程序问题，第二审法院并没有对实体问题作出处理，因此，在制作文书上的一个重要特点，是不需要具体叙述原判认定的事实、证据、理由和上诉、抗诉的意见、理由，只需在首部"案件的由来经过段"用最精练的文字，写明"以……为由"，提出上诉或者抗诉即可。在裁定书的正文部分，原则上应当具体写明发回重审的理由及其法律依据。如果认为原判决事实不清或者证据不足，需要发回原审法院进一步查证的，除特殊情况外，应当具体、明确地指出原判哪些事实、证据需要继续查清。如果认为一审严重违反法律规定的诉讼程序而需要发回原审法院重新审判的,应当具体写明原审法院违反了《刑事诉讼法》规定的哪些法定的诉讼程序。

裁定结果部分应当分两行写明:

"一、撤销×××人民法院〔××××〕×刑初字第×号刑事判决;

二、发回×××人民法院重新审判。"

四、再审刑事裁定书

(一)概念

再审刑事裁定书,是人民法院依照刑事诉讼法规定的审判监督程序,对已经发生法律效力的刑事判决或者裁定,进行重新审理后,就案件的实体问题和程序问题作出的书面决定。

根据刑事诉讼法和相关司法解释的规定,再审刑事裁定书适用于以下范围:(1)原判决、裁定认定事实和适用法律正确,量刑适当的;(2)按照第二审程序审理,原判决、裁定认定事实清或者证据不足,决定发回重审的;(3)不服第一审人民法院的再审裁定或者判决提出上诉或者抗诉,第二审人民法院按照第二审程序审理,认为第一审人民法院的再审裁定或者判决,在认定事实上和适用法律上没有错误,决定维持原判的。但不适用于本院决定提起再审、上级人民法院指令再审和提审的案件。

(二)格式

×××人民法院

刑事裁定书

(供第二审程序再审维持原判用)

〔××××〕×刑再终字第×号

原公诉机关×××人民检察院。

原审上诉人(原审被告人)……(写明姓名、性别、出生年月日、民族、出生地、文化程度、职业或者工作单位和职务、住址等,现羁押处所)

辩护人……(写明姓名、工作单位和职务)

×××人民检察院指控被告人×××犯××罪一案,×××人民法院于××××年××月××日作出〔××××〕×刑初字第×号刑事判决,本院于××××年××月××日作出〔××××〕×刑终字第×号刑事判决(或裁定)。上述裁判发生法律效力后,……(写明提起再审的根据)。本院依法另行组成合议庭,公开(或者不公开)开庭审理了本案。×××

人民检察院检察员×××出庭履行职务。被害人×××、原审被告人×××及其辩护人×××等到庭参加诉讼。现已审理终结。

……（概述原判认定的事实、证据、判决的理由和结果）

……（概述再审中原审被告人的辩解和辩护人的辩护意见。对人民检察院在再审中提出的意见，应当一并写明）

经再审查明，……（写明再审认定的事实和证据，并就诉讼双方对原判有异议的事实、证据作出分析、认证）

本院认为，……（根据再审查明的事实、证据和有关法律规定，通过分析论证，具体写明原判定罪准确，量刑适当，应予维持，被告人的辩解和辩护人的辩护意见不予采纳的理由）

依照……（写明裁定的法律依据）的规定，裁定如下：

……［写明裁定结果。分三种情况：

第一，原系一审的，表述为：

"维持×××人民法院（××××）×刑初字第×号刑事判决。"

第二，原系二审维持原判的，表述为：

"维持本院（××××）×刑终字第×号刑事裁定和×××人民法院（××××）×刑初字第×号刑事判决。"

第三，原系二审改判的，表述为：

"维持本院（××××）×刑终字第×号刑事判决。"］

本裁定为终审裁定。

审判长　×××
审判员　×××
审判员　×××
××××年××月××日
（院印）

本件与原本核对无异

书记员　×××

（三）内容及制作方法

本部分以维持原判用的再审刑事裁定书为例，来阐释再审刑事裁定书。在内容和制作方法上，其首部、事实和尾部与再审刑事判决书基本相同，区别主要在于裁定理由和裁定结果部分。

1. 裁定理由部分，应当根据再审查明的事实、证据和有关法律规定，结合具体案情，充分论证原判为什么定罪准确，量刑适当，应予维持；原审被告人的辩解和辩护人的辩护理由为什么不能成立，不予采纳。然后写明裁定的法律依据。

2. 裁定结果，应当按照再审适用的程序不同，分别加以表述：

（1）按第一审程序再审维持原判的，可表述为：

"维持本院〔××××〕×刑×字第×号刑事判决。"

（2）按第二审程序再审维持原判的，裁定结果可分三种不同情形表述：

第一，原系一审维持原判的，表述为：

"维持×××人民法院〔××××〕×刑初字第×号刑事判决。"

第二，原系二审维持原判的，表述为：

"维持本院〔××××〕×刑终字第×号刑事裁定和×××人民法院〔×××〕×刑初字第×号刑事判决。"

第三，原系二审改判的，表述为：

"维持本院〔××××〕×刑终字第×号刑事判决。"

（3）再审后经上诉、抗诉二审维持原判的，裁定结果可分两种不同情形表述：

第一，一审法院再审后裁定维持原判的，表述为：

"驳回上诉，维持×××人民法院〔××××〕×刑再初字第×号刑事裁定和×××人民法院〔××××〕×刑初字第×号刑事判决。"

第二，一审法院再审后判决改变原判的，表述为：

"驳回上诉，维持×××人民法院〔××××〕×刑再初字第×号刑事判决。"

根据司法解释的规定，再审刑事裁定书还适用于按第二审程序审理，认为原判决、裁定认定事实不清或者证据不足，决定发回原审人民法院重新审判的案件。修订文书样式时，考虑到发回重审的再审刑事裁定书，与第二审发回重审的刑事裁定书的内容基本相同，所以没有单独设计样式，制作时可以参阅上述格式。由于再审发回重审的裁定有其自身特点，制作时需要注意以下几点：一是由于发回重审的裁定，只解决程序问题，不解决实体问题，因此，正文部分不需要具体叙述原判认定的事实、证据和理由以及上诉、抗诉的意见、理由；二是发回重审的理由原则上要写得具体、明确。属于因事实不清、证据不足而发回重审的，应当具体写明案件哪些事实不清、证据不足；属于因违反法律规定的程序而发回重审的，应当具体写明原审法院违反了哪些程序，以增强裁判文书的公开性和透明度，体现裁判的客观性、公正性；三是发回重审的案件，实体问题虽未审结，但程序问题已经终结。因此，在尾部应当写明"本裁定为终审裁定"。

第七章 刑事裁判文书

五、死刑复核刑事裁定书

(一) 概念

死刑复核刑事裁定书,是有权核准死刑的人民法院,依照刑事诉讼法规定的死刑复核程序,对报请复核的死刑立即执行和死刑缓期二年执行的案件,经复核认为原判定罪量刑正确,应予核准,或者原判认定事实不清、证据不足,或者违反法律规定的诉讼程序可能影响正确判决,应予发回重审作出的书面决定。

根据法律和司法解释规定,死刑复核裁定书适用于以下案件:(1) 原审判决认定的事实和适用法律正确、量刑适当,应当予以核准的;(2) 原审判决认定的事实不清楚或证据不足,应当撤销原判,发回重新审判的;(3) 发现第一审人民法院或者第二审人民法院违反法律规定的诉讼程序,可能影响正确判决,应当撤销原判,发回第一审人民法院或者第二审人民法院重新审判的。

(二) 格式

中华人民共和国最高人民法院

刑事裁定书

(核准死刑用)

〔××××〕刑×复第×号

被告人……(写明姓名、性别、民族、出生年月日、出生地、文化程度、职业或者工作单位和职务、住址和被逮捕日期,现在押)。

×××中级人民法院审理×××人民检察院指控被告人×××犯××罪一案,于××××年××月××日以〔××××〕×刑初字第×号刑事判决,认定被告人×××犯××罪,判处死刑,剥夺政治权利终身(判处财产刑的,续写"并处……"。数罪并罚的,亦应写明)。宣判后,×××提出上诉。×××高级人民法院经依法开庭审理,于××××年××月××日以〔××××〕×刑终字第×号刑事裁定,驳回上诉,维持原判,并依法报请本院核准(高级人民法院复核被告人不上诉、检察机关不抗诉案件的,作出相应变动)。本院依法组成合议庭,对本案进行了复核。现已复核终结。

经复核确认:……(写明最高人民法院经复核确认的事实)

上述事实,有第一审、第二审开庭审理中质证的×××(指物证名称)、×××(指书证名称)、证人×××的证言、被害人×××的陈述、鉴

定结论、勘验、检查笔录、视听资料和同案被告人的供述等证据证实（以上证据种类中没有的，不写；同一个证据种类中有很多个证据的，无须一一列举，例如，有很多个证人证言的，可以在列举关键的证人证言后用"等"字表述），被告人×××亦供认，足以认定。

本院认为，……（阐述被告人的行为构成何种罪名，罪行轻重，是否有法定、酌定从重或者从轻处罚情节，第一审判决、第二审裁定认定的事实是否清楚，证据是否确实、充分，定罪是否准确，量刑是否适当，审判程序是否合法等）。依照……（写明作出裁定的法律依据，包括司法解释）的规定，裁定如下：

核准×××高级人民法院〔××××〕×刑终字第×号维持第一审以××罪判处被告人×××死刑，剥夺政治权利终身的刑事裁定。

本裁定自宣告之日起发生法律效力。

审判长　×××
审判员　×××
审判员　×××
××××年××月××日
（院印）

本件与原本核对无异

书记员　×××

（三）内容及制作方法

1. 首部

依次写明下列事项：

（1）文书名称为"死刑复核刑事裁定书"，其他与死刑复核刑事判决书相同。

（2）案件的由来和审理经过。包括死刑判决的结果，被告人是否上诉、人民察院是否抗诉，报送复核的经过和法院。

①依法由最高人民法院核准死刑的案件，一审宣告死刑判决后，没有上诉、抗诉的，可表述为：

"×××中级（或者高级）人民法院审理×××人民检察院指控被告人×××犯××罪一案，于××××年××月××日以〔××××〕×刑初字第×号刑事判决，认定被告人×××（姓名）犯××罪，判处死刑，剥夺政治权利终身。本案在法定期限内没有上诉、抗诉。×××高级人民法院依法报送本院核准。"

第七章 刑事裁判文书

一审宣告死刑判决后,被告人上诉或者人民检察院抗诉,二审维持死刑判决并按规定报送最高人民法院核准的,可表述为:

"×××中级人民法院审理×××人民检察院指控被告人×××犯××罪一案,于××××年××月××日〔××××〕×刑初字第×号刑事判决,认定被告人×××(姓名)犯××罪,判处死刑,剥夺政治权利终身。宣判后,被告人×××不服,以……为理由,提出上诉(或者×××人民检察院以……为理由,提出抗诉)。×××高级人民法院于××××年××月××日以〔××××〕×刑终字第×号刑事裁定,驳回上诉,维持原判,依法报送本院核准。"

②依法由高级人民法院核准的死刑缓期二年执行的案件,一审宣告判决后,没有上诉、抗诉的,可表述为:

"×××中级人民法院审理×××人民检察院指控被告人×××犯××罪一案,于××××年××月××日以〔××××〕×刑初字第×号刑事判决,认定被告人×××犯××罪,判处死刑,缓期二年执行,剥夺政治权利终身。本案在法定期限内没有上诉、抗诉。×××中级人民法院依法报送本院核准。"

(3)审判组织。可表述为:"本院依法组成合议庭进行了复核。现已复核终结。"

2. 事实

(1)核准死刑的裁定,应当写明经复核肯定原判认定的犯罪事实、情节,以及证明这些犯罪事实、情节的证据均没有错误。证据要写明所证明的事实,不能只写证据的名称。如果经复核查证后,在认定事实上虽有某些变动,但是不影响定罪量刑,仍应当判处被告人死刑或者死缓的,在叙述犯罪事实时可以适当加以分析、认证。

(2)发回重审的裁定,原则上应当具体写明经复核哪些犯罪事实不清楚、证据不足,或者原审违反了法律规定的哪些诉讼程序,可能影响公正审判的。

3. 理由

理由部分应当根据案件的不同情况,分别写明核准死刑或者发回重审的理由及其法律依据。

(1)核准死刑的,首先,应当结合案件的具体情况,具体写明本案适用法律正确、量刑适当,应予核准的理由。如果经复核认为在适用法律上虽有某些变动,但仍应当核准死刑的,在理由部分则应适当加以分析、论证。其次,应当写明核准死刑的法律根据,即裁定所依据的法律条款项。

(2)发回重审的,则应当写明发回重审的理由及其法律依据。

4. 裁定结果

根据死刑案件复核结果，分别作出不同的处理。裁定结果的表述要清楚、明确。

（1）原判决认定事实和适用法律正确，量刑适当的，核准死刑。

①被告人不上诉或者人民检察院不抗诉，依法由最高人民法院核准死刑的案件，可表述为："核准×××人民法院〔××××〕×刑初字第×号以××罪判处被告人×××死刑，剥夺政治权利终身的刑事裁定（或者判决）。"

②中级人民法院判处死刑的第一审案件，被告人不上诉、人民检察院不抗诉，依法由高级人民法院复核，报请最高人民法院核准死刑的，可表述为："同意×××中级人民法院〔××××〕×刑初字第×号以××罪判处被告人×××死刑，剥夺政治权利终身的刑事判决，现依法报请最高人民法院核准。"

最高人民法院核准上述裁定的，可表述为："核准×××高级人民法院〔××××〕×刑复字第×号同意一审以××罪判处被告人×××死刑，剥夺政治权利终身的刑事裁定。"

③对于二审判决改变了一审的定罪，但量刑未改，仍判处被告人死刑的，可表述为："核准×××高级人民法院〔××××〕×刑终字第×号以××罪判处被告人×××死刑，剥夺政治权利终身的刑事判决。"

④被告人上诉或者人民检察院抗诉，依法由最高人民法院核准死刑的案件，可表述为："核准×××高级人民法院〔××××〕×刑终字第×号维持一审以××罪判处被告人×××死刑，剥夺政治权利终身的刑事判决。"

（2）原判决认定事实和适用法律正确，量刑适当，高级人民法院核准死缓的，可表述为："核准×××中级人民法院〔××××〕×刑初字第×号以××罪判处被告人×××死刑，缓期二年执行，剥夺政治权利终身的刑事判决。"

（3）原判决事实不清楚或者证据不足，发回重审的，可表述为：

"一、撤销×××中级人民法院（或者高级人民法院）〔××××〕×刑初字（或者刑终字）第×号刑事判决（二审终审的要同时撤销第二审人民法院维持原判的刑事裁定）；

二、发回×××人民法院重新审判。"

（4）第一审人民法院或者第二审人民法院违反法律规定的诉讼程序，可能影响案件正确判决，发回重审的，可表述为：

"一、撤销×××中级人民法院（或者高级人民法院）〔××××〕×刑初字（或者刑终字）第×号刑事判决（二审终审的要同时撤销第二审人民法院维持原判的刑事裁定）；

二、发回×××人民法院（第一审人民法院或者第二审人民法院）重新审判。"

（5）一审判决认定事实和证据以及适用诉讼程序上均无错误，但二审裁定认定事实错误或者证据不足，或者违反法律规定的诉讼程序，可能影响正确裁判的，可表述为：

"一、撤销×××高级人民法院〔××××〕×刑终字第×号刑事裁定（或者判决）；

二、发回×××高级人民法院重新审判。"

5. 尾部

（1）核准死刑和死缓的裁定，在裁定结果的左下方一行写明："本裁定送达后即发生法律效力。"

（2）依照《刑事诉讼法》的规定，复核死刑案件和死刑缓期执行的案件，应当由审判员三人组成合议庭进行，不能独任审判。因此，裁定书应当由合议庭组成人员署名。

本章习题

一、简答题

1. 第一审刑事判决书的首部包括哪些内容？
2. 第二审刑事判决书的写作重点是什么？

二、案例题

根据下列案情材料及刑法和刑诉法的相关知识，按照要求，写一份第一审刑事判决书。

【案情】2000年12月20日下午，被告人赵××经过镇政府门口时，看见女青年韩××在街上走过，心生歹意，即尾随其后直至韩家门外。当晚10时许，被告人赵××携带尖刀，窜至韩××家，翻墙入院，打碎玻璃，闯入室内，用尖刀对韩××进行威胁，令其不准开灯和叫喊，对韩××实施了强奸。第二天晚10时许，被告人赵××再次窜到韩××家时，被韩××的丈夫胡××及邻居张××、李××当场抓获并扭送当地××派出所。

上述犯罪事实的证据有：（1）被害人韩××的丈夫胡××及邻居张××、李××当场抓获被告人并扭送××派出所时的陈述笔录和被害人韩××的陈述笔录；（2）现场勘查笔录；（3）收缴被告人赵××的作案凶器尖刀一把；（4）被告人的供述，所供述的犯罪的时间、地点、手段、情节等，与上述证据所证实的情节一致。

被告人赵××在羁押期间能揭发他人的盗窃犯罪事实，经查证属实。

××省××县人民检察院指控被告人赵××涉嫌强奸罪，向××县人民法院提起公诉。被告人辩解和辩护人辩护均认为被告人为初犯，并有揭发他人犯罪的行为，应从轻或减轻处罚。××省××县人民法院对该案审理后，认为公诉机关指控的罪名能够成立，对被告人应依法惩处；关于被告人和辩护人有"揭发他人犯罪的行为，应从轻或减轻处罚"的辩护意见，法院予以采纳，而关于"初犯"的辩护意见，法院不予支持。××县人民法院根据事实，依照法律，以被告人赵××犯强奸罪，判处有期徒刑十三年，剥夺政治权利三年。

第八章 民事裁判文书

法律研究的目的是一种预测,即对公共权力通过法院的工具性的活动产生影响的预测。

——【美】奥利弗·温德尔.霍姆斯

【内容提要】

人民法院民事裁判书是指人民法院在民事诉讼中,为解决诉讼当事人之间的民事权利义务争议,就案件的实体问题和程序问题依法制作的具有法律效力的文书。本章在介绍人民法院民事法律文书的概念、特点和分类的基础上,重点讲解法官审理民事案件必须制作的各种常用的裁判文书的制作要点,通过本章的学习,能熟练掌握民事裁判文书的写作方法和写出高质量的法院民事法律文书。

第一节 民事裁判文书的概念和分类

一、民事裁判文书的概念

民事裁判文书是指人民法院在民事诉讼中,为解决诉讼当事人之间的民事权利义务争议,就案件的诉讼程序问题和诉讼实体问题依法作出的具有法律效力的文书。

二、民事裁判文书的分类

人民法院的民事裁判文书,按照裁判案件的方式不同,可分为民事判决书、民事裁定书、民事调解书、民事决定书和民事制裁决定书;按照审判所适用的程序不同,又可分为第一审民事判决书、第一审民事裁定书和第一审民事调解书,第二审民事判决书、第二审民事裁定书和第二审民事调解书,再审民事判决书、再审民事裁定书和再审民事调解书。此外,还有为适用特别程序、公示催告程序、督促程序、企业法人破产还债程序而制作的民事裁判文书。本章重点讲解第一审民事判决书、第一审民事裁定书和第一审民事调解书。

第二节 第一审民事判决书

一、第一审民事判决书的概念和分类

（一）概念

第一审民事判决书，是第一审人民法院代表国家行使民事审判权，对受理的民事案件，按照《民事诉讼法》规定的第一审程序审理终结后，依照国家的民事法律、法规和最高人民法院的司法解释，就解决案件的实体问题作出的具有法律效力的书面处理决定。

（二）分类

根据适用程序的不同，第一审民事判决书可以分为第一审适用普通程序的民事判决书和第一审适用简易程序的民事判决书。普通程序是我国民事诉讼法规定的人民法院审理第一审民事案件通常所适用的程序，也是民事案件当事人进行第一审民事诉讼程序通常所遵循的程序。简易程序是民事诉讼法规定的基层人民法院及其派出法庭审理简单民事案件所适用的程序。第一审适用普通程序的民事判决书与适用的普通程序相适应，具有结构严谨、内容规范的特点。第一审适用简易程序的民事判决书与适用的简易程序相适应，特点是结构较为灵活，内容相对简便。

二、第一审民事判决书制作依据

《民事诉讼法》第152条对判决书的主要内容作出了明确规定，判决书应当写明：（1）案由、诉讼请求、争议的事实和理由；（2）判决认定的事实、理由和适用的法律；（3）判决结果和诉讼费用的负担；（4）上诉期限和上诉审法院。判决书由判决人员、书记员署名，加盖人民法院印章。该条规定是针对一审民事判决书的，是制作一审民事判决书的法定依据。最高人民法院1992年试行的《法院诉讼文书样式》（以下简称《92样式》）是现行法院裁判文书格式的主要依据，根据《92样式》，民事判决书总的格式由首部、正文（事实、理由、判决主文）和尾部三部分组成，其中事实、理由、判决主文（即正文）是判决书的核心内容。

三、第一审适用普通程序的民事判决书

（一）概念

第一审适用普通程序的民事判决书，是人民法院按照民事诉讼法规定的第一审普通程序审理民事案件，依照查明的案件事实和证据，依法对当事人之间的实体权利义务争议作出的书面处理决定。

（二）格式

×××人民法院

民事判决书

〔××××〕×民初字第×号

原告……（写明姓名或名称等基本情况）

法定代表人（或代表人）……（写明姓名和职务）

法定代理人……（写明姓名等基本情况）

委托代理人……（写明姓名等基本情况）

被告……（写明姓名或名称等基本情况）

法定代表人（或代表人）……（写明姓名和职务）

法定代理人……（写明姓名等基本情况）

委托代理人……（写明姓名等基本情况）

第三人……（写明姓名或名称等基本情况）

法定代表人（或代表人）……（写明姓名和职务）

法定代理人……（写明姓名等基本情况）

委托代理人……（写明姓名等基本情况）

……（写明当事人的姓名或名称和案由）一案，本院受理后，依法组成合议庭，公开（或不公开）开庭进行了审理……（写明本案当事人及其诉讼代理人等）到庭参加诉讼。本案现已审理终结。

原告×××诉称……（概述原告提出的具体诉讼请求和所根据的事实与理由）

被告×××辩称……（概述被告答辩的主要内容）

第三人×××述称……（概述第三人的主要意见）

经审理查明……（写明法院认定的事实和证据）

本院认为……（写明判决的理由）。依照……（写明判决所依据的法律条款项）的规定，判决如下：

……（写明判决结果）

> ……（写明诉讼费用的负担）
> 　　如不服本判决，可在判决书送达之日起十五日内，向本院递交上诉状，并按对方当事人的人数提出副本，上诉于×××人民法院。
>
>
> 审判长　×××
> 审判员　×××
> 审判员　×××
> ××××年××月××日
> （院印）
>
>
> 本件与原件核对无异
>
> 书记员　×××

（三）内容及制作方法

第一审适用普通程序的民事判决书由首部、事实、理由、判决结果和尾部五个部分组成。

1. 首部

首部应依次写明标题、案件编号、当事人及诉讼参加人及其基本情况、案件由来和审理经过，以体现审判程序的合法性。

（1）标题、案件编号。标题应写明法院的名称及文书的种类。分两行写明，第一行是法院名称，第二行是文书种类，案件若涉外或者涉港澳台则分三行写，第一行为中华人民共和国。

法院的名称要用全称，基层人民法院的名称之前应冠以省、自治区、直辖市的名称，市辖区的基层人民法院之前应冠以该市的名称，如"北京市海淀区人民法院"。

案件编号的书写位置在标题的右下方，由年度和制作法院代称、案件性质、审判程序的代字以及案件的序号组成，基层人民法院的案件编号的具体写法为〔××××〕×民初字第×号。中级人民法院的案件编号为〔××××〕×中民初字第×号。高级人民法院的案件编号为〔××××〕×高民初字第×号。经济纠纷案件性质代字为"经"字。

（2）诉讼参加人。诉讼参加人是指参与诉讼的当事人及其代理人。诉讼当事人，是指因民事权利义务发生争议，以自己名义进行诉讼，要求法院行使民事裁判权的人。民事裁判文书上的当事人包括原告、被告、共同诉讼人和第三人。诉讼代理人是指以被代理人的名义，在代理权限内，为了被代理人的利益实施诉讼行为，进行诉讼活动的人。按照我国民事诉讼法的规定，诉讼代理人分为法定代理人、指定代理人和委托代理人。诉讼参加人的基本情况介绍应

第八章 民事裁判文书

当规范、准确。

①列写顺序。按照诉讼中的地位，当事人的列写顺序应按原告、被告和第三人的顺序进行。当事人有诉讼代理人的，应当在该当事人之后另行列写诉讼代理人。若原告、被告、第三人不止一人时，应逐一列写完原告及其诉讼代理人后，再逐一列写被告及其诉讼代理人，最后逐一列写第三人及其诉讼代理人。诉讼代理人先写法定或指定代理人，后写委托代理人。

②列写事项。主要包括以下几个方面：

一是法律称谓，即原告、被告、第三人，在有反诉的情况下，还应在原称谓后分别写明各当事人在反诉中的法律称谓。

二是当事人基本情况。当事人为自然人的，应依次写明其姓名、性别、出生年月日、民族、职业或工作单位、职务及家庭住址。当事人为个体工商户的，依次写明其业主的姓名、性别、出生年月日、民族、住址，起有字号的，应在其姓名之后用括号注明"系……（字号）业主"；当事人为法人的，应写明其名称或字号、住所地，并另起一行写明法定代表人及其姓名、职务。当事人为其他组织的，写明其名称或字号、住所地，并另起一行写明其主要负责人的姓名、性别和职务。

三是代理人的基本情况。写明法定代理人、指定代理人、委托代理人的姓名、性别、职业或工作单位以及组织等项，并在法定代理人姓名后用括号注明其与当事人的关系；当事人近亲属作为委托代理人的，其姓名后也应用括号注明其与当事人的关系；诉讼代理人是律师的，只写明姓名和律师事务所的名称；法定代表人委托诉讼代理人的，先列单位名称，再列法定代表人，最后列委托代理人。

注意事项：第一，此部分当事人名称应写规范的全称，不能用简称，当事人是国外、境外企业法人的，应写明企业的中文名称并用括号注明该企业的外文名称。第二，当事人的住所地应写明所在的省、市（区、县）及街道号码，当事人是自然人的，住所地与经常居住地不一致的，应写经常居住地。第三，当事人是法人的，其主要负责人称为法定代表人；是其他组织的，其主要负责人称为负责人；是共同诉讼或集团诉讼推举的代表人，称为代表人。第四，既有本单位的委托代理人，又有外单位的委托代理人或律师的，本单位的委托代理人写在第一位，外单位的委托代理人或律师写在第二位。第五，多个当事人共同委托一名代理人的，通常的写法是在多个当事人列写完后，再列写该代理人，表述为"以上原（被）告或第三人共同委托代理人×××……"。

（3）案件由来和审理经过。按照《92样式》的规定，这部分要写明四个方面的内容：案由；组成合议庭审理；公开审理还是不公开审理；诉讼当事人到庭情况。通常表述为：

"原告×××与被告×××……（案由）一案，本院于××××年××月××日受理后，依法组成合议庭，公开（或不公开）开庭进行了审理，本案当事人及其诉讼代理人（是否到庭）参加诉讼。本案现已审理终结。"

本部分需要注意的是案由应以审理后确定的结案案由为准，公开审理只需表明公开，而不公开审理应当说明理由。自然人当事人或法人、其他组织当事人的法定代表人或负责人、诉讼代理人及其他诉讼参加人到庭情况等应当如实确定，具体到写明到庭、未到庭和中途退庭的人的情况。例如，"×告×××经本院合法传唤无正当理由拒不到庭"，"×告×××未经法庭许可中途退庭"，"×告×××、××代理人×××到庭参加诉讼"等。

2. 事实

事实部分包括当事人的诉讼请求和争议的事实与理由以及以"经审理查明"为开头的法院认定的事实。

（1）当事人的诉讼请求以及争议的事实和理由。是指当事人请求法院确认与对方当事人之间法律关系是否存续、变更、消灭，或请求判令对方当事人履行一定民事义务，及其所陈述的用以支撑其诉讼请求的事实和依据。即原告具体要求解决什么争议，解决的意见和理由；被告对原告诉讼请求所持的态度及陈述的主要事实和理由；第三人对纠纷所持的态度和主张。这部分应当按照原告、被告和第三人的顺序先写各自的诉讼请求，后写争议的事实和理由。

基于原告、被告和第三人在诉讼中的地位的不同，对其诉讼请求和争议的事实和理由的写作重点也应有所区别。对原告要以勾勒出案件的主要事实为基本写作要求；对被告要体现其在焦点问题上的对抗性观点；对第三人的陈述既要表明其对原被告所述法律关系的意见，还要表明其作为第三人的特殊地位。对当事人在诉讼过程中增加、变更诉讼请求或提出反诉的，亦应写明；当事人如果有反诉的，可在列写原、被告双方对本诉的起诉、答辩意见后，再写明原、被告双方对反诉的起诉及抗辩意见。

这部分的撰写可采用如下模式：

①原告×××诉称……（概述原告提出的具体诉讼请求和所根据的事实与理由）；

②被告×××辩称……（概述被告答辩的主要内容）；

③第三人×××述称……（概述第三人的主要意见）。

（2）法院认定的事实。法院认定的事实是人民法院经过查证所确认的事实，是判决立论、推理和法律适用的基础，也是对当事人之间权利义务关系进行确认的依据。一般包括三个层面的内容：一是纠纷产生的原因、经过、情节和后果;二是当事人之间的法律关系发生、变化的基本情况和法律关系的内容;三是认定事实的证据。这部分表述应将三者有机地结合起来,既不能只是简单罗列证据,不进行深入论证,也不能只列证据,不综合认定案件事实的情况,而应按照法律关系的复杂程度进行不同的表述。对于法律关系单一的案件应按照民事纠纷发生的时间、地点、纠纷的起因、经过、结果顺序将案件事实经过简练清晰地叙述出来;对于法律关系复杂的案件,应将融于同一事实中的若干法律关系所涉事实分别叙述,以保证脉络清晰。

法院审查的案件事实依靠证据来证明,当事人提供的证据,真伪未定,只有在法院进行了去伪存真的查证之后,才是反映案件真相的证据,因而查明事实的过程,也就是审查、认定证据的过程。对相关证据的审查重点在于审查证据的关联性、合法性、客观性,即证据必须与要证明的案件事实具有关联性,并且符合法律规定的要求,证据应当是客观存在的事实。要将证据的分析和事实的认定紧密结合起来,写明证据的名称、类别、主要内容。对证据的分析着重阐明纠纷的原因、情节和结果以及法律关系发生变化的事实内容,在此基础上表明对当事人所举证据是否采纳。在对事实认定时,同时要结合最高人民法院《关于民事诉讼证据的若干规定》(以下简称《民诉证据若干规定》),在裁判文书中充分引述和利用《民诉证据若干规定》中关于举证责任分配一般规则、举证责任倒置特殊规则、自认规则、优势证据规则、非法证据排除规则等相关规定,加强对事实认定方面的说理,使当事人明白其举证被采纳或不被采纳的理由,并为裁判理由的论证提供准确可靠的依据。

对证据认证的表述,可结合民商事案件的性质、特点以及复杂程度、灵活采用:对于案件事实简单,权利义务关系明确,当事人争议不大的民商事案件,可以直接叙明案件事实的认定情况,不必对当事人举证及须证明的内容进行过多的展开。对于案情复杂,当事人对案件事实有较大争议的案件,应结合案件的特点,分述(争议事实较多的情况下)或集中叙述当事人所举证据的名称、内容、证明的事实、举证意见(包括对证据的真实性及其所证明的问题两个方面)以及人民法院认证的理由。通常采用如下模式:

经审理查明:……(认定的事实;事实认定的证据,应反映证据的出示和质证过程)。

3. 理由

民事判决书的理由部分包括判决理由和判决适用法律两方面内容,其中判决理由主要是阐述法院对法律关系的基本看法和对纠纷、责任的认定。判决适用法律是法官进行法律认定和推理所依据的法律、法规和司法解释。

(1)判决理由。通常写法是以"本院认为"开头,之后用简练的文字对当事人争议的事实和法院认定的事实进行分析、评判，分清是非，明确责任，进而阐明支持合法行为一方或否定非法行为一方的具体理由。在写作顺序上，可先针对原告的主张和理由，再针对被告，后针对第三人，分层次说理。反诉案件，则应先针对本诉，后针对反诉。

应对法律关系的性质、效力进行认定，即根据我国现行的法律，说明当事人的行为是否合法，是否违约，应否承担责任。具体写作模式要根据案件的特点进行选择，对于案情简单的案件，可以开门见山，阐明案件的性质、合同的效力，并围绕当事人的诉辩直接写明判决理由；对于案情复杂、当事人争议较大的案件，在集中归纳案件争议焦点的基础上，针对不同的焦点问题分别进行论述。例如：

"本院认为，根据原告的陈述和被告的答辩，本案的争议焦点为：（1）……；（2）……；（3）……。关于焦点一，本院认为，……对当事人的该项请求应否支持等。关于焦点二，本院认为，……。关于焦点三，本院认为，……。"

（2）判决适用的法律，是人民法院对当事人之间纠纷作出处理所依据的民事法律条文。适用的法律要做到完整、准确、具体。处理争议适用了多条法律时，应将适用的法律条文全部引用出来，不能遗漏。适用哪一层次的规定，就应具体、明确地写到哪一个层次。具体引用顺序上，先引用法律，后引用司法解释；先引用实体法，后引用程序法；先引用特别法，再引用普通法；先引用具体规定，再引用法律原则，在具体法条引用上，按条、款、项、目的顺序引用。

4. 判决结果

判决结果，是人民法院根据案件事实，依照民事实体法规定，就民事争议如何解决所作出的具体处理决定。它用肯定、明确、具体的文字，确认当事人之间的民事权利义务，从而解决纠纷。

判决结果的语言文字要准确，表述要清楚，只能作单一解释，不能含混不清，似是而非，模棱两可，产生歧义；判决结果的内容要能够具体实施，切忌原则抽象，笼而统之，无法具体执行；判决结果的事项要完整，对争议的解决，对履行义务的时间、方式等不能有遗漏。譬如，判决给付物品的，应当写明物品的名称、数量、给付期限以及给付方式等；判决义务人履行一定民事行为的，应当写明应履行民事行为的内容和要求、履行期限等。

判决结果，一般都是针对当事人的诉讼请求作出的。因此，对于当事人不合法、不合理的诉讼请求，应当依法予以驳回，写明："驳回×××的××诉讼请求。"

判决结果的具体写作注意事项有以下几点：

第八章　民事裁判文书

（1）当事人的称谓应用全称，裁判中引用的法律应写全称并且要加书名号，条文款项应当使用汉语写法，不能使用阿拉伯数字，数字也应用汉语写法而不能用阿拉伯数字。

（2）判决结果内容较多的，可以分条或分项叙写，如涉及本金和利息给付的，可将本金的给付和利息的给付分项判决。给付之诉中，如给付的内容较多的，可以概括写，详情另附清单；

（3）为了便于执行，无论何种履行，均必须写明履行期限，如写明"以上第×项于本判决生效之日起×日内履行"。判决主文应当载明当事人不履行生效判决的法律后果，如明确规定"不按期履行义务的，按照《中华人民共和国民事诉讼法》第×条的规定办理"。

（4）利息的表述。当事人有具体的请求数额的，可以依法予以保护；当事人没有具体的请求数额的，写明利息计算的利率种类、利率标准，是否分段计息以及逾期利息的计算标准等，如区分是按固定资金贷款利率标准还是按流动资金贷款利率标准以及相关的期限档次（如半年期、一年期等）计算，对需要分段计息的，既可分段具体计算出利息数额，也可以写明计算方法，如按××利率标准分段计付。可表述为"按中国人民银行公布的同期同类贷款（存款）利率，自×××年××月××日开始计算（自每笔款项收到之日开始计算）至×××年××月××日止"。

5. 尾部

第一审民事判决书尾部的写作特点是程式严格，用语固定，按顺序写明以下内容：诉讼费用的负担、当事人的上诉权利、上诉期间和上诉法院的名称以及合议庭成员、书记员署名和判决日期等，加盖院印和核对无误章。

（1）诉讼费用的负担。诉讼费包括案件受理费和其他诉讼费用，分项列明，在判决结果后另起一行写明当事人各自应负担的具体数额。

（2）向当事人交代上诉事项。在诉讼费用负担之后另起一行写明，一般表述为：

"如不服本判决，可在判决书送达之日起十五日内，向本院递交上诉状，并按对方当事人的人数提出副本，上诉于×××人民法院。并交纳上诉费，逾期不交纳上诉费的按自动撤回上诉处理。"

涉外或涉港澳台当事人的上诉期间是三十日。

（3）另行写明合议庭成员、书记员和判决日期，在判决日期上齐年压月加盖院印，并在书记员与审判员之间空行的左侧加盖"本件与原件核对无异"的核对无误章。

(四) 实例阅读

河南省郑州市中原区人民法院
民事判决书

〔2015〕中民一初字第 125 号

原告宋×国,男,1960 年 11 月 30 日生,汉族,住郑州市中原区。
委托代理人米×娟,××律师事务所律师。
委托代理人张×,××律师事务所律师。
被告邵×,女,1989 年 4 月 22 日生,汉族,现住郑州市管城回族区。
委托代理人魏×玲,××律师事务所律师。
委托代理人张×苗,××律师事务所律师。
被告宋×凤,女,1967 年 10 月 19 日生,汉族,住郑州市管城回族区。
委托代理人魏×玲,××律师事务所律师。
委托代理人张×苗,××律师事务所律师。
被告××支公司,住所地郑州市金水区。
代表人张×勇,职务副总经理。
委托代理人吴×蕾,××律师事务所律师。

原告宋×国诉被告邵×、宋×凤、××支公司机动车交通事故责任纠纷一案。本院受理后依法组成合议庭,公开开庭进行了审理。原告宋×国的委托代理人米×娟、张×,被告邵×的委托代理人魏×玲,被告宋×凤的委托代理人魏×玲,被告××公司的委托代理人吴×蕾到庭参加诉讼。本案现已审理终结。

原告宋×国诉称,2014 年 5 月 12 日 14 时 40 分许,原告宋×国驾驶电动车沿郑州市中原区建设路与秦岭路南口自东向西行驶时,与被告邵×驾驶的豫A×××××号轿车沿秦岭路由北向南行驶相撞后,又与杨×驾驶的豫A×××××号小型普通客车沿秦岭路由南向西左转弯行驶时发生交通事故,致原告宋×国受伤,后宋×国在郑州市中医院住院治疗,经诊断:(1) 左股骨颈骨折;(2) 腰部外伤;(3) 颅骨骨折,头面部擦挫伤;(4) 肋骨骨折;(5) 腹部内伤待排;(6) 胸部内伤待排;(7) 迟发型颅内血肿待排。后因治疗需要,转至郑州大学第一附属医院继续治疗,经诊断为:(1) 左股骨颈骨折;(2) 多发肋骨骨折;(3) 腰椎横突骨折;(4) 颌面部骨折;(5) 右上中切牙牙齿缺损。出院医嘱:(1) 注意休息,加强营养;(2) 院外适当卧床无负重下进行功能锻炼,避免关节强直及肌肉萎缩;(3) 术后 3 个月、半年、1 年复查 DR,根据 DR 骨折愈合情况确定下床负重锻炼及内固定取出时间;(4) 不排除股骨头坏死需二期行关节置换手术之可能;(5) 颌面部骨折需根据口腔科要求定期随诊；（6）不适时随诊。该事故经郑州市公交局交通警察支队二大队作出郑公交认字〔2014〕第00200号事故认定书，认定原告宋×国负此次事故主要责任；被告邵×负此事故次要责任。经郑州市公交局交通事故鉴定所公（郑）伤鉴（法医）字〔2014〕127号鉴定书认定：宋×国左下肢损伤残程度评定为Ⅸ（九）级伤残。为了维护原告合法权益，故原告起诉至法院：（1）依法判令被告邵×、宋×凤赔偿原告伤残补助费、医疗费、误工费、护理费、交通费、住宿费、住院伙食补助费、营养费、鉴定费、精神损害抚慰金等共计壹拾叁万肆仟贰佰贰拾伍元整（暂定）；（2）依法判令被告××支公司在保险责任范围内承担赔偿责任；（3）依法判令本案的诉讼费用全部由被告承担。诉讼中原告撤回对××支公司的起诉并将诉讼请求变更如下：（1）依法判令被告赔偿原告医疗费30213.40元、护理费7020元、误工费25740元、住院伙食补助费720元、营养费1800元、鉴定费1000元、交通费500元、残疾赔偿金97565.80元、精神损害抚慰金10000元，共计174559.20元；上述费用扣除交强险120000元，再扣除无责部分的12000元后，再按照40%比例进行划分，共计149023.68元；（2）依法判令本案的诉讼费由被告承担。

被告邵×辩称，原告要求的赔偿数额过高，同时对事故中的责任划分有异议，原告应当承担全部责任。

被告宋×凤辩称，邵×驾驶宋×凤的车辆系借用关系，发生事故时邵×具有合法的驾驶资格，宋×凤的出借行为不存在过错，不应对原告的损失承担赔偿责任。同时，被告宋×凤在事故发生后给原告垫付过医疗费10000元，原告应当将该费用予以扣除。

被告××公司辩称，在核实保单、事故车辆的驾驶证、行驶证真实合法有效的前提下，本公司依据保险合同愿意对原告合理合法的损失予以赔付，诉讼费等间接费用本公司不予承担。

经审理查明，2014年5月12日14时40分许，原告宋×国驾驶电动车沿郑州市中原区建设路与秦岭路南口自东向西行驶时，与被告邵×驾驶豫A×××××号轿车沿秦岭路由北向南行驶相撞后，又与杨×驾驶豫A×××××号小型普通客车沿秦岭路由南向西左转弯行驶发生交通事故，致原告宋×国受伤。此事故经郑州市公安局交通警察支队二大队于2014年5月23日作出郑公交认字〔2014〕第00200号道路交通事故认定书，认定原告宋×国其行为违反了《中华人民共和国道路交通安全法》第三十八条之规定，依据《道路交通事故处理程序规定》第四十六条之规定，负事故主要责任；被告邵×其行为违反了《中华人民共和国道路交通安全法》第二十二条第一款之规定，依据《道路交通事故处理程序规定》第四十六条之规定，负事故次要责任；杨

×无责任。

另查明，原告受伤后在郑州市中医院住院治疗，于2014年5月14日出院，实际住院2天，该医院针对原告的病情诊断为：（1）左股骨颈骨折；（2）腰部外伤；（3）颅骨骨折，头面部擦挫伤；（4）肋骨骨折；（5）腹部内伤待排；（6）胸部内伤待排；（7）迟发型颅内血肿待排。原告支出住院费用共计3387.57元。原告于2014年5月14日到郑州大学第一附属医院住院治疗，于2014年6月4日出院，实际住院21天，支出住院费用35465.83元，该医院针对原告的病情诊断为：（1）左股骨颈骨折；（2）多发肋骨骨折；（3）腰椎横突骨折；（4）颌面部骨折；（5）右上中切牙牙齿缺损。原告于2014年8月25日在郑州仁济创伤显微外科医院门诊治疗，支出门诊费用共计1360元（500元+860元）。被告宋×凤已向原告宋×国垫付医疗费10000元，本次诉讼中原告已予以扣除。

又查明，被告邵×驾驶的豫A×××××号轿车所有人系被告宋×凤，二人系母女关系，事故发生时该车辆未办理机动车交通事故责任强制保险。

另查明，杨×驾驶的豫A×××××号小型普通客车登记车主系彭×，该车辆在被告××公司有办理机动车交通事故责任强制保险、商业第三者责任保险（含不计免赔率特约），此事故发生在保险期限内。

诉讼中，郑州市公安局交警二大队委托郑州市公安局交通事故鉴定所对原告宋×国的伤残程度进行鉴定，郑州市公交局交通事故鉴定所于2014年10月15日出具公（郑）伤鉴（法医）字〔2014〕127号法医学人体伤残程度鉴定书，载明"宋×国左下肢损伤残程度评定为Ⅸ（九）级伤残。"被告邵×对该鉴定有异议，向本院申请对原告宋×国的受伤情况是否构成伤残及伤残等级进行重新鉴定，河南同一法医临床司法鉴定所于2015年4月14日作出豫同一司法鉴定所〔2015〕临鉴字第213号关于宋×国伤残等级评定司法鉴定意见书，载明"宋×国左股骨颈骨折内固定术后构成Ⅸ（九）级伤残。"

以上事实，有原、被告各方当事人提供的证据及陈述在案佐证。

本院认为，公民享有生命健康权，公民、法人由于过错造成他人人身损害的，应当承担民事责任。诉讼中，被告邵×辩称对郑州市公安局交通警察支队二大队作出的事故责任划分有异议，原告应当承担全部责任。本院认为，当事人对自己提出的诉讼请求所依据的事实或者反驳对方诉讼请求所依据的事实有责任提供证据予以证明，被告邵×并未提供证据，不足以推翻郑州市公安局交通警察支队二大队作出的事故认定书，故对于被告邵×的辩称意见，本院不予以采信。由于原告宋×国负事故主要责任，被告邵×负事故次要责任，故被告邵×应承担40%的赔偿责任为宜。依据最高人民法院《关于审理道路交通事故损害赔偿案件适用法律若干问题的解释》第十九条规定:"未依法投保交强险的机动车发生交通事故造成损害,当事人请求投保义务人在交强险责任限额范围内予以赔偿的,人民法院应予支持。投保义务人和侵权人不是同一人,当事人请求投保义务人和侵权人在交强险责任限额范围内承担连带责任的,人民法院应予支持。"故被告邵×、宋×凤在机动车交通事故责任强制保险限额范围内承担连带责任。超出交强险部分,由被告邵×承担赔偿责任。

关于原告主张医疗费30213.40元的诉讼请求,原告主张的医疗费30213.40元系已扣除被告宋×凤垫付的10000元后进行的主张。本院认为,原告支出的医疗费系其本人因本次交通事故实际发生的住院费、检查费,且提供有医疗费票据,本院予以支持。故原告实际支出的医疗费应为40213.40元(3387.57元+35465.83元+1360元)。

关于原告主张住院伙食补助费720元的诉讼请求,本院认为,依据原告提供的两次住院病历中显示原告受伤后住院治疗共计23天,住院伙食补助费按每天30元计算,共计690元。超出部分,本院不予支持。

关于原告主张营养费1800元的诉讼请求,本院认为,原告提供的郑州大学第一附属医院出院证明书载明"注意休息,加强营养"。诉讼中原告主张营养期90天,营养费标准按20元/天计算,符合法律规定,故营养费共计1800元,本院予以支持。

关于原告主张误工费25740元的诉讼请求,依据最高人民法院《关于审理人身损害赔偿案件适用法律若干问题的解释》第二十条第一款、第二款规定:"误工费根据受害人的误工时间和收入状况确定。误工时间根据受害人接受治疗的医疗机构出具的证明确定,受害人因伤致残持续误工的,误工时间可以计算至定残日前一天。"诉讼中原告主张误工时间为330天,误工费标准按照河南省服务业平均工资78元/天计算,符合法律规定,故误工费应为25740元(78元/天×330天),本院予以支持。

关于原告主张护理费7020元的诉讼请求,依据最高人民法院《关于审理人身损害赔偿案件适用法律若干问题的解释》第二十一条第一款、第二款规定:"护理费根据护理人员的收入状况和护理人数、护理期限确定。护理人员有收入的,参照误工费的规定计算;护理人员没有收入或者雇用护工的,参照当地护工从事同等级别护理的劳务报酬标准计算。护理人员原则上为一人,但医疗机构或者鉴定机构有明确意见的,可以参照确定护理人员人数。"诉讼中原告主张护理期限90天,护理费标准参照河南省居民服务业平均工资78元/天计算,符合法律规定,故护理费应为7020元(78元/天×90天),本院予以支持。

关于原告主张残疾赔偿金97565.80元的诉讼请求,本院认为,原告系郑州居民，其经常居住地和主要收入来源地均为城市，残疾赔偿金应按照法庭辩论终结时上一年度河南省城镇居民人均可支配收入24391.45元/年计算，原告于××××年××月××日出生，河南同一法医临床司法鉴定所出具的关于宋×国伤残等级评定司法鉴定意见书，载明"宋×庆国左股骨颈骨折内固定术后构成Ⅸ（九）级伤残"。故残疾赔偿金应为97565.80元（24391.45元/年×20年×20%），本院予以支持。

关于原告主张精神损害抚慰金10000元的诉讼请求，本院认为，河南同一法医临床司法鉴定所出具的关于宋×国伤残等级评定司法鉴定意见书，载明"宋×国左股骨颈骨折内固定术后构成Ⅸ（九）级伤残"。此事故对原告精神上造成一定痛苦，本院予以支持。

关于原告主张交通费500元的诉讼请求，本院认为，交通费系受害人及其必要的陪护人员因就医或者转院治疗实际发生的费用，根据原告的住院治疗情况，本院酌定300元为宜。

关于原告主张鉴定费1000元的诉讼请求，本院认为，当事人对其主张的诉讼请求所依据的事实应当提供证据予以证明，诉讼中原告并未提供鉴定费票据，无法证明原告实际的支出情况，本院不予支持。

本院认为，依据最高人民法院《关于审理道路交通事故损害赔偿案件适用法律若干问题的解释》第二十一条第一款规定："多辆机动车发生交通事故造成第三人损害，损失超出各机动车交强险责任限额之和的，由各保险公司在各自责任限额范围内承担赔偿责任；损失未超出机动车交强险责任限额之和，当事人请求由各保险公司按照其责任限额与责任限额之和的比例承担赔偿责任的，人民法院应予支持。"由于被告邵×驾驶的豫A×××××号轿车未办理机动车交通事故责任强制保险，故被告邵×、宋×凤应当在机动车交通事故责任强制保险医疗费用赔偿限额内连带赔偿原告宋×国医疗费、住院伙食补助费、营养费，共计10000元；被告邵×、宋×凤应当在机动车交通事故责任强制保险伤残赔偿限额内连带赔偿原告宋庆国误工费、护理费、残疾赔偿金、精神损害抚慰金、交通费，共计110000元。由于杨×驾驶的豫A×××××号车辆在被告××公司有办理机动车交通事故责任强制保险，其中，无责任死亡伤残赔偿限额为11000元，无责任医疗费用赔偿限额为1000元，无责任财产损失赔偿限额为100元。故被告××公司应当在机动车交通事故责任强制保险医疗费用限额内赔偿原告宋×国医疗费、住院伙食补助费、营养费，共计1000元；被告××公司在机动车交通事故责任强制保险死亡伤残赔偿限额内赔偿原告宋×国误工费、护理费、残疾赔偿金、交通费、精神损害抚慰金，共计11000元。超出交强险部分，按照事故责任比例划分后，被告邵×应当赔偿原告宋×国医疗费、住院伙食补助费、营养费、误工费、护理费、残疾赔偿金、精神损害抚慰金、交通费,共计 20531.68 元 [(40213.40 元 + 690 元 + 1800 元 - 10000 元 - 1000 元) ×40% + (25740 元 + 7020 元 + 97565.80 元 + 10000 元 + 300 元 - 110000 元 - 11000 元) ×40%]。由于被告宋×凤已向原告宋×国垫付医疗费用 10000 元,扣除该费用外,被告邵×还应当赔偿原告宋×国医疗费、住院伙食补助费、营养费、误工费、护理费、残疾赔偿金、精神损害抚慰金、交通费,共计 10531.68 元 (20531.68 元 - 10000 元)。综上,依据《中华人民共和国道路交通安全法》第七十六条,《中华人民共和国民法通则》第九十八条、第一百零六条,最高人民法院《关于审理人身损害赔偿案件适用法律若干问题的解释》第十七条、第十九条、第二十条、第二十一条、第二十二条、第二十三条、第二十四条、第二十五条,最高人民法院《关于审理道路交通事故损害赔偿案件适用法律若干问题的解释》第十六条、第十九条、第二十一条,《中华人民共和国民事诉讼法》第六十四条第一款之规定,判决如下:

一、被告××支公司于本判决生效后十日内在机动车交通事故责任强制保险限额内赔偿原告宋×国医疗费、住院伙食补助费、营养费、误工费、护理费、交通费、残疾赔偿金、精神损害抚慰金,共计 12000 元 (1000 元 + 11000 元);

二、被告邵×、宋×凤于本判决生效后十日内在机动车交通事故责任强制保险限额内连带赔偿原告宋×国医疗费、住院伙食补助费、营养费、误工费、护理费、交通费、残疾赔偿金、精神损害抚慰金,共计 120000 元;

三、被告邵×于本判决生效后十日内赔偿原告宋×国医疗费、住院伙食补助费、营养费、误工费、护理费、交通费、残疾赔偿金、精神损害抚慰金,共计 10531.68 元;

四、驳回原告宋×国其他及过高部分的诉讼请求。

如果未按本判决指定的期间履行给付金钱义务,应当依照《中华人民共和国民事诉讼法》第二百五十三条之规定,加倍支付迟延履行期间的债务利息。

案件受理费 3280.47 元,原告宋×国负担 142.91 元,被告邵×、宋×凤共同负担 3137.56 元。

如不服本判决,可在本判决书送达之日起十五日内向本院递交上诉状,并按对方当事人的人数提出副本,上诉于河南省郑州市中级人民法院。

审判长　×××
陪审员　×××
陪审员　×××
二〇一五年八月三日
书记员　×××

四、第一审适用简易程序的民事判决书

（一）概念和法律依据

简易程序是相对于普通程序而言的，是基层人民法院和它的派出法庭审理简单的民事案件所适用的一种独立的第一审诉讼程序。依据《民事诉讼法》第 157 条的规定，只有事实清楚，权利义务关系明确，争议不大的第一审民事案件才能适用简易程序。

2003 年 12 月，为配合最高人民法院《关于适用简易程序审理民事案件的若干规定》的贯彻实施，进一步规范适用简易程序审理民事案件的活动，经最高人民法院审判委员会第 1280 次会议决定，由最高人民法院民事审判第一庭制定下发了《民事简易程序诉讼文书样式（试行）》（以下简称《简易程序样式》），该样式适应简易程序审理民事案件的特点，提出四种民事判决书样式，使适用简易程序审理的民事案件的判决书的样式得以新的规范。

（二）格式

×××人民法院
民事判决书
（当事人对案件事实没有争议的）

〔××××〕×民初字第×号

原告：……（写明姓名或名称等基本情况）

法定代表人（或代表人）：……（写明姓名和职务）

法定代理人（或指定代理人）：……（写明姓名等基本情况）

委托代理人：……（写明姓名等基本情况）

被告：……（写明姓名或名称等基本情况）

法定代表人（或代表人）：……（写明姓名和职务）

法定代理人（或指定代理人）：……（写明姓名等基本情况）

委托代理人：……（写明姓名等基本情况）

第三人：……（写明姓名或名称等基本情况）

法定代表人（或代表人）：……（写明姓名和职务）

法定代理人（或指定代理人）：……（写明姓名等基本情况）

委托代理人：……（写明姓名等基本情况）

……（写明当事人的姓名或名称和案由）一案，本院于××××年××月××日立案受理。依法由审判员×××独任审判，公开（或不公开）开庭进行了审理。……（写明当事人及其诉讼代理人等）到庭参加诉讼。

第八章 民事裁判文书

> 本案现已审理终结。
>
> 　　原告×××诉称：……（概述原告所主张的事实和理由以及具体的诉讼请求）。
>
> 　　被告×××承认原告在本案中所主张的事实，但……（写明被告对法律适用、责任承担的意见）。
>
> 　　本院认为，被告×××承认原告在本案中主张的事实。对原告×××主张的事实本院予以确认。……（写明对责任承担和法律适用部分的理由）。依照……（写明判决所依据的条款项）的规定，判决如下：
>
> 　　……（写明判决结果）
>
> 　　……（写明诉讼费用的负担）
>
> 　　如不服本判决，可在判决书送达之日起十五日内，向本院递交上诉状，并按对方当事人的人数提出副本，上诉于××××人民法院。
>
> 审判员　×××
××××年××月××日
（院印）
>
> 本件与原件核对无异　　　　　　　　书记员　×××

（三）内容及制作方法

根据简易程序样式，第一审简易程序民事判决书在总体结构上与第一审普通程序民事判决书基本相同，只是在内容上体现了简易程序的特点。

1. 首部

这一部分的写法与第一审普通程序民事判决书相比，主要是将审判组织形式由"组成合议庭"改为"独任审判"，此外还增加了立案时间、独任审判员的姓名和所适用的程序，其他内容相同。按照简易程序样式的要求，这一内容表述为：

"……（写明当事人的姓名或名称和案由）一案，本院于××××年××月××日立案受理。依法由审判员×××独任审判，公开（或不公开）开庭进行了审理。……（写明当事人及其诉讼代理人等）到庭参加诉讼。本案现已审理终结。"

2. 事实和理由

事实和理由部分与第一审普通程序民事判决书相比，内容有了较大改变，区分了四种情况，分别提出了不同的制作要求。

（1）被告承认原告全部诉讼请求的，表述为：

"原告×××诉称：……（概述原告所主张的事实和理由以及具体的诉讼

请求)。

被告×××承认原告所提出的全部诉讼请求。

第三人×××述称：……（概述第三人的主要意见）。

经本院审查，被告承认原告的诉讼请求，没有违反法律规定。"

(2) 当事人对案件事实没有争议的，表述为：

"原告×××诉称：……（概述原告所主张的事实和理由以及具体的诉讼请求）。

被告×××承认原告在本案中所主张的事实，但……（写明被告对法律适用、责任承担的意见）。

第三人×××述称：……（概述第三人的主要意见）。

本院认为，被告×××承认原告×××在本案中主张的事实。对原告×××主张的事实本院予以确认。……（写明对责任承担和法律适用部分的理由）。依照……（写明判决所依据的法律及其条款项）的规定，……"

(3) 被告对原告主张的事实和请求部分有争议的，表述为：

"原告×××诉称：……（概述原告所主张的事实和理由以及具体的诉讼请求）。

被告×××对原告主张的……（写明无异议的事实和请求）没有异议，但以为……（写明被告有争议的事实和请求）。

对当事人双方没有争议的事实，本院予以确认；被告承认原告诉讼请求的部分，没有违反法律规定，本院予以支持。

对双方争议的……问题，本院查明……（写明对证据采纳或不予采纳的理由以及认定的事实）。

第三人×××述称：……（概述第三人的主要意见）。

本院认为，……（写明判决的理由）。依照……（写明判决所依据的法律及其条款项）的规定，……"

(4) 当事人对案件事实争议较大的，表述为：

"原告×××诉称：……（概述原告所主张的事实和理由以及具体的诉讼请求）。

被告×××辩称：……（概述被告答辩的主要内容）。

第三人×××述称：……（概述第三人的主要意见）。

经审理查明：……（写明法院对证据采纳或不予采纳的理由以及认定的事实）。

本院认为，……（写明判决的理由）。依照……（写明判决所依据的法律及其条款项）的规定，……"

3. 判决结果和尾部

这一部分与第一审普通程序民事判决书相比，除合议庭成员署名改为独任审判员署名外，其他内容和要求均相同。

第三节　第二审民事判决书

一、第二审民事判决书的概念

第二审民事判决书是中级以上人民法院对当事人不服第一审民事判决提起上诉的民事案件，依照《民事诉讼法》规定的第二审程序进行审理后，依法作出维持或者改变第一审民事判决的书面处理决定。

《民事诉讼法》在第十四章第二审程序中，虽然没有专条规定第二审民事判决书的内容，但是《民事诉讼法》第152条规定的基本内容，仍然是制作第二审民事判决书的法律依据。

根据《民事诉讼法》第170条第1款第（一）项、第（二）项、第（三）项的规定，第二审民事判决书适用于以下范围：（1）原判决认定事实清楚，适用法律正确，判决驳回上诉，维持原判决的；（2）原判决认定事实清楚，适用法律错误，应当依法改判的；（3）原判决认定事实错误，或者原判决认定事实不清，证据不足，二审查清事实后依法改判的。

二、第二审民事判决书的格式

×××人民法院
民事判决书
（二审维持原判用）

〔××××〕×民终字第×号

上诉人（原审××告）……（写明姓名或名称等基本情况）。

被上诉人（原审××告）……（写明姓名或名称等基本情况）。

第三人……（写明姓名或名称等基本情况）。

（当事人及其他诉讼参加人的列项和基本情况的写法，除双方当事人的称谓外，与一审民事判决书样式相同。）

上诉人×××因……（写明案由）一案，不服×××人民法院〔××××〕×民初字第×号民事判决，向本院提起上诉。本院依法组成合议庭，公开（或不公开）开庭审理了本案。……（写明当事人及其诉讼代理人等）到庭参加诉讼。本案已审理终结。（未开庭的，写"本院依法组成合议庭审理了本案，现已审理终结"）。

>　　……（概括写明原审认定的事实和判决结果，简述上诉人提起上诉的请求和主要理由，被上诉人的主要答辩，以及第三人的意见。）
>
>　　经审理查明，……（写明二审认定的事实和证据）。
>
>　　本院认为，……（根据二审查明的事实，针对上诉请求和理由，就原审判决认定事实和适用法律是否正确，上诉理由能否成立，上诉请求是否应予支持，以及被上诉人的答辩是否有理等，进行分析评论，阐明维持原判的理由）。依照……（写明判决所依据的法律条款项）的规定，判决如下：
>
>　　驳回上诉，维持原判。
>
>　　本判决为终审判决。
>
>
> 审判长　×××
> 审判员　×××
> 审判员　×××
> ×××年××月××日
> （院印）
> 书记员　×××
>
>
> 本件与原本核对无异

三、第二审民事判决书的内容及制作方法

根据试行样式，第二审民事判决书由首部、事实、理由、判决结果和尾部五部分组成。

（一）首部

第二审民事判决书的首部与第一审民事判决书的首部相比较，主要有以下几点不同：

1. 文书编号中反映审级的代字不同。一审为"初"字，二审为"终"字。如"〔××××〕×民终字第×号。"

2. 当事人的称谓不同。第二审民事判决书中当事人的称谓为"上诉人"和"被上诉人"。怎样确定上诉人和被上诉人？根据最高人民法院《关于适用〈中华人民共和国民事诉讼法〉若干问题的意见》第176条、第177条的规定，双方当事人和第三人都提出上诉的，均为上诉人，没有被上诉人。必要共同诉讼人中的一人或部分人提出上诉的，按下列情况处理：（1）该上诉人对与对方当事人之间权利义务分担有意见，不涉及其他共同诉讼人利益的，对方当事人为被上诉人，未上诉的同一方当事人仍按原审诉讼地位列明；（2）该

上诉人只对共同诉讼人之间权利义务分担有意见,不涉及对方当事人利益的,未上诉的同一方当事人为被上诉人,对方当事人仍按原审诉讼地位列明;(3)该上诉人对双方当事人之间以及共同诉讼人之间权利义务分担有都有意见的,未提出上诉的其他当事人均为被上诉人。

为了反映二审当事人在一审中的诉讼地位,试行样式要求在上诉人或者被上诉人称谓的后面,用括号注明其在一审时的诉讼称谓,如"上诉人(原审被告)"。无民事行为能力人或者限制民事行为能力人的法定代理人,代当事人提起上诉的,"上诉人"仍应写无民事行为能力人或者限制民事行为能力人,其法定代理人在二审中仍处于法定代理人的诉讼地位。

3. 案件由来和审理经过段的写法不同。第二审民事判决书首部应当写明案由,上诉人不服一审判决提起上诉的情况。在行文上一般这样表述:

"上诉人×××因……(写明案由)一案,不服××××人民法院〔××××〕×民初字第×号民事判决,向本院提起上诉。"

《民事诉讼法》第169条规定,第二审人民法院对上诉案件,经过阅卷和调查,询问当事人,在事实核对清楚后,合议庭认为不需要开庭审理的,也可以径行判决、裁定。根据上述规定,不开庭审理的案件,在判决书中的表述与开庭审理的案件不同。一般在叙述了案件由来后,续写"本院依法组成合议庭,审理了本案,现已审理终结"。开庭审理的案件,其写法与第一审民事判决书相同。

(二)事实

这一部分,首先,要概括写明原审认定的事实、判决理由和判决结果。其次,简述上诉人提起上诉的请求和主要理由,被上诉人的主要答辩以及第三人的意见。最后,写明二审经审理认定的事实和证据。

叙述原审认定的事实和判决结果,不应当照抄第一审民事判决书,也不必详细重叙,可以高度概括;原审判决结果如果内容较多,可以只写主要内容。上诉人提起上诉的主要理由和请求,被上诉人的主要答辩,以及第三人的主要意见,均须简明扼要地交代清楚,但应当保持当事人的意愿。

(三)理由

二审判决的理由,要围绕原判决是否正确,上诉是否有理进行分析、论证。理由部分需要论述的内容较多的,可分层次、分问题进行论证。在援引法律条款方面,维持原判的,只需援引《民事诉讼法》第170条第1款第(一)项;全部改判的、部分改判的,除了应当援引《民事诉讼法》的有关条款外,还应当援引改判所依据的实体法的有关条款。在顺序上,应当先引用程序法,后引用实体法。

(四) 判决结果

第二审民事判决书的判决结果,应当对当事人争议的实体问题作出终审结论。其特点:一是要对原审判决作出明确表示,写明维持原判或者撤销原判,或者维持哪几项、撤销哪几项;二是对改判的内容,要区别确认之诉、变更之诉、给付之诉等不同情况,作出明确、具体的处理决定。

二审的判决结果有三种情况:维持原判、全部改判和部分改判。其写法是:

第一,维持原判的,表述为:

"驳回上诉,维持原判。"

第二,全部改判的,表述为:

"一、撤销×××人民法院〔××××〕×民初字第×号民事判决;

二、……(写明改判的内容)。"

第三,部分改判的,表述为:

"一、维持×××人民法院〔××××〕×民初字第×号民事判决第×项,即……(写明维持的具体内容);

二、撤销×××人民法院〔××××〕×民初字第×号民事判决第×项,即……(写明撤销的具体内容);

三、……(写明部分改判的内容)。"

如果原判在认定事实和适用法律上均无错误,二审根据案件的具体情况,只对原判某一项确定的具体数额有所变动的,可以不采用先撤销再改判的写法,而直接写为:"变更×××人民法院〔××××〕×民初字第×号民事判决第×项的……为……"即可。

(五) 尾部

尾部有关当事人诉讼费用负担的写法,应当区分两种情况:一是驳回上诉,维持原判的,只需写明二审诉讼费由谁负担即可;二是改判的,应根据《人民法院诉讼收费办法》的有关规定,除写明当事人对二审诉讼费用的负担外,还应将变更一审诉讼费用负担的决定一并写明。

第二审民事判决是终审判决,判决一经作出即发生法律效力。因此,第二审民事判决的尾部应当写明"本判决为终审判决"。

依照《民事诉讼法》第40条第1款关于"人民法院审理第二审民事案件,由审判员组成合议庭"的规定,第二审民事判决书应当由审理该案的合议庭组成人员署名。

四、制作第二审民事判决书应注意的问题

1. 二审判决认定的事实部分，要注意区分原判认定事实清楚和原判认定事实错误或者认定事实不清两种情况。对于原判认定事实清楚，上诉人对事实并无异议的，一般对原判认定的事实，可概括予以确认；如果上诉人对原判认定的事实有异议，则应当重点针对有异议的事实，运用具体证据进行分析，证明为什么原判认定的事实是清楚的。对于原判认定事实错误或者认定事实不清的，对二审查明的事实应当详细叙述，并运用证据加以证明。例如，二审是根据当事人提出的新证据而改判的，根据最高人民法院《关于民事经济审判方式改革问题的若干规定》第38条的规定，判决书中应当写明对新证据的确认。

2. 二审判决的理由部分，要注意区分三种情况：（1）驳回上诉，维持原判的二审判决的理由，要着重从两个方面加以论证：一是一审判决为什么正确。论证时切忌使用套话、空话，要有根有据地说明一审判决认定事实清楚、适用法律正确。二是上诉人的上诉理由为什么不成立。论证时要紧紧扣住其上诉理由和请求，以案件事实、法律规定说明上诉理由不能成立，上诉请求不予支持。（2）一审判决认定事实清楚、适用法律错误改判的二审判决的理由，首先要分析、论证一审判决适用法律错在何处，然后，对上诉的理由和请求作出分析，对的予以支持，不对的不予支持。（3）一审判决认定事实不清，证据不足，二审查清事实后改判的二审判决的理由，则要根据二审查清和认定的事实，依照有关法律、法规，针对原判错误和上诉人的上诉理由及请求，全面进行分析、论证。

3. 鉴于第二审民事判决书比第一审民事判决书在制作方面有较大的难度，制作时既要符合制作民事判决书的一般要求，又要反映二审的特点；既要概括写明一审判决认定的事实，又要写明二审查明确认的事实；既要针对一审判决认定的事实和适用的法律进行评述，又要针对上诉人的上诉理由与请求进行分析、论证。要注重各部分的详略繁简安排适当，避免文字上的明显重复。

五、实例阅读

河南省郑州市中级人民法院
民 事 判 决 书

〔2015〕郑民三终字第1265号

上诉人（原审被告）闫×，男，汉族，××××年××月××日出生。

上诉人（原审被告）闫小×，男，汉族，××××年××月××日出生。

上诉人（原审被告）郑×英，女，汉族，××××年××月××日出生。

以上三名上诉人共同委托代理人僧×信、张×芳，郑州市法律服务所法律工作者。

被上诉人（原审原告）周×芝，女，汉族，××××年××月××日出生。

委托代理人张×林，郑州市中原区石佛镇法律服务所法律工作者。

上诉人闫×、闫小×、郑×英与被上诉人周×芝继承纠纷一案，周×芝于2014年9月16日向河南省郑州市中原区人民法院提起诉讼，请求：依法分割位于中原区航海西路办事处闫庄村70号的房屋二楼两边三间及三楼整层，周×芝按份额继承50平方米（共计200平方米）；本案诉讼费及其他费用由周×芝、闫×、闫小×、郑×英共同分担。郑州市中原区人民法院于2015年3月21日作出〔2014〕中民一初字第1613号民事判决。上诉人闫×、闫小×、郑×英不服，向本院提起上诉。本院于2015年7月15日受理后，依法组成合议庭，于2015年9月11日对双方当事人进行了询问。上诉人闫×及上述三名上诉人的共同委托代理人僧×信、张×芳，被上诉人周×芝及其委托代理人张×林到庭接受询问。本案现已审理终结。

原审法院经审理查明：被继承人闫×鑫与张×玲原系夫妻关系，婚后生育一子，即闫×。闫小×、郑×英系夫妻关系，系被继承人闫×鑫的父母。被继承人闫×鑫与张×玲于2001年5月10日在中原区人民法院调解离婚，约定双方共同财产位于郑州市中原区航海西路办事处闫庄村70号的宅院一处，集体土地使用证号：郑中原集用（2000）字第2177号，所建房屋一楼整层、二楼东三间套房、厕所一间、厨房一间归张×玲所有；二楼两边三间单间及三楼整层归闫×鑫所有。周×芝与闫×鑫于2012年9月29日在郑州市中原区民政局办理结婚登记，2012年12月11日周×芝因吸毒被公安机关强制戒毒，2014年7月18日被提前解除强制戒毒。2013年3月22日，闫×鑫因病去世，闫×鑫住院期间主要由闫×进行照顾和护理。闫×鑫去世后，闫×鑫的丧葬事宜也由闫×办理。周×芝解除强制戒毒后，与闫×、闫小×、郑×英协商对闫×鑫所留遗产分割事宜，协商无果，故周×芝诉讼至该院要求解决。

诉讼中因周×芝、闫×、闫小×、郑×英对涉案房屋的面积意见不一致，周×芝申请现场勘验。该院委托河南正达房地产评估测绘有限公司进行勘验，结论为：涉案房屋面积为175.63平方米，周×芝花费勘验费5000元。闫小×和郑×英共有八个子女，闫小×、郑×英跟随长子共同生活，闫小×、郑×英享受村民待遇，村委会不定期发放福利待遇。闫×提供的被继承人闫×鑫花费的住院花费为30000余元，周×芝认可的丧葬费支出为10000元。闫×提出闫×鑫其他没有票据的医药费花费为30000余元，周×芝认可10000余元，过高部分不予认可。闫×鑫去世后，闫×鑫的住房全部由闫×对外出租使用，收取租金。目前，涉案房屋所在地已经筹备拆迁。

原审法院认为：位于郑州市中原区航海西路办事处闫庄村70号被继承人闫×鑫所有的175.63平方米的面积房屋，是闫×鑫的合法遗产，周×芝、闫×、闫小×、郑×英均系闫×鑫的第一顺序继承人，都享有继承权，若均等分配每人可分得43.9075平方米的房屋。在闫×鑫住院期间，周×芝因吸毒被强制戒毒，因此不在闫×鑫身边，事出有因，但不构成对闫×鑫的遗弃，闫×、闫小×、郑×英提出不给周×芝分配遗产的抗辩意见，不符合事实，没有法律依据，该院不予支持。在继承开始前，闫×鑫遗产应先减去闫×垫付的医疗费和丧葬费。根据闫×提供的证据和本案的实际情况，可以认定闫×垫付的医疗费和丧葬费支出为60000元左右。参考遗产的实际价值，应先拿出12平方米分配给闫×。剩余遗产考虑闫×和闫×鑫共同生活，尽了主要赡养和辅助义务，闫×除去出租房屋的租金收入之外，应分得52.63平方米的房屋，加上医疗费和丧葬费支出折抵的12平方米房屋，闫×共分得房屋64.63平方米。闫小×和郑×英夫妇有其他村民待遇收入和另外七个子女赡养，该院酌定适当多分遗产，二人每人分得房屋各38平方米。周×芝与闫×鑫结婚时间较短，应适当少分遗产，周×芝应分得35平方米的房屋，对周×芝要求分得过高遗产的诉求该院不予支付。综上所述，原审法院依据《中华人民共和国继承法》第九条、第十条、第十三条，《中华人民共和国民事诉讼法》第六十四条第一款之规定，判决如下：位于郑州市中原区航海西路办事处闫庄村70号的被继承人闫×鑫名下的房产由周×芝继承35平方米；闫小×、郑×英夫妇各继承38平方米，闫×继承64.38平方米。案件受理费1800元，勘验费5000元，共计6800元，周×芝负担1200元，闫小×、郑×英各负担1400元，闫×负担2600元。

宣判后，闫×、闫小×、郑×英不服原审判决，向本院提起上诉称：(1)原审判决认定事实不清，证据不足。闫×鑫与周×芝于2012年9月29日登记结婚的事实，闫×、闫小×、郑×英均不知情，其婚姻关系是否合法现无法确定。周×芝于2012年12月11日因吸毒被公安机关强制戒毒，在此期间，闫×鑫因病住院，于2013年3月22日结婚，双方并无在一起共同居住。在闫×鑫住院期间，周×芝没有对其进行照顾，更没有支付医疗费、丧葬费等相关费用，故周×芝没有对闫×鑫尽到相互扶助、照顾、扶养的义务，对闫×鑫已经构成遗弃，因此，周×芝应当不分或者少分闫×鑫财产。原审法院判决将闫×鑫名下的房产由周×芝继承35平方米的事实不清，证据不足。（2）闫×鑫生病住院的医疗费和去世后的丧葬费共支出60000元，该费用全部由闫×一人承担。对于后期购买墓地及安葬所花费的费用，周×芝在享有继承的条件下也应一并承担，应当从其继承的份额中予以扣除。（3）现在农村拆迁安置房实际成交价每平方米为3000元，故原审法院依照每平方米5000元定价将医疗费及丧葬费折抵12平方米定价过高。综上，原审法院认定事实不清，证据不足，请求撤销原判，依法改判或将本案发回重审，诉讼费用由周×芝承担。

被上诉人周×芝答辩称：（1）周×芝与闫×鑫于2012年9月29日在郑州市中原区民政局办理结婚登记，系夫妻关系。闫×鑫与前妻张×玲于2001年5月10日经调解双方达成离婚协议，并对共同财产予以分割。（2）周×芝与闫×鑫依法登记结婚，符合我国婚姻法的规定，至于亲属知情不知情，是个人的认知和想法。（3）原审法院的判决已经体现了周×芝少分继承份额，周×芝分得35平方米房屋面积是合法所得。（4）上诉人称农村拆迁安置房成交价为3000元没有依据，有的安置房成交价达到6000元每平方米。综上所述，一审判决认定事实清楚，证据确实充分，应当驳回上诉，维持原判。

本院经审理查明的事实与原审法院查明的事实一致。

本院认为：周×芝系被继承人闫×鑫的配偶，其法定继承权受法律保护。闫×鑫生病住院期间，周×芝正在被公安机关强制戒毒，人身自由受到限制，其不尽扶养和照顾闫×鑫的义务并非其故意所为，不构成法律上的遗弃。原审法院判决周×芝分得35平方米的房屋面积，与其他继承人相比继承的份额较少，已充分考虑其未尽到对闫×鑫进行扶养和照顾义务的事实情况。关于闫×、闫小×、郑×英上诉所称的后期为闫×鑫购买墓地和安葬需要支出的费用，因该笔费用在原审庭审时尚未发生，原审对此不予处理并无不当。关于农村拆迁安置房的实际成交价格，因房屋价格受位置、户型、楼层、面积等多种因素的影响，且本案涉案的房屋的拆迁安置工作尚未全部完成，无法对以后拆迁补偿安置的房屋价格作出精确的估价，原审法院参考同地段的平均交易价格酌定按照每平方米5000元的价格将医疗费及丧葬费折抵12平方米房屋继承份额，实体处理并无不当。综上，上诉人的上诉理由均不能成立，原判决认定事实清楚，适用法律正确，实体处理适当，应予维持。依照《中华人民共和国民事诉讼法》第一百七十条第一款第（一）项之规定，判决如下：

驳回上诉，维持原判。

第八章 民事裁判文书

二审案件受理费1400元，由上诉人闫×、闫小×、郑×英共同负担。本判决为终审判决。

审　判　长　×××
审　判　员　×××
代理审判员　×××
二〇一五年十月十三日
书　记　员　×××

第四节　再审民事判决书

一、再审民事判决书的概念

再审民事判决书，是人民法院依照《民事诉讼法》规定的审判监督程序，对已经发生法律效力的确有错误的民事判决和民事调解协议，进行重新审理，审理终结后，就案件的实体问题作出的书面处理决定。

二、再审民事判决书的格式

×××人民法院
民事判决书
（本院决定再审的案件用）

〔××××〕×民再终字第×号

原审原告（或原审上诉人）……（写明姓名或名称等基本情况）。

原审被告（或原审被上诉人）……（写明姓名或名称等基本情况）。

原审第三人……（写明姓名或名称等基本情况）。

（当事人及其他诉讼参加人的列项和基本情况的写法，除当事人的称谓外，与一审民事判决书样式相同）。

……（写明原审当事人的姓名或名称和案由）一案，本院于××××年××月××日作出〔××××〕×民×字第×号民事判决（或裁定），已经发生法律效力。××××年××月××日，本院以〔××××〕×民监字第×号民事裁定，决定对本案进行再审。本院依法另行组成合议庭，公开（或不公开）开庭审理了本案。……（写明参加再审的当事人及其诉讼代理人等）到庭参加诉讼。本案现已审理终结。（未开庭的写"本院依法另行组成合议庭审理了本案，现已审理终结"。）

……（概括写明原审生效判决认定的主要事实、理由和判决结果，简述当事人提出的主要意见及其理由和请求）。

　　经再审查明，……（写明再审认定的事实和证据）。

　　本院认为，……（根据再审查明的事实，着重论述原审生效判决定性处理是否正确，阐明应予改判，如何改判，或者应当维持原判的理由）。依照……（写明判决所依据的法律条款项）的规定，判决如下：

　　……（写明判决结果）。

　　……（写明诉讼费用的负担。维持原判的，此项不写）。

　　……（按第一审程序再审的，写明："如不服本判决，可在判决书送达之日起十五日内，向本院递交上诉状，并按对方当事人的人数提出副本，上诉于×××人民法院。"按第二审程序再审的，写："本判决为终审判决"。）

审判长　×××
审判员　×××
审判员　×××
××××年××月××日
（院印）

本件与原本核对无异

书记员　×××

三、再审民事判决书的内容及制作方法

　　最高人民法院的文书样式中规定了五种再审民事判决书的样式，即本院决定再审的、上级法院指令再审的、依照审判监督程序提审的、当事人申请再审的和人民检察院抗诉的。它们的主要区别在于提起再审程序的由来不同，而其他内容则基本相同。

　　（一）首部

　　在再审民事判决书中，文书制作机关的名称、文书名称的格式和要求与一、二审民事判决书基本相同。所不同的，一是文书编号中审级代字不同。为了反映再审这一特殊程序，应用"再初"字或者"再终"字。二是再审民事判决书中当事人的称谓不同。按照1992年起施行的《法院诉讼文书样式》的要求称谓为"原审原告、原审被告、原审第三人"，或者"原审上诉人、原审被上诉人、原审第三人"，并括注其在一审中的称谓。审判监督程序虽然在《民事诉讼法》中是作为专章规定的，但它并不是一个独立的审级。我国实行

第八章 民事裁判文书

的是两审终审制，审判监督程序不是第三审，而是为纠正错误的裁判而设立的一种补救措施。《民事诉讼法》第 207 条明确规定，按照审判监督程序再审的案件，分别按照第一审程序或者第二审程序审理。因此，当事人在再审中仍处于原审的诉讼地位，享有在原审中的诉讼权利和承担在原审中的诉讼义务。所以，再审民事判决书中当事人的称谓，仍以原审原告和原审被告或者原审上诉人和原审被上诉人为妥。三是案件由来的写法有其特殊性，即应当写明当事人姓名、案由、原判时间、案号和提起再审的原因或者根据。

1. 当事人申请再审的，案件由来表述为：

"……（写明原审当事人的姓名或名称和案由）一案，本院于××××年××月××日作出〔××××〕×民×字第×号民事判决（或裁定、调解协议），已经发生法律效力。××××年××月××日，原审×告（或原审第三人）×××向本院申请再审，经审查该申请符合法律规定的再审条件。"

2. 本院自行决定再审的，案件由来表述为：

"……（写明原审当事人的姓名或名称和案由）一案，本院于××××年××月××日作出〔××××〕×民×字第×号民事判决（或裁定），已经发生法律效力。××××年××月××日，本院以〔××××〕×民监字第×号民事裁定，决定对本案进行再审。"

3. 上级法院指令再审的，案件由来表述为：

"……（写明原审当事人的姓名或名称和案由）一案，本院于××××年××月××日作出〔××××〕×民×字第×号民事判决（或裁定），已经发生法律效力。××××年××月××日，××××人民法院以〔××××〕×民监字第×号民事裁定，指令本院对本案进行再审。"

4. 上级法院提审的，案件由来表述为：

"……（写明原审当事人的姓名或名称和案由）一案，××××人民法院于××××年××月××日作出〔××××〕×民×字第×号民事判决（或裁定），已经发生法律效力。××××年××月××日，本院以〔××××〕×民监字第×号民事裁定，决定对本案进行提审。"

5. 检察院抗诉引起再审的，表述为：

"……（写明原审当事人的姓名或名称和案由）一案，本院于××××年××月××日作出〔××××〕×民×字第×号民事判决（或裁定），已经发生法律效力。××××人民检察院于××××年××月××日对本案提出抗诉。本院决定对本案进行再审。"

关于审判组织形式，审判方式和当事人出庭情况的写法，与一、二审民事判决书相同。

(二) 事实

再审民事判决书的事实，从书写的内容看，与第二审民事判决书类似。首先，应概括写明原生效判决认定的主要事实、判决理由和判决结果。其次，抗诉的理由以及当事人在再审中的主要主张与请求。当事人对原判决认定的事实无异议的，应当予以说明，可以表述为"申请人对上述事实无异议。"最后，写明再审认定的事实和证据。上述内容可参照第二审民事判决书的事实部分的制作方法和要求。

(三) 理由

理由部分应当根据再审查明的事实，着重论述原审生效判决是否正确，申请人提出的理由能否成立，阐明应予改判，如何改判或者应当维持原判的理由。然后写明判决所依据的法律条款项。这一部分的内容也可参照二审民事判决书理由部分的书写方法和要求。

(四) 判决结果

再审民事判决书的判决结果，可参照第二审民事判决书判决结果的书写方法和要求制作。

(五) 尾部

由于再审的案件，有按第一审程序再审的，也有按第二审程序再审的，因而尾部应分别参照第一审或第二审民事判决书的尾部写法书写。

四、实例阅读

河南省郑州市中级人民法院
民　事　判　决　书

〔2015〕郑民再终字第38号

抗诉机关：××人民检察院。

申诉人（一审被告、二审上诉人、原申请再审人）付××，女，××××年××月××日出生，汉族。

被申诉人（一审原告、二审被上诉人、原被申请人）杜××，男，××××年××月××日出生，汉族。

申诉人付××因与被申诉人杜××服务合同纠纷一案，河南省××人民法院于2010年4月20日作出的〔2010〕巩民初字第1093号民事判决，本院于2011年1月12日作出〔2011〕郑民四终字第179号民事判决，已经发生法律效力。付××不服向河南省高级人民法院申请再审，河南省高级人民法院于2012年12月17日作出〔2012〕豫法立二民申字第00912号民事裁定，驳回付××的再审申请。付××不服向检察机关申诉，河南省人民检察院于2014年1月22日作出豫检民抗〔2014〕8号民事抗诉书，向河南省高级人民法院提出抗诉，河南省高级人民法院于2014年7月18日作出〔2014〕豫法立二民抗字第00039号民事裁定，指令本院再审本案。本院依法另行组成合议庭，公开开庭审理了本案。河南省人民检察院指派检察院吴××、张×出庭。申诉人付××到庭参加了诉讼。被申诉人杜××经本院合法传唤，无正当理由未到庭参加诉讼。本案现已审理终结。

杜××诉称，付××购买了两辆大货车，自2007年3月17日开始到杜××处进行汽车保养。截至2009年1月22日，经算账付××欠款25046元，付××向杜××出具了欠款条。杜××多次讨要，付××一直推托不还，为此要求判令付××立即给付杜××欠款25000元。

一审法院查明，自2007年开始，付××到杜××处对自己的货车进行维修保养。至2009年1月22日，付××共拖欠维修保养费用25046元，由付××为杜××出具了欠款手续。后付××未及时偿还。由此引起诉讼。

一审法院认为，付××将自己的车辆交杜××维修保养，杜××为付××提供了服务，付××应及时支付价款。杜××要求付××支付欠款理由正当，应予支持。付××欠款25046元，杜××仅要求付××支付25000元，系自行处分自己的民事权利，不违反法律规定，应予支持。依照《中华人民共和国合同法》第一百零九条、《中华人民共和国民事诉讼法》第一百三十条之规定，判决付××于判决生效后10日内给付杜××欠款25000元。如逾期不履行本判决确定之金钱给付义务，应当按照《中华人民共和国民事诉讼法》第二百二十九条之规定加倍支付迟延履行期间的债务利息。案件受理费425元、减半收取212.5元，由付××负担。

付××不服向本院上诉称：（1）一审法院认定事实错误，付××从来没有购买过货车，更不存在将货车送到杜××处维修的事实；（2）付××没有出具欠款手续，不欠杜××的维修保养费用，双方之间不存在服务合同关系。请求二审法院依法查明事实，支持上诉请求。

杜××答辩称，付××上诉理由不能成立，请求二审法院依法驳回上诉，维持原判。

本院二审查明的事实与一审法院查明的事实一致。

本院二审认为，本案所涉豫C58759、豫C58779两辆货车由杜××维修保养，该车车主虽不是付××，但在该车辆维修记录中，均有付××的儿子晓阳，女婿冬冬的签名，至2009年1月22日止，该车辆维修费共欠款25000

元，有付××的签字为据，予以确认，付××应当给付杜××车辆维修费25000元。付××上诉称没有出具欠款手续，不欠杜××的维修保养费用及双方之间不存在服务合同关系的理由，证据不足，不予支持。一审法院认定事实清楚，依据正确，实体处理适当。判决驳回上诉，维持原判。二审案件受理费425元，由付××承担。

河南省人民检察院抗诉认为，本案中，两辆货车实际车主为许××，两辆货车在杜××处进行维修保养，产生的维修费用计入账户的户名是冬×、晓×，在车辆维修记录中均是李××、李×、许××的签名。由此可见，车辆的实际车主为许××，其与杜××构成服务合同关系。该车辆维修服务合同与付××无关。2009年1月22日，付××给杜××送去5000元钱，杜××在车辆维修记录最后一页末端写上"2009年1月22日还5000元"，付××在后面签上自己的名字，这仅表明付××代许××支付5000元的维修费。故判决认定付××与杜××之间存在服务合同关系应支付维修费用的证据不足。综上，原审判决认定案件的基本事实缺乏证据证明，请依法再审。

申诉人付××再审同意检察机关抗诉意见。付××并提交证据如下：（1）2011年3月21日许××向巩义市人民法院提交的民事起诉状一份；（2）巩义市人民法院〔2011〕巩民初字第3856号本案按许××自动撤回起诉处理的民事裁定书一份。拟证明本案中的5000元维修费是付××替许××还的，许××是车主，其应偿还杜××的维修费。请求依法撤销原判，改判驳回杜××的诉讼请求。

被申诉人杜××再审未到庭未答辩。

本院再审经审理查明的事实与原审查明的事实一致。另查明，付××提供的涉案车辆维修记录复印件共18页，该维修记录显示其子李×对维修事项及费用的确认签名共33次，并书写有"2007年6月3日送来壹万元整。××"等内容。原一审中杜××提供的维修欠账单下半部分，书写了"以上全部欠75351减去还款45000元、305元，全部欠款30046元。2009年1月22日还5000元"内容后，付××签署名字。

本院再审认为，本案中的车辆一直由杜××维修保养，虽车主不是付××，但付××之子李×多次对维修事项及费用予以签名确认，并支付过杜××维修费用，且付××在维修单末端签署自己的名字之前，不但有"2009年1月22日还5000元"的内容，还有"以上全部欠75351减去还款45000元、305元，全部欠款30046元"的内容，其签名不仅是确认还5000元的事实，还包含对以上全部维修费用的核算和确认，故杜××起诉付××还款并无不当。付××再审中提交的证据仅能证明其与许××在该车辆经营过程中产生过利益纠纷,但该案按许××自动撤回起诉处理,达不到其证明目的,亦不足以推翻杜××出示的欠款证据,本院不予采信。综上,原判认定事实清楚,适用法律正确,实体处理得当,应予维持。经本院审判委员会讨论决定,依照《中华人民共和国民事诉讼法》第一百四十四条、第二百零七条、第一百七十条第一款第(一)项之规定,判决如下:

维持本院〔2011〕郑民四终字第179号民事判决。

本判决为终审判决。

审 判 长 ×××
审 判 员 ×××
代理审判员 ×××
二〇一五年九月七日
书 记 员 ×××

第五节 特别程序民事判决书

一、特别程序民事判决书的概念和分类

特别程序民事判决书,是人民法院按照《民事诉讼法》规定的特别程序,审理特殊类型的案件,就某种法律事实是否存在或者某种权利的实际状况而作出确认的书面决定。

特别程序民事判决书,按照案件的性质可分为:申请确定选民资格民事判决书、申请宣告失踪或者宣告公民死亡案民事判决书、申请撤销宣告失踪或者申请撤销宣告公民死亡案民事判决书、被撤销死亡宣告人请求返还财产案民事判决书、申请宣告公民无民事行为能力或者限制民事行为能力案民事判决书、申请宣告公民恢复限制民事行为能力或者恢复完全民事行为能力案民事判决书、申请指定监护人案民事判决书、申请认定财产无主案或者申请撤销认定财产无主案民事判决书。

二、选民资格案件民事判决书

(一)概念

申请确定选民资格案件民事判决书,是人民法院依照《民事诉讼法》规定的特别程序,审理选民资格案件后,就公民是否享有选举权问题而作出的书面决定。

《民事诉讼法》第 181 条、第 182 条规定，公民不服选举委员会对选民资格的申诉所作的处理决定，可以在选举日的 5 日以前向选区所在地基层人民法院起诉。人民法院的判决书，应当在选举日前送达选举委员会和起诉人，并通知有关公民。这是制作和适用申请确定选民资格案件民事判决书的法律依据。

（二）格式

×××人民法院
民事判决书

〔××××〕×民特字第×号

起诉人……（写明姓名、性别、出生年月日、民族、籍贯、职业或工作单位和职务、住址）。

起诉人×××不服××××选举委员会关于……（写明决定的标题）决定，向本院起诉。本院受理后，依法组成合议庭，于××××年××月××日公开开庭审理了本案。起诉人×××、××××选举委员会的代表×××以及公民×××到庭参加诉讼。本案现已审理终结。

起诉人×××诉称，………（写明起诉的理由和请求）。

经审理查明，……（写明法院查明的选举委员会对起诉人选民资格问题的处理及其依据和理由，以及法院认定的事实）。

本院认为，……（写明判决的理由）。依照……（写明判决所依据的法律条款项）的规定，判决如下：

……（写明判决结果）

本判决为终审判决。

审判长　×××
审判员　×××
审判员　×××
××××年××月××日
（院印）

本件与原本核对无异

书记员　×××

（三）内容及制作方法

申请确定选民资格案件和其他按特别程序审理的案件民事判决书均由首部、正文和尾部组成。

1. 首部

首部应当写明文书制作机关名称和文书名称、文书编号、当事人的基本情况、案件由来和审理经过。文书编号的程序代字为"特"字。当事人的称谓，根据《民事诉讼法》第182条第2款的规定，应为"起诉人"。当事人的基本情况，应写明姓名、性别、出生年月日、民族、籍贯、职业或工作单位和职务、住址（以下判决书首部各项只写与选民资格案件不同之处）。案件由来和审理经过在行文上可表述为：

"起诉人×××不服××××选举委员会关于……（写明决定的标题）决定，向本院起诉。本院受理后，依法组成合议庭，于×××年××月××日公开开庭审理了本案。起诉人×××、××××选举委员会的代表×××以及公民×××到庭参加诉讼。本案现已审理终结。"

上文中列写的到庭参加诉讼的"公民×××"，是指起诉人认为选民名单中漏掉的有选举权的公民，或者选民名单中列入的不应该有选举权的公民；如果起诉人本人就是认为选民名单中漏掉的有选举权的公民，"公民×××"一句可不写。

2. 正文

正文中起诉人的起诉理由和请求可以概括写明。法院查明的事实，包括两项内容：（1）查明的选举委员会对选民资格的申诉所作的处理决定及其依据和理由。（2）法院经审理后认定的事实。主要有两种情况：一是说明该公民的确切年龄；二是该公民是否被剥夺政治权利。判决理由主要写明两点：一是说明该公民应否有选举权；二是引用判决所适用的法律条款。判决所适用的法律条款是指《选举法》的有关规定。判决结果应明确写明该公民是否有选举权。

3. 尾部

《民事诉讼法》第178条规定，依照特别程序审理的案件，实行一审终审；申请确定选民资格案件，由审判人员组成合议庭审理。因此，尾部一是写明"本判决为终审判决"，二是合议庭组成人员署名。以下判决书尾部各项的写法与选民资格案件判决书相同，不再赘述。

三、申请宣告失踪或者宣告死亡案件民事判决书

（一）概念

宣告失踪或宣告死亡案件民事判决书，是人民法院按照《民事诉讼法》规定的特别程序，审理宣告失踪或宣告死亡案件后，依法作出的具有法律效力的书面决定。

《民事诉讼法》第 185 条规定，人民法院受理宣告失踪、宣告死亡案件后，应当发出寻找下落不明人的公告。公告期间届满，人民法院应当根据被宣告失踪、宣告死亡的事实是否得到确认，作出宣告失踪、宣告死亡的判决或者驳回申请的判决。这是制作和适用宣告失踪或宣告死亡案件民事判决书的法律依据。

（二）格式

×××人民法院
民事判决书
（宣告失踪用）

〔××××〕×民特字第×号

申请人……（写明姓名、性别、出生年月日、民族、籍贯、职业或工作单位和职务、住址）。

申请人×××要求宣告×××失踪（或死亡）一案，本院依法进行了审理，现已审理终结。

……（写明申请人所诉下落不明人下落不明的事实、时间和请求的内容）。

经查，……（写明法院查实的下落不明人的姓名、性别、出生年月日、籍贯、与申请人的关系以及其下落不明的事实）。本院根据《中华人民共和国民事诉讼法》第一百六十八条第一款的规定，于×××年××月××日在……（写明公告方式）发出寻找×××的公告。法定公告期间为三个月（或一年），现已届满，×××仍然下落不明。（驳回申请的，此部分应写明公民下落不明得不到确认的事实及根据。）

本院认为，……（写明判决的理由）。依照……（写明判决所依据的法律条款 项）的规定，判决如下：

……（写明判决结果。一、宣告×××为失踪人；二、指定×××为失踪人×××的财产代管人。）

本判决为终审判决

审判员　×××

×××年××月××日

本件与原本核对无异

（院印）

书记员　×××

1. 首部

申请宣告失踪或者宣告死亡案件是因利害关系人的申请而发生的,故首部当事人的称谓为"申请人"。申请人的基本情况应写明:姓名、性别、出生年月日、民族、籍贯、职业或工作单位和职务、住址。案件由来和审理经过,可从简表述为:"申请人×××要求宣告×××失踪(或死亡)一案,本院依法进行了审理,现已审理终结"。

2. 正文

正文的事实部分,应写明申请人申请的主要内容、法院查明的事实和公告情况。其中,申请人申请的主要内容,应写明申请人所述下落不明人下落不明的事实、时间和请求;法院查明的事实,应写明经法院查实的下落不明人的姓名、性别、出生年月日、籍贯、与申请人的关系以及其下落不明的事实。《民事诉讼法》第185条规定,人民法院受理宣告失踪、宣告死亡案件后,应当发出寻找下落不明人的公告。发出寻找公告是这类案件的必经程序,不可逾越。这是推定下落不明人失踪或死亡的主要依据,具有重要的法律意义。所以,判决书中要记载发出寻找公告的情况。在行文上可这样表述:

"本院根据《中华人民共和国民事诉讼法》第一百八十五条第一款的规定,于××××年××月××日在……(写明公告方式)发出寻找×××的公告。法定公告期间为三个月(或一年)。现已届满,×××仍然下落不明。"

公告方式应写明在××报刊上刊登,或在法院公告栏张贴,或在失踪人×××住所地张贴等。如果是驳回申请的判决,这部分应写明公民下落不明得不到确认的事实及根据。

3. 判决理由

判决理由应写明为什么要作出宣告失踪或宣告死亡的判决,或者为什么要驳回申请人的申请;还应写明判决所依据的法律条款。

4. 判决结果

宣告失踪的写明:"一、宣告×××为失踪人;二、指定×××为失踪人×××的财产代管人。"宣告死亡的写明:"宣告×××死亡。"驳回申请的写明:"驳回×××的申请。"

5. 尾部

尾部应写明"本判决为终审判决"。审判人员、书记员署名,并写明判决的日期,加盖院印。

四、申请宣告公民无民事行为能力或者限制民事行为能力案件民事判决书

（一）概念

申请宣告公民无民事行为能力或者限制民事行为能力案件民事判决书，是人民法院依照《民事诉讼法》规定的特别程序，审理确认民事行为能力案件后所作出的宣告公民无民事行为能力或者限制民事行为能力的书面决定。

《民事诉讼法》第189条第2款规定，人民法院审理认定公民无民事行为能力或者限制民事行为能力案件，经审理认定申请有事实根据的，判决该公民为无民事行为能力或者限制民事行为能力人；认定申请没有事实根据的，应当判决予以驳回。这是制作和适用确认民事行为能力案件民事判决书的法律依据。

（二）格式

```
              ×××人民法院
                民事判决书
               （准许申请用）
                              〔××××〕×民特字第×号
    申请人……（写明姓名、性别、出生年月日、民族、籍贯、职业或工作单位和职务、住址）。
    被申请人×××。
    代理人……（写明姓名、性别、出生年月日、民族、籍贯、职业或工作单位和职务、住址）。
    申请人×××要求宣告×××为无民事行为能力人（或限制民事行为能力人）一案，本院依法进行了审理，现已审理终结。
    ……（写明被申请宣告无民事行为能力人或者限制民事行为能力人的基本情况以及与申请人的关系、申请人的请求及其事实根据）。
    经查，……（写明法院审查的情况或鉴定结论）。
    依照……（写明判决所依据的法律条款项）的规定，判决如下：
    ……（写明判决结果。一、宣告×××为无民事行为能力人（或限制民事行为能力人；二、指定×××为×××的监护人）。
    本判决为终审判决
                              审判员  ×××
                              ××××年××月××日
                                （院印）
    本件与原本核对无异          书记员  ×××
```

第八章 民事裁判文书

1. 首部

《民事诉讼法》第187条第1款规定:"申请认定公民无民事行为能力或者限制民事行为能力,由其近亲属或者其他利害关系人向该公民住所地基层人民法院提出。"这里所说的"其他利害关系人",包括对公民享有监护权的单位或者组织。因此,在首部,申请人是公民的,应当写明姓名、性别、出生年月日、民族、籍贯、职业或者工作单位和职务、住址。申请人是单位或者组织的,应当写明单位或者组织名称、所在地址,并另起一行写明委托代理人姓名、性别、职业或工作单位和职务。案件的由来和审理经过可简述为:

"申请人×××要求宣告×××为无民事行为能力人(或限制民事行为能力人)一案,本院依法进行了审理,现已审理终结。"

2. 正文

正文应当写明被申请宣告无民事行为能力人或者限制民事行为能力人的基本情况以及与申请人的关系、申请人的请求及其事实根据、鉴定意见或者审查情况、判决所依据的法律条款和判决结果。被申请人的基本情况,应当写明被申请人的姓名、性别、出生年月日、籍贯、住址。申请人的请求和事实根据,主要应当写明申请人所述被申请人不能辨认或者不能完全辨认自己行为的具体事实、根据及其要求法院宣告被申请人为无民事行为能力人或者限制民事行为能力人的请求。《民事诉讼法》第188条规定:"人民法院受理申请后,必要时应当对被请求认定为无民事行为能力或者限制民事行为能力的公民进行鉴定。申请人已提供鉴定结论的,应当对鉴定结论进行审查。"根据这一规定,判决书中应当写明鉴定结论或者审查情况。

3. 判决结果

有两种:准许申请的,表述为:"一、宣告×××为无民事行为能力人(或限制民事行为能力人);二、指定×××为×××的监护人"。不准许申请的,表述为:"驳回×××的申请"。

4. 尾部

五、申请指定监护人案件民事判决书

(一)概念

申请指定监护人案件民事判决书,是人民法院依照《民事诉讼法》规定的特别程序,审理指定监护人案件后,依法作出的撤销原指定,同时另行指定监护人的书面决定。

《民法通则》第16条第3款规定:"对担任监护人有争议的,由未成年人的父、母的所在单位或者未成年人住所地的居民委员会、村民委员会在近亲属

中指定，对指定不服提起诉讼的，由人民法院裁决。"第 17 条第 2 款规定："对担任监护人有争议的，由精神病人的所在单位或者住所地的居民委员会、村民委员会在近亲属中指定，对指定不服提起诉讼的，由人民法院裁决。"最高人民法院在《关于贯彻执行〈中华人民共和国民法通则〉若干问题的意见（试行）》中规定，这类案件，人民法院可以比照《民事诉讼法》规定的特别程序进行审理。这是制作和适用指定监护人案件民事判决书的法律依据。

（二）格式

```
                ×××人民法院
                 民事判决书
                       〔××××〕×民特字第×号
    起诉人……（写明姓名、性别、出生年月日、民族、籍贯、职业或工作单位和职务、住址）。
    起诉人×××不服指定监护一案，本院依法进行了审理，现已审理终结。
    ……（写明起诉的理由和请求）。
    本院认为，……（写明撤销原指定监护的理由）。依照……（写明判决所依据的法律条款项）的规定，判决如下：
    一、撤销××××（单位名称）指定×××为×××的监护人的指定；
    二、指定××××为×××的监护人。
    本判决为终审判决。
                            审判员  ×××
                         ××××年××月××日
                               （院印）

本件与原本核对无异
                            书记员  ×××
```

（三）内容及制作方法

指定监护人案件民事判决书，根据样式的规定，应当写明当事人的基本情况、案由和审理经过，起诉人的起诉理由和请求，法院的判决理由、适用的法律条款和判决结果等。

这类案件当事人的称谓应为"起诉人"，而不是"申请人"。判决理由应着重说明原指定为什么不妥和应当由谁来监护的理由。判决结果可表述为：

"一、撤销××××（单位名称）指定×××为×××监护人的指定；二、指定×××为×××的监护人。"

根据《关于适用〈中华人民共和国民事诉讼法〉若干问题的意见》第198条的规定，如果是维持原指定的，应当适用裁定驳回起诉，而不适用判决。

第六节　民事裁定书

一、民事裁定书的概念和分类

（一）概念

民事裁定书，是指人民法院按照《民事诉讼法》的规定，依法行使审判权，对诉讼程序方面的问题作出的书面处理决定。裁定书主要解决诉讼程序方面的问题，适用于一审、二审和再审程序。此外还有督促程序的民事裁定书、公示催告程序的民事裁定书和执行程序的民事裁定书。

（二）分类

民事裁定书因为诉讼程序不同可分为一审民事裁定书、二审民事裁定书、再审民事裁定书、民事执行裁定书、督促民事裁定书、公示催告民事裁定书等。

二、第一审民事裁定书

（一）概念

第一审民事裁定书指人民法院在审理第一审民事案件的过程中，为解决程序问题作出的书面决定。《民事诉讼法》第154条规定了第一审民事裁定适用的范围，共有11项，即不予受理；对管辖权有异议的；驳回起诉；财产保全和先予执行；准许或者不准撤诉；中止或者终结诉讼；补正判决中的失误；中止或者终结执行；不予执行仲裁裁决；不予执行公证机关赋予强制执行效力的债权文书；其他需要裁定解决的事项。下面主要以驳回起诉裁定书为例进行介绍。

(二) 格式

>×××人民法院
>民事裁定书
>(驳回起诉用)
>
>〔××××〕×民初字第×号
>
>原告……(写明姓名或名称等基本情况)。
>
>被告……(写明姓名或名称等基本情况)。
>
>……(写明当事人姓名、名称和案由)一案,本院依法进行了审理,现已审理终结。
>
>……(简述原告起诉的理由和诉讼请求)。
>
>本院认为,……(写明驳回起诉的理由)。依照……(写明裁定所依据的法律条款项)的规定,裁定如下:
>
>驳回×××的起诉。
>
>……(写明诉讼费用的负担)。
>
>如不服本裁定,可在裁定书送达之日起十日内,向本院递交上诉状,并按对方当事人的人数提出副本,上诉于×××人民法院。
>
>审判长　×××
>审判员　×××
>审判员　×××
>××××年××月××日
>
>本件与原本核对无异
>
>(院印)
>书记员　×××

(三) 内容及制作方法

第一审民事裁定书由首部、正文、尾部三部分组成。

1. 首部

第一审民事裁定书首部的写法与第一审民事判决书基本相同,包括标题、案号和当事人的基本情况,但不予受理起诉和诉前财产保全民事裁定书除外。

(1) 不予受理起诉的民事裁定书是在起诉人提起诉讼,法院审查是否受理阶段提出的,此时尚未形成案件,所以,对形成该类裁定书是编案号还是编字号,性质和审判程序的代字用什么字,最高法院未作出统一规定和要求。实践中,多数法院对其表述为"〔××××〕×民它初字第×号",用"民它"

作为其性质的代字，用"初"字作为一审程序的代字。不予受理的民事裁定书中，当事人的称谓为"起诉人"，并且没有对方当事人的称谓。

（2）诉前财产保全民事裁定书与其所处的阶段相适应，案号代字为"民保"字。在诉前财产保全民事裁定书与解除诉前财产保全民事裁定书中，当事人称谓是"申请人"和"被申请人"。

2. 正文

第一审民事裁定书的正文一般包括案由、事实、理由和裁定结果四项，具体制作方法因裁定的内容不同而有所区别，下面择要说明。

（1）起诉不予受理的，正文的第一段写明起诉事由，第二段写明不符合起诉条件而不予受理的理由，以及法律依据，第三段写明裁定结果。格式如下：

"××××年××月××日，本院收到×××的起诉状……。经审查，本院认为，……。依照……（写明裁定所依据的法律条款项）的规定，裁定如下：对×××的起诉，本院不予受理。"

（2）对管辖权提出异议的，写为：

"本院受理原告×××（姓名）诉被告×××（姓名）××（案由）一案后，被告×××在提交答辩状期间对管辖权提出异议，认为……（写明异议的内容及理由）。经审查，本院认为，……（写明异议成立或异议不成立的根据和理由）。依照《中华人民共和国民事诉讼法》第一百二十七条的规定，裁定如下：……"。下一段写明裁定结果，分两种情况：

第一，异议成立的，写为：

"被告×××对管辖权提出的异议成立，本案移送×××人民法院处理。"

第二，异议不成立的，写为：

"驳回被告×××对本案管辖权提出的异议。"

（3）驳回起诉的，写为：

"原告×××诉被告×××（姓名）××（案由）一案，本院依法进行了审理，现已审理终结。……（简述原告起诉的理由和诉讼请求）。本院认为，……（写明驳回起诉的理由）。依照……（写明裁定所依据的法律条款项）的规定，裁定如下：驳回×××的起诉。"

其中驳回起诉的理由，应根据案件的不同情况，分别写明原告的起诉请求不属于人民法院管辖，或者虽属人民法院管辖但依法应在一定期限内不得起诉，或者原告的起诉不符合《民事诉讼法》第119条规定的起诉条件，或者原告是不符合条件的当事人，或者被告是不符合条件的当事人等，并应注意针对原告的请求充分说明道理。

(4) 诉前财产保全的,写为:

"申请人×××因……(写明申请诉前财产保全的原因),于××××年××月××日向本院提出申请,要求对被申请人……(写明申请采取财产保全措施的具体内容)。申请人已向本院提供……(写明担保的财产名称、数量和数额等)担保。经审查,本院认为,……(写明采取诉前财产保全措施的理由)。依照……(写明裁定所依据的法律条款项)的规定,裁定如下:……(写明对被申请人的财产采取查封、扣押、冻结或者法律规定的其他保全措施的内容)。

"申请人应当在裁定书送达之日起三十日内向本院起诉。逾期不起诉的,本院将解除财产保全。"

裁定结果应写明采取财产保全的具体措施及被保全财产的名称、数量或数额内容。

(5) 诉讼财产保全的,写为:

"本院在审理……(写明当事人的姓名或名称和案由)一案中,×告×××于××××年××月××日向本院提出财产保全的申请,要求……(概括写明申请人的具体请求内容),并已提供担保(未提供担保的不写此句)。(法院依职权采取财产保全的,把"×告×××……"一段删去,改为写明需要采取财产保全的事实根据)。

本院认为,×告××的申请符合法律规定[法院依职权采取的,改为:"本院为了……(写明需要采取财产保全的理由)"]。依照……(写明裁定所依据的法律条款项)的规定,裁定如下:……(写明采取财产保全的具体内容)。"

其中"申请人的具体请求内容"应写明对被申请人在何地的何种财产采取保全方法。如:

"本院在审理×××工业总厂诉×××商品基地建设公司加工承揽合同纠纷一案中,原告×××工业总厂于2010年4月17日向本院提出财产保全的申请,要求将被告存放在×××经贸公司仓库内的大豆2200吨予以查封,并提供为其所有的大豆油800吨担保。"

法院依职权采取财产保全的,应写明客观存在的足以影响未来判决不能执行或难以执行的事实根据和必须采取保全措施的理由。如:

"本院在审理原告范×诉被告林×、乔××房屋纠纷一案中,被告林×、乔××所出卖的丁字巷十号房屋一栋,原告范×对此房产权有争议。"

"本院为了便于本案审理,保障公民的合法权益,决定对该房采取诉讼保全措施。依照《中华人民共和国民事诉讼法》第一百条第一款之规定,裁定

第八章 民事裁判文书

如下：……（其裁定结果应具体写明作为保全标的的财产名称、数量或数额以及保全的方法）。"

(6) 解除财产保全的，写为：

"本院于×××年××月××日作出〔××××〕×民×字第×号财产保全的裁定，现因……（写明解除财产保全的理由）。依照……（写明裁定所依据的法律条款项）的规定，裁定如下：解除对×××的……（写明财产的名称、数量或数额等）的查封（或扣押、冻结）。"

不论是诉前或诉中财产保全措施的实行，在予以解除时，均采用如上写法。例如：

"本院于2010年3月19日作出〔2010〕×民初字第×号财产保全的裁定，现因双方在诉讼过程中，经本院主持调解，已达成了协议，本院于6月13日向双方送达了〔2010〕×民初字第×号民事调解书，双方在当天就该调解书所确定的各自的义务自动履行完毕。依照《中华人民共和国民事诉讼法》第一百五十四条第一款第十一项之规定，裁定如下：解除对丁字巷十号房屋的查封。"

(7) 先予执行的，写为：

"本院在审理原告×××（当事人的姓名或名称和案由）一案中，×告×××于××××年××月××日向本院提出先予执行的申请，要求……（概括写明请求的具体内容），并已提供担保（未提供担保的不写此句）。本院认为，……（写明决定先予执行的理由）。依照……（写明裁定所依据的法律条款项）的规定，裁定如下：……（写明先予执行的内容、时间和方式）。"

(8) 准许或者不准许撤诉的，写为：

"本院在审理……（写明当事人姓名或名称和案由）一案中，原告×××于××××年××月××日向本院提出撤诉申请。本院认为，……（写明准许或不准许撤诉的理由）。依照……（写明裁定所依据的法律条款项）的规定，裁定如下：准许原告×××撤回起诉（或者不准原告×××撤回起诉，本案继续审理）。"

对于不准撤诉的，一般可用口头裁定，记入笔录，必要时也可使用书面裁定。裁定书中不准撤诉的理由，应当写明撤诉请求为什么不合法，或者会损害国家、集体或者他人的权益等；准予撤诉的，可写得概括一些。例如：

"本院在审理原告张×诉被告田××离婚一案，原告张×于1993年10月7日向本院提出撤诉申请。本院认为，原、被告已自愿和好，且原告张×提出撤诉申请，依照《中华人民共和国民事诉讼法》第一百五十四条第一款第五项的规定，裁定如下：准许原告张×撤回起诉。"

(9) 补正判决中失误的，写为：

"原告×××诉被告×××（姓名）××（案由）一案，本院以（年度）×民初字第×号民事判决已审结。现发现……（具体写明判决书中的失误），应予更正。"

(10) 中止或终结诉讼的，写为：

"本院在审理……（写明当事人姓名或名称和案由）一案中，……（写明中止或终结诉讼的事实根据）。依照……（写明裁定所依据的法律条款项）的规定，裁定如下：本案中止诉讼（或本案终结诉讼）。"

当一审法院在审理民事、经济纠纷案件的过程中，因遇有《民事诉讼法》第150条或第151条所规定的某种特定情况，需作出暂时停止诉讼或者结束诉讼的决定时，应使用本裁定书。其中应写明的"中止或终结诉讼的事实根据"，是指客观存在的或已发生的某种致使诉讼中断或者不能继续进行的事实。例如：

"本院在审理原告蒋×诉被告尹×离婚一案中，被告尹×突然发病住院，经诊断患有妄想型精神分裂症，被告尹×的法定代理人一时无法确定。依照《中华人民共和国民事诉讼法》第一百五十条第一款第二项的规定，裁定如下：本案中止诉讼。"

3. 尾部

第一审民事裁定书的尾部包括审判员和书记员署名、判决日期、加盖印章，与第一审民事判决书相同。但需要注意的是：

(1) 驳回起诉、按撤诉处理、终结诉讼和准许（不准）撤诉的裁定，在裁定结果之后另起一段写明诉讼费用的负担；

(2) 驳回起诉、不予受理起诉和驳回管辖异议的裁定书，是允许上诉的裁定，要交代上诉权；

(3) 诉前财产保全裁定书应写明申请人应当在裁定书送达之日起30日内向本院起诉，逾期不起诉的，本院将解除财产保全。

(4) 诉前财产保全、诉中财产保全和先予执行民事裁定书应写明裁定的执行效力和被申请人享有的复议权利，分别表述为："本裁定书送达后立即执行"。"如不服本裁定，可以向本院申请复议一次。复议期间不停止裁定的执行。"

第八章　民事裁判文书

(四) 实例阅读

河南省郑州市金水区人民法院

民 事 裁 定 书

〔2015〕金民一初字第2356号

原告贾××。

被告河南省××有限公司。

被告河南××担保有限公司。

原告贾××诉被告河南省××有限公司、被告河南××担保有限公司民间借贷纠纷一案，在法院指定的期限内，原告未交纳诉讼费，也未提出缓、减、免交诉讼费申请，故本案按撤诉处理。依照《中华人民共和国民事诉讼法》第一百一十八条第一款、《诉讼费用交纳办法》第二十二条、最高人民法院《关于适用〈中华人民共和国民事诉讼法〉若干问题的意见》第一百四十三条之规定，裁定如下：

本案按撤诉处理。

审判员　×××

二〇一五年二十八日

书记员　×××

三、第二审民事裁定书

(一) 概述

第二审民事裁定书是指第二审人民法院对于当事人不服第一审民事判决或者裁定而提起上诉的案件，经过审理后制作的民事裁定书。

《民事诉讼法》第170条、第171条、第173条规定了二审民事裁定适用的范围有以下五种情况：一是人民法院审理二审案件后认为原判决认定事实错误，或者认定事实不清、证据不足，或者违反法定程序，可能影响案件正确判决，因而撤销一审判决，发回一审法院重新审判的案件；二是人民法院依照第二审程序审理的案件，认为依法不应由人民法院受理的，直接撤销原判，驳回起诉；三是当事人不服一审法院驳回管辖权异议的裁定而提起上诉的案件；四是当事人不服一审法院不予受理或驳回起诉的裁定而提起上诉的案件；五是第二审人民法院在审理上诉案件时，根据上诉人撤回上诉的申请，依法作出准许或者不准许撤回上诉裁定的案件。

(二) 格式

>   ×××人民法院
>   民事裁定书
>   (二审发回重审用)
>
>   〔××××〕×民终字第×号
>   上诉人（原审××）……（写明姓名或名称等基本情况）。
>   被上诉人（原审××）……（写明姓名或名称等基本情况）。
>   上诉人×××因……（写明案由）一案，不服×××人民法院〔××××〕×民初第×号民事判决，向本院提起上诉。本院依法组成合议庭，公开（或不公开）开庭审理了本案。……（写明到庭的当事人、诉讼代理人等）到庭参加诉讼。（未开庭的，写"本院依法组成合议庭审理了本案。"）
>   本院认为，……（概括写明发回重审的理由，如原判决认定事实错误或事实不清、证据不足，或者违反法定程序可能影响案件正确判决等）。依照……（写明裁定所依据的法律条款项）的规定，裁定如下：
>   一、撤销×××人民法院〔××××〕×民初字第×号民事判决；
>   二、发回×××人民法院重审。
>
>   审判长　×××
>   审判员　×××
>   审判员　×××
>   ××××年××月××日
>   （院印）
>   书记员　×××
>
>   本件与原本核对无异

(三) 内容及制作方法

第二审民事裁定书的首部和尾部的写法与第二审民事判决书基本相同，其他部分的内容和制作方法则根据其适用范围的不同而有所区别，下面分别讲述：

1. 发回重审的，写为：

"本院认为，……（概括写明发回重审的理由。如原判决认定事实错误或事实不清，证据不足，或者违反法定程序可能影响案件正确判决等）。依照……（写明裁定所依据的法律条款项）的规定，裁定如下：一、撤销××××人民法院〔××××〕×民初字第×号民事判决；二、发回××××人民法院重审。"

其中发回重审的理由，可作概括叙述，对其具体内容，应另行附函向重审法院具体指明。如"本院认为，原判决认定事实不清，违反法定程序可能影响案件正确判决。依照《中华人民共和国民事诉讼法》第一百七十条第一款第三项和第四项的规定，裁定如下：……"

2. 对第一审裁定不服上诉的，写为：

"上诉人×××称，……（简述上诉理由和请求）。本院经审查认为：……（简要写明驳回上诉或者撤销原审裁定的理由）。依照……（写明裁定所依据的法律条款项）的规定，裁定如下：一、撤销×××人民法院〔××××〕×民初字第×号民事裁定。二、本案由×××人民法院立案受理。（或驳回上诉，维持原裁定。）"

3. 对管辖权有异议的上诉，写为：

"……（简述上诉请求和理由、被上诉人的答辩）。本院经审查认为：……（简要写明二审驳回上诉或者撤销原裁定的事实根据和理由）。依照……（裁定所依据的法律条款项）的规定，裁定如下：一、撤销×××人民法院〔××××〕×民初字第×号民事判决；二、本案由×××人民法院管辖（在本辖区以外的写"本案移送×××人民法院处理"），（或驳回上诉，维持原裁定）"

4. 对驳回起诉的上诉，写为：

"……（概述原审裁定的主要内容和上诉人的上诉请求与理由、被上诉人的答辩等）。本院经审理认为，……（简要叙述二审驳回上诉或者撤销原裁定的事实和理由。着重对原审裁定是否正确，上诉是否有理进行分析、评论）。依照……（写明裁定所依据的法律条款项）的规定，裁定如下：一、撤销××××人民法院〔××××〕×民初字第×号民事裁定；二、指令×××人民法院对本案进行审理。（或驳回上诉，维持原裁定）。"

5. 准许或不准许撤回上诉，写为：

"上诉人×××因……（案由）一案，不服×××人民法院〔××××〕×民初字第×号民事判决（或裁定），向本院提起上诉。本院在审理过程中，上诉人×××又以……（简述申请撤回上诉的理由），于××××年××月××日申请撤回上诉。

本院经审查认为，……（简述准许或不准许撤回上诉的理由）。依照……（写明裁定所依据的法律条款项）的规定，裁定如下：准许上诉人×××撤回上诉，双方均按原审判决执行。

……（写明诉讼费用的负担）。（或不准上诉人×××撤回上诉，本案继续审理）。"

以上是二审裁定书正文部分的几种写法，只是驳回起诉的上诉或准予上诉人撤诉的裁定，在主文之后，应另起一行写明诉讼费用的负担。

采取财产保全、先予执行、中止或者终结诉讼、补正判决书中失误的第二审民事裁定书的写法与第一审民事裁定书相同。

四、再审民事裁定书

（一）概述

再审民事裁定书，是人民法院依照《民事诉讼法》规定的审判监督程序，对已经发生法律效力的民事判决、裁定或者调解协议，依照法律规定决定再审的书面决定。

《民事诉讼法》第 198 条、第 199 条、第 200 条、第 208 条规定，再审民事裁定书有两种类型：一是决定提起审判监督程序的民事裁定书；二是再审过程中为解决部分程序问题的民事裁定书。其中第二种再审民事裁定书与第一审、第二审相关民事裁定书格式相同。本部分重点介绍第一种即决定提起审判监督程序的民事裁定书的内容和制作方法。

（二）格式

```
                    ×××人民法院
                       民事裁定书
                 （根据抗诉或申请提起再审用）
                              〔××××〕×民申字第×号
    ……（写明原审当事人的姓名或名称和案由）一案，本院于××××
年××月××日作出〔××××〕×民×字第×号民事判决（或裁定），已
经发生法律效力。
    ××××年××月××日原审×告（或原审第三人）×××提出再
审的申请（或×××人民检察院提出抗诉）。本院决定对本案进行再审。
依照……（写明裁定所依据的法律条款项）的规定，裁定如下：
    一、本案由本院另行组成合议庭进行再审；
    二、再审期间，中止原判决（或裁定）的执行。
                              院长    ×××
                              ××××年××月××日
                                     （院印）

本件与原本核对无异                        书记员    ×××
```

(三) 内容及制作方法

再审民事裁定书的首部与再审民事判决书基本相同，只是文书名称写为"民事裁定书"。

正文部分的写法比较简短、集中，实际上将案由、案件来源、再审理由及法律依据合并为一个段落，然后另行写明裁定结果。下面择要讲述：

1. 本院决定提起再审的，其正文写为：

"……（写明原审当事人的姓名或名称和案由）一案，本院于××××年××月××日作出〔××××〕×民×字第×号民事判决（或裁定），已经发生法律效力。本案经本院院长提交审判委员会讨论认为，……（简要写明本案应当提起再审的理由）。依照……（写明裁定所依据的法律条款项）的规定，经本院审判委员会决定，裁定如下：

一、本案由本院另行组成合议庭进行再审；

二、再审期间，中止原判决（或裁定）的执行。"

其中"应当提起再审的理由"，只需简要地叙说，不必多作论述。如系离婚案件，裁定主文应续写"三、再审期间，当事人不得另行结婚"。

2. 指令下级法院再审或决定提审的，写为：

"……（写明原审当事人的姓名或名称和案由）一案。××××人民法院于××××年××月××日作出〔××××〕×民×字第×号民事判决（或裁定），已经发生法律效力。本案经本院复查认为，……（简要写明本案应当指令再审或提审的理由）。依照……（写明裁定所依据的法律条款项）的规定，裁定如下：

一、……（决定提审的写"本案由本院进行提审"；指令再审的，写"本案指令×××人民法院另行组成合议庭进行再审"）；

二、再审期间，中止原判决（或裁定）的执行。"

3. 根据当事人再审申请提起再审的，写为：

"……（写明原审当事人的姓名或名称和案由）一案，本院于××××年××月××日作出〔××××〕×民×字第×号民事判决（或裁定），已经发生法律效力。××××年××月××日，原审×告（或原审第三人）×××提出再审的申请，符合法律规定的条件。依照……（写明裁定所依据的法律条款项）的规定，裁定如下：

一、本案由本院另行组成合议庭进行再审；

二、再审期间，中止原判决（或裁定）的执行。"

4. 抗诉或申请提起再审的，写为：

"……（写明原审当事人的姓名或名称和案由）一案，本院于××××

年××月××日作出〔××××〕×民×字第×号民事判决（或裁定），已经发生法律效力。××××年××月××日，×××人民检察院提出抗诉。依照……（写明裁定所依据的法律条款项）的规定，裁定如下：

一、本案由本院另行组成合议庭进行再审；

二、再审期间，中止原判决（或裁定）的执行。"

尾部由人民法院院长署名，并加盖人民法院印章，其他各项的书写与第一审民事裁定书相同。

五、督促民事裁定书

（一）概述

督促民事裁定书是人民法院依照《民事诉讼法》规定的督促程序，为驳回支付令申请或终结督促程序而作出的书面决定。督促程序，是民事诉讼法中一项独立的诉讼程序，它只适用于那些没有争议的、以支付一定的金钱和有价证券为标的的财产案件，它们只是给付之诉的一部分。在审理方式上督促程序只需要当事人按法律规定的条件提出申请即可，法院对债权人的请求可以不做任何调查便发出督促决定。如果债务人对该请求有异议，则督促程序自动结束。

督促民事裁定书适用于驳回支付令申请和终结督促程序的案件，于是形成了这样两种裁定书。

（二）格式

×××人民法院
民事裁定书
（终结督促程序用）

〔××××〕×民督字第×号

申请人……（写明姓名或名称等基本情况）。

被申请人……（写明姓名或名称等基本情况）。

本院受理申请人×××的支付令申请后，于××××年××月××日发出〔××××〕×民督字第×号支付令，限令被申请人×××在收到支付令之日起十五日内清偿债务，或者向本院提出书面异议。被申请人×××已在规定期间提出书面异议。本院依照……（写明裁定所依据的法律条款项）的规定，裁定如下：

终结本案的督促程序。

本院××××年××月××日发出的〔××××〕×民督字第×号

支付令自行失效，申请人可以依法起诉。

　　本案受理费××元，由申请人×××承担。

　　　　　　　　　　　　　　　　　　　审判员　×××

　　　　　　　　　　　　　　　　　××××年××月××日

本件与原本核对无异

　　　　　　　　　　　　　　　　　　　　（院印）

　　　　　　　　　　　　　　　　　　书记员　×××

　　（三）内容及制作方法

　　1. 首部

　　两种督促民事裁定书首部的写法是相同的，文书编号为"〔××××〕×督字第×号"；当事人称"申请人"与"被申请人"。当事人是法人或其他组织的，其基本情况应写明名称和所在地址，并应在其下另起一行增列法定代表人或代表人项，写明其姓名和职务；当事人是公民的，其基本情况应写明下列项目：姓名、性别、出生年月日、民族、籍贯、职业或工作单位和职务、住址。申请人、被申请人有委托代理人的，应在其后一行列写委托代理人项，写明其姓名、性别、职业或工作单位和职务。

　　2. 正文

　　正文部分二者写法有所不同：

　　（1）驳回支付令申请的，写为：

　　"申请人×××于××××年××月××日向本院提出支付令的申请。本院受理后，经审查认为，……（写明申请不成立的理由）。依照……（写明裁定所依据的法律条款项）的规定，裁定如下："

　　"驳回×××的支付令申请。"

　　（2）终结督促程序的，写为：

　　"本院受理申请人×××的支付令申请后，于××××年××月××日发出〔××××〕×民督字第×号支付令，限令被申请人×××在收到支付令之时起15日内清偿债务，或者向本院提出书面异议。被申请人×××已在规定期间提出书面异议。本院依照……（写明裁定所依据的法律条款项）的规定，裁定如下：

　　终结本案的督促程序。本院××××年××月××日〔××××〕×民督字第×号支付令自行失效，申请人可以依法起诉。"

　　3. 尾部

　　二者尾部的写法也是一样的，均要写明案件受理费的负担情况以及"本裁定为终审裁定"的字样。其余各项与第一审民事判决书相同。

六、公示催告民事裁定书

(一) 概念

公示催告民事裁定书是基层法院在受理公示催告案件，发出催促利害关系人申报权利的公告后，在规定期间收到利害关系人的申报，依法终结公示催告程序时使用的裁定书。

(二) 格式

×××人民法院
民事裁定书

〔××××〕×民催字第×号

申请人……（写明姓名或名称等基本情况）

申报人……（写明姓名或名称等基本情况）

申请人×××因……（写明票据名称及其被盗、遗失或灭失的情况），向本院申请公示催告。本院受理后于××××年××月××日发出公告，催促利害关系人在××日内申报权利。现申报人×××已在规定期间向本院申报权利。依照……（写明裁定所依据的法律条款项）的规定，裁定如下：

终结本案的公示催告程序。

申请人或申报人可以向人民法院起诉。

本案受理费用及公告费××元，由申请人×××承担。

审判员　×××

××××年××月××日

（院印）

本件与原本核对无异　　　　　　　　书记员　×××

(三) 内容及制作方法

1. 首部

公示催告民事裁定书的首部除文书编号用"催"字外，其余各项与督促程序民事裁定书相同。

2. 正文

公示催告民事裁定书的正文部分写为：

"申请人×××因……（写明票据名称及其被盗、遗失或者灭失的情况），向本院申请公示催告。本院受理后于××××年××月××日发出公告，催促利害关系人在×日内申报权利。

现申报人×××已在规定期间向本院申报权利。依照……（写明裁定所依据的法律条款项）的规定，裁定如下：

终结本案的公示催告程序。

申请人或者申报人可以向人民法院起诉。"

3. 尾部

公示催告民事裁定书的尾部写明案件受理费承担情况，其余各项与第一审民事裁定书相同。

（四）实例阅读

济源市人民法院
民 事 裁 定 书

〔2015〕济民催字第 6 号

申请人修武县××建材有限公司。

法定代表人李××，该公司总经理。

委托代理人张××，该公司工作人员。

申请人因其持有的票号为 40200052/21118249，出票日期为 2015 年 6 月 3 日，出票金额为 500000 元，汇票到期日为 2015 年 12 月 3 日，出票人为济源市××矿业有限公司，收款人为修武县××建材有限公司，付款行为河南××商业银行股份有限公司的银行承兑汇票丢失，向本院申请公示催告。现申请人于 2015 年 9 月 18 日在公示期间向本院申请撤回公示催告。根据最高人民法院《关于适用〈中华人民共和国民事诉讼法〉的解释》第四百五十五条之规定，裁定如下：

终结本案的公示催告程序。

案件受理费 100 元，公告费 600 元，由申请人负担。

审判员　×××
二〇一五年九月二十一日
书记员　×××

七、民事执行裁定书

（一）概念

民事执行裁定书是人民法院在民事判决执行过程中，为解决程序问题作出的书面决定。执行程序，是指负有义务的一方当事人拒不履行法律文书确定的义务时，人民法院根据另一方当事人的申请或依职权强制其履行义务所适用的程序，也叫强制执行程序。

根据民事诉讼法的规定，民事执行裁定书主要有以下五种：不予执行仲裁裁决裁定书、不予执行公证债权文书裁定书、采取强制执行措施裁定书、中止执行裁定书和终结执行裁定书。

（二）格式

```
                ×××人民法院
                  民事裁定书
              （采取强制执行措施用）
                              〔××××〕×执字第×号
    申请执行人……（写明姓名或名称等基本情况）
    被执行人……（写明姓名或名称等基本情况）
    本院依据已经发生法律效力的……（写明生效法律文书的制作机关、日期、文书字号和名称），于××××年××月××日向被执行人发出执行通知，责令被执行人……（写明指定履行的义务和期间），但被执行人至今未按执行通知履行法律文书确定的义务。依照……（写明裁定所依据的法律条款项）的规定，裁定如下：
    ……（具体写明采取冻结、划拨存款，扣留、提取收入，查封、扣押、拍卖、变卖财产等强制执行措施的内容）。

                                    执行员  ×××
                                   ××××年××月××日
                                         （院印）
    本件与原本核对无异              书记员  ×××
```

（三）内容及制作

1. 首部

民事执行裁定书的首部，除文书编号中以"执"字简称执行程序，当事人称"申请执行人"和"被执行人"外，其他各项与第一审民事裁定书相同。

2. 正文

民事执行裁定书的正文根据内容的不同，而有不同的写法，下面分别讲述：

（1）不予执行仲裁裁决的，写为：

"……（写明申请执行人与被执行人的姓名或名称和案由）一案，××××年××月××日经××××仲裁委员会作出〔××××〕××字第×号裁决，由于被执行人不履行，申请执行人于××××年××月××日向本院申请强制执行。现被执行人提出异议，并提供了证据予以证明。本院审查认为，……（写明不执行的理由）。依照……（写明裁定所依据的法律条款项）的规定，裁定如下：

— 221 —

第八章　民事裁判文书

申请执行人×××申请强制执行的×××仲裁委员会〔××××〕××字第×号裁决，本院不予执行。

申请执行费××元，由申请执行人×××交纳"。

(2) 不予执行公证债权的，写为：

"申请执行人×××于××××年××月××日向本院申请强制执行×××公证处制发的〔××××〕××字第×号公证债权文书。本院审查认为，……（写明不执行的理由）。依照……（写明裁定所依据的法律条款项）的规定，裁定如下：

申请执行人×××申请强制执行的×××公证处〔××××〕××字第×号公证债权文书，本院不予执行。申请执行费××元，由申请执行人×××交纳。"

这种裁定文书是基层法院在受理申请执行公证债权文书的案件后，发现公证债权文书确有错误，决定不予执行时使用的。

(3) 采取强制执行措施的，写为：

"本院依据已经发生法律效力的……（写明生效法律文书的制作机关、日期、文书字号和名称），于××××年××月××日向被执行人发出执行通知，责令被执行人……（写明指定履行的义务和期间），但被执行人至今未按执行通知履行法律文书确定的义务。依照……（写明裁定所依据的法律条款项）的规定，裁定如下：……。"

其中裁定结果应具体写明采取冻结、划拨存款，扣留、提取收入，查封、扣押、拍卖、变卖财产等强制执行措施的内容。

(4) 中止或终结执行裁判的，写为：

"……（写明当事人的姓名或名称和案由）一案，×××人民法院（或本院）于××××年××月××日作出〔××××〕××字第×号民事判决（或裁定、调解书），已经发生法律效力。权利人×××于××××年××月××日向本院申请执行（或由本院××审判庭移送执行）。

本案在执行过程中，……（写明应当中止执行或者终结执行的事实根据和理由）。

依照……（写明裁定所依据的法律条款项）的规定，裁定如下：

×××人民法院（或本院）的〔××××〕××字第×号民事判决（或裁定、调解协议。如有特定项目的，写明其中第×项）中止执行（或终结执行）。"

(5) 中止或者终结执行其他法律文书的，写为：

"申请执行人（或申请执行机关）×××，依照已经发生法律效力的……（写明法律文书的制作机关、字号、名称等），于××××年××月××日向本院申请执行……（写明申请执行的主要内容）。本院已依法受理。

本案在执行过程中，……（写明应当中止或者终结执行的事实根据和理由）。依照……（写明裁定所依据的法律条款项）的规定，裁定如下：

……（写明中止或者终结执行的法律文书的制作机关、字号、名称）中止执行（或者终结执行）。"

3. 尾部

不予执行仲裁裁决和不予执行公证债权文书的，写"本裁定为终审裁定。"中止或者终结执行的，写"本裁定书送达后，立即生效。"不予执行仲裁裁决裁定书由合议庭成员署名；采取强制执行措施等裁定书，由执行员署名。其余各项写法与第一审裁定书相同。

第七节　民事调解书

一、民事调解书的概念和分类

（一）概念

民事调解书，是指人民法院审理民事案件，在查明事实、分清是非的基础上，通过合法调解方式，在说服教育、民主协商的基础上，促使当事人互相谅解，自愿达成协议后所制作的将协议内容记录下来的司法文书。

我国《民事诉讼法》第9条规定，人民法院审理民事案件，应当根据自愿和合法的原则进行调解。第93条规定："人民法院审理民事案件，根据当事人自愿的原则，在事实清楚的基础上，分清是非，进行调解。"

（二）分类

民事调解书依诉讼程序可分为一审、二审和再审民事调解书，写法除个别项目略有不同外，其余大致相同。本节主要介绍第一审民事调解书。

二、一审民事调解书的格式

```
               ×××人民法院
                 民事调解书
                        〔××××〕×民初字第×号

  原告……（基本情况）
  被告……（基本情况）
  第三人……（基本情况）
  ……（写明当事人的诉讼请求和案件的事实）
```

本案在审理过程中，经本院主持调解，双方当事人自愿达成如下协议：

……（写明协议的内容）

……（写明诉讼费用的负担）

上述协议，符合有关法律规定，本院予以确认。

本调解书经双方当事人签收后，即具有法律效力。

审判长　×××

审判员　×××

审判员　×××

××××年××月××日

（院印）

本件与原本核对无异

书记员　×××

三、一审民事调解书的内容及制作方法

一审民事案件使用的民事调解书，是指第一审法院在审理民事、经济纠纷案件的过程中，通过调解，促使当事人自愿达成解决纠纷的协议后，制作的具有法律效力的调解文书。包括首部、正文、尾部三部分内容。

（一）首部

1. 标题：标题分两行写明法院名称和文种。

2. 编号：写在标题右下方的位置。写明"〔××××〕×民初字第×号"。

3. 当事人情况：如系一审调解书，应按顺序分别写明原告、被告、第三人的情况。如系二审调解书按上诉人、被上诉人、第三人的顺序书写。如系再审调解书按原审原告、原审被告、原审第三人的顺序书写。具体写法与一审、二审、再审判决书相同，可分别参照。

4. 案由：即写明案件的性质。

（二）正文

1. 当事人的诉讼请求和案件事实。案件事实可写法院确认的事实。如果案件是在法院受理后，尚未开庭情况下，经审查认为法律关系明确和事实清楚，并经双方同意而调解达成协议的，案件事实可写当事人争议的事实。无论是哪种情况，事实都应当写得简明扼要，不必像判决书那样写得过细。

2. 写明调解达成协议的内容。协议内容是指在当事人自愿、合法原则下

达成的解决纠纷的一致意见，它是调解书的核心内容。在事实写完之后，应另起一段，写明如下一段文字："本案在审理过程中，经本院主持调解，双方当事人自愿达成如下协议：……"而后，用分条分项式写明协议的具体内容。最后写明诉讼费用的负担。诉讼费用的负担有两种写法：如果由法院决定的，应在协议内容之后另起一行写明；如果诉讼费用的负担是由双方当事人协商解决的，可以作为调解协议的最后一项内容予以写明，无须再在协议内容之后另起一行书写。

当事人达成调解协议后，调解书送达前，如有一部分已执行，在本协议内容中，应将已执行的部分也写入调解书协议内容中，并加括号注明"（已执行）"。

（三）尾部

首先写明法院对协议内容予以确认的态度及调解书的效力，即"上述协议，符合有关法律规定，本院予以确认。本调解书经双方当事人签收后，即具有法律效力。"其次由审判庭人员署名（合议调解的由合议庭组成人员签名；独任审判的由审判员签名），注明制作日期，盖院印，书记员署名，左方打出"本件与原本核对无异"校对戳。

第八节　民事决定书

一、民事决定书概述

民事决定书，是指人民法院为了保证能够公正地处理民事案件和维护正常的诉讼程序，对审判中发生的某些特殊事项作出的书面决定。所谓特殊事项，既不是当事人的实体权利义务，也不完全是诉讼程序本身的问题，而是与程序有关的其他问题。

依照民事诉讼法的有关规定，民事决定书主要用于以下一些情况：是否准许回避，对妨害民事诉讼的行为采取处罚措施，收缴进行非法活动的财物和非法所得，以及对决定书的复议决定。因此，民事决定书的种类包括：申请回避决定书，采取拘留、罚款等民事强制措施的决定书，民事制裁决定书以及复议决定书等。

除解决的事项不同外，民事决定书与民事判决书、民事裁定书的不同还在于，民事决定书一经作出，即产生法律效力，当事人不能提出上诉，但可以申请复议。

二、各类民事决定书的写法

民事决定书由首部、正文、尾部三部分组成。

（一）首部

首部应写明标题、编号和当事人的身份事项。标题写明决定书的事项，如申请回避决定书，编号同案号；当事人的身份事项写明当事人的称谓（申请回避决定书，用"申请人"；民事强制措施的决定书，用"被拘留人"、"被罚款人"等）、姓名、性别、出生年月日、民族、职业、住址等。

（二）正文

民事决定书的正文一般包括案由、事由、理由和决定结果四项内容。具体制作方法因决定的内容不同而有所不同。

1. 申请回避决定书

申请回避决定书供各级人民法院决定准许或驳回回避申请时适用。

根据《民事诉讼法》第46条的规定，院长担任审判长时的回避，由审判委员会决定；审判人员的回避，由院长决定；其他人员的回避，由审判长决定。第47条规定："人民法院对当事人提出的回避申请，应当在申请提出的三日内，以口头或者书面形式作出决定。申请人对决定不服的，可以在接到决定时申请复议一次。复议期间，被申请回避的人员，不停止参与本案的工作。人民法院对复议申请，应当通知复议申请人。"

申请回避决定书的正文可做如下表述：

"本院在审理……（写明当事人姓名或名称和案由）一案中，申请人……（写明申请人要求回避的人员的姓名和要求回避的理由）。本院院长（或本案审判长，或本院审判委员会讨论）认为，……（写明准许或者驳回回避申请的理由），依照《中华人民共和国民事诉讼法》第×条第×款的规定，决定如下：

……（写明决定结果）。"

决定结果中，准许申请的写为"准许×××提出的回避申请"；驳回申请的写为"驳回×××提出的回避申请。"

表述决定结果之后，应当写明"如不服本决定，可以向本院申请复议一次。"

2. 采取强制措施决定书

根据民事诉讼法的规定，对妨害民事诉讼的强制措施，是指在民事诉讼中，对有妨害民事诉讼程序行为的行为人采用的排除其妨害民事诉讼行为的强制措施，包括拘传、训诫、责令退出法庭、罚款和拘留五种。《民事诉讼法》

第 116 条规定，罚款、拘留应当用决定书。对决定不服的，可以向上一级人民法院申请复议一次。复议期间不停止执行。

采取强制措施决定书包括拘留决定书、罚款决定书和拘留、罚款决定书三种，第三种为对妨害民事诉讼的行为人合并使用拘留、罚款时使用。

（1）拘留决定书应当写明被拘留人妨害民事诉讼行为或者妨害行政诉讼行为的具体事实，包括行为的时间、地点、情节和后果等，并应阐明必须予以拘留的理由，列举适用的法律条款，写明可以申请复议。

可作表述如下：

"本院在审理（执行）……（写明当事人姓名或名称和案由）一案中，申请人……（写明被拘留人妨害民事诉讼或行政诉讼的事实，以及予以拘留的理由）。依照《中华人民共和国民事诉讼法》第×条第×款的规定，决定如下：

……（写明决定结果）。"

（2）罚款决定书供各级人民法院对妨害民事诉讼的行为人依法决定罚款时使用。其内容和制作方法与拘留决定书基本相同，只是在表述决定结果时，不仅要写明罚款的具体数额，而且还应当写明缴纳的期限。

（3）拘留、罚款决定书应将拘留、罚款两种情况综合写清。

3. 民事制裁决定书

民事制裁决定书供各级人民法院在审理民事案件中，发现当事人有与本案有关的违法行为，需要依法予以收缴、罚款、拘留的民事制裁时使用。因拘留、罚款均有专门的处罚决定书，实践中，民事制裁决定书主要是收缴违法所得并进行罚款时使用。

民事制裁决定书正文应当着重写明被制裁人违法行为的事实，包括行为的时间、地点、情节和后果，以及应当给予制裁的理由，并引用相应的法律条款，可作如下表述：

"本院在审理……（写明当事人姓名或名称和案由）一案中，申请人……（写明被制裁人违法行为的事实，以及应当给予民事制裁的理由）。依照……（写明据以作出民事制裁的法律条款项）的规定，决定如下：

……（写明决定结果）。"

4. 复议决定书

本决定书供人民法院对当事人不服或其下级法院作出的拘留、罚款、民事制裁等决定所提出的复议申请审查后，作出复议决定时使用，复议决定内容包括维持原决定和撤销原决定两种。

复议决定书的正文可作如下表述：

第八章 民事裁判文书

"申请复议人×××不服本院或×××人民法院××××年××月××日第×号决定，向本院提出复议申请。申请复议人提出……（简要写明申请的理由和复议请求）

经审查，本院认为，……（写明作出复议决定的理由），依照……（写明据以作出复议决定的法律条款项）的规定，决定如下：

……（写明复议决定内容）。"

（三）尾部

（1）复议事项。适用于申请回避决定书、采取强制措施决定书和民事制裁决定书。前两种民事决定书和第三种民事决定书的复议时间和复议效力不同，其中申请回避决定书、采取强制措施决定书的写法为："如不服本决定，可以在收到决定书的次日起三日内，口头或者书面向×××人民法院申请复议一次。复议期间，不停止决定的执行（申请回避的写不停止本案的审理）。"民事制裁决定书写为："如不服本决定，可以在收到决定书的次日起十日内，向×××人民法院申请复议一次。复议期间，本决定暂不执行。"

（2）正确署名。署名的原则是由谁作出即由谁署名。是否准许回避由审判委员会决定的，署法院的名；由院长或审判长决定的，署院长或审判长的名。拘留、罚款等由院长批准的，署院长的名，加盖法院公章及院长印章。民事制裁据定书和复议决定书署法院的名，加盖法院公章。

第九节 涉外民事案件专用文书

涉外民事案件专用文书，是当事人在中华人民共和国领域内进行涉外诉讼，人民法院按照《民事诉讼法》关于涉外民事诉讼程序的特别规定，对审理终结的涉外民事案件依法制作和使用的特有的文书。所谓涉外民事案件，是指当事人一方或者双方是外国人、无国籍人、外国企业或者组织，或者当事人之间民事法律关系的设立、变更、终止的法律事实发生在外国，或者诉讼标的物在外国的民事案件。

按照《法院诉讼文书样式（试行）》的规定，涉外民事案件使用的专用文书有：民事裁定书、执行令、通知书、公告、委托书和请求书等共计18种。本节重点讲授中级以上人民法院常用的5种主要诉讼文书。

一、涉外民事裁定书

涉外民事裁定书，是人民法院依照关于涉外民事诉讼程序的特别规定，审理涉外民事案件，就程序问题作出的书面决定。

承认和执行外国法院的判决或者裁定，是司法协助的一种，称为特殊的司法协助。人民法院受理当事人申请或者外国法院请求承认和执行外国法院作出的发生法律效力的判决、裁定后，应当根据我国法律规定的承认外国法院判执效力的条件，认真进行审查，并依法作出承认或者不承认其效力的裁定。《民事诉讼法》第282条规定："人民法院对申请或者请求承认和执行的外国法院作出的发生法律教力的判决、裁定，依照中华人民共和国缔结或者参加的国际条约，或者按照互惠原则进行审查后，认为不违反中华人民共和国法律的基本原则或者国家主权、安全、社会公共利益的，裁定承认其效力。需要执行的，发出执行令，依照本法的有关规定执行。违反中华人民共和国法律的基本原则或者国家主权、安全、社会公共利益的，不予承认和执行。"

用本国法院的裁定承认和执行外国法院的判决、裁定是国际上的通例。从执行的内容看，虽然是外国法院判决、裁定的结果，但它是经过我国法院以裁定的形式予以承认的。从一定意义上讲，执行的根据仍然是我国法院的裁定书，而不是外国的司法文书。这不是形式问题，而是国家主权原则的体现。因此，制作对当事人申请或者外国法院请求承认和执行外国法院判决、裁定效力的民事裁定书，具有积极的意义。

裁定书由首部、正文和尾部组成。

（一）首部

1. 制作文书的机关要冠以"中华人民共和国"的国名。按照规定，涉港、澳、台地区民事案件的裁判文书可以参照涉外民事裁判文书制作。但制作涉港、澳、台地区民事裁判文书，无须冠以"中华人民共和国"的国名，因为内地与香港特别行政区、澳门特别行政区和我国台湾地区同属一个中国。

2. 当事人的身份事项。凡涉及外国人姓名、外国企业和其他组织名称、机关名称以及国籍等，均应用括号注明外文。

3. 申请或者请求承认外国法院判决、裁定的由来。如系当事人直接向有管辖权的中级人民法院申请的，表述为：

"××××年××月××日，申请人×××向本院提自申请，要求承认××国×××法院（或者裁判所）对………（写明当事人姓名或者名称和案由）一案于××××年××月××日作出的第×号判决（或者裁定）。该判决（或者裁定）结果是：………[写明判决（或者裁定）结果的全文]。"

如系外国法院请求的，表述为：

"××××年××月××日，××国×××法院（或者裁判所）请求本院承认其对 （写明当事人姓名或者名称和案由）一案于××××年××月××日作出的第×号判决（或者裁定）。该判决（或者裁定）结果是：………[写明判决（或者裁定）结果的全文]。"

根据《民事诉讼法》第18条第（一）项的规定，中级人民法院有权管辖"重大涉外案件"。按照最高人民法院的解释，所谓重大涉外案件，是指争议标的额大，或者案件复杂，或者居住在国外的当事人人数众多的涉外案件。我国加入WTO后，为了依法及时公正地审理涉外民商事案件，切实保护中外当事人的合法权益，最高人民法院根据《民事诉讼法》第18条第（三）项关于"最高人民法院确定由中级人民法院管辖的案件"的规定，于2001年12月15日作出了《关于涉外民商事案件诉讼管辖若干问题的规定》，并决定于2002年3月1日起施行。主要内容为：

1. 第一审涉外民商事案件由下列人民法院管辖：（1）国务院批准设立的经济技术开发区人民法院；（2）省会、自治区首府、直辖市所在地的中级人民法院；（3）经济特区、计划单列市中级人民法院；（4）最高人民法院指定的其他中级人民法院；（5）高级人民法院。上述中级人民法院的区域管辖范围由所在地的高级人民法院确定。

2. 对国务院批准设立的经济技术开发区人民法院所作的第一审判决、裁定不服的，其第二审由所在地中级人民法院管辖。

3. 本规定适用于下列案件：（1）涉外合同和侵权纠纷案件；（2）信用证纠纷案件；（3）申请撤销、承认与强制执行国际仲裁裁决的案件；（4）审查有关涉外民商事仲裁条款效力的案件；（5）申请承认和强制执行外国法院民商事判决、裁定的案件。

4. 发生在与外国接壤的边境省份的边境贸易纠纷案件、涉外房地产案件和涉外知识产权案件，不适用本规定。

5. 涉及香港、澳门特别行政区和我国台湾地区当事人的民商事纠纷案件的管辖，参照本规定处理。

对涉外民商事案件实行集中管辖，是最高人民法院为适应"入世"后面临的新形势而采取的一项重要改革措施；是优化案件管辖，充分发挥审判效能所作出的一项重要决策。

（二）正文

写明经审查是否符合我国法律规定的承认外国法院判决、裁定效力的条件、裁定的法律依据和裁定结果。具体可表述为：

"本院经审查认为：××国×××法院（或者裁判所）对上述案件的第×号判决（或者裁定），符合（或者不符合）我国法律规定的承认外国法院判决、裁定效力的条件。依照……（写明裁定所依据的法律条款项）的规定，裁定如下：

对××国×××法院（或者裁判所）第×号判决（或者裁定）的法律效力予以承认（或者不予承认）。"

二、执行令

执行令是人民法院依照《民事诉讼法》关于涉外民事诉讼程序的特别规定，根据申请人的申请或者外国法院的请求，作出承认外国法院判决、裁定的法律效力的裁定后，对于该判决、裁定内容的执行事项发出的书面命令。

对于外国法院的判决、裁定，并不都是执行的问题，有的就只是承认的问题，如对准予离婚或者准予解除收养关系的判决的承认；唯有有给付内容的裁判，如遗产继承、拖欠货款等，才产生执行的问题。但承认是执行的前提，只有承认外国法院判决、裁定的法律效力，才谈得上执行的问题。因此，人民法院发出执行令，是以承认该国法院的判决或者裁定的法律效力为基础的。

正文部分包括执行由来、执行根据和发出执行令的法律依据以及执行令的具体内容。表述为：

"申请人×××向本院申请承认和执行××国×××法院（或者××国×××法院请求本院承认和执行）对……（写明当事人姓名或者名称和案由）一案于××××年××月××日作出的第×号判决（或者裁定）。本院已于××××年××月××日作出〔××××〕×民字第×号裁定，承认该判决（或者裁定）的法律效力。对于该判决（或者裁定）内容的执行事项，本院依照《中华人民共和国民事诉讼法》第二百六十八条的规定，发出如下执行令：

……（写明执行的具体内容）。"

三、涉外公告

涉外民事诉讼公告，是人民法院受理涉外民事案件后，因无法直接送达而依法以登报公告或者张贴公告的方式，向当事人送达诉讼文书时发出的公开告示。

《民事诉讼法》在涉外民事诉讼程序的特别规定中，对在中华人民共和国领域内没有住所的当事人送达诉讼文书的方式作了专门规定。《民事诉讼法》第267条第（八）项明确规定，不能用通过外交途径等方式送达的，公告送达。自公告之日起满3个月，即视为送达。这是制作涉外公告的法律依据。这类公告有：送达起诉状副本公告、送达一审裁判文书公告、送达上诉状副本公告、送达终审判决公告。

公告的首部包括制作文书的机关名称、文书名称、受送达人及其身份事项。

正文部分的内容视送达的法律文书而定。

1. 送达起诉状副本的,表述为:

"原告×××向本院起诉,请求……(写明诉讼请求内容)。现将原告的上述请求,作为起诉状副本向你公告送达。自公告之日起满三个月,即视为送达。公告送达期届满后再经过30日答辩期,如果你届时未提出答辩状和副本,本院将依法审判。"

2. 送达一审判决书、裁定书的,表述为:

"本院于×××年××月××日对×××与你……(写明案由)一案,依法作出〔××××〕×民初字第×号民事判决(或者裁定),……(写明裁判结果的原文)。

现将上述判决(或者裁定)内容作为判决书(或者裁定书)正本向你公告送达。自公告之日起满三个月,即视为送达。如不服本判决,可在公告送达期届满后三十日内向本院提交上诉状和副本×份,上诉于×××人民法院。"

如系采用在法院公告栏或者受送达人原住所地张贴方式送达一审判决书或者裁定书的,也可以将判决书或者裁定书正本全文张贴在公告栏或原住所地。

3. 送达上诉状副本的,表述为:

"本院于×××年××月××日对×××与你……(写明案由)一案,依法作出〔××××〕×民初字第×号民事判决(或者裁定)。×××不服,提起上诉,请求……(写明上诉请求的内容)。现将上述请求作为上诉状副本向你公告送达。自公告之日起满三个月,即视为送达。公告送达期届满后再经过三十日答辩期,如果你届时未提出答辩状和副本,本院即依法将本案报送××人民法院审判。"

4. 送达终审判决的,表述为:

"本院于×××年××月××日对×××与你……(写明案由)一案,依法作出〔××××〕×民终字第×号民事判决,……(写明判决结果的原文)。现将上述判决内容作为判决书正本向你公告送达。自公告之日起满六个月,即视为送达。"

根据最高人民法院《关于适用〈中华人民共和国民事诉讼法〉若干问题的意见》,对不在我国领域内居住的被告,经公告送达起诉状或者传唤,公告期届满不应诉,人民法院缺席判决后,仍应将裁判文书依照《民事诉讼法》第267条第(八)项的规定公告送达。自公告送达裁判文书满3个月的次日起,经过30日的上诉期,当事人没有上诉的,一审判决即发生法律效力。

采用张贴方式送达终审判决书的,也可以将判决书正本全文张贴在法院公告栏或者当事人原住所地。

尾部写明发出公告的年月日，盖院印。并在年月日的左下方，在"公告方式及有关情况"栏内，如系采用登报方式公告的，应当写明登载公告的报刊名称、时间、版面，并剪贴报样；如系采用张贴方式公告的，应当记明张贴公告的时间、地点等。但上述内容只在公告原本上写明。在上项的右下方，分别由公告的签发人和案件经办人在原本上签名。

四、委托书

涉外民事诉讼委托书，是人民法院依照《民事诉讼法》关于涉外民事诉讼程序的特别规定，审理涉外民事案件，委托中华人民共和国驻外使领馆，向具有中华人民共和国国籍的当事人代为送达诉讼文书、代为询问、代为调查等诉讼事项而出具的文书。

委托书的首部除写明制作文书的机关名称和文书名称、文书编号外，还应写明我国驻外使领馆的名称。正文部分表述为：

"我院受理……（写明当事人姓名和案由）一案，因×××……（写明性别和年龄）居住在××国……（详细写明在该国的具体地址，并用括号注明外文地址），特委托贵馆……（写明委托代为办理的事项和要求）。"

需要注意的是，委托代为办理的事项和请求，要写得明确、具体。例如，委托代为送达诉讼文书的，写明：

"请代向×××（姓名）送达应诉通知书、起诉状副本各一份，由送达人和受送达人在送达回证上签名后，将送达回证寄回我院；不能送达的，请注明原因退回。"

委托代为询问（或者调查）的，写明：

"请按照所附询问提纲（或者调查提纲）进行询问（或者调查），由询问人（或者调查人）制成笔录，并由询问人、被询问人（或者调查人、被调查人）在笔录上签名后，将笔录寄回我院；不能代办的，请注明原因退回。"

尾部写发出委托书的年月日，盖院印，并附上送达的诉讼文书或者代为询问、代为调查的附件。附件应当具体写明文书名称和件数。

五、请求书

请求书是人民法院依照《民事诉讼法》关于涉外民事诉讼程序的特别规定，审理涉外民事案件，根据中外司法协助的有关规定，需要请求外国法院提供司法协助，代为诉讼事项而制作的文书。

请求书的首部，写文书的名称"请求书"和外国法院的称谓"××国×

第八章 民事裁判文书

××法院（或者裁判所）"。正文部分表述为：

"我院受理的……（写明当事人的姓名和案由）一案，因×××……（括注其性别、年龄、国籍）居住在贵国……（详细写明在该国的地址），特请贵院（或者贵所）代为向他送达……（写明司法文书名称）。送达后，请将送达回证退回我院（请求调查取证的可写"特请贵院代为向×××调查取证，并请将调查笔录和所取证据寄回我院"）。"

尾部写明发出请求书的时间，盖院印；写明附件。

依照《民事诉讼法》的规定，请求书及其附件，应当附有该国文字译本或者国际条约规定的其他文字文本。因此，应当按上述请求书的内容和格式，译为受委托法院所在国的文字或者经其同意使用的第三国文字，并加盖院印。请求书所附文件，应当具体写明司法文书的名称和件数。请求书应加封签，并在封签上加盖钢印。

根据中外司法协助的有关规定，我国法院托请外国法院代为一定的诉讼行为，除托请代为送达诉讼文书、调查取证外，还有托请协助执行等。其请求书可以参照本样式拟制。

根据中外司法协助的有关规定，我国法院请求外国法院提供司法协助的请求书，须通过外交途径，由我国外交部领事司转送，还须出具"托请转送请求书"函件；如果通过约定的中央机关（如中法司法协助协会）代转，也须出具"托请转送请求书函"。

本章习题

一、单项选择题

1. 人民法院在审理民事案件或者在民事判决执行过程中，为解决程序问题而作出的书面决定是（　　）。
   A. 民事判决书　　　　　　　　B. 民事调解书
   C. 民事裁定书　　　　　　　　D. 民事决定书

2. 人民法院依照审判监督程序进行再审、提审的民事案件，在判决书的主文之后，不写（　　）。
   A. 诉讼费用的负担　　　　　　B. 书记员姓名
   C. 日期　　　　　　　　　　　D. 合议庭成员姓名

3. 第一审民事判决书的编号由（　　）组成。

A. 年度、制作法院、案件性质、审理程序、顺序号
B. 年度、制作法院、审理程序、案件性质、顺序号
C. 制作法院、审理程序、案件性质、年度、顺序号
D. 制作法院、案件性质、审理程序、年度、顺序号

4. 第二审人民法院对上诉的民事案件审理终结后应当制作的文书的名称是（　　）。

A. 民事判决书　　　　　　　B. 第二审民事判决书
C. 民事裁定书　　　　　　　D. 民事决定书

5. "如不服本判决，可在判决书送达之日起15日内，向本院递交上诉状，并按对方当事人的人数提出副本，上诉于××人民法院"。这一段交代上诉事项的行文是（　　）中的规范用语。

A. 刑事判决书　　　　　　　B. 民事判决书
C. 行政判决书　　　　　　　D. 民事判决书和行政判决书

6. 第一审民事调解书在（　　）后发生法律效力。

A. 审判人员签署　　　　　　B. 人民法院打印
C. 人民法院送达　　　　　　D. 双方当事人签收

7. 在涉外民事裁定书中，当事人的身份事项，凡涉及外国人的姓名、外国企业和组织的名称、机关名称以及国名．国籍等，书写时应（　　）。

A. 写该国官方文字　　　　　B. 写该国官方文字，之后括注汉字
C. 写汉字　　　　　　　　　D. 写汉字，之后括注该国官方文字

二、多项选择题

1. 再审民事裁定书适用范围包括（　　）。

A. 中止诉讼和终结诉讼　　　B. 财产保全和先予执行
C. 补正判决书中的失误　　　D. 按照审判监督程序决定再审

2. 民事决定书的适用范围有（　　）。

A. 是否准予回避　　　　　　B. 民事罚款
C. 民事拘留　　　D. 不予受理　　　E. 财产保全

3. 在什么情况下，仲裁庭作出的裁决书需要补正？（　　）

A. 裁决书中发现有文字排印错误
B. 裁决书中发现有计算错误
C. 裁决书中没有写上争议事实和裁决理由
D. 持不同意见的仲裁员没有签名

三、根据下列案情拟写一份第一审民事判决书。

沈某与刘某 2010 年 10 月 13 日登记结婚，于 2012 年 4 月 6 日取得生育证明。2012 年 8 月，夫妻两人因"原发性不孕症、外院反复促排卵及人工授精失败"，要求在南京市鼓楼医院施行体外受精—胚胎移植助孕手术。鼓楼医院在治疗过程中，获卵 15 枚，受精 13 枚，分裂 13 枚。取卵后 72 小时为预防卵巢过度刺激综合征，鼓楼医院未对刘某进行新鲜胚胎移植，而是当天冷冻 4 枚受精胚胎在鼓楼医院生殖中心冷冻保存。其间，刘某与医院签订《辅助生殖染色体诊断知情同意书》，夫妻俩后又签订《配子、胚胎去向知情同意书》《胚胎和囊胚冷冻、解冻及移植知情同意书》等，鼓楼医院还明确，胚胎不能无限期保存，并强调冷冻保存期限为一年，首次费用为三个月，如需继续冷冻，需补交费用，逾期不予保存；如果超过保存期，沈某、刘某选择同意将胚胎丢弃。

2013 年 3 月 20 日深夜，沈某驾驶车辆发生侧翻撞到树木，妻子当日死亡，沈某也经抢救无效 5 天后死亡。此后，双方父母因处理冷冻胚胎事宜发生争执，原告沈某父母认为，依据风俗习惯，作为儿子生命延续的标志，在医院冷冻的胚胎应当由原告来监管和处置。被告刘某父母则认为，胚胎系他们的女儿留下的唯一东西，要求处置权归其夫妻所有。双方争执不下遂诉至法院。

一审法院判决驳回了原被告的诉讼请求，认为，含有未来生命特征的特殊之物，不能像一般之物一样任意转让或继承，依法不能成为继承的标的，以及施行体外受精—胚胎移植手术的夫妻已经死亡，其留下的胚胎所享有的受限制的权利不能被继承。

注：①文书编号统一为"第 1 号"。
　　②文书日期统一为"××××年××月××日"。

第九章　行政裁判文书

　　如果行政权力的膨胀是现代社会不可豁免的宿命，那么为了取得社会的平衡，一方面务必让政治充分反映民众的意愿，另一方面在法的体系中就应最大限度地尊重个人的主体性，使他们能够与过分膨胀的行政权力相抗衡。

——法　谚

【内容提要】

　　行政裁判文书包括行政判决书和行政裁定书。行政裁判文书以第一审行政判决书为重点。第一审行政判决书由首部、正文和尾部组成。制作时要深刻理解和把握其制作要点及方法。第二审行政判决书和再审行政判决书均以第一审行政判决书为基础，并为适应不同审级或处理结果的需要进行了必要的改变。行政裁定书主要针对程序事项，涵盖的内容比较少，制作相对容易，本部分重点介绍常用行政裁判文书的概念和主要制作方法。

第一节　行政判决书概述

一、行政判决书的概念

　　行政判决书，是人民法院在对行政案件审理终结后，依照法律和行政法规、地方性法规，参照行政规章，就案件的实体问题作出处理决定的具有法律效力的文书。

　　《行政诉讼法》第1条规定，为保证人民法院公正、及时审理行政案件，解决行政争议，保护公民、法人和其他组织的合法权益，监督行政机关依法行使行政职权，根据宪法，制定行政诉讼法。行政诉讼法是继我国刑事诉讼法和民事诉讼法之后，建立的又一个重要诉讼制度，随之产生了相应的行政审判文书。

　　依据审判程序进行分类，行政判决书可以分为第一审行政判决书、第二审行政判决书和审判监督行政判决书。

二、行政判决书适用范围

《行政诉讼法》第 12 条规定，人民法院受理公民、法人或者其他组织对下列行政行为不服提起的诉讼：

（1）对行政拘留、暂扣或者吊销许可证和执照、责令停产停业、没收违法所得、没收非法财物、罚款、警告等行政处罚不服的；

（2）对限制人身自由或者对财产的查封、扣押、冻结等行政强制措施和行政强制执行不服的；

（3）申请行政许可，行政机关拒绝或者在法定期限内不予答复，或者对行政机关作出的有关行政许可的其他决定不服的；

（4）对行政机关作出的关于确认土地、矿藏、水流、森林、山岭、草原、荒地、滩涂、海域等自然资源的所有权或者使用权的决定不服的；

（5）对征收、征用决定及其补偿决定不服的；

（6）申请行政机关履行保护人身权、财产权等合法权益的法定职责，行政机关拒绝履行或者不予答复的；

（7）认为行政机关侵犯其经营自主权或者农村土地承包经营权、农村土地经营权的；

（8）认为行政机关滥用行政权力排除或者限制竞争的；

（9）认为行政机关违法集资、摊派费用或者违法要求履行其他义务的；

（10）认为行政机关没有依法支付抚恤金、最低生活保障待遇或者社会保险待遇的；

（11）认为行政机关不依法履行、未按照约定履行或者违法变更、解除政府特许经营协议、土地房屋征收补偿协议等协议的；

（12）认为行政机关侵犯其他人身权、财产权等合法权益的。

除前款规定外，人民法院受理法律、法规规定可以提起诉讼的其他行政案件。

根据上述规定，我国法院行政判决书适用于因具体行政行为引起的行政案件。

第二节　第一审行政判决书

一、第一审行政判决书的概念

第一审行政判决书是指第一审人民法院受理行政案件后，按照行政诉讼法的规定程序审理终结，依照法律和行政法规、地方性法规、参照行政规章，就案件实体问题作出的书面处理决定。

《行政诉讼法》第69条规定，行政行为证据确凿，适用法律、法规正确，符合法定程序的，或者原告申请被告履行法定职责或者给付义务理由不成立的，人民法院判决驳回原告的诉讼请求。

第70条规定，行政行为有下列情形之一的，人民法院判决撤销或者部分撤销，并可以判决被告重新作出行政行为：主要证据不足的；适用法律、法规错误的；违反法定程序的；超越职权的；滥用职权的；明显不当的。

第72条规定，人民法院经过审理，查明被告不履行法定职责的，判决被告在一定期限内履行。

第77条规定，行政处罚明显不当，或者其他行政行为涉及对款额的确定、认定确有错误的，人民法院可以判决变更。

人民法院判决变更，不得加重原告的义务或者减损原告的权益。但利害关系人同为原告，且诉讼请求相反的除外。

一审行政判决书就是根据第69条、第70条、第72条和第77条的规定而制作的，其核心内容需围绕以上法律规定展开。行政诉讼案件多为"民告官"案件，依法制作第一审行政判决书可以保护公民、法人和其他组织的合法权益，维护和监督行政机关依法行使职权。

二、第一审作为类行政判决书

（一）格式

×××人民法院
行政判决书
〔××××〕××行初字第×号

原告……（写明姓名或名称等基本情况）
法定代表人……（写明姓名、性别和职务）
委托代理人（或指定代理人、法定代理人）……（写明姓名等基本情况）。

被告……（写明行政主体名称和所在地址）
法定代表人……（写明姓名、性别和职务）
委托代理人……（写明姓名等基本情况）
第三人……（写明姓名或名称等基本情况）
法定代表人……（写明姓名、性别和职务）

第九章 行政裁判文书

　　委托代理人（或指定代理人、法定代理人）……（写明姓名等基本情况）。

　　原告×××不服×××（行政主体名称）……（具体行政行为），于×××年××月××日向本院提起行政诉讼。本院于×××年××月××日受理后，于×××年××月××日向被告送达了起诉状副本及应诉通知书。本院依法组成合议庭，于×××年××月××日公开（或不公开）开庭审理了本案。……（写明到庭参加庭审活动的当事人、诉讼代理人、证人、鉴定人、勘验人和翻译人员等）到庭参加诉讼。……（写明发生的其他重要程序活动，如被批准延长本案审理期限等情况）。本案现已审理终结。

　　被告×××（行政主体名称）……（写明作出具体行政行为的行政程序）于×××年××月××日对原告作出第×号××决定（或其他名称），……（详细写明被诉具体行政行为认定的事实、适用的法律规范和处理的内容）。被告于×××年××月××日向本院提供了作出被诉具体行政行为的证据、依据（若有经法院批准延期提供证据的情况，应当予以说明）：①……（证据的名称及内容等）证明……（写明证据的证明目的，可以按被告举证顺序，归类概括证明目的）。②……（可以根据案情，从法定职权、执法程序、认定事实、适用法律等方面，分类列举有关证据和依据；或者综合列举证据，略写无争议部分）。

　　原告×××诉称，……（概括写明原告的诉讼请求及理由，原告提供的证据）。

　　被告×××辩称，……（概括写明被告答辩的主要理由和要求）。

　　第三人×××述称，……（概括写明第三人的主要意见，第三人提供的证据）。

　　本院依法（或依原告、第三人的申请）调取了以下证据：……

　　经庭审质证（或交换证据），本院对以下证据作如下确认：……

　　经审理查明，……（经审理查明的案件事实内容）

　　本院认为，……（运用行政实体及程序法律规范，对具体行政行为合法性进行分析论证，对各方当事人的诉讼理由逐一分析，论证是否成立，表明是否予以支持或采纳，并说明理由）。依照……（写明判决依据的行政诉讼法以及相关司法解释的条、款、项）之规定，判决如下：

　　……（写明判决结果），分以下九种情况：

　　第一，维持被诉具体行政行为的，写明：

维持（行政主体名称）××××年××月××日作出的〔××××〕××字第×号……（具体行政行为名称）。

第二，撤销被诉具体行政行为的，写明：

一、撤销（行政主体名称）××××年××月××日作出的〔××××〕××字第×号……（具体行政行为名称）。

二、责令（行政主体名称）在××日内重新作出具体行政行为（不需要重作的，此项不写；不宜限定期限的，期限不写）。

第三，部分撤销被诉具体行政行为的，写明：

一、维持（行政主体名称）××××年××月××日作出的〔××××〕××字第×号……（具体行政行为名称）的第×项，即……（写明维持的具体内容）。

二、撤销（行政主体名称）××××年××月××日〔××××〕××字第×号……（具体行政行为名称）的第×项，即……（写明撤销的具体内容）。

三、责令（行政主体名称）在××日内重新作出具体行政行为（不需要重作的，此项不写；不宜限定期限的，期限不写）。

第四，判决变更行政处罚的，写明：

变更（行政主体名称）××××年××月××日作出的〔××××〕××字第×号行政处罚决定（或行政复议决定，或属行政处罚等性质的其他具体行政行为），改为……（写明变更内容）。

第五，驳回原告诉讼请求的，写明：

驳回原告要求撤销（或变更、确认违法等）×××（行政主体名称）××××年××月××日作出的〔××××〕××字第×号……（具体行政行为名称）的诉讼请求。

第六，确认被诉具体行政行为合法或有效的，写明：

确认×××（行政主体名称）××××年××月××日作出的〔××××〕××字第×号……（具体行政行为名称）合法（或有效）。

第七，确认被诉具体行政行为违法（或无效）的，写明：

一、确认×××（行政主体名称）××××年××月××日作出的〔××××〕××字第×号……（具体行政行为名称）违法（或无效）。

二、责令×××在……（限定的期限）内，……（写明采取的补救措施。不需要采取补救措施的，此项不写）。

第八，驳回原告赔偿请求的，写明：

第九章 行政裁判文书

> 驳回原告×××关于……（赔偿请求事项）的赔偿请求。
> 第九，判决被告予以赔偿的，写明：
> ×××（行政主体名称）于本判决生效之日起××日内赔偿原告×××……（写明赔偿的金额）。
> ……（写明诉讼费用的负担）。
> 如不服本判决，可在判决书送达之日起十五日内提起上诉，向本院递交上诉状，并按对方当事人的人数递交上诉状副本，上诉于××××人民法院。
>
> 　　　　　　　　　　　　　　　　　　　审判长　×××
> 　　　　　　　　　　　　　　　　　　　审判员　×××
> 　　　　　　　　　　　　　　　　　　　审判员　×××
> 　　　　　　　　　　　　　　　　　××××年××月××日
> 　　　　　　　　　　　　　　　　　　　（院印）
>
> 本件与原本核对无异
> 　　　　　　　　　　　　　　　　　　　书记员　×××
>
> 附录：（根据案件需要，可以通过附录形式载明判决书的有关内容）

（二）内容及制作方法

第一审行政判决书分为首部、事实、理由、判决结果和尾部五部分。

1. 首部

首部应依次写明标题、案号、当事人及其诉讼代理人的基本情况以及案件由来、审判组织和开庭审理过程等。

（1）标题。由制作机关、案件性质、文书种类三大要素组成。其中对县、县级市的人民法院要冠以省、自治区名；对市辖区的基层人民法院，可按照最高人民法院制发的印章冠名；地区、地级市中级人民法院一般不冠以省、自治区名。各级人民法院在判处涉外案件时都必须冠以"中华人民共和国"的国名。分两行书写，如"中华人民共和国×××高级人民法院""行政判决书"。

（2）案号。案号是不同案件的序列编号，应贯彻一案一号的原则。案号由立案年度、法院简称、案件性质、审判程序的代字和案件顺序号组成。其中，法院简称应与行政区划的简称一致。案件性质简称"行"。例如，××市天明区人民法院2014年第1号一审行政案件，表述为"〔2014〕天行初字第1号"。

（3）诉讼参加人的基本情况。提起行政诉讼的原告包括公民、法人或其他组织。先列原告，再列被告，最后写第三人。如果这些人有法定代理人、指定代理人或委托代理人的,分别将他们写在原告、被告、第三人的下一行。

原告、被告、第三人基本情况的书写有以下几种情况:

原告是公民的,写明姓名、性别、出生年月日、民族、籍贯和住址,公民的住址应写住所地,住所地和经常居住地不一致的,写经常居住地。原告是法人的,写明法人的名称和所在地址,并另起一行写明法定代表人及其姓名、性别和职务等。原告是不具备法人资格的其他组织的,写明其名称或字号和所在地址,并另起一行写明诉讼代表人及其姓名、性别和职务。原告是个体工商户的,写明业主的姓名、性别、出生年月日、民族、籍贯、住址;起有字号的,在其姓名之后用括号注明"系……(字号)业主"。原告是无诉讼行为能力的公民的,除写明原告本人的基本情况外,还应列项写明其法定代理人或指定代理人的姓名、性别、住址,及其与被代理人的关系,并在姓名后括注其与原告的关系。

共同诉讼案件,推选或指定诉讼代表人的,在原告身份事项之后写明"原告即诉讼代表人……",并写明诉讼代表人的基本情况,格式与原告基本情况相同。如涉及原告人数众多的,可在首部仅列明诉讼代表人基本情况,原告名单及其基本身份情况可列入判决书附录部分。

行政判决书中的被告,应写明被诉的行政主体名称、所在地址;另起一行列项写明法定代表人或诉讼代表人姓名、性别和职务;再起一行列写委托代理人的基本事项。

有第三人参加诉讼的,第三人列在被告之后,第三人基本情况的写法同上。

(4) 案由。包括案件由来、审判组织和开庭审理过程,以表明和便于检查该案在审判程序上是否合法。这项内容主要书写本案经过的审判程序,以体现审判程序的合法性,审判活动公开和透明。如有第三人参加诉讼,可选择使用"因×××与本案被诉具体行政行为有法律上的利害关系,本院依法通知其为第三人参加诉讼(公民、法人或者其他组织申请作为第三人参加诉讼的写:因×××与本案被诉具体行政行为有法律上的利害关系,经×××申请,本院依法准许其为第三人参加诉讼)"的格式。如当事人经两次合法传唤无正当理由未到庭的,应当写明"×告××经本院两次合法传唤,无正当理由拒不到庭"。进行证据交换的应写明"本院于×××年××月××日组织原、被告及第三人进行了证据交换,并送达了证据清单副本"。如有被批准延长审理期限情况,应写明批准延长审理期限批复的文号。不公开开庭审理的,应写明不予公开的理由。有关程序活动可根据时间节点的先后顺序表明。

2. 事实

行政诉讼是以原告不服行政机关的具体行政行为为前提的，事实部分应写明当事人行政争议的内容，以及经法院审理确认的事实和证据。

(1) 详细叙述被告实施具体行政行为的行政程序和具体行政行为的主要内容（包括认定的事实、适用的法律规范和处理结果），使需要进行合法性审查的"事实"得到充分展示。如果被诉行政行为系非要式行为，可结合被告作出行政行为时的内部报告或庭审中双方认可的结论确定具体行政行为的内容。

(2) 根据《行政诉讼法》及最高人民法院《关于行政诉讼证据若干问题的规定》的规定，被告对作出的具体行政行为负有举证责任。为了突出这一原则，在被诉具体行政行为得到展示之后，随之需将被告主张被诉具体行政行为合法性的证据一一列举在后。列举的证据应写明证据的名称及内容，写明证据的证明目的（可以按被告举证顺序，归类概括证明目的；也可以根据案情，从法定职权、执法程序、认定事实、适用法律等方面，分类列举有关证据和依据；还可以综合列举证据，略写无争议部分）。为体现被告必须在法定期限内向法院提供证据的要求，应当写明被告提供证据的时间。对经法院批准延期提供证据的，应当予以说明。

(3) 简明扼要地写明原告的诉讼请求及理由，避免照抄起诉状或者详细叙述诉讼请求中的具体理由。在原告诉讼请求之后，写明原告提供的证据。如有第三人参加诉讼，概括写明第三人的意见和其提供的证据。

(4) 概述被告的答辩理由和要求，注意避免与已有内容的重复。

(5) 对法院依职权或者原告、第三人的申请而调取证据的，应当予以说明。

(6) 在事实部分需要注意的是：①判决书应反映当事人的法庭质证意见和法院认证的动态过程。②制作判决书时，案件在实体上已经审理终结，制作者应合理确定写作章法，对庭审过程的表述切忌事无巨细，要做到有所侧重。拟判决撤销的案件，可在事实及理由中重点表述违法部分，其余部分可简略或省略。如审查的结果是被告缺乏职权依据的情况，可考虑只写明对法定职权的审查，并辅以相关的法理论证，而对被诉行政行为的执法程序、认定事实、适用法律等方面的问题不必再赘述。③根据最高人民法院《关于行政诉讼证据若干问题的规定》第54条规定，法院的认证应从证据的关联性、合法性、真实性来阐述说明。对争议的问题，应当遵循法官职业道德，根据法律规定，运用逻辑推理和生活经验进行全面、客观、公正地分析判断，确定证据材料与案件事实之间的证明关系，排除不具有关联性的证据材料，准确认定案件事实。

④通过庭审质证或交换证据，如果被告对原告诉讼理由中予以认可的部分与法院审查的事实相一致，则只需说明即可；如果不一致，且影响被诉具体行政行为合法性成立的，应当在质证后，再对这一部分事实的合法性进行认证。⑤根据《行政诉讼法》第49条和最高人民法院《关于行政诉讼证据若干问题的规定》第4条的规定，公民、法人或者其他组织向人民法院起诉时，应当提供其符合起诉条件的相应的证据材料。对原告是否符合起诉条件进行开庭审理的，应在判决书中写明审理、质证的情况。如需要时，可以在判决书中对此予以交代："原告起诉时，提供了……证据材料，以证明……（主要写明原告证明被诉具体行政行为客观存在，其起诉符合起诉条件的内容）"。⑥对于被告未提供证据的，应使用"被告×××在法定期限内未向本院提交作出具体行政行为时的证据、依据"的格式；被告逾期提交的，需说明法院收受或不收受证据的依据和理由；被告申请延期提供证据的，则写"被告以××为由，于××××年××月××日向本院提出延期提供证据的书面申请，经本院准许，被告于××××年××月××日提供了证据"。⑦如有法院依职权（或者依原告、第三人申请）调取证据的情况，则须写明被调取证据的名称、证明目的和双方当事人（或者第三人）的观点；如果法院不准许调取的或者经调取未能取得相应证据的，亦应予说明。法院根据原告或第三人的申请而调取的证据，应作为原告或第三人的证据，在庭审质证表述中，可分别归于原告或第三人提供的证据作为质证内容。⑧对于根据原告（或者第三人、被告）的申请，委托鉴定部门进行鉴定的，须写明鉴定部门、鉴定事项和鉴定结论以及双方当事人（或者第三人）的意见。⑨事实表述时，应注意保守国家机密，保护当事人的声誉。

3. 理由

应写明判决所根据的事理、法理和所依据的法律、法规条文。针对行政诉讼的特点，理由部分要根据查明的事实和有关法律、法规和法学理论，采用议论的表达方式就行政主体所作的具体行政行为是否合法、原告的诉讼请求是否有理由进行分析论证，阐明判决的理由。

论述被诉具体行政行为的合法性，包括：（1）被告是否具有法定职权；（2）被诉具体行政行为是否符合法定程序；（3）被诉具体行政行为认定事实是否清楚，主要证据是否充分；（4）适用法律、法规、司法解释、规章以及其他规范性文件是否正确；（5）被告是否超越职权、滥用职权，行政处罚是否显失公正。

围绕法律规范展开法律分析，对法律条文的援引要做到准确。根据行政诉讼法和最高人民法院《关于执行〈中华人民共和国行政诉讼法〉若干问题的

第九章 行政裁判文书

解释》的规定,审理行政案件应以法律、行政法规、地方性法规、自治条例和单行条例为依据,参照国务院各部、委以及省、自治区、直辖市人民政府和较大市人民政府制定、发布的行政规章。如果被诉行政机关与受诉人民法院不在同一地区,应当以作出具体行政行为的行政机关依法所适用的地方性法规为依据。

在最终判决依据的适用上,应分别适用《行政诉讼法》第 69 条、第 70 条、第 72 条和第 77 条的规定以及相关司法解释的规定,在引用时要写明具体规定的条、款、项、目。

4. 判决结果

是人民法院对被诉的具体行政行为是否合法进行审查后,依据查明的事实、证据和单行法律、法规或参照规章,对当事人之间的行政诉讼争议作出的实体结论。

根据《行政诉讼法》第 69 条、第 70 条、第 72 条和第 77 条的规定,一审行政判决可分为维持判决、撤销或者部分撤销判决、变更判决、确认判决及驳回诉讼请求判决等情形。对原告一并提出行政赔偿诉讼、经法院审查认为可以合并审理的案件,可以在判决书中将行政赔偿作为原告的一个诉讼请求来处理,在判决结果上分为"驳回原告赔偿请求"和"判决被告予以赔偿"两种情况。九种判决结果内容详见格式部分的表述。

5. 尾部

尾部包括下列内容:

(1)写明诉讼费的负担。根据我国《行政诉讼法》第 102 条规定,诉讼费由败诉方承担,双方都有责任的由双方分担。书写时应分别写明各种诉讼费用的名称、金额,明确各方(或一方)负担的金额。

(2)说明上诉的权利。这是固定句式,包括上诉期限、提交的诉状及其副本和上诉的法院名称。

(3)审理本案的审判长、审判员署名。根据我国《行政诉讼法》第 68 条规定:"人民法院审理行政案件,由审判员组成合议庭,或者由审判员、陪审员组成合议庭。合议庭的成员,应当是三人以上的单数。"

(4)署名、加盖人民法院印章。

(5)说明"本件与原本核对无异"。

(6)书记员署名。

(三) 实例阅读

辽宁省葫芦岛市中级人民法院

行 政 判 决 书

〔2015〕葫行初字第 00034 号

原告伞××。

被告葫芦岛市人民政府。

法定代表人戴××，该市市长。

委托代理人毕××。

委托代理人冯××。

原告伞××不服被告葫芦岛市人民政府作出的房屋征收补偿决定，于 2015 年 5 月 4 日向本院提起行政诉讼。本院立案后，于 2015 年 5 月 17 日向被告送达了起诉状副本、诉讼须知及应诉通知书。本院依法组成合议庭，于 2015 年 6 月 10 日召开审前会议明确了案件诉争的客体、无争议事项、争议焦点，同时向原、被告释明法律。于 2015 年 6 月 23 日公开开庭审理了本案。原告伞××，被告葫芦岛市人民政府的委托代理人毕××、冯××到庭参加诉讼。本案现已审理终结。

被告葫芦岛市人民政府于 2014 年 12 月 16 日作出 2014 年第 017 号房屋征收补偿决定。该决定明确被告依据《国有土地上房屋征收与补偿条例》相关规定，对连山区锦郊街道××村的房屋予以征收，并下发了《葫芦岛市人民政府关于房屋征收公告》和《葫芦岛市二台子棚户区改造项目（一期）房屋征收与补偿方案》，签约期为 2011 年 7 月 30 日至 8 月 14 日。被征收人伞××的房屋及附属物在本征收范围内。征收人与被征收人在规定的时间内未达成补偿协议，葫芦岛市人民政府根据《国有土地上房屋征收与补偿条例》规定作出该补偿决定，同时告知被征收人复议或诉讼的权利。

原告伞××诉称，一是被告作出房屋征收补偿决定行政行为的事实不清、证据不足。被告至今未向原告送达作为房屋征收补偿决定书主要依据的评估报告，未向原告送达权利告知书，仅送达了一份简陋的《待拆房屋估价结果明细表》。也未将分户的初步评估结果在征收范围内向被征收人公示，房地产价格评估机构未安排注册房地产估价师对分户的初步评估结果进行现场说明。《待拆房屋估价结果明细表》中未体现估价机构及估价人员的资质证书，没有估价人员的亲笔签名，亦没有原告的签名。无法证明该《待拆房屋估价结果明细表》的合法性及是否具有效力。《待拆房屋估价结果明细表》中的房屋面积、附属设施等与实际状况不符，且存在许多漏项，致使申请人财产权益受损。《待拆房屋估价结果明细表》对被拆迁房作价标准远远低于市场价，不符

第九章 行政裁判文书

合《国有土地上房屋征收与补偿条例》第十九条的规定。未与被征收人协商单方委托评估机构，评估基准日与房屋征收决定日期不符。被告于2011年6月29日发布葫政告字〔2011〕第14号葫芦岛市人民政府关于房屋征收的公告，而《待拆房屋估价结果明细表》的评估基准日期为2010年3月20日。二者相差近一年，根本无法真实、客观地体现当时的房屋价值。二是被告作出房屋征收补偿决定行政行为的程序违法。被告未按照《国有土地上房屋征收与补偿条例》之规定，举行听证会、征求全体被征收人意见、协商房地产评估机构，对被征收人提出的质疑只以规定为由拒绝回答解释。被告批准葫芦岛市住房和城乡建设委员会发布的征收通知时间为2011年7月9日以及被告发布的葫政告字〔2011〕第14号葫芦岛市人民政府关于房屋征收的公告时间为2011年6月29日。而被告于2012年10月23日才获得辽宁省人民政府作出的辽政地字〔2012〕1270号辽宁省人民政府土地批件。被告拆迁于2011年7月9日起即已经开始实施，但2014年11月3日才对规划项目进行公示，后因群众对公示时间的质疑撤销。2015年4月24日，再次对规划进行公示。根据土地公告和规划公示发现，土地出让时间为2015年，项目规划公示时间为2015年4月24日，约定开工时间为2015年4月16日。然而开发商已经于2014年初破土动工，售楼处早已建设完成，几栋主体建筑已快封顶，并于2014年已对外销售。综上，被告作出征收补偿决定所依据的事实不清、证据不足，程序违法，请求法院判决撤销该征收补偿决定，并由被告承担诉讼费用。原告向本院提交了13份证据，（1）房屋征收补偿决定书。证明被告作出的决定无事实和法律依据；（2）行政复议决定书。证明复议过程；（3）征收通知、房屋征收产权调换安置意向书、带拆房屋估价结果明细表。证明征收事实不清，程序违法；（4）房产证复印件。证明原告财产来源合法；（5）身份证复印件。证明原告身份信息；（6）土地违法的说明。证明被告征收土地程序严重违法；（7）断电、断路的照片（12张）。证明被告拆迁过程严重违法；（8）视听资料7份。证明被告征地拆迁过程违法，开发商全程参与拆迁，并左右拆迁补偿，违反《土地征收条例》第27条、第31条；（9）连山区国有建设用地使用权网上挂牌出让成交确认书；（10）国有建设用地使用权出让合同；（11）关于葫芦岛市实施市级规划批次用地批复（2012）1270号。证据（9）、（10）、（11）证明征地程序和土地招拍挂程序违法，G-21地块是2012年第5批次批复，时间为2012年10月23日，该区域2011年开始征地拆迁违法；（12）2011年葫芦岛市房地产市场调研分析；（13）附近小区2011年房价。证据（12）、（13）证明补偿标准远低于区域类似房地产市场价格。

被告葫芦岛市人民政府答辩称，葫芦岛市人民政府2014年12月16日作出的2014年第017号房屋征收补偿决定事实清楚、程序合法、适用法律正确。葫芦岛市人民政府依据省政府《关于葫芦岛市实施市级规划批次用地的批复》（辽政地字〔2011〕978号）对原告所在地域进行土地征收，根据《国有土地上房屋征收与补偿条例》及葫芦岛市2011年度棚户区改造计划，制定《连山区二台子棚户区改造方案》并征求意见，根据征求意见，被告制定《葫芦岛市二台子棚户区改造项目（一期）房屋征收与补偿方案》并进行了公示，同时发布了《葫芦岛市人民政府关于房屋征收公告》（葫政告字〔2011〕第9号）。进行了社会稳定风险评估。征收部门对原告资产情况进行了调查，为与原告达成补偿协议，征收部门曾多次入户与原告协商，对其讲明征收补偿政策和标准，始终未果。征收部门依据法律规定对原告房屋履行了相关征收程序。原告所称被告在征地拆迁过程中采取恐吓、威胁、断电、断路等情况无事实根据。被告作出的房屋征收补偿决定事实清楚、证据充分。被告作出的房屋征收补偿决定经征收部门调查，确定原告在征收范围内的房屋面积、附属物明细。原告未按规定的2011年11月25日前自行搬迁，经多次协商未达成补偿协议，被告依据房屋征收与补偿方案规定的标准，依法对原告作出征收补偿决定。在适用法律上，被告根据《国有土地上房屋征收与补偿条例》第二十六条规定，制定《葫芦岛市二台子棚户区改造项目（一期）房屋征收与补偿方案》并公示，依据该方案对被征收人作出房屋征收补偿决定。综上，被告依法作出房屋征收补偿决定事实清楚、程序合法、适用法律正确，请法院予以维持，并驳回原告的诉讼请求。

被告葫芦岛市人民政府在法定期限内向本院提供证据30份，（1）关于葫芦岛市实施市级规划批次用地的批复辽政地字〔2011〕978号。证明该地已征为国有；（2）葫芦岛市二台子棚户区改造项目（一期）房屋征收与补偿方案。证明补偿方案已制定；（3）公示板。证明补偿方案已公示；（4）征收通知。证明已下发征收通知；（5）公示板。证明公示过程；（6）房屋征收公告。证明方案已公示；（7）评估机构选定确认单。证明评估机构由村民选定；（8）葫芦岛市保障性安居工程领导小组《关于下达2011年城市棚户区改造计划的通知》。证明该地征收在规划范围，属于棚户区改造计划；（9）2011年城市棚户区改造计划分解表。证明用地在棚户区改造区域内；（10）关于锦郊街道××村集体宅基地补偿及伞××户相关情况说明。证明土地补偿金已补偿完毕；（11）关于撤销伞××等四户房照的函。证明伞家房屋产权手续存在违规的现象；（12）证明。证明征收资金已到位；（13）关于东城区连山大街与东城中路交汇处东侧部分地块的规划条件。证明该征收地块已得到规划许可；（14）关于东城区连山大街与东城中路交会处东侧部分地块规划条件的附图。

证明原告是在规划图范围内；(15) 关于公布《连山区二台子棚户区改造项目房屋征收方案》公开征求意见的通知。证明征收方案已征求意见；(16) 连山区二台子棚户区改造项目房屋征收方案。证明征求意见的方案已公布；(17) 房屋征收补偿决定书。证明征收补偿决定的内容；(18) 第一次入户调查结果表；(19) 入户协商笔录；(20) 未经登记建筑物性质确认单；(21) 第二次入户调查结果表。以上证据18－21，证明入户调查及协商的过程；(22) 葫芦岛市连山区二台子棚户区改造征收补偿估价报告。证明已进行资产评估；(23) 第二次入户协商笔录。证明协商过程；(24) 送达回证。证明征收补偿决定程序合法；(25) 房屋征收产权调换安置意向书；(26) 房屋征收代建意向书。以上证据（25）、（26），证明征收产权调换已进行过协商；(27) 房屋被征收人、直接利害关系人的意见；(28) 房屋权属状况说明。证据（27）、（28）证明伞××和其他相关联被征收人的关系；(29) 送达回证。证明征收补偿决定已送达；(30) 复议决定书。证明复议机关维持了征收补偿决定。

经审前会议和庭审质证，本院对上述证据认定如下：

本院认定被告提供的证据，(1) 关于葫芦岛市实施市级规划批次用地的批复（辽政地字〔2011〕978号）。根据被告提供的证据（13）、（14）可以认定本案原告被征收的房屋所在地地块标为G21，其征收土地为2012年第5批次用地，该用地应当在辽政地字〔2012〕1270号批复中，庭审中被告无法说明，该证据与本案是否存在关联性不能确认，故对该证据本院不予采信；(2) 葫芦岛市二台子棚户区改造项目（一期）房屋征收与补偿方案；(3) 公示板。以上两份证据与本案具有关联性，本院予以采信；该公示内容即是证据2的相关内容，因此本院不予采信；(4) 征收通知。该通知内容中被征收的土地是哪个批次用地批复中的土地未予说明，该通知的时间为2011年7月9日，而第五批次用地批复是2012年，该证据与本案是否存在关联性不能确认，故对该证据本院不予采信；(5) 公示板。该公示内容即《连山区二台子棚户区改造项目房屋征收方案》，公示时间为2011年5月28日，该证据同于证据（4），故对该证据本院不予采信；(6) 房屋征收公告。该公告时间为2011年6月29日，该证据同于证据（4），故对该证据本院不予采信；(7) 评估机构选定确认单。该证据只有××村民委员会盖章及曹××的签字，无其他证据相互印证，对于该证据本院不予采信；(8) 葫芦岛市保障性安居工程领导小组关于下达2011年城市棚户区改造计划的通知；(9) 2011年城市棚户区改造计划分解表。以上两份证据能证明被征收土地在规划范围内，属于棚户区改造计划，本院予以采信；(10) 关于锦郊街道××村集体宅基地补偿及伞×来的相关情况说明。该证据是葫芦岛市连山区锦郊街道办事处××村民委员会的一份说明,与本案不存在关联性,本院不予采信;(11)关于撤销伞××等四户房照的函。该证据是本案被诉行政行为作出后形成的,与本案不存在关联性,本院不予采信;(12)证明。该证据证明葫芦岛市房屋征收办公室的二台子棚户区改造项目(欧亚达)征收资金已存入银行,但被征收原告的房屋是否在该项目内无法确认,故对该证据本院不予采信;(13)关于东城区连山大街与东城中路交会处东侧部分地块的规划条件;(14)关于东城区连山大街与东城中路交汇处东侧部分地块规划条件的附图。以上两份证据能证明被征收地块已得到规划许可,且原告房屋在被征收范围内,本院予以采信;(15)关于公布《连山区二台子棚户区改造项目房屋征收方案》公开征求意见的通知;(16)连山区二台子棚户区改造项目房屋征收方案。以上两份证据能证明征收前由葫芦岛市人民政府城市建设拆迁安置办公室向被征收人征求意见,该证据本院予以采信;(17)房屋征收补偿决定书。该证据系被诉行政行为,能证明被诉行政行为存在,本院予以采信;(18)第一次入户调查结果表;(19)入户协商笔录;(20)未经登记建筑物性质确认单;(21)第二次入户调查结果表;(22)第二次入户协商笔录;(23)送达回证。以上6份证据无原告方签字,无调查日期,其真实性无法确认,本院不予采信;(24)葫芦岛市连山区二台子棚户区改造征收补偿估价报告。该评估报告其委托时间为2011年7月9日,估价期间至2014年7月15日,其中,《待拆迁房屋估价初始明细表》与原告所持有的《待拆迁房屋估价初始明细表》的估价人员及评估基准日均不同,被告未能作出合理解释,对于其真实性无法确认,本院不予采信;(25)房屋征收产权调换安置意向书;(26)房屋征收代建意向书;(27)房屋被征收人、直接利害关系人的意见。以上3份证据能相互印证原告与被告之间经过协商的过程,本院予以采信;(28)房屋权属状况说明。该证据证明原告房屋基本情况,本院予以采信;(29)送达回证;(30)复议决定书。以上2份证据证明被诉行政行为已送达并经过复议,本院予以采信。

本院认定原告提供的证据,(1)房屋征收补偿决定书。同被告提供的证据(17);(2)行政复议决定书。同被告提供的证据(30);(3)征收通知、房屋征收产权调换安置意向书、代拆房屋估价结果明细表。该证据虽与被告提供的证据存在矛盾,但能证明被告在对原告房屋征收过程中存在的问题,本院对其证明目的予以采信;(4)房产证复印件;(5)身份证复印件。以上2份证据具有真实性、合法性、关联性,本院予以采信;(6)土地违法的说明;(7)断电、断路的照片(12张);(8)视听资料7份。以上录像、视听资料能证明征收的部分情况,但对原告的证明目的,不具有单独证明力,应结合其

— 251 —

他证据综合认定；(9) 连山区国有建设用地使用权网上挂牌出让成交确认书；(10) 国有建设用地使用权出让合同；(11) 关于葫芦岛市实施市级规划批次用地批复（2012）1270号；以上3份证据具备真实性、合法性、关联性，本院予以采信；(12) 2011年葫芦岛市房地产市场调研分析；(13) 附近小区2011年房价。以上3份证据系原告陈述、调查内容，需与其他证据结合予以认定。

经审理查明，被告葫芦岛市人民政府依据辽宁省政府《关于葫芦岛市实施市级规划批次用地的批复》（辽政地字〔2011〕978号）对原告所在地地域进行土地征收，依据《国有土地上房屋征收与补偿条例》相关规定，对连山区锦郊街道××村的房屋予以征收，并下发了《葫芦岛市人民政府关于房屋征收公告》和《葫芦岛市二台子棚户区改造项目（一期）房屋征收与补偿方案》，签约期为2011年7月30日至8月14日。原告伞××的房屋及附属物在本征收范围内。原、被告在规定的时间内未达成补偿协议，被告根据《国有土地上房屋征收与补偿条例》的规定作出2014年第017号房屋征收补偿决定，原告不服，向辽宁省人民政府申请行政复议，复议机关维持了该补偿决定，原告诉至法院，请求判决撤销上述决定，并由被告承担诉讼费用。

本院认为，依据《国有土地上房屋征收与补偿条例》第四条规定，被告具有作出本案行政行为的法定职权。被告依据辽宁省政府《关于葫芦岛市实施市级规划批次用地的批复》（辽政地字〔2011〕978号）对原告所在地地域进行土地征收，该用地批复明确为《关于连山区2011年第2批次用地的请示》，而根据被告提供的被征收地块的规划及附图，表明本案原告被征收的房屋所在地块标为G21，系2012年第5批次用地，该用地应当在辽政地字（2012）1270号用地批复中，故被告作出征收补偿决定证据不足。被告提供的评估机构选定确认单表明，选定评估机构时只有××村民委员会盖章及曹××的签字，不能证明评估机构的选定征求了被征收居民的意见。被告提供的征收补偿估价报告，委托时间为2011年7月9日，估价期间至2014年7月15日，其中《待拆迁房屋估价初始明细表》与原告所持有的《待拆迁房屋估价初始明细表》的估价人员和评估基准日均不同，被告亦未能作出合理解释，说明被告未按法定程序对被征收房屋进行评估。被告提供的入户调查表、协商记录、未经登记建筑物性质确认单等证据，无原告方签字，无调查日期，不能说明作出征收补偿决定前履行了必要的调查、认定和协商等程序。综上，被告作出的2014年第017号房屋征收补偿决定认定事实不清，证据不足，程序违法。依据《中华人民共和国行政诉讼法》第七十条第（一）、（三）项之规定，判决如下：

撤销被告葫芦岛市人民政府作出的2014年第017号房屋征收补偿决定。

案件受理费 50 元，由被告葫芦岛市人民政府负担。

如不服本判决，可在本判决书送达之日起十五日内，向本院递交上诉状，并按对方当事人的人数提交副本，上诉于辽宁省高级人民法院。

审判长　陈××

审判员　孙××

审判员　刘××

二〇一五年十月三十日

（院印）

本件与原本核对无异

书记员　李××

三、第一审不作为类行政判决书

（一）格式

×××人民法院

行政判决书

〔××××〕××行初字第×号

原告……（写明姓名或名称等基本情况）

法定代表人……（写明姓名、性别和职务）

委托代理人（或指定代理人、法定代理人）……（写明姓名等基本情况）

被告……（写明行政主体名称和所在地址）

法定代表人……（写明姓名、性别和职务）

委托代理人……（写明姓名等基本情况）

第三人……（写明姓名或名称等基本情况）

法定代表人……（写明姓名、性别和职务）

委托代理人（或指定代理人、法定代理人）……（写明姓名等基本情况）

原告×××因要求被告×××（行政主体名称）履行法定职责（或者其他行政义务），于××××年××月××日向本院提起行政诉讼。本院于××××年××月××日受理后，于××××年××月××日向被告送达了起诉状副本及应诉通知书。本院依法组成合议庭，于××××年××月××日公开（或不公开）开庭审理了本案。……（写明到庭的当事人、诉讼代理人、证人、鉴定人、勘验人和翻译人员等）到庭参加诉讼。

……（写明发生的其他重要程序活动，如被批准延长本案审理期限等情况）。本案现已审理终结。

第九章 行政裁判文书

原告×××于××××年××月××日向被告×××提出……申请。被告在原告起诉之前未作出处理决定。

原告×××诉称，……（概括原告提出的事实、理由及诉讼请求）

被告×××辩称，……（概括被告答辩的主要理由，被告未提交答辩状的，写明："被告未提交答辩状，但在庭审中辩称……"）

第三人×××述称，……（概括写明第三人的主要意见，第三人提供的证据）。

原告在起诉时提供了以下证据，证明其曾于××××年××月××日向被告提出……申请事项：……（概括写明证据的名称、时间、内容）。经质证，被告认为……（写明被告提出异议的理由，如无异议，应予说明）。

被告于××××年××月××日向本院提供了以下证据及依据（若被告申请延期提供证据的，写明"被告以……为由，于××××年××月××日向本院提出延期提供证据的书面申请，经本院准许，被告于××××年××月××日提供了证据"）：（1）……；（2）……。经质证，原告认为，……（写明对证据提出异议的理由，如无异议，应予说明），并提供了以下证据：……。经质证，被告认为，……。

本院依法（或依原告、第三人的申请）调取了以下证据：……

经庭审质证（或交换证据），本院对证据作如下确认：……

本院根据以上有效证据及当事人质证意见认定以下事实：……（认定有效证据所证明的事实，详细分析当事人各自所举证据能否支持其主张）。

本院认为：……［(1) 写明应当适用的法律规范，并根据案情对法律、司法解释、行政法规、地方性法规及合法有效的规章等作必要诠释。(2) 可根据案情分析被告是否具有法定职权，是否存在拖延履行、不予答复等情况。(3) 分析原告申请的理由是否成立，确认原告的诉讼请求是否符合法定条件，阐明是否予以支持的理由。(4) 分析确认原告合法权益是否受到侵害，与行政机关不作为有无因果关系］。依照……（写明判决依据的行政诉讼法以及相关司法解释的条、款、项、目）之规定，判决如下：

……（写明判决结果），分五种情况：

第一，判决驳回原告诉讼请求的，写明：

驳回原告×××要求被告×××（行政主体名称）……（申请事项）的诉讼请求。

第二，判决被告履行法定职责的，写明：

责令被告×××（行政主体名称）……（写明被告应当在一定期限内履行法定职责，因特殊情况难于确定期限的，可不写履行期限）。

第三，判决确认被告不履行法定职责行为违法的，写明：

确认被告×××（行政主体名称）……（不履行法定职责的行为）违法。

第四，驳回原告赔偿请求的，写明：

驳回原告×××关于……（赔偿请求事项）的赔偿请求。

第五，判决被告予以赔偿的，写明：

被告×××（行政机关名称）于本判决生效之日起×日内赔偿原告……（写明赔偿的金额）。

……（写明诉讼费用的负担）。

如不服本判决，可在判决书送达之日起十五日内，向本院递交上诉状，并按对方当事人的人数递交上诉状副本，上诉于×××人民法院。

审判长　×××

审判员　×××

审判员　×××

××××年××月××日

（院印）

本件与原本核对无异

书记员　×××

附录：（根据案件需要，可以通过附录形式载明判决书中的有关内容）

（二）内容及制作方法

1. 本判决书样式供各级法院在受理不作为（仅指拖延履行和不予答复）类行政案件后，按照行政诉讼法规定的第一审程序审理终结，并就案件的实体问题作出处理时使用。

2. 判决书的首部、尾部（包括附录部分）和正文中有关证据的列举、认证、说理方式以及相关的写作要求等，可参考第一审作为类行政案件判决书格式及其说明。

3. 行政不作为案件的审理对当事人双方的举证要求与行政作为案件有所区别，应在判决书中有所体现。原告应提供其已经向被诉行政机关提出申请的事实以及被诉行政机关不作为的证据和依据。被告应提供证据证明原审原告的申请事项是否属于其法定职责或者法定义务，其在法定期限内是否已经履行法定职责或者义务以及其不作为是否符合法律规定等。判决书要围绕行政实体法

第九章 行政裁判文书

预先设定的有关条件——列举有关证据,分别对双方当事人所举证据予以认证,在认证的基础上进行充分说理、论证,最后明确被告不作为是否合法,原告申请是否成立。

4. 对于案情较复杂,证据较多的案件,可分类、分层表述举证、质证的过程。对于案情较简单,证据较少的案件,可待被告列举全部证据后一并质证。

5. 按照最高人民法院《关于行政诉讼证据若干问题的规定》的规定,一方当事人提供的证据,对方当事人明确表示认可的,可以认定该证据的证明效力。对于这类证据的认证,可简略表述为:"×告对×告提供的××证据表示认可,本院予以确认"。

6. 认定事实时,可根据案情需要,先将双方当事人没有争议的事实直接予以认定,如"原告对××事实无异议,被告对××事实无异议。上列事实,本院予以认定"。然后再根据有效证据对双方争议的事实进行分析认定。

对于案情简单、证据较少以及双方当事人对事实和证据的争议较小的案件,宜将认证和认定事实结合在一起进行综合表述,以避免出现不必要的重复。

7. 对原告一并提出行政赔偿诉讼、经法院审查认为可以合并审理的案件,可以在判决书中将行政赔偿作为原告的一个诉讼请求来处理,在判决结果上选用"驳回原告赔偿请求"或"判决被告予以赔偿"方式。

四、第一审行政赔偿判决书

(一) 格式

```
              ×××人民法院
              行政赔偿判决书
                    〔××××〕××行初字第×号
  原告……(写明姓名或名称等基本情况)
  法定代表人……(写明姓名、性别和职务)
  委托代理人(或指定代理人、法定代理人)……(写明姓名等基本情况)
  被告……(写明行政主体名称和所在地址)
  法定代表人……(写明姓名、性别和职务)
  委托代理人……(写明姓名等基本情况)
  第三人……(写明姓名或名称等基本情况)
```

法定代表人……（写明姓名、性别和职务）
　　委托代理人（或指定代理人、法定代理人）……（写明姓名等基本情况）
　　原告×××不服（行政主体名称）×××作出的行政赔偿处理决定，于××××年××月××日向本院提起行政赔偿诉讼［被告不作行政赔偿裁决的写：原告于××××年××月××日向（行政主体名称）提出行政赔偿申请，被告未给予答复（含未给予实质性答复），原告于××××年××月××日向本院提起行政赔偿诉讼］。本院于××××年××月××日受理后，于××××年××月××日向被告送达了起诉状副本及应诉通知书。因×××与本案被诉具体（事实）行政行为有法律上的利害关系，经×××申请，本院依法通知其为第三人参加诉讼。本院依法组成合议庭，于××××年××月××日公开（或不公开）开庭审理了本案（不公开开庭的，写明原因）。……（写明到庭参加庭审活动的当事人、诉讼代理人、证人、鉴定人、勘验人和翻译人员等）到庭参加诉讼。……（写明发生的其他重要程序活动，如被批准延长审理期限等）。本案现已审理终结。
　　原告×××诉称，……（概括写明原告提出的主要事实、理由及赔偿诉讼请求）。
　　被告×××辩称，……（概括写明被告答辩的主要理由和要求），（如被告未提交答辩状的，写明"被告未提交答辩状，但在庭审中辩称……"）。
　　第三人×××述称，……（概括写明第三人的主要意见，第三人提供的证据）。
　　原告就赔偿请求提供了以下证据：……（概括证据名称、内容及证明目的）。经质证，被告认为，……（写明被告异议的理由，如无异议，应予说明）。原告则认为，……（辩驳理由）。
　　被告就答辩内容提供了以下证据：……（证据的名称、内容及证明目的）。经质证，原告认为……。被告则认为，……（辩驳理由）。
　　本院依法（或依原告、第三人的申请）调取了以下证据：……
　　经庭审质证，本院对证据作如下确认：……
　　本院根据以上有效证据及当事人的质证意见认定以下事实：……（写明有效证据所证明的事实）。
　　本院认为，……［（1）对未经确定的事实行政行为，应根据被告的举证确定该行为是否存在；对已经确认违法的具体行政行为和事实行政行为，

第九章 行政裁判文书

无须分析论证。(2)论证原告的合法权益是否被侵害、被侵害的程度和后果及其与被诉行政行为的因果关系，是否应予赔偿。(3)论证各方当事人的诉讼理由是否成立，表明是否予以支持或采纳，并说明理由]。依照……（写明判决依据的行政诉讼法、国家赔偿法以及相关司法解释的条、款、项、目）之规定，判决如下：

……（写明判决结果），分两种情况：

第一，驳回原告赔偿请求的，写明：

驳回原告×××关于……（赔偿请求事项）的赔偿请求。

第二，判决被告予以赔偿的，写明：

被告（行政主体名称）于本判决生效之日起×日内赔偿原告×××……（写明赔偿的金额）。

如不服本判决，可在判决书送达之日起十五日内提起上诉，向本院递交上诉状，并按对方当事人的人数递交上诉状副本，上诉于×××人民法院。

审判长　×××

审判员　×××

审判员　×××

×××× 年 ×× 月 ×× 日

（院印）

本件与原本核对无异

书记员　×××

附录：（根据案件需要，可以通过附录形式载明判决书中的有关内容）

（二）内容及制作方法

1. 本判决书样式供各级法院在受理当事人单独提起行政赔偿案件后，按照行政诉讼法规定的第一审程序审理终结，并就案件的赔偿问题作出处理时使用。

当事人对行政机关作出的具体行政行为和事实行政行为都可以依法提起行政赔偿诉讼。

2. 本判决书的首部、尾部（附录部分），正文中有关证据的列举、认证、说理方式以及相关的写作要求等，可参考第一审作为类行政案件判决书样式及其说明。

3. 原告对具体行政行为提起行政诉讼时一并提起行政赔偿诉讼的，可以分别制作判决书，也可以只制作一份判决书。制作一份判决书时，可将行政赔偿作为原告的一个诉讼请求来处理。

4. 审理行政赔偿案件，应当以被诉行政行为违法为前提。原告因事实行政行为提起赔偿诉讼的，判决书应当以被告的举证确定被诉事实行政行为是否存在为判决依据；原告对具体行政行为提起行政诉讼时一并提起行政赔偿诉讼的，判决书应当以行政判决书确认的被诉具体行政行为是否合法为判决依据。

行政赔偿判决书论证的重点是被诉事实行政行为是否存在，被诉具体行政行为是否合法；原告是否存在合法权益，原告的合法权益是否被侵害，被侵害的程度和后果及其与被诉具体行政行为、事实行政行为的因果关系，原告是否应得到赔偿。对未经确定的事实行政行为，应当根据被告的举证确定该行为是否存在；对经确认违法的具体行政行为，只需写明"经何机关已经确认该行为违法"，无须进行分析论证。

5. 行政赔偿判决书在适用法律时，不仅要适用《行政诉讼法》，还应适用《国家赔偿法》及最高人民法院《关于审理行政赔偿案件若干问题的规定》等行政赔偿司法解释的规定。

6. 行政赔偿诉讼不收取诉讼费。

（三）实例阅读

福建省莆田市中级人民法院
行 政 赔 偿 判 决 书

〔2015〕莆行初字第97号

原告郑××，男，1957年××月××日出生，汉族，住所地福建省莆田市。

委托代理人杨×山，男，1963年××月××日出生，汉族，住所地福建省莆田市，委托权限特别代理。

被告莆田市荔城区人民政府（以下简称荔城区政府），住所地莆田市。

法定代表人杨×东，区长。

委托代理人李××，福建××律师事务所律师，委托权限特别代理。

原告郑××诉被告荔城区政府行政赔偿一案，本院于2015年4月21日立案受理后，依法向被告送达了起诉状副本及应诉通知书。并依法组成合议庭，于2015年6月30日公开开庭进行了审理。原告郑××及其委托代理人杨×山、被告荔城区政府的委托代理人李××到庭参加诉讼。本案现已审理终结。

原告诉称，2010年期间，被告荔城区政府指令荔城区××镇××村委会未经与原告达成协议，即将原告拥有30年承包权的耕地转让他人。转让土地时未召开村民大会举行听证论证，也没有签订征地协议，而是由村干部将各户田亩丈量后，由村委会擅自以各户户主名义到农商银行开户，然后将所谓的"征地款"存入各户，将存单分发到各户就认为完成征地。各被征地农户均不服被告的上述征地行为。被告于 2012 年 12 月 13 日组织辖区××镇干部及联防队员共 370 多人，××村所谓被征土地进行强制征迁。将原告所有的 15 亩草莓田毁坏，造成原告直接经济损失 28 万元以上。被告在强制交付土地过程中还造成原告受伤，花去了医疗费 2 万元，原告的损失还包括误工损失、护理费、住院伙食补助等合计共 312900 元。被告的行为被莆田市秀屿区人民法院〔2013〕秀行初字第 15 号生效行政判决确认为违法。为此，请求法院判令被告赔偿其财产损失 312900 元。

被告荔城区政府辩称：（1）原告直接向法院提起行政赔偿诉讼，不符合法律规定的起诉条件，依法应裁定驳回原告的起诉。（2）原告主张被告的强制交付土地行为造成原告受伤没有事实依据。原告没有证据证实其受伤系被告造成的。（3）原告提出其 15 亩草莓地被毁，直接经济损失 28 万元没有事实依据。从原告提供的土地承包经营权证来看，其承包的土地只有 4.63 亩，与其主张的 15 亩相去甚远，故该主张没有事实依据。且从《海峡国际商贸城征地补偿花名册（新度蒲坂村）》可知，原告已领取了被征土地相应的补偿款。请求法院裁定驳回原告的起诉。

经公开开庭审理，被告荔城区政府在法定期限内提供以下证据：

证据 1.《海峡国际商贸城征地补偿花名册（新度蒲坂村）》；证明原告已领取补偿款。

证据 2.〔2013〕秀行初字第 15 号行政判决书；证明生效法律文书并未确认答辩人强制交地行为造成原告受伤。

证据 3. 法律依据：《国家赔偿法》第 9 条；最高人民法院《关于审理行政赔偿案件若干问题的规定》第 4 条、第 21 条第（5）项；修改前《行政诉讼法》第 67 条第 2 款；证明赔偿请求人单独提起行政赔偿诉讼，须以赔偿义务机关先行处理为前提。

《国家赔偿法》第 15 条，证明赔偿请求人对自己提出的主张应提供证据。

《国家赔偿法》第 34 条，证明造成身体伤害的，应当支付医疗费、护理费，以及赔偿因误工减少的收入。

原告对被告提供的证据 2 真实性没有异议，但不能证明原告没有受伤的事实，当时 60 人起诉，并不是今天的 6 人起诉，那是强制交付土地违法的文书并不是赔偿的文书。证据 1，被告的行为已经被确认违法，今天起诉的是要求被告赔偿土地上农作物而不是土地补偿款。证据 3，本案在 2015 年 5 月 7 日立案的，是新的行政诉讼法实施后立案的，应该是《行政诉讼法》第 76 条，适用法律错误。

原告在法定期限内向本院提交了以下证据：

证据1. 身份证及承包土地证一份；证明原告的主体资格。

证据2. 莆田市秀屿区人民法院的行政判决书一份；证明已经确认被告的强制行为违法。

证据3. 荔城区医院住院病人费用日清单、用药清单、莆田市第一医院处方笺；证明原告2012年12月3日是有住院。

证据4. 照片一组。

证据5. 信访事项告知单〔2013〕7816号、信访事项告知单〔2011〕9293号。

证据6. 福建省人民代表大会来访事项告知单、国土资源信访事项复查意见书。

证据7. 莆田市荔城区黄石物流园区依法推进项目工作预案。

被告对原告提供的证据1无异议，土地承包经营权证没有原件，应以原件载明的面积为准。证据2真实性无异议，证明对象有异议，只能说明强制交地的行为违法，并不能证明征地违法。证据3没有原件，表面的真实性无异议，部分内容有异议，无法证明是属于本案被告工作人员造成的伤害。证据5真实性无异议，证明内容有异议，只能说明曾经有信访，不能证明原告所要证明的对象及内容，应该提供公安机关的认定结论，而原告并未提供这方面的材料。证据6只能证明原告有提出信访的事实，不能证明原告的主张。证据7没有证据来源，不符合合法性，不能证明原告的主张。

根据原、被告的举证和发表的质证意见，本院认为，被告提供的证据1可以证明原告已经领取了征地补偿款。原告提供的证据1可以证明原告具备本案诉讼主体资格，其提供的证据3、5、6、7与本案被诉行政行为不具备关联性，本院不予采信。

根据各方无异议事实及有效证据，本院对本案事实认定如下：

2010年期间，被告荔城区政府通过荔城区××镇××村委会将各户被征土地丈量后，由村委会以各户户主名义将征地款存在农商银行，并将存单分发到各户。各被征地农户均不服被告的征地行为。被告于2012年12月13日组织辖区××镇干部及联防队员，对××村被征土地进行强制征迁，各被征土地的农户不服，遂于2013年7月3日提起诉讼。2014年5月12日，莆田市秀屿区人民法院依照指定管辖作出〔2013〕秀行初第15号行政判决，判决确认被告荔城区政府于2012年12月13日对原告郑××等60户强制交付土地的行为违法。2015年4月21日，原告向本院提起诉讼，要求被告赔偿因其将原告所有的15亩草莓地毁坏及强制交付土地过程中而造成原告受伤的经济损失。

本院认为，最高人民法院《关于审理行政赔偿案件若干问题的规定》第三十二条规定，原告在行政赔偿诉讼中对自己的主张承担举证责任。《中华人民共和国国家赔偿法》第十五条规定，人民法院审理行政赔偿案件，赔偿请求人和赔偿义务机关对自己提出的主张，应当提供证据。本案中原告主张其有15亩草莓地被毁坏，直接经济损失28万元，但其提供的土地承包经营权证中其承包的土地只有4.63亩。因而其主张15亩草莓地被毁坏没有事实依据。对于征地补偿款，从《海峡国际商贸城征地补偿花名册（新度蒲坂村）》及原告诉状的自述可知，原告已经领取了被征土地相应的补偿款。此外，原告郑××提供的证据也不足以证实其受伤系被告强制交付土地的过程中造成的。综上，原告的诉讼请求及理由均不能成立。据此，依照《中华人民共和国行政诉讼法》第四十九条、第六十九条的规定，判决如下：

驳回原告郑××的诉讼请求。

如不服本判决，可在判决书送达之日起十五日内，向本院递交上诉状，上诉于福建省高级人民法院。

审判长　陈××

审判员　张××

审判员　李××

二〇一五年七月二十日

（院印）

本件与原本核对无异

书记员　林××

第三节　第二审行政判决书

一、第二审行政判决书的概念

第二审行政判决书，是指第二审人民法院在收到当事人不服第一审判决提起上诉的行政案件后，按照第二审程序审理终结，就案件的实体问题依法作出维持原判或者改判的决定时使用的文书。

《行政诉讼法》第85条规定："当事人不服人民法院第一审判决的，有权在判决书送达之日起十五日内向上一级人民法院提起上诉……"同时《行政诉讼法》第89条规定："人民法院审理上诉案件，按照下列情形，分别处理：（一）原判决、裁定认定事实清楚，适用法律、法规正确的，判决或者裁定驳回上诉，维持原判决、裁定；（二）原判决、裁定认定事实错误或者适用法律、法规错误的，依法改判、撤销或者变更；（三）原判决认定基本事实不清、证据不足的，发回原审人民法院重审，或者查清事实后改判；（四）原判决遗漏当事人或者违法缺席判决等严重违反法定程序的，裁定撤销原判决，发回原审人民法院重审。原审人民法院对发回重审的案件作出判决后，当事人提起上诉的，第二审人民法院不得再次发回重审。人民法院审理上诉案件，需要改变原审判决的，应当同时对被诉行政行为作出判决。"第二审人民法院必须全面审查第一审人民法院的判决，不受上诉范围的限制。

二、第二审行政判决书的格式

×××人民法院
行政判决书

〔××××〕××行终字第×号

上诉人（原审×××）……（写明姓名或名称等基本情况）

被上诉人（原审×××）……（写明姓名或名称等基本情况）

（当事人及其他诉讼参加人的列项和基本情况的写法，除当事人的称谓外，与一审行政判决书样式相同）

上诉人×××因……（写明案由）一案，不服×××人民法院〔××××〕××行初字第×号行政判决，向本院提起上诉。本院依法组成合议庭，公开（或不公开）开庭审理了本案。……（写明到庭的当事人、诉讼代理人等）到庭参加诉讼。本案现已审理终结。（未开庭的，写"本院依法组成合议庭，对本案进行了审理，现已审理终结"）

……（概括写明原审认定的事实和判决结果，简述上诉人的上诉请求及其主要理由和被上诉人的主要答辩的内容）

经审理查明，……（写明二审认定的事实和证据）

本院认为，……（针对上诉请求和理由，就原审判决认定的事实是否清楚，适用法律、法规是否正确，有无违反法定程序，上诉理由是否成立，上诉请求是否应予支持，以及被上诉人的答辩是否有理等，进行分析论证，阐明维持原判或者撤销原判予以改判的理由）。依照……（写明判决所依据的法律条款项）的规定，判决如下：

……（写明判决结果）。分四种情况：

第一，维持原判决的，写明：

"驳回上诉，维持原判。"

第二，对原审判决部分维持、部分撤销的，写明：

"一、维持×××人民法院〔××××〕××行初字第×号行政判决第×项，即……（写明维持的具体内容）；

二、撤销×××人民法院〔××××〕××行初字第×号行政判决第×项，即……（写明撤销的具体内容）；

三、……（写明对撤销部分作出的改判内容。如无须作出改判的，此项不写）。"

第三，撤销原审判决，维持行政机关的具体行为的，写明：

"一、撤销×××人民法院〔××××〕××行初字第×号行政判决；

二、维持×××（行政机关名称）××××年××月××日〔××××〕××字第×号处罚决定（复议决定或其他具体行政行为）。"

第四，撤销原审判决，同时撤销或变更行政机关的具体行政行为的，写明：

"一、撤销×××人民法院〔××××〕××行初字第×号行政判决；

二、撤销（或变更）×××（行政机关名称）××××年××月××日〔××××〕××字第×号处罚决定（复议决定或其他具体行政行为）；

三、……（写明二审法院改判结果的内容。如无须作出改判的，此项不写）。"

……（写明诉讼费用的负担）

本判决为终审判决。

审判长　×××

审判员　×××

审判员　×××

××××年××月××日

（院印）

本件与原本核对无异

书记员　×××

三、第二审行政判决书的内容及制作方法

制作第二审行政判决书，应当体现上诉审的特点，强调针对性和说服力。包括五部分内容：首部、事实、理由、判决结果和尾部。

（一）首部

1. 标题。标题分两行写明法院名称和文书种类。

2. 编号。写在标题的右下方。如："〔××××〕××行终字第×号"。

3. 案件当事人及其诉讼代理人的基本情况。二审案件当事人应写"上诉人"、"被上诉人"，并用括号注明其在原审中的诉讼地位。原审有第三人的，除提出上诉的写"上诉人"外，其余仍写"第三人"。原审上诉人均上诉的，可并列为"上诉人"，不必再写被上诉人。当事人中只有一人或部分人上诉，如果诉讼标的是可分上诉，那么未上诉的当事人在此可不列出；如果诉讼标的是不可分上诉，未上诉的当事人可列为被上诉人。

二审案件当事人及其诉讼代理人基本情况的表述，与一审行政判决的写法相同。

4. 案由、审判组织、审判方式和开庭审理过程。根据我国行政诉讼法的规定，人民法院审理一审行政案件，在不涉及国家秘密、个人隐私和法律另有规定的情况下均应依法组成合议庭公开审判；而二审行政案件，则既可以开庭公开审理，也可以依照《行政诉讼法》第86条："经过阅卷、调查和询问当事人，对没有提出新的事实、证据或者理由，合议庭认为不需要开庭审理的，也可以不开庭审理"。故该项的行文格式如下：

"上诉人×××因××（案由）一案，不服×××人民法院〔××××〕××行初字第×号行政判决，向本院提起上诉。本院依法组成合议庭，公开（或不公开）开庭审理了本案。……（写明到庭的当事人诉讼代理人等）到庭参加诉讼。"（书面审理的写"本院依法组成合议庭，对本案进行了审理现已审理终结"）。

（二）事实

该部分应包括上诉争议的内容以及二审法院依法查明认定的事实和证据。二审案件审理的客体是一审法院的判决，二审案件当事人争议的实体问题主要通过上诉人的上诉请求和被上诉人的答辩表现出来。这一段的表述，可先概括写明原审认定的事实和判决结果，再简述上诉人的上诉请求及其主要理由，被上诉人的主要答辩内容以及第三人的意见。如果原审判决事实清楚，上诉人亦无异议，简要地确认原判决认定的事实即可；如果原审判决认定事实清楚，但上诉人提出异议的，应对有异议的问题进行重点分析，予以确认；如果原审判决认定事实不清，证据不足，经二审查清事实后改判的，应具体叙述查明的事实和有关证据，予以澄清。

上诉争议的内容写完之后，应另起一行，写明二审认定的事实和证据。

（三）理由

要针对上诉人的上诉请求和理由，就原审判决认定的事实是否清楚，适用法律、法规是否正确，有无违反法定程序，上诉理由是否成立，上诉请求是否应予支持,以及被上诉人的答辩是否有理由等进行分析论证,同时还应写明判决维持、撤销或者变更被诉具体行政行为的理由。

阐述理由的方法,基本上可以参照制作第一审行政判决书的要求,要有针对性和说服力,注重事实分析和法理分析,回答上诉争议的主要问题,引出合乎逻辑的公正结论。

二审判决所依据的法律条文,应分别引用《行政诉讼法》第89条第(一)、(二)、(三)、(四)项的规定。其中,全部改判或者部分改判的,除引用《行政诉讼法》有关条款外,还应当引用改判所依据的实体法的有关条款。

(四)判决结果

根据我国《行政诉讼法》第89条的规定,人民法院审理上诉案件,依据不同的情形,有不同的判决处理结果:

第一种原判决认定事实清楚,适用法律、法规正确的,判决驳回上诉,维持原判;

第二种原判决认定事实清楚,但适用法律、法规错误的,依法改判;

第三种原判决认定事实不清、证据不足,或者由于违反法定程序可能影响案件正确判决的,可以查清事实后改判。

(五)尾部

应依次写明诉讼费用的承担、判决的效力、合议庭成员署名、判决日期、书记员署名等。至于诉讼费用的承担问题,要视情况而定。对驳回上诉,维持原判的案件,二审诉讼费用由上诉人承担;双方当事人都提出上诉的,由双方分担;对撤销原判,依法改判的案件,应同时对一、二审两审的各项诉讼费用如何承担的方式和数额作出决定,相应地变更一审法院对诉讼费用承担的决定。

尾部其他内容的具体写法与第一审行政判决书的尾部写法相同。

四、实例阅读

浙江省杭州市中级人民法院
行 政 判 决 书

〔2015〕浙杭行终字第296号

上诉人(原审原告)姚××。

委托代理人沈××。

被上诉人(原审被告)杭州市公安局江干区分局。

法定代表人王××。

委托代理人陈××。

姚××诉杭州市公安局江干区分局(以下简称江干公安分局)治安行政

处罚一案,杭州市江干区人民法院作出〔2015〕杭江行初字第 21 号行政判决,姚××不服,向本院提起上诉。本院依法组成合议庭,对本案进行了审理,现已审理终结。

江干区分局于 2014 年 12 月 2 日作出杭江公行罚决字〔2014〕第 2170 号《行政处罚决定书》,查明 2014 年 10 月 2 日 14 时 12 分许,姚××到北京市中南海地区进行非正常信访,扰乱公共场所秩序,被北京市公安局西城分局民警查获并训诫。其还曾于 2014 年 1 月 30 日、2014 年 1 月 31 日、2014 年 2 月 1 日到北京市中南海地区进行非正常信访,被北京警方查获并训诫。姚××的行为已构成扰乱公共场所秩序。根据《中华人民共和国治安管理处罚法》第二十三条第一款第(二)项之规定,决定给予姚××警告处罚。

原审法院经审理查明:2014 年 10 月 2 日 14 时 12 分许,姚××在北京中南海周边进行非正常上访,北京市公安局西城分局府右街派出所民警将其查获并进行了训诫。2014 年 10 月 3 日,江干公安分局笕桥派出所接到北京警方的相关训诫材料后受理本案,于当日 21 时 40 分将姚××传唤至笕桥派出所进行调查。2014 年 12 月 2 日 11 时 15 分许,笕桥派出所再次传唤姚××进行调查,后经审批,将传唤时间延长至二十四小时。同日,江干公安分局作出杭江公行罚决字〔2014〕第 2170 号《行政处罚决定书》,认定姚××的行为已构成扰乱公共场所秩序,根据《中华人民共和国治安管理处罚法》第二十三条第一款第(二)项之规定,决定给予姚××警告的行政处罚。江干公安分局在作出处罚前,履行了告知义务,作出处罚决定后,将行政处罚决定书送达给姚××。姚××对此不服,向杭州市江干区人民政府申请行政复议,杭州市江干区人民政府于 2015 年 1 月 19 日作出江政复〔2014〕24 号《行政复议决定书》,维持江干公安分局作出的杭江公行罚决定〔2014〕第 2170 号《行政处罚决定书》。姚××仍不服,向原审法院提起行政诉讼。

另查明,姚××曾于 2014 年月 1 月 30 日、2014 年 1 月 31 日、2014 年 2 月 1 日多次到北京中南海周边进行非正常上访,均被北京市公安局西城分局府右街派出所查获并训诫。

原审法院认为,《中华人民共和国治安管理处罚法》第二十三条第一款第(二)项规定:"有下列行为之一的,处警告或者二百元以下罚款;情节较重的,处五日以上十日以下拘留,可以并处五百元以下罚款:……(二)扰乱车站、港口、码头、机场、商场、公园、展览馆或者其他公共场所秩序的;……"《公安机关办理行政案件程序规定》第九条第一款规定:"行政案件由违法行为地的公安机关管辖。由违法行为人居住地公安机关管辖更适宜的,可以由违法行为人居住地公安机管辖,但是涉及卖淫、嫖娼、赌博、毒品案件的除外。"本案中，姚××系江干公安分局辖区内居民，根据《公安机关办理行政案件程序规定》第九条第一款之规定，江干公安分局对本案具有管辖权。江干公安分局受理本案后，经过调查，查明姚××在本案案发前曾多次到北京中南海周边进行非正常上访，被当地公安机关查获并训诫，仍不听劝阻。于2014年10月2日再次前往北京中南海周边进行非正常上访。江干公安分局将姚××的上述行为定性为扰乱公共场所秩序，并据此作出杭江公行罚决定〔2014〕第2170号《行政处罚决定书》给予姚××警告的行政处罚，符合《中华人民共和国治安管理处罚法》第二十三条第一款第（二）项规定。江干区公安分局在案件办理过程中，依法履行了立案受理、调查询问、传唤审批、告知、作出处罚、送达文书等程序，并无不当。综上，姚××要求撤销杭江公行罚决字〔2014〕第2170号《行政处罚决定书》及向其赔礼道歉的诉讼请求，缺乏事实和法律依据，不予支持。依照《中华人民共和国行政诉讼法》第六十九条之规定，判决驳回姚××的诉讼请求。案件受理费人民币50元，由姚××承担。

上诉人姚××不服一审判决，上诉称：（1）一审法院的庭审在法律上属于无效司法活动。（2）一审合议庭根据《行政诉讼法》第三十一条第二款第（三）项之规定的申请条件。（3）被上诉人江干公安分局作出的被诉行政行为没有事实和法律依据。①一审判决认定事实错误，被上诉人所谓的上诉人到北京市中南海地区进行非正常信访，扰乱公共场所秩序，被北京市公安局西城分局民警查获并训诫纯属虚构。②根据《治安管理处罚法》的规定，公安机关进行治安处罚须基于违法事实，本案中，所谓的"到北京市中南海地区进行非正常信访"、"扰乱公共场所秩序"、"被北京市公安局西城公局民警查获并训诫"并无固定性证据的支持。③治安处罚的事实须正确无误。而本案一审认定的事实没有明确的固定证据。④"多次上访"被上诉人就可定性为"扰乱公共场所秩序"无法律依据。被上诉人提交的证据均不符合法律规定，综上所述，一审判决认定事实不清，被诉行政行为没有事实和法律依据。请求二审撤销一审判决，撤销被诉行政行为，判令被上诉人向上诉人赔礼道歉，本案诉讼费全部由被上诉人承担。

被上诉人江干公安分局二审未提交书面答辩状。

本院认为，原审法院对证据的采信符合法律规定。

根据予以采信的证据，本院对原审法院查明的事实予以确认。

本院认为，《中华人民共和国治安管理处罚法》第七条第二款规定："治安案件的管辖由国务院公安部门规定。"公安部《公安机关办理行政案件程序规定》第九条第一款规定："行政案件由违法行为地的公安机关管辖。由违法行为人居住地公安机关管辖更为适宜的，可以由违法行为人居住地公安机关管辖，但是涉及卖淫、嫖娼、赌博、毒品的案件除外。"根据本案的具体情况，被上诉人对上诉人实施的干涉行为行使管辖权并无不当。关于被诉行政行为认定事实的证据。北京市公安局西城分局府右街派出所2014年10月2日训诫书显示，上诉人于2014年10月2日在北京中南海地区进行非正常上访。另根据〔2014〕第201401300322号、〔2014〕第201401310612号、〔2014〕第201402010208号训诫书的显示，上诉人曾分别于2014年1月30日、1月31日、2014年2月1日多次到北京市中南海周边等不是信访接待场所进行上访。被上诉人根据上述四份训诫书等材料，并结合调查。认为上诉人实施了到北京市中南海周边上访的行为，具备主要证据。《中华人民共和国治安管理处罚法》第二十三条第一款规定："有下列行为之一的，处警告或者二百元以下罚款；……（二）扰乱车站、港口、码头、机场、商场、公园、展览馆或者其他公共场所秩序。"北京市中南海周边地区不是国务院《信访条例》规定的法定走访接待场所，鉴于中南海周边地区的特殊性，被上诉人认定上诉人在中南海周边地区上访的行为扰乱了该特定公共场所的秩序，并无不当，江干公安分局于2014年12月2日对上诉人作出的杭江公行罚决字〔2014〕第2170号《行政处罚决定书》，认定事实清楚，适用法律正确。被上诉人在作出处罚决定前，告知了拟作出处罚决定的事实、依据、理由，并告知了上诉人依法享有的陈述申辩的权利，处罚程序合法。上诉人要求撤销被诉行政行为和一审判决的上诉请求，本院不予支持。上诉人的上诉理由均不能成立，本院不予采纳。根据《中华人民共和国行政诉讼法》第八十九条第一款第（一）项之规定，判决如下：

驳回上诉，维持原判。

二审案件受理费50元，由上诉人姚××负担。

本判决为终审判决。

审判长　秦××
审判员　徐××
审判员　李××
二〇一五年九月二十五日
（院印）

本件与原本核对无异

书记员　叶××

第四节　再审行政判决书

一、再审行政判决书概述

再审行政判决书，是指已经发生法律效力的行政判决，被认为违反法律、法规的规定，人民法院依照《行政诉讼法》规定的审判监督程序再审终结后，就案件的实体问题作出的书面处理决定。

依照《行政诉讼法》第92条、第93条的规定，人民法院的审判委员会、上级人民法院、人民检察院，对已经发生法律效力的判决、裁定，发现违反法律、法规规定，认为需要再审的，有权决定再审或提出抗诉。当事人对已经发生法律效力的判决、裁定，认为确有错误的，可以向原审人民法院或者上一级人民法院提出申诉。启动再审程序对案件审理后，必须根据裁判结果制作再审行政判决书。

依照最高人民法院《关于执行〈中华人民共和国行政诉讼法〉若干问题的解释》的规定，人民法院按照审判监督程序再审的案件，发生法律效力的判决、裁定是由第一审人民法院作出的，按照第一审程序审理，所作的判决、裁定，当事人可以上诉；发生法律效力的判决、裁定是由第二审人民法院作出的，按照第二审程序审理，所作的判决、裁定是发生法律效力的判决、裁定；上级人民法院按照审判监督程序提审的，按照第二审程序审理，所作的判决、裁定是发生法律效力的判决、裁定。人民法院审理再审案件，认为原生效判决、裁定确有错误，在撤销原生效判决或者裁定的同时，可以对生效判决、裁定的内容作出相应裁判，也可以裁定撤销生效判决或者裁定，发回作出生效判决、裁定的人民法院重新审判。制作再审判决书必须依循这些规定。

二、再审行政判决书的格式

×××人民法院

行政判决书

〔××××〕××行再字第×号

抗诉机关×××人民检察院（未抗诉的，此项不写）

原审原告（或原审上诉人）……（写明姓名或名称等基本情况）

原审被告（或原审被上诉人）……（写明姓名或名称等基本情况）

第三人……（写明姓名或名称等基本情况）

（当事人及其他诉讼参加人的列项和基本情况的写法，除当事人的称谓

外，与一审行政判决书样式相同）

　　原审原告（或原审上诉人）×××与原审被告（或原审被上诉人×××）……（写明案由）一案，本院（或×××人民法院）于××××年××月××日作出〔××××〕×行×字第×号行政判决，已经发生法律效力。……（写明进行再审的根据）。本院依法组成合议庭，公开（或不公开）开庭审理了本案。……（写明到庭的当事人、代理人等）到庭参加诉讼。本案现已审理终结（未开庭的，写"本院依法组成合议庭审理了本案，现已审理终结"）

　　……（概括写明原审生效判决的主要内容；简述检察机关的抗诉理由，或者当事人的陈述或申诉要点）

　　经再审查明，……（写明再审确认的事实和证据）

　　本院认为，……（着重论证原审生效判决适用法律、法规是否正确，检察院抗诉或当事人等申诉的理由是否成立，阐明应予改判、如何改判，或者仍然维持原判的理由）。依照……（写明判决所依据的法律条款项）的规定，判决如下：

　　……（写明判决结果）。分三种情况：

　　第一，全部改判的，写明：

　　"一、撤销本院（或×××人民法院）××××年××月××日〔××××〕×行×字第×号行政判决；

　　二、……（写明改判的内容。内容多的可分项写）。"

　　第二，部分改判的，写明：

　　"一、维持本院（或×××人民法院）××××年××月××日〔××××〕×行×字第×号行政判决第×项，即……（写明维持的具体内容）；

　　二、撤销本院（或×××人民法院）××××年××月××日〔××××〕×行×字第×号行政判决第×项，即……（写明部分改判的具体内容）；

　　三、……（写明部分改判的内容。内容多的可分项写）。"

　　第三，仍然维持原判的，写明：

　　"维持本院（或×××人民法院）××××年××月××日〔××××〕×行×字第×号行政判决。"

　　……（对全部改判或部分改判而变更原审诉讼费用负担的，写明原审诉讼费用由谁负担或者双方如何分担）

第九章 行政裁判文书

……（按第一审程序进行再审的，写明"如不服本判决，可在判决书送达之日起十五日内，向本院递交上诉状，并按对方当事人的人数提出副本，上诉于×××人民法院"。按第二审程序进行再审或者上级法院提审的，写明"本判决为终审判决"）。

审判长　×××

审判员　×××

审判员　×××

××××年××月××日

（院印）

本件与原本核对无异

书记员　×××

三、再审行政判决书的内容及制作方法

可参照一、二审行政判决书的要求制作再审行政判决书。

（一）首部

1. 标题和文书编号

标题和文书编号的制作要求同一、二审行政判决书。但审判程序代字依再审所适用的审判程序而定，前加"再"字，按照一审程序再审的为"再初"；按照二审程序再审的为"再终"。

2. 抗诉机关和诉讼参加人的基本情况

由人民检察院提起抗诉的，先列出抗诉机关，当事人及其他诉讼参加人的写法，除当事人的称谓外，其他与一、二审行政判决书相同。再审行政案件当事人的称谓，如果原判是一审结案的，写为"原审原告"、"原审被告"、"原审第三人"；原判是二审结案的，写为"原审上诉人"、"原审被上诉人"，但在原二审的上诉中未涉及其利益的当事人或第三人，仍写"原审原告"、"原审被告"、"原审第三人"。

3. 案件由来、审判组织和审理经过

通常表述为：

"原审原告（或原审上诉人）×××与原审被告（或原审被上诉人）×××……（写明案由）一案，本院（或×××人民法院）于××××年××月××日作出〔××××〕×行×字第×号行政判决，已经发生法律效力……（写明进行再审的根据）。本院依法组成合议庭，公开（或不公开）开庭审理了本案。……（写明到庭的当事人、诉讼代理人等）到庭参加诉讼。本案现

— 272 —

已审理终结（未开庭的，写"本院依法组成合议庭审理了本案，现已审理终结"）。"

表明对本案进行再审的根据时，人民检察院按审判监督程序提出抗诉的，写为：

"×××人民检察院于××××年××月××日提出抗诉。"本院决定再审的，写为"本院于××××年××月××日作出〔××××〕×行监字第×号行政裁定，对本案提起再审"。上级法院指令再审的，写为"×××人民法院于××××年××月××日作出〔××××〕×行监字第×号行政裁定，指令本院对本案进行再审"。本院决定提审的，写为"本院于××××年××月××日作出〔××××〕×行监字第×号行政裁定，对本案进行提审"。

（二）正文

1. 事实部分

（1）原生效判决认定的事实和判决结果。先概述原生效判决的主要内容，写明原判决书中确认的行政争议事实，可结合案件具体情况予以适当概括。然后写明原审生效裁判的理由、法律依据和判决结果。不能省略原审的论证说理，且要说明对原审生效判决执行的情况。

（2）引起再审的缘由。检察院抗诉引起再审的，简要叙述检察院抗诉的理由；当事人申请再审的，写明其申请再审的主要理由与诉讼请求；人民法院决定再审的，简述当事人提出的主要意见及其理由和请求。

（3）再审认定的事实和证据。由"经再审查明"导出再审法院对事实的叙述。经过再审判定，若原审确属事实不清的，对于案件事实应当结合再审认定的证据全面、具体、详细地进行表述，且对争议事实着重给予分析论证；如果原审裁判认定事实部分清楚、部分错误的，则概述正确的事实，详述改判所依据的新的事实。再审中认定的新证据，必须明确指出并作出分析说明。

2. 理由部分

依再审查明的事实，着重评析原生效判决适用法律、法规是否正确，检察院抗诉或当事人申诉的理由是否成立，阐明应予改判、如何改判，或者维持原判的理由。然后列出再审判决结果所依据的法律规范的条款项。

3. 判决结果

详见格式部分。

（三）尾部

写明诉讼费用的负担，但维持原判无此项。按一审程序再审的，按照第一审行政判决书交代关于上诉的内容；按二审程序再审的，表明"本判决为终审判决"。

四、实例阅读

福建省莆田市中级人民法院
行 政 判 决 书

〔2015〕莆行再终字第1号

再审申请人（原审原告、二审上诉人）刘×星，男，19××年××月××日出生，汉族，农民，住所地福建省莆田市××区。

法定代理人刘×顺（系刘×星之父），男，19××年××月××日出生，汉族，农民，住所地福建省莆田市××区。

法定代理人葛×晚（系刘×星之母），女，19××年××月××日出生，汉族，农民，住所地福建省莆田市××区。

委托代理人杜×强、黄×根，福建××律师事务所律师，一般代理。

被申请人（原审被告、二审被上诉人）莆田市公安局荔城分局，住所地福建省莆田市××区。

法定代表人柳×忠，局长。

委托代理人柯×炼、吴×生，该局干部。

原审第三人蔡×政，男，19××年××月××日出生，汉族，农民，住所地福建省莆田市××区。

法定代理人蔡×喜（系蔡×政之父），男，19××年××月××日出生，汉族，农民，住所地福建省莆田市××区。

法定代理人柯×娥（系蔡×政之母），女，19××年××月××日出生，汉族，农民，住所地福建省莆田市××区。

委托代理人林×敏、方×榕，福建××律师事务所律师，特别代理。

刘×星不服莆田市公安局荔城分局治安管理行政处罚一案，于2013年12月18日向莆田市荔城区人民法院提起行政诉讼。莆田市荔城区人民法院于2014年5月8日作出〔2014〕荔行初字第2号行政判决。刘×星不服向本院提出上诉，本院于2014年9月15日作出〔2014〕莆行终字第91号行政判决。判决生效后，刘×星不服向本院申请再审，本院经审查于2015年5月20日作出〔2015〕莆行监字第1号行政裁定，以本案被申诉人莆田市公安局荔城分局在对申诉人刘×星作出行政处罚的具体行为时，认定事实不清，严重违反法定程序，原一、二审判决认定其事实清楚，程序虽有瑕疵但不影响案件的正常处理是错误的为由裁定本案进行再审。本院立案受理后依法另行组成合议庭于2015年7月9日公开开庭进行了审理。再审申请人刘×星的法定代理人刘×顺、葛×晚及其委托代理人杜×强，被申请人莆田市公安局荔城分局的委托代理人柯×炼、吴×生，第三人蔡×政的法定代理人蔡×喜、柯×娥及其委托代理人林×敏到庭参加诉讼。本案现已审理终结。

一审法院查明，2013年4月15日早上7时许，在莆田市荔城区××镇××村××二中高一（15）班教室内，原告刘×星因打扫卫生一事和第三人蔡×政发生冲突，刘×星用扫把将蔡×政打伤。经法医鉴定，蔡×政人体损伤程度属轻微伤。2013年9月9日，被告莆田市公安局荔城分局作出莆公荔（西天尾）行罚字〔2013〕03142号《行政处罚决定书》，对原告刘×星处以行政拘留五日，决定不执行行政拘留处罚，并送达原告及第三人蔡×政。原告刘×星不服该《行政处罚决定书》，于同月16日向莆田市人民政府申请行政复议。2013年12月5日，莆田市人民政府作出莆政行复〔2013〕86号《行政复议决定书》，维持莆田市公安局荔城分局莆公荔（西天尾）行罚字〔2013〕03142号《行政处罚决定书》对原告刘×星的行政处罚决定。2013年12月18日，原告刘×星仍不服，提起行政诉讼。

一审法院认为，被告莆田市公安局荔城分局于2013年9月9日作出的莆公荔（西天尾）行罚字〔2013〕03142号《行政处罚决定书》，有原告刘×星、第三人蔡×政陈述，吴×毅、黄×涛、叶×辉、翁×彬等证人证言、法医学人体损伤程度鉴定书为证，被告对原告作出的行政处罚决定在程序上虽有瑕疵，但处罚时查明事实清楚，适用法律正确，基本符合法定程序，原告刘×星请求撤销该处罚决定书没有相应证据予以证明，故原告请求撤销的理由不能成立，不予支持。据此，依照最高人民法院《关于执行〈中华人民共和国行政诉讼法〉若干问题的解释》第五十六条第（四）项的规定，判决：驳回原告刘×星要求撤销被告莆田市公安局荔城分局于二〇一三年九月九日作出的莆公荔（西天尾）行罚字〔2013〕03142号《行政处罚决定书》的诉讼请求。本案案件受理费人民币50元，由原告刘×星负担。

一审宣判后，刘×星不服，向本院提起上诉。

二审法院认定的事实与一审法院认定事实一致。

二审法院认为，本案上诉人主张不能成立。原审法院认定事实清楚，适用法律、法规正确，程序合法，根据案件实际情况，判决驳回诉讼请求，处理结果并无不当。据此，依照《中华人民共和国行政诉讼法》第六十一条第（一）项之规定，判决驳回上诉，维持原判。

二审判决生效后，刘×星不服，向本院申请再审。

再审申请人刘×星称：

一、原一、二审判决认定事实不清，证据不足，属错判。（1）本案斗殴事件起因系第三人蔡×政引起的，蔡×政具有严重过错。（2）第三人蔡×政蛮横无理，欺压同窗同学，并致再审申请人多处受伤，其行为可能构成寻衅滋事，公安机关未能立案查证，违反了法定职责。（3）本案互殴事件导致双方受伤，但被申请人仅对蔡×政的伤情作出鉴定，未能依法对再审申请人的伤情作出客观鉴定，明显不公且违反平等原则。

二、原一、二审判决无视被申请人作出《行政处罚》程序违法，严重影响实体公正。（1）被申请人未能及时全面调查取证，造成证据缺失，证言模糊，且更多目击证人不能作证，无法将案发时客观事实调查清楚。（2）被申请人在未出示《传唤证》、《工作证》的情况下，且未通知再审申请人刘×星的法定代理人的情况下，强行将再审申请人带走并关押时限长达9个小时之久，违反了传唤查证不得超过8小时的强制性规定。（3）再审申请人系未成年人，被申请人在询问刘×星时未能通知刘×星法定代理人到场，导致刘×星有话不敢讲，有理不敢辩，且权利义务告知书也未能向刘×星出示宣读，导致再审申请人刘×星无法知晓自己应有的权利和义务。（4）被申请人在对第三人进行伤情鉴定后未能将鉴定书送达给再审申请人及其法定代理人，严重剥夺了再审申请人享有申请重新鉴定的权利。（5）被申请人在未通知刘×星及其法定代理人到场的情况下制作了《行政处罚告知笔录》，剥夺了刘×星的合法权利。（6）被申请人提供的《行政拘留家属通知书》中载明通过电话通知申诉人的家属刘×顺，但刘×顺的通话记录中并无该电话记录。（7）被申请人延长办理期限无事实和法律依据。（8）被申请人剥夺了再审申请人要求对自身伤情进行鉴定的权利。为此，请求撤销一、二审行政判决。诉讼费由被申请人承担。

被申请人莆田市公安局荔城分局及原审第三人主张被诉行政行为认定事实清楚，程序合法，适用法律正确，处罚适当，请求驳回再审申请，维持原审判决。

本院再审审理期间，双方对原审法院审理期间提供的证据材料及拟证明的事实、质证意见与原审时相同。

本院再审查明，2013年4月15日早上7时许，福建省××第二中学高一(15)班教室内，因蔡×政私自更换扫区域，但刘×星不同意，蔡×政即向其言语威胁，并阻挡在刘×星扫地的位置上，刘×星用肩膀撞了蔡×政，蔡×政就用手推了刘×星一下，刘×星即用扫把打蔡×政的头部，后双方发生扭打。经法医鉴定，蔡×政人体损伤程度属轻微伤。2013年9月9日，莆田市公安局荔城分局作出莆公荔（西天尾）行罚字〔2013〕03142号《行政处罚决定书》，对刘×星处以行政拘留五日，决定不执行行政拘留处罚，并送达刘×星及蔡×政。刘×星不服该《行政处罚决定书》，于同月16日向莆田市人民政府申请行政复议。2013年12月5日，莆田市人民政府作出莆政行复〔2013〕86号《行政复议决定书》，维持莆田市公安局荔城分局莆公荔（西天尾）行罚字〔2013〕03142号《行政处罚决定书》对刘×星的行政处罚决定。2013年12月18日，原告刘×星仍不服，提起行政诉讼。

结合本案当事人的陈述和举证、质证，本院针对本案的焦点问题分析如下：

申请再审人主张，被申请人接到报案后未对其立即调查取证，询问刘×星时未通知其父母到场，强制传唤时间超过法定时限，剥夺了刘×星的陈述、申辩权及家长的知情权，故程序违法。被申请人及原审第三人认为行政处罚程序合法。

本院认为，根据被申请人提交的在案证据以及被申请人在原二审接受调查时的自认，第一，被申请人对刘×星及其同学制作笔录时存在未通知其法定代理人到场而直接通知教师在场的情况，不符合《公安机关办理行政案件程序规定》（以下简称《规定》）第六十一条"询问未成年人时，应当通知其父母或者其他监护人到场，其父母或者其他监护人不能到场的，也可以通知未成年人的其他成年亲属，所在学校、单位、居住地基层组织或者未成年人保护组织的代表到场，并将有关情况记录在案。确实无法通知或者通知后未到场的，应当在询问笔录中注明"的规定。本案被申请人没有提供其有通知未成年人刘×星的法定代理人（父母）到场参与制作询问笔录的证据材料。第二，被申请人在对刘×星作出行政处罚决定书时，存在没有通知其法定代理人和家属的情形，不符合《规定》第一百五十一条"作出行政拘留处罚决定的，应当及时将处罚情况和执行场所或者依法不执行的情况通知被处罚人家属"的规定。第三，被申请人于2013年4月18日就传唤刘×星到西天尾派出所并对其伤情进行拍照，却未及时对其进行询问，而是在2013年5月3日才对刘×星进行第一次的询问查证，不符合《中华人民共和国治安管理处罚法》第83条"对违反治安管理行为人，公安机关传唤后应当及时询问查证，询问查证的时间不得超过八小时；情况复杂，依照本法规定可能适用行政拘留处罚的，询问查证的时间不得超过二十四小时。公安机关应当及时将传唤的原因和处所通知被传唤人家属"的规定。第四，被申请人在对第三人进行伤情鉴定后未能将鉴定书送达给再审申请人及其法定代理人，剥夺了再审申请人享有申请重新鉴定的权利，不符合《规定》第八十一条第（二）项"对经审查作为证据使用的鉴定意见，公安机关应当在收到鉴定意见之日起五日内将鉴定意见复印件送达违法嫌疑人和被侵害人"的规定。故本案被申请人在办案程序上存在严重瑕疵，损害未成年当事人应有的合法权益。

综上，本院认为，本案被申请人莆田市公安局荔城分局对再审申请人刘×星作出行政处罚依据的主要证据取证程序不符合相关规定，存在严重瑕疵，违反了法定程序。因此，原一、二审判决认定其事实清楚、程序虽有瑕疵但不影响案件的正常处理是错误的，应予纠正。被申请人莆田市公安局荔城分局作出莆公荔（西天尾）行罚字〔2013〕03142号《行政处罚决定书》属违反法定程序，应予撤销。据此，本案经本院审判委员会讨论决定，依照《中华人民共和国行政诉讼法》第五十四条，最高人民法院《关于执行〈中华人民共和国行政诉讼法〉若干问题的解释》第七十六条、第七十八条的规定，判决如下：

一、撤销本院〔2014〕莆行终字第91号行政判决和莆田市荔城区人民法院〔2014〕荔行初字第2号行政判决；

二、撤销莆田市公安局荔城分局作出的莆公荔（西天尾）行罚字〔2013〕03142号《行政处罚决定书》；

三、责令莆田市公安局荔城分局重新作出行政行为。

原一、二审案件受理费各50元均由被申请人莆田市公安局荔城分局负担。

本判决为终审判决。

审判长　李××

审判员　赵××

审判员　吴××

二〇一五年八月十八日

（院印）

本件与原本核对无异

书记员　谢××

第五节　行政裁定书

一、行政裁定书概述

（一）概念

行政裁定书是指人民法院依照《行政诉讼法》的规定，在审理行政案件的过程中，为解决有关程序问题而作出的书面处理决定。

（二）行政裁定书的分类

1. 根据诉讼程序的不同，可以分为第一审行政裁定书、第二审行政裁定书、再审行政裁定书和执行行政裁定书。

2. 根据解决具体问题的不同，可以将行政裁定书分为不予受理起诉、驳回起诉、管辖权异议、终结诉讼、中止诉讼、移送或指定管辖、财产保全、先予执行、准予或不准予撤诉、中止或终结执行等行政裁定书。

本节主要介绍第一审与第二审行政裁定书的制作内容。

二、第一审行政裁定书

（一）概念

第一审行政裁定书是指第一审人民法院依照行政诉讼法的规定，在审理第一审行政案件过程中，为解决诉讼程序问题而作出的书面处理决定。

第一审行政裁定适用范围如下：起诉不予受理；驳回起诉；诉期期间停止具体行政行为的执行或者驳回停止执行的申请；财产保全和先予执行；准许或者不准许撤诉；中止或者终结诉讼；补正判决书中的笔误；中止或者终结执行；其他需要裁定的事项。

这里择要介绍不予受理起诉与驳回起诉两种裁定书，其余参照民事裁定书制作。

（二）格式、内容及制作方法

1. 不予受理起诉行政裁定书

（1）首部。依次写明文书的标题、字号和起诉人的姓名或名称等基本情况。有委托代理人的写明委托代理人的姓名、所在单位等基本情况。由于此种裁定是在没有立案受理的情况下作出的，因而其文书应另编字号，不要使用立案编号的同一序列。同时，由于起诉未被受理，起诉人不具备受案的原告资格，因此，不能在裁定书中写上"原告"字样，当然也不必列写被告，更无须通知"被告"应诉。

（2）正文

①起诉人起诉的事由。可表述为"××××年××月××日，本院收到×××起诉状，……（概括写明起诉的事由）"。

②人民法院不予受理的理由。可表述为"经审查，本院认为，……（写明不予受理的理由）依照……（写明引用的法律条款）的规定，裁定如下："。

③裁定结果。表述为"对×××的起诉，本院不予受理"。

（3）尾部。告知上诉事项，可表述为"如不服本裁定，可在裁定书送达之日起10日内，向本院递交上诉状，上诉于×××人民法院"。再由合议庭成员署名，写明裁定日期，书记员署名等。

不予受理起诉的行政裁定书只需送达起诉人。

2. 驳回起诉的行政裁定书

（1）首部。依次写明文书标题、编号、诉讼当事人及其他诉讼参加人的基本情况，以及案件由来和审理经过。

案件由来和审理经过，一般可表述为：

"原告×××不服×××（行政机关名称）××××年××月××日××字第×号处罚决定（复议决定或其他具体行政行为），向本院提起诉讼。本院于××××年××月××日受理后，依法组成合议庭，公开（或不公开）开庭审理了本案。"

（2）正文。在简述原告起诉事由之后，写明人民法院驳回起诉的理由，引用驳回起诉的法律条款，裁定结果可表述为"驳回原告×××的起诉"。

（3）尾部。写明诉讼费用的负担，告知上诉事项，合议庭成员署名，裁定日期，书记员署名，加盖印章等。

（三）实例阅读

1. 不予受理起诉

河南省许昌市中级人民法院
行政裁定书

〔2015〕许行立字第7号

起诉人张××，男。

2015年5月15日，本院收到张××的起诉状，张××因不服其母亲赵××于1966年被原长葛县人民委员会审定为富农分子，请求撤销赵××富农分子的通知，还其革命荣誉并依法发放抚恤金。

经审查，本院认为，起诉人的所诉事项不属于人民法院行政诉讼案件的受案范围。依照《中华人民共和国行政诉讼法》第四十九条、第五十一条第二款之规定，裁定如下：

对张××的起诉，本院不予受理。

如不服本裁定，可在裁定书送达之日起十日内，向本院递交上诉状，上诉于河南省高级人民法院。

审　判　长　秦××
审　判　员　朱××
代理审判员　徐××
二〇一五年五月十九日
（院印）

本件与原本核对无异

书　记　员　姚××

2. 驳回起诉

北京市海淀区人民法院
行 政 裁 定 书

〔2015〕海行初字第 332 号

原告何××，女，19××年××月××日出生。

被告北京市海淀区教育委员会，住所地北京市海淀区××路××号。

法定代表人尹××，主任。

委托代理人宋××，男。

委托代理人周××，北京××律师事务所律师。

原告何××不服被告北京市海淀区教育委员会（以下简称海淀区教委）作出的政府信息公开行为，向本院提起行政诉讼。本院于2015年4月9日受理后，依法组成合议庭。2015年5月26日，本院公开开庭审理了本案。原告何××，被告海淀区教委的委托代理人宋××、周××到庭参加诉讼。

原告何××诉称，海淀区××中学是具有独立法人资格的民事主体。《中华人民共和国民法通则》第三十六条规定："法人是具有民事权利能力和民事行为能力，依法独立享有民事权利和承担民事义务的组织。"第三十七条列出了法人的具体条件，包括"有自己的名称、组织机构和场所"。2012年6月15日下午，海淀区教委与××大学附属中学承办北京市××中学的签约仪式在××附中举行。海淀区教委前主任以及××附中全体领导班子出席签约仪式。整个过程没有××中学参与。××附中承办××中学后有严重违法现象，甚至更改名称，将"××中学"改为"××学校"。原告多次向海淀教委反映，教委置之不理。2014年12月10日，原告向海淀教委申请公开"××附中承办××中学的法律依据"。12月30日收到"告知书"，其中列出的法律依据回避了"法人"这个重要的民事主体，不符合现有法律制度。因此请求法院撤销海淀区教委作出的海教办〔2014〕第6号《政府信息公开告知书》，要求海淀区教委依法公开"××附中承办××中学的法律依据"，本案诉讼费由被告承担。

本院认为，根据《中华人民共和国行政诉讼法》第四十九条第（四）项的规定，公民、法人或者其他组织提起行政诉讼，应当属于人民法院受案范围和受诉人民法院管辖。

《中华人民共和国政府信息公开条例》第二条规定："本条例所称政府信息，是指行政机关在履行职责过程中制作或者获取的，以一定形式记录、保存的信息。"本案中，何××所申请公开的信息为"××附中承办××中学的法律依据"。该申请实质上是就相关法律适用问题进行咨询，其申请获取的信息不属于《中华人民共和国政府信息公开条例》所规定的政府信息范畴。因此，何××的起诉不属于人民法院行政诉讼的受案范围。故，对何××的起诉应予以驳回。

综上，依照《中华人民共和国行政诉讼法》第四十九条第（四）项、最高人民法院《关于适用〈中华人民共和国行政诉讼法〉若干问题的解释》第三条第一款第（一）项的规定，裁定如下：

驳回原告何××的起诉。

案件受理费50元，原告何××已交纳，于本裁定生效后全部退还。

如不服本裁定，可于裁定书送达之日起十日内，向本院递交上诉状，并按对方当事人的人数提出副本，上诉于北京市第一中级人民法院。

审判长　申××
审判员　刘××
审判员　袁××
二〇一五年六月二日
（院印）

本件与原本核对无异

书记员　刘××

三、第二审行政裁定书

（一）概念

第二审行政裁定书是指二审人民法院在审理当事人不服一审判决提起上诉的行政案件中，就案件的程序问题作出的书面决定。

二审行政裁定书有三种：二审发回重审用的；二审准许或不准撤回上诉用的；二审维持或撤销一审裁定用的。

（二）格式、内容及制作方法

1. 首部。与第二审行政判决书相同（除了文书名称为"行政裁定书"外）。

2. 正文。三种二审裁定书因内容不同而各异。

（1）发回重审的。应写为：

"上诉人×××因……（写明案由）一案，不服×××人民法院〔×××〕××行初字第×号行政判决，向本院提起上诉。本院依法组成合议庭，公开（或不公开）开庭审理了本案。（未开庭的，写'本院依法组成合议庭，审理了本案'）。"

本院认为，……（简写发回重审的理由）。依照《中华人民共和国行政诉讼法》第八十九条第（四）项规定，裁定如下：

一是撤销×××人民法院〔××××〕××行初字第×号行政判决；

二是发回×××人民法院重审。"

其要点在于写清发回重审的理由。需采用概括简明的语言指出原判决认定事实不清，证据不足，或者由于违反法定程序而可能影响正确判决。至于该案存在哪些具体问题，应另附函向重审法院具体说明。

（2）准许或不准撤回上诉的，写为：

"上诉人×××因……（写明案由）一案，不服×××人民法院〔×××〕××行初字第×号行政判决，向本院提起上诉。在本院审理过程中，上诉人×××又以……（简要写明申请撤回上诉的理由）为由，申请撤回上诉。经审查认为，……（写明准许撤回上诉或者不准撤回上诉的理由）。现裁定如下：

准许上诉人×××撤回上诉，双方当事人按原审判决执行（或不准上诉人×××撤回上诉，本案继续审理）。"

其中，裁定理由部分应对上诉人申请撤回上诉的行为是否合法作出评断，写明准许或不准许撤回上诉的理由。由于行政诉讼法中没有规定撤回上诉的相应条文，所以在格式中直接写"现裁定如下"即可。

对于不准撤回上诉的案件，一般口头裁定即可，必要时也可作出书面裁定。

（3）维持或撤销一审裁定的，可写为：

"上诉人×××不服×××人民法院〔××××〕××行初字第×号行政裁定，向本院提起上诉。本院依法组成合议庭，审理了本案。

本院认为，……（写明二审裁定的理由）。依照……的规定，裁定如下：

驳回上诉，维持原裁定。〔或者：一、撤销×××人民法院〔××××〕××行初字第×号行政裁定；二、本案由×××人民法院立案受理〕"

其关键亦在于写明裁定理由。对上诉理由是否成立，上诉人提起的行政诉讼是否符合法定条件，原裁定是否正确等，进行分析论证，阐明二审法院的观点。

3. 尾部

三种裁定书略有不同。其中发回重审用的，在裁定结果下面签署合议庭人员名称、时间、书证员名称并加盖核对章，写法同二审行政判决书。如果是不准许撤回上诉的，其写法与此相同。准许撤回上诉的，则需在裁定结果后依次写明诉讼费用负担情况以及"本裁定为终审裁定"，然后签署如二审行政判决书。

维持或撤销一审裁定的，除没有诉讼费用负担一项外，其余与准许撤回上诉的相同。

(三) 实例阅读（驳回上诉，维持原裁定）

广东省茂名市中级人民法院

行 政 裁 定 书

〔2015〕茂中法行终字第 12 号

上诉人朱××。

被上诉人叶××（信宜市××镇国土所所长）。

上诉人朱××因与叶××其他行政纠纷一案，不服信宜市人民法院〔2015〕茂信法立行初字第 5 号行政裁定，向本院提起上诉。本院受理后，依法组成合议庭审理了本案。

一审法院经审查认为：国土所所长只是行政机关的工作人员之一，不能作为行政诉讼的被告。本案中，起诉人以××镇国土所所长为被告是不适格的。另外，起诉人在行政起诉状中所列的"原告人"、"被告人"不属于行政诉讼的主体称谓。起诉人的起诉状有明显错误。经本院一次性告知需要变更起诉状的内容，但起诉人拒绝变更。因此，起诉人的起诉不符合行政诉讼的法律规定，本院依法不能立案。依照《中华人民共和国行政诉讼法》第五十一条第二款和最高人民法院《关于适用〈中华人民共和国行政诉讼法〉若干问题的解释》第一条第三款之规定，裁定如下：

对朱××的起诉，本院不予立案。

上诉人朱××的上诉书内容与起诉书内容相同。

本院认为，《中华人民共和国行政诉讼法》第二十六条第一款规定："公民、法人或者其他组织直接向人民法院提起诉讼的，作出行政行为的行政机关是被告。"上诉人把行政机关的工作人员作为"被告人"提起行政诉讼没有法律依据，且经一审法院释明后仍拒不补正是错误的。一审裁定认定事实清楚，适用法律正确，处理恰当，应予维持。上诉人上诉理由不足，应予驳回。依据《中华人民共和国行政诉讼法》第八十九条第一款第（一）项的规定，裁定如下：

驳回上诉，维持原裁定。

本裁定为终审裁定。

审判长　吴××
审判员　梁××
审判员　张××
二○一五年十月十五日
（院印）

本件与原本核对无异

书记员　谭××

第九章　行政裁判文书

本章习题

1. 简述第一审民事判决书与第一审行政判决书在写作上的异同点。
2. 行政判决书与行政裁定书在写作上有何区别？
3. 请结合下面案情材料制作一份判决书。

案情介绍：2015 年 9 月 6 日下午，赵××将其驾驶的车辆（车号×B-×××）停放在××路与××路交叉口北约 200 米处西侧后，离开车辆。××市城市管理行政执法局的工作人员发现后，认为车主将车辆停放人行道上，又无人看管，车停放位为非机动车停车场，本路段为禁停路段，故将车辆拖走。2015 年 9 月 6 日，××市城市管理行政执法局的工作人员对赵××进行了询问，制作了询问笔录，笔录中赵××承认当时不在车上，对××市城市管理行政执法局可能要作出的处罚要求进行陈述和申辩，随后，××市城市管理行政执法局工作人员对赵××的陈述和申辩制作了笔录，赵××申辩称当时车停在划有机动车停车位的位置，并有××区车管会人员看管收费。××市城市管理行政执法局未对赵××的该申辩进行复核，于同日作出〔××××〕罚款字第×号罚款行政处罚决定书，决定书载明"赵××，经立案调查，你于 2015 年 9 月 6 日在××路与××路口西实施违章停放的行为，有勘验笔录、询问笔录为证，违反了《中华人民共和国道路交通管理条例》第六十条规定，根据《中华人民共和国道路交通管理条例》第七十五条规定，本局决定予以罚款 200 元处罚"。

赵××不服××市城市管理行政执法局作出的罚款行政处罚决定，认为被告的行为并非依法成立，委托律师向法院提起诉讼，请求人民法院依法判令撤销〔××××〕罚款字第×号行政处罚决定。在诉讼中，被告××市城市管理行政执法局提供一份勘验笔录，但勘验笔录中注明的勘验时间 2015 年 9 月 6 日与勘验人签署的时间 2015 年 9 月 5 日不一致，登记的勘验人与盖执法印章的勘验人不一致。且辩称赵××称他的车停放在规划好的停车位，不符合事实，其停车位置是人行道，不是经有关部门批准的停车位，该局作出的处罚是合法的，请求人民法院判决维持。

答题要求：

（1）文书格式规范，应具备的事项齐全；
（2）作出的处理合法有据，准确；
（3）文字简练通畅，无语法错误和错别字。

第十章 国家赔偿文书

法律就是秩序，有好的法律才有好的秩序。

——【古希腊】亚里士多德

【内容提要】

国家赔偿文书有广义和狭义之分，狭义的国家赔偿文书只限于刑事赔偿。本章讲授狭义的国家赔偿文书。具体内容包括赔偿确认裁定（决定）书、赔偿义务机关赔偿决定书、刑事赔偿复议决定书和人民法院赔偿委员会决定书。

第一节 国家赔偿文书概述

一、国家赔偿文书的概念

国家赔偿文书，是指人民法院在审理国家赔偿案件的过程中，依照《国家赔偿法》规定所制作的各种具有法律效力或者法律意义的法律文书，以及赔偿请求人、赔偿义务机关依照《国家赔偿法》在办理或者请求国家赔偿事项中所制作或提交的各种具有法律效力或者法律意义的文书、决定或者书状的总称。

国家赔偿文书是公安机关、检察院、法院常用的法律文书之一。制作这类文书的主体：一是赔偿请求人；二是作为赔偿义务机关的公安机关、检察院、审判和监狱管理机关；三是国家赔偿案件的裁决机构——人民法院赔偿委员会。

我国《宪法》第41条第3款明确规定，由于国家机关和国家工作人员侵犯公民权利而受到损失的人，有依照法律规定取得赔偿的权利。这一规定是制定《国家赔偿法》的基本法律依据。可以说，国家赔偿法是一部保障公民、法人因合法权益受到国家机关及其工作人员侵犯造成损失而得到补救的重要法律。

国家赔偿文书是法律文书的组成部分。依照《国家赔偿法》的规定，制作国家赔偿文书的主体是代表国家审理国家赔偿案件的人民法院，以及赔偿义务机关和赔偿请求人。处理国家赔偿案件的程序，包括行政赔偿程序和刑事赔偿程序。其中，既有诉讼程序，也有非诉讼程序；既涉及审判机关，也涉及公安机关（含国家安全机关，下同）、检察院、监狱机关。因此，在法律文书中，国家赔偿文书既是一种相对独立的法律文书，又分别成为审判文书、检察文书、公安文书和监狱文书的一部分。

国家赔偿文书有广义与狭义之分。广义的国家赔偿文书包括行政赔偿与刑事赔偿。狭义的国家赔偿文书只限于刑事赔偿（包括适用刑事赔偿程序的非刑事赔偿案件）。两者的主要区别在于：行政赔偿通过行政复议并最终由诉讼程序解决；刑事赔偿不经诉讼程序，而由人民法院赔偿委员会解决。本章讲授狭义的国家赔偿文书。

本书所用的国家赔偿文书格式（样式），分别来源于2000年1月11日最高人民法院赔偿委员会第九次会议通过并于同期施行的《国家赔偿案件文书样式（试行）》、2004年8月16日最高人民法院印发的《确认案件文书样式》和2002年1月1日起施行的最高人民检察院印发的《人民检察院法律文书格式（样本）》、2005年12月28日最高人民检察院刑事申诉检察厅印发的《刑事赔偿确认案件文书样式》。

二、国家赔偿文书的种类和适用范围

国家赔偿文书，适用刑事赔偿案件和非刑事赔偿案件，后者仅限于人民法院在民事诉讼、行政诉讼过程中，违法实施司法拘留、罚款、查封、扣押、冻结、错误执行（《国家赔偿法》第31条）或者具有《国家赔偿法》第15条第（四）项、第（五）项和第16条第（一）项规定的情形。

2000年1月11日，最高人民法院制定的《国家赔偿案件文书样式（试行）》对法院国家赔偿案件文书样式作出了新规定，共有文书样式22种；2004年8月16日，又制定了《确认案件文书样式》的规定，共有文书样式18种；2002年1月1日，最高人民检察院在《人民检察院法律文书格式（样本）》中，也对人民检察院刑事赔偿法律文书作出了规定，共有文书10种；2005年12月28日，又制定了《刑事赔偿确认案件文书样式》，共有文书样式4种。根据《国家赔偿法》和上述规定，国家赔偿文书，就它的内容和用途，可分为以下7类：

1. 确认文书。主要用于对经确认的违法侵权事由进行确认。具体包括听证通知书、不予受理确认决定书、刑事确认书、确认违法裁定书等。

2. 立案受理文书。主要适用于确认案件和赔偿案件的受理。具体包括：确认申请书和赔偿申请书、受理案件通知书、不予受理案件通知书和立案通

第十章 国家赔偿文书

知书。

3. 调查文书。主要适用对案件事实的调查、审查报告和调查笔录。

4. 赔偿决定书。分别适用于赔偿义务机关或者人民法院赔偿委员会所作出的决定赔偿或者不予赔偿，也适用于办理共同赔偿案件的决定赔偿或者不予赔偿。

5. 复议文书。主要用于对不服确认和赔偿事由的复议事项。包括确认案件的复议决定书、受理复议请求通知书、刑事赔偿复议决定书。

6. 撤案文书。适用准许（或同意）撤回确认申请、撤回赔偿申请或者驳回赔偿申请，驳回申诉通知书。

7. 执行文书。适用执行有关赔偿决定事项和司法建议。

三、国家赔偿文书的特点

国家赔偿文书同裁判文书一样，具有法律效力或者法律意义。但它又不同于裁判文书，有着自己独有的特点：

（一）国家赔偿文书是解决应否承担赔偿责任的书面决定

这一点与裁判文书不同。人民法院的裁判文书要分别解决刑事被告人的刑事责任、民事当事人的民事责任，以及行政诉讼中的具体行政行为的合法性问题。这些实体问题的解决，又分别通过三大诉讼法所规定的诉讼程序来实现。国家赔偿文书所解决的则是赔偿请求人（即被侵权的个人或者组织）的赔偿申请能否成立，以及国家应否承担赔偿责任，即国家赔偿义务机关（在这里主要是指刑事侵权机关）应否代表国家履行赔偿义务。具体针对这一侵权行为的补救，则又必须严格依照国家赔偿法规定的赔偿程序进行。

（二）国家赔偿文书是无被告程序的司法文书

裁判文书是诉讼活动的反映，没有被告的诉讼是不可能存在的。国家赔偿文书不同，它所反映的并非诉讼活动。受害人提出的是赔偿请求，即国家机关或者国家机关工作人员因违法行使职权造成损失的一种救济，而不是追究侵权机关的法律责任。由于国家赔偿责任的侵权主体是国家，因此，构成刑事侵权的司法机关，依法只负有赔偿的义务，也就是说，司法机关作为国家赔偿责任的义务主体，具体的赔偿义务由侵权的司法机关代表国家履行，在国家赔偿程序中不能成为当事人一方。

（三）国家赔偿决定书一经人民法院赔偿委员会作出即发生法律效力

国家赔偿案件由于它不经过诉讼程序，因而只有管辖的不同，没有审级的区分。赔偿请求人要求赔偿，应先向赔偿义务机关提出，赔偿义务机关逾期不予赔偿或赔偿请求人对赔偿数额有异议的，可依法向其上一级机关申请复议。

如果不服复议决定或者复议机关逾期不作出决定的，赔偿请求人可以向复议机关所在地的同级人民法院赔偿委员会申请作出赔偿决定。如果赔偿义务机关是人民法院，可以依法向其上一级人民法院赔偿委员会申请。人民法院赔偿委员会作出的赔偿决定，是终局裁决，即发生法律效力的裁决，必须执行。国家赔偿文书不同于诉讼裁判文书，没有诉，也就不存在上诉或者抗诉的问题。因此，人民法院作出的国家赔偿文书是代表国家行使司法权的体现，也可以说是国家审判权的延伸。

四、制作国家赔偿文书的意义

国家赔偿文书是国家保障公民、法人和其他组织合法权益的重要法律文书。司法人员必须严格依照《国家赔偿法》规定和国家赔偿案件文书样式要求制作国家赔偿文书，以保护人民利益，维护社会主义法制。

制作国家赔偿文书的意义主要表现在以下几个方面：

1. 有利于进一步保障公民、法人和其他组织的合法权益。如果他们的合法权益受到侵犯，有权依照《国家赔偿法》的规定提出赔偿请求。国家赔偿文书的制作，使国家赔偿法的规定得以具体落实，也为进一步保障公民的这一项权利提供了有力的保证。

2. 有利于促进国家机关及其工作人员依法行使职权，公正司法，严肃执法。《国家赔偿法》规定，国家机关及其工作人员在行使职权的时候，如果违法行使职权，造成侵权损害，依照《国家赔偿法》规定应当给予赔偿。这对于增强国家机关及其工作人员的责任感，改进工作作风，推动廉政建设，总结经验、提高办案质量都有着积极的意义。

3. 有利于缓解社会矛盾，维护社会稳定，保障社会和谐。国家通过制作国家赔偿文书，一方面，加强宣传教育，可以预防和减少违法侵权事件，促进社会的民主化、法制化进程；另一方面，被侵权的受害者也由于国家赔偿文书的法律效力而得到了补救，从而有利于消除对立，增强团结，化消极因素为积极因素，促进社会的长治久安，更好地为四个现代化服务。

第二节　赔偿确认裁定（决定）书

一、赔偿确认裁定（决定）书的概念

赔偿确认裁定（决定）书，是指赔偿义务机关依据《国家赔偿法》规定对确认申请人的确认请求，经审查所作出的确认违法或者不予确认的书面

第十章　国家赔偿文书

决定。

构成职务行为违法侵权，除法律另有规定外，必须依法申请确认，这是申请国家赔偿的前置程序。《国家赔偿法》第17条规定："行使侦查、检察、审判职权的机关以及看守所、监狱管理机关及其工作人员在行使职权时有下列侵犯人身权情形之一的，受害人有取得赔偿的权利：

（一）违反刑事诉讼法的规定对公民采取拘留措施的，或者依照刑事诉讼法规定的条件和程序对公民采取拘留措施，但是拘留时间超过刑事诉讼法规定的时限，其后决定撤销案件、不起诉或者判决宣告无罪终止追究刑事责任的；

（二）对公民采取逮捕措施后，决定撤销案件、不起诉或者判决宣告无罪终止追究刑事责任的；

（三）依照审判监督程序再审改判无罪，原判刑罚已经执行的；

（四）刑讯逼供或者以殴打、虐待等行为或者唆使、放纵他人以殴打、虐待等行为造成公民身体伤害或者死亡的；

（五）违法使用武器、警械造成公民身体伤害或者死亡的。"

《国家赔偿法》第18条规定："行使侦查、检察、审判职权的机关以及看守所、监狱管理机关及其工作人员在行使职权时有下列侵犯财产权情形之一的，受害人有取得赔偿的权利：

（一）违法对财产采取查封、扣押、冻结、追缴等措施的；

（二）依照审判监督程序再审改判无罪，原判罚金、没收财产已经执行的。"

《国家赔偿法》第22条规定："赔偿义务机关有本法第十七条、第十八条规定情形之一的，应当给予赔偿。

赔偿请求人要求赔偿，应当先向赔偿义务机关提出。

赔偿请求人提出赔偿请求，适用本法第十一条、第十二条的规定。"

赔偿义务机关根据这一规定制作赔偿确认裁定（决定）书，是践行司法为民，保障赔偿请求人的合法权益，实现社会公平正义的归宿。

赔偿确认裁定（决定）书制作主体是赔偿义务机关，具体制作的程序、样式、要求，因制作主体不同而不尽相同。人民检察院制作的文书为"刑事赔偿确认决定书"，适用于三类案件：（1）需要确认是否错误拘留、错误逮捕，因证据不足作出撤销案件决定书、不起诉决定书或者无罪判决书的案件；（2）未作出处理决定的侵犯公民生命健康权的赔偿案件；（3）须确认有违法采取查封、扣押、冻结、追缴等措施而侵犯财产权的赔偿案件。人民法院则称为"裁定书"，主要适用于需要依法确认的15种情形，如法院决定逮捕，是否错捕的；违法采取查封、扣押、冻结、追缴等强制措施，且未依法撤销的；对已经发现的被执行人的财产，故意拖延执行或不执行，导致被执行人的财产流失，给确认申请人造成损失等。申请确认由原作出司法行为的赔偿义务机关受理，但申请确认基层人民法院司法行为的违法的案件，由中级人民法院受理；人民检察院受理的申请确认，如果拟作不予确认应报上一级人民检察院批准。

为了贯彻落实《国家赔偿法》，切实保障赔偿请求人申请确认、申请赔偿的权利，最高人民法院和最高人民检察院刑事申诉检察厅先后于2004年8月和2005年12月公布了《关于贯彻执行〈审理人民法院国家赔偿确认案件若干问题的规定（试行）〉的通知》（附：确认案件文书样式）和《关于印发〈刑事赔偿确认案件文书样式〉的通知》。人民法院和人民检察院应当按照上述文书样式的要求，认真制作赔偿确认裁定（决定）书，这有利于切实保障赔偿请求人申请赔偿的权利；有利于促进司法机关自身的管理和建设；有利于强化法律适用统一和文明司法、公正司法。

二、人民法院确认裁定书

确认裁定书，是指人民法院作为赔偿义务机关依照《国家赔偿法》对确认申请人的确认请求，经审查所作出的确认违法或者不予确认的书而决定。

（一）首部

1. 制作文书机关名称、文书名称、文书编号。在文书首部居中分两行写明制作机关名称和文书名称，如"北京市第二中级人民法院"、"裁定书"。在文书的右下方写明文书编号，由年度、制作法院和案件性质的代字及案件顺序号组成，如"京二法确字第5号"。

2. 确认申请人的基本情况。主要写明申请人的姓名、住址等。如果申请人是法人或者其他组织的，应写明法人名称、地址、法定代表人姓名、职务。代理人姓名、地址。

3. 确认案由。写明确认申请人于何年何月何日以何案由（即申请确认的案由）向本院提出确认请求。

（二）正文

正文由事实、理由和决定三部分组成，是裁定书的主体部分，也是写作的重点。

1. 事实。这一部分内容包括两个层次，先写申请人请求确认的事实；再写经本院查明确认案件的事实及认定的证据。这里说的事实，是指司法机关及其工作人员违法行使职权，侵犯申请人合法权益造成损害的事实。其具体范围

第十章 国家赔偿文书

《国家赔偿法》第 17 条、第 18 条已有明确规定。叙述认定确认的事实必须依法据实进行。

2. 理由。同样也有两个层次，先写申请人请求确认的理由；再写法院决定确认的理由，在叙述方法上可分两段：一段用"本院认为"开头，将根据查明的事实和有关法律、法规、司法解释的规定，对确认原司法行为违法、申请人提出的确认请求应予支持的理由进行阐述；另一段则引述据以决定的法律和司法解释的具体条款，可表述为：

"根据《中华人民共和国国家赔偿法》第×条第×款第×项、最高人民法院《关于审理人民法院国家赔偿确认案件若干问题的规定（试行）》第×条第×款第×项之规定，经本院审判委员会讨论决定（如果是不予确认的，此句不写），裁定如下："

3. 决定主文。因决定对申请人的请求确认与否的不同，而不同的表述。确认违法的，可表述为：

"一、撤销×××人民法院〔××××〕××确字第×号裁定（决定）；原裁定或决定不违法的，此条不写）。

二、确认×××人民法院于××××年××月××日作出的×××行为（裁定、决定，或者裁定、决定中的违法部分）违法。"

如果决定不予确认的，则应表述为：

"对×××人民法院于××××年××月××日作出的×××行为（裁定、决定）不予确认违法。"

（三）尾部

这一部分包括四项内容：首先，独立成行写明"本裁定送达后即发生法律效力"；其次，写明"确认申请人可据本裁定向（确认本院的写本院，确认下级法院的写明下级法院全称）提出赔偿请求"；再次，另起一行署名（确认本院的由院长署名，确认下级法院的由合议庭署名）、用院印、写明制作日期；最后，写明"本件与原本核对无异"，书记员署名。

如果是不予确认的，首项不写，次项应写为"如不服本裁定，可在收到本裁定之日起三十日内向（上一级人民法院全称）提出申诉。"后两项写法与确认的文书相同。

×××人民法院
裁定书
(确认违法用)

〔××××〕××确字第×号

　　确认申请人(写明姓名、住址等基本情况。法人或其他组织,应写明法人名称、地址、法定代表人姓名、职务,代理人姓名、地址)。

　　确认申请人于××××年××月××日以(写明申请确认的案由)为由,向本院提出确认请求。

　　(写明确认申请人请求确认的事实和理由)。

　　本院查明,(叙述确认案件的事实及认定的证据)。

　　本院认为,(决定确认的理由,即根据查明的事实和有关法律、法规、司法解释的规定,对确认原司法行为违法、申请人提出的确认请求应予支持的理由进行阐述。如申请人有多项请求,则应逐一进行分析并阐明支持或不予支持的理由)。

　　根据《中华人民共和国国家赔偿法》(引述具体条款项)、最高人民法院《关于审理人民法院国家赔偿确认案件若干问题的规定(试行)》(引述具体条款项)之规定,经本院审判委员会讨论决定,裁定如下:

　　一、撤销×××人民法院〔××××〕××确字第×号裁定(决定);(原裁定或决定不违法的,此条不写)。

　　二、确认×××人民法院于××××年××月××日作出的×××行为(裁定、决定,或者裁定、决定中的违法部分)违法。

　　本裁定送达后即发生法律效力。

　　确认申请人可据本裁定向(确认本院的写本院,确认下级法院的写明下级法院全称)提出赔偿请求。

　　(确认本院的由院长署名,确认下级法院的由合议庭署名)

××××年××月××日
(院印)

本件与原本核对无异

书记员　×××

第十章 国家赔偿文书

```
                    ×××人民法院
                       裁定书
                    （不予确认用）
                            〔××××〕××确字第×号
    确认申请人（写明姓名、住址等基本情况。法人或其他组织，应写明
法人名称、地址、法定代表人姓名、职务。代理人姓名、地址）。
    确认申请人于××××年××月××日以（写明申请确认的案由）为
由，向本院提出确认请求。
    （写明确认申请人请求确认的事实和理由）。
    本院查明，（叙述确认案件的事实及认定的证据）。
    本院认为，（决定不予确认的理由，即根据查明的事实和有关法律、法
规、司法解释的规定，对原司法行为合法、申请人提出的确认请求应不予支
持的理由进行阐述）。
    根据《中华人民共和国国家赔偿法》（引述具体条款项）、最高人民法
院《关于审理人民法院国家赔偿确认案件若干问题的规定（试行）》（引述
具体条款项）之规定，裁定如下：
    对×××人民法院于××××年××月××日作出的×××行为（裁
定、决定）不予确认违法。
    如不服本裁定，可在收到本裁定之日起三十日内向（上一级人民法院
全称）提出申诉。
    （确认本院的由院长署名，确认下级法院的由合议庭署名）

                                    ××××年××月××日
                                            （院印）

本件与原本核对无异
                                            书记员 ×××
```

三、人民检察院刑事赔偿确认决定书

刑事赔偿确认决定书，是指人民检察院依照《国家赔偿法》对刑事赔偿确认申请人的确认请求，经审查所作出的确认违法或者不予确认的书面决定。

（一）首部

由三项内容组成，先写文书制作机关名称，如"北京市朝阳区人民检察院"；再另起行写文书名称，如"刑事赔偿确认决定书"；文书的如下方为文

书编号，即"×检刑赔确决〔××××〕第×号"，依次按制作文书机关简称、文书性质代字、年度和案件序号填写。

（二）正文

这是文书的主体部分，由以下五项内容组成：

1. 刑事赔偿确认申请人的基本情况。主要写明申请人的姓名、住址等。如果申请人是法人或者其他组织的，应写明法人名称、地址、法定代表人姓名、职务，代理人姓名、地址。

2. 确认事由。写明：

"×××申请刑事赔偿确认案（或者×××申请刑事赔偿案，因申请事项未经确认），本院于××××年××月××日决定审查确认。"

3. 确认的具体事项。先简要叙述申请确认的具体事项和理由；再另起一段叙述经审查认定的事实及其依据。这一段是写作的重点，在表述方法上要以"审查查明"开头，按照认定的事实，针对确认申请事项是否存在违法侵权情形，全面、客观地进行叙述。

4. 确认理由及法律依据。具体表述为：

"本院认为，刑事赔偿确认申请人×××的申请事项符合《中华人民共和国国家赔偿法》第×条和《人民检察院刑事赔偿工作规定》第×条之规定，×××人民检察院存在违法侵权情形，应当依法予以确认（或者，×××人民检察院不存在违法侵权情形，应当依法不予确认）。"

5. 确认决定。写明决定事项。决定确认的，表述为：

"对×××的确认请求依法予以确认（如果是决定不予确认的，则写为'不予确认'）。"

（三）尾部

加盖人民检察院的院印；写明文书制作的年月日，即签发确认书的日期。

×××人民检察院
刑事赔偿确认决定书
（赔偿义务机关作确认决定用）

×检刑赔确决〔××××〕第×号

刑事赔偿确认申请人×××（写明姓名、住址等基本情况。法人或其他组织，应写明法人名称、地址、法定代表人姓名、职务，代理人姓名、地址）。

×××申请刑事赔偿确认案（或者×××申请刑事赔偿案，因申请事项未经确认），本院于××××年××月××日决定审查确认。

申请确认的具体事项和理由：

第十章　国家赔偿文书

> 审查查明：（审查认定的事实及依据，针对确认申请事项是否存在违法侵权情形）。本院认为，刑事赔偿确认申请人×××的申请事项符合《中华人民共和国国家赔偿法》第×条和《人民检察院刑事赔偿工作规定》第×条之规定，×××人民检察院不存在违法侵权情形，应当依法予以确认。（或者×××人民检察院不存在违法侵权情形，应当依法不予确认。）
>
> 本院决定（决定事项）。
>
> ×××× 年 ×× 月 ×× 日
（院印）
>
> 本件与原本核对无异

四、制作赔偿确认裁定（决定）书应注意的问题

1. 要严格按照各自对本文书规定的样式、范围和要求依法制作。对于不属于申请确认范围的，则无须制作赔偿确认裁定（决定）书，诸如，判决原告无罪并已发生法律效力的，或实施了《国家赔偿法》第17条第（四）项、第（五）项规定的行为责任人已被依法追究的等。鉴于就这类问题作出的裁决、裁定、决定，属于已经依法确认的，申请人可直接根据该判决、裁定、决定提出国家赔偿申请。

2. 申请确认的事实和理由分属两个内容，由于两者相互联系紧密，因而，在结构叙述上不宜机械分开，要善于结合案情，夹叙夹议，寓事于理，以理说事。

3. 人民法院审理确认案件，应当自送达受理通知书之日起6个月内作出裁定。需要延长期限的，报请本院院长批准可以延期3个月。制作人民检察院刑事赔偿确认决定书，要一式三份，一份送达赔偿请求人，一份报上一级机关备案，一份附卷。

第三节　赔偿义务机关赔偿决定书

一、赔偿义务机关赔偿决定书的概念

赔偿义务机关赔偿决定书，是指赔偿义务机关依照《国家赔偿法》的规定，对赔偿请求人申请赔偿所作出的应否赔偿的书面决定。赔偿义务机关制作赔偿决定书的法律依据源于《国家赔偿法》第21条第1款、第4款规定，即"行使国家侦查、检察、审判职权的机关以及看守所、监狱管理机关及其工作人员在行使职权时侵犯公民、法人和其他组织的合法权益造成损害的，该机关为赔偿义务机关。"同条第4款还规定，"……二审改判无罪的，作出一审判

决的人民法院和作出逮捕决定的机关为共同赔偿义务机关。"第20条第1款进一步明确说明规定:"赔偿义务机关有本法第十七条、第十八条规定情形之一的,应当给予赔偿。"

赔偿决定书是赔偿义务机关确认赔偿与否的法律凭证,也是赔偿请求人据以提出复议的文书依据。在人民法院赔偿委员会审查阶段,它既是立案的重要证据之一,又是赔偿委员会审查的主要文书。

赔偿义务机关赔偿决定书按赔偿方式的不同,可分为两类:(1)单一赔偿义务机关使用的赔偿决定书;(2)共同赔偿义务机关使用的共同赔偿决定书。按赔偿主体的不同,又可分公安机关刑事赔偿决定书、人民检察院刑事赔偿决定书、人民法院赔偿决定书等。

二、人民法院赔偿决定书

人民法院赔偿决定书,是指人民法院作为赔偿义务机关依照《国家赔偿法》对赔偿请求人的赔偿请求,应否赔偿所作出的书面决定。它由首部、正文和尾部三部分组成。

(一)首部

1. 制作文书机关名称、文书名称和文书编号。在文书上部正中写明制作机关名称和文书名称,"如江西省吉安市中级人民法院刑事赔偿决定书"。在文书的右下方写明文书编号,由年度、制作法院和文书性质的代字及案件顺序号组成,如"〔2006〕赣吉法赔字第×号"。

2. 赔偿请求人的基本情况。主要写明请求人的姓名、性别、年龄和住址。如果赔偿请求人是法人或者其他组织,应写明赔偿请求人名称、地址;法定代表人姓名、职务;委托代理人姓名、住址。

3. 案件由来。写明赔偿请求人的姓名或者名称于×××年××月××日以……理由(即申请赔偿的案由)向本院申请赔偿。重点要写明申请赔偿的具体要求。

(二)正文

正文包括事实、理由和处理决定三部分,是赔偿决定书的核心。

1. 事实。事实是处理的基础,也是处理理由和结果的依据。因此,能否把事实写清楚,是制作好赔偿决定书的关键。

事实部分要写明的必须是经赔偿义务机关已经查明核实的事实。这一部分事实大致包括三项内容:

一是构成刑事侵权的事项,即具有《国家赔偿法》第17条或者第18条规定情形之一,并依法予以确认的事实。例如,某县人民法院于1998年6月

15日认定佘某杀害其妻张某，遂以故意杀人罪判处佘某有期徒刑15年。在佘入监11年（1994年1月2日被捕）后，即2005年3月28日，佘妻张某突然从山东回到原籍。同年4月13日，经宋山县人民法院再审改判，宣告佘无罪。这份已生效的再审改判的刑事判决书就是对侵权的确认。

二是应予赔偿或者不予赔偿的事实，即刑事侵权行为是否超过时效，能否适用国家赔偿法；赔偿申请是否属于《国家赔偿法》第19条规定的国家不承担赔偿责任的情形，即有无免责条款的事实；损害是否因司法机关及其工作人员违法行使职权造成的，又是哪一个司法机关实施的，即哪个司法机关是赔偿义务机关。上述事实，要根据案情的需要，写明相关事项，通过对这些事项肯定或否定的叙述，以表明应否予以赔偿的事实。

三是列举确认赔偿或者不予赔偿的证据。根据这类决定书的特点，所涉及的证据材料，主要是相关的法律文书，如已生效的宣告无罪的刑事判决书。对证据材料的列举，以集中叙述为宜。例如，某省高级人民法院刑事赔偿决定书对某赔偿案件证据的认定是这样叙述的：

"以上事实有×××省高级人民法院刑事判决书、刑事裁定书、×××市中级人民法院刑事判决书、×××省××监狱释放证明书等法律文书和材料为证。"

2. 理由。理由是处理结果的事实依据和法律依据，要结合案情重点阐述为什么应予赔偿或者为什么不予赔偿，并引用《国家赔偿法》的相应条款作为处理决定的法律依据。

在阐述理由中，对于赔偿请求，哪些应赔偿，哪些不予赔偿，要按照《国家赔偿法》规定的刑事赔偿范围，具体分析，逐项予以充分阐明。关于理由阐述的基本程式是：

"本院认为：……（决定赔偿或者不予赔偿的理由）。根据《中华人民共和国国家赔偿法》第×条之规定，决定如下：……"

关于以"本院认为"开头，以"决定如下"结尾的程式，不要机械套用，简单从事。如果对该讲的理由不予阐述，而一笔带过，即直接引用法律条文，必然使说理显得苍白无力。

3. 决定主文，即对赔偿案件处理的结果。根据决定的内容，有两种不同的处理结果，应视不同情况予以适用。

（1）决定赔偿主文。具体写明："赔偿……（赔偿请求人姓名或者名称）……（赔偿方式及赔偿数额）。"例如："赔偿刘××赔偿金67527.61元。"这里说的"赔偿方式"，是指支付赔偿现金、返还财产、恢复原状等。

（2）决定不予赔偿主文。具体写明："对……（赔偿请求人姓名或者名称）以……（申请事项）的申请予以驳回，不予赔偿。"

（三）尾部

尾部包括：（1）交代有关申请权利，表述内容固定，即在决定主文之后，另起一行，写为"如对本决定有异议，可在收到本决定之日起三十日内向×××人民法院赔偿委员会申请作出赔偿决定"。（2）文书末尾右下方加盖人民法院院印。（3）按年、月、日写明制作本决定的具体日期。

×××人民法院赔偿决定书

（供人民法院作为赔偿义务机关用）

〔××××〕××法赔字第×号

赔偿请求人……（姓名、住址等基本情况）。

（如是法人或其他组织的，应写明：赔偿请求人名称、地址；法定代表人姓名、职务；委托代理人姓名、地址）。

赔偿请求人……（姓名或名称）于××××年××月××日以……（申请赔偿的案由）向本院……（申请赔偿的具体要求）。

本院查明：……（叙述侵权事实和应予赔偿或者不予赔偿的事实，以及认定的证据）。

本院认为，……（决定赔偿或者不予赔偿的理由）。根据《中华人民共和国国家赔偿法》第×条之规定，决定如下：

（根据不同情况分别适用以下决定主文）

（一）决定赔偿主文

……（写明赔偿请求人姓名或名称、赔偿方式及赔偿数额）。

（二）决定不予赔偿主文

对……（赔偿请求人姓名或名称）以……（申请事项）的申请予以驳回，不予赔偿。

如对本决定有异议，可在收到本决定之日起三十日内向×××人民法院赔偿委员会申请作出赔偿决定。

（院印）

××××年××月××日

（送达本决定应使用送达回证）

三、人民检察院刑事赔偿决定书

人民检察院刑事赔偿决定书，是人民检察院依照《国家赔偿法》的规定，对赔偿请求人的赔偿请求进行审查后所作出的应否赔偿的书面决定。

刑事赔偿决定书为叙述式文书。其结构内容有以下部分：

第十章　国家赔偿文书

1. 首部。包括文书制作机关的名称（赔偿请求人为外国人时，应在人民检察院的名称前冠以"中华人民共和国"字样）；文书名称，即"×检赔偿字〔××××〕第×号"，依次填写文书序号。注意其中年度须用四位数字表述。

2. 赔偿请求人的基本情况。包括赔偿请求人的姓名（赔偿请求人如有与案件有关的别名、化名的，应当在其姓名后面用括号注明；赔偿请求人是外国人的，应在中文译名后面用括号注明外文姓名）、性别、年龄、工作单位和住所（应写经常居住地，如与"户籍所在地"不一致时，须括号注明户箱所在地），法定代表人或主要负责人的姓名、职务。

3. 申请赔偿具体事项及理由。应写明赔偿请求人（姓名或名称）于××××年××月××日，以……（申请赔偿理由）为由，要求本院……（申请赔偿的具体事项）。

4. 确认的事实和根据。写明经审查查明的具体事项，即叙述确认的侵权事实，以及认定的依据。

5. 决定赔偿或不予赔偿的法律依据、理由和内容。这是本文书的重点，具体应写明：（1）根据《中华人民共和国国家赔偿法》第×条的规定，本院认为：……（决定赔偿或不予赔偿的理由）。（2）现决定如下：……（决定赔偿或不予赔偿的内容）。（3）如不服本决定，可以自本院受理赔偿申请两个月的期间届满之日起30日内向……（复议机关名称）申请复议。

6. 尾部，即制作刑事赔偿决定书的年、月、日（为签发决定书的日期），并加盖人民检察院印章。

本文书制作一式二份，一份送达赔偿请求人，一份附卷。

人民检察院刑事赔偿决定书

　　　　　　　　　　　×检赔偿字〔××××〕第×号

一、赔偿请求人的基本情况

赔偿请求人×××（姓名、性别、年龄、工作单位和住所，法人或其他组织的名称、住所，法定代表人或主要负责人的姓名、职务）。

二、申请赔偿的具体事项及理由

赔偿请求人×××（姓名或名称）于××××年××月××日，以……（申请赔偿理由）为由，要求本院……（申请赔偿的具体事项）。

三、确认的事实和根据

本院查明：……（叙述确认的侵权事实以及认定的依据）。

四、决定赔偿或不予赔偿的法律根据、理由和内容

根据《中华人民共和国国家赔偿法》第×条的规定，本院认为：……

……（决定赔偿或不予赔偿的理由），现决定如下：

　　……（决定赔偿或不予赔偿的内容）。

　　如不服本决定，可以自本院受理赔偿申请两个月的期间届满之日起三十日内向……（复议机关名称）申请复议。

××××年××月××日
（院印）

本件与原本核对无异

书记员　×××

四、共同赔偿决定书

共同赔偿决定书，是为人民检察院和人民法院依法对赔偿请求人申请赔偿所共同制作的法律文书。

根据1997年6月27日最高人民法院、最高人民检察院《关于办理人民法院、人民检察院共同赔偿案件若干问题的解释》（以下简称《解释》）的规定，对适用共同赔偿的案件应当制作共同赔偿决定书。

共同赔偿决定书为叙述式文书，由首部、正文、尾部三部分组成。

1. 首部。包括制作共同赔偿决定书的机关名称；文书名称，即"共同赔偿决定书"。文书编号，即"〔××××〕×法检赔字第×号"或"×检××ｘ法赔字〔××××〕第×号"。

2. 正文。应写明：

（1）赔偿请求人的基本情况（姓名或名称、住址或所在地等）。

（2）赔偿请求人×××（姓名或名称）于××××年××月××日，以……（申请共同赔偿案由）为由，向本院和×××人民检察院（或×××人民法院）提出共同赔偿申请，要求本院和×××人民检察院（或×××人民法院）……（申请共同赔偿的具体要求）。

（3）经本院和×××人民检察院（或×××人民法院）查明：……（叙述应予赔偿或不予赔偿的事实，以及认定的证据）。

（4）×××人民法院（或人民检察院）和×××人民检察院（或×××人民法院）认为……（决定赔偿或不予赔偿的理由）。根据《中华人民共和国国家赔偿法》第×条的规定，决定如下：

……〔写明决定结果。分两种情况：第一，决定赔偿的，表述为："赔偿……（赔偿请求人姓名或名称、赔偿方式及赔偿数额）。"第二，决定不予赔偿的，表述为："对……（赔偿请求人姓名或名称）的申请不予赔偿。"〕

如对本决定有异议，可在收到本决定之日起三十日内向×××人民法院赔

第十章 国家赔偿文书

偿委员会申请作出赔偿决定。

3. 尾部。

(1) 共同赔偿决定书的年、月、日（为签发决定书的日期，如果检、法两家签发的日期不一致的，以后签发的日期为准）。

(2) 在年、月、日上加盖作出共同赔偿的人民检察院和人民法院的院印。

×××人民法院、×××人民检察院共同赔偿决定书
（供人民法院办理共同赔偿案件时用）

〔××××〕×法检赔字第×号

赔偿请求人……（姓名或名称、住址或所在地等基本情况）。

赔偿请求人……（姓名或名称）于××××年××月××日以……（申请共同赔偿案由）为由，向本院和×××人民检察院提出共同赔偿申请，要求本院和×××人民检察院……（申请共同赔偿的具体要求）。

经本院和×××人民检察院查明：……（叙述应予赔偿或者不予赔偿的事实，以及认定的证据）。

本院和×××人民检察院认为，……（决定赔偿或者不予赔偿的理由）。根据《中华人民共和国国家赔偿法》第×条之规定，决定如下：

……〔写明决定结果。分两种情况：

第一，决定赔偿的，表述为：

赔偿……（赔偿请求人姓名或名称、赔偿方式及赔偿数额）。

第二，决定不予赔偿的，表述为：

对……（赔偿请求人姓名或名称）的申请不予赔偿。〕

如对本决定有异议，可在收到本决定之日起三十日内向×××人民法院赔偿委员会申请作出赔偿决定。

×××人民法院　×××人民检察院
（印章）　　　　（印章）
××××年××月××日

五、制作赔偿决定书应注意的问题

1. 要严格按照规定的格式要求书写。制作赔偿决定书的主体是赔偿义务机关。不同赔偿义务机关，因不同侵权行为依法单独承担赔偿责任。作为赔偿义务机关，无论是侦查、检察还是审判或监狱管理机关，所发生的都是刑事侵权行为，但各自侵权的范围、内容和方式又不尽相同，有的是错拘、错捕，有

的是错判、错押，各有特点。因此，各赔偿义务机关相应制定的赔偿决定书的样式，包括文书名称、内容构成等，也不完全相同。具体制作这种文书时，要按照各自的样式要求来写。

2. 共同赔偿义务机关使用的共同赔偿决定书，要严格按照最高人民法院、最高人民检察院上述《解释》中分别规定的样式执行。共同赔偿义务机关中的任何一个机关，先收到赔偿申请的为赔偿案件办理机关，负责拟制共同赔偿决定书，并送达另一赔偿义务机关，另一赔偿义务机关认同的，应在15日内盖章。由人民法院作为办理机关，要适用人民法院办理共同赔偿案件时使用的样式，文书标题中的机关名称先写"×××人民法院"，后写"×××人民检察院"。同样，如果是由人民检察院办理的，相应要适用人民检察院的样式，并先写检察院后写法院。

3. 叙事说理要加强针对性。一般要从赔偿请求人提出的侵权和要求赔偿的事实入手，对是否侵权，是否属于赔偿范围，有无免责条件，都要分别作出回答，依法讲明道理，做到是非分明。不要你提你的，我讲我的，形成两张皮。在这种情况下写出的决定主文，是很难以理服人的。

4. 引用法律条款要全面、准确。决定赔偿的，不仅要引用决定成立的法律条款，还要引用赔偿方式和计算标准的法律条款。如果属于共同赔偿的，还要引用相关的条款。决定不予赔偿的，则要引用相应的免责条款。

5. 决定主文表述要完整、具体、明确，不能有歧义。对于决定赔偿的，如果经赔偿义务机关依法确认具有《国家赔偿法》第17条第（一）项、第（二）项、第（三）项规定情形之一，并造成受害人名誉权、荣誉权损害的，还应当在决定主文中，写明恢复名誉、赔礼道歉的内容，为受害人在遭受侵权行为影响的范围内，消除影响。

第四节 刑事赔偿复议决定书

一、刑事赔偿复议决定书的概念

刑事赔偿复议决定书，是赔偿义务机关的上一级机关对赔偿请求人不服赔偿义务机关赔偿决定的复议申请，经审查后对复议事项所作出的书面决定。

《国家赔偿法》第24条规定，赔偿义务机关逾期不予赔偿或者赔偿请求人对赔偿数额有异议的，赔偿请求人可以自期间届满之日起30日内向其上一级机关申请复议。根据《国家赔偿法》规定，制作刑事赔偿复议决定书的机

第十章 国家赔偿文书

关是检察、侦查或者监狱管理机关。如果赔偿义务机关是人民法院的，则由其上一级人民法院赔偿委员会直接对赔偿申请作出赔偿决定。

刑事赔偿复议决定书适用于赔偿义务机关的上一级机关受理赔偿请求人不服赔偿决定而提出的复议申请。复议刑事赔偿程序是赔偿义务机关办理刑事赔偿案件中的最后程序，复议刑事赔偿实行一次复议制。鉴于实践中，制作刑事赔偿复议的决定书的主体通常是检察机关，因此本文书的制作程序、要求均以人民检察院刑事赔偿决定书为蓝本而阐述的。依照《人民检察院刑事赔偿工作规定》第28条规定，对审查终结的复议案件，应制作刑事赔偿复议案件的审查报告，提出具体处理意见，经部门负责人审核，报检察长或者检察委员会决定。第29条规定，复议刑事赔偿案件，应分别不同情况作出相应决定。第30条规定，复议机关应当自收到复议申请之日起2个月内作出复议决定。复议决定作出后，应当制作《刑事赔偿复议决定书》。

二、刑事赔偿复议决定书的内容及制作方法

刑事赔偿复议决定书为叙述式文书，其内容由以下八个部分组成。

1. 首部。包括制作文书机关的名称；文书名称，即"刑事赔偿复议决定书"；文书编号，即"检赔复字〔××××〕第×号"，空格的填写方法与人民检察院刑事赔偿决定书相同。

2. 赔偿请求人的基本情况，赔偿义务机关名称。应分两段写明，先写赔偿请求人的姓名（赔偿请求人如有与案件有关的别名、化名的，应当在其姓名后面用括号注明；赔偿请求人是外国人的，应当在其中文译名后而用括号注明外文姓名）、性别、年龄、工作单位和住所，或单位的名称、住所，法定代表人或主要负责人的姓名、职务。

赔偿义务机关的名称，即×××人民检察院。

3. 申请赔偿的具体事项及理由，赔偿义务机关决定情况。应写明：（1）赔偿请求人×××（姓名或名称）于××××年××月××日，以……（申请赔偿理由）为由，请求人×××（赔偿义务机关名称）……（申请赔偿的具体事项）。（2）赔偿义务机关决定情况。

4. 申请复议的具体事项及理由。应写明：赔偿请求人×××（姓名或名称）不服……（赔偿义务机关的决定情况），于××××年××月××日，要求本院……（申请复议的具体事项及理由）。

5. 复议机关认定的事实和依据。可表述为"本院经审查查明：……（写明复议机关认定的事实和依据）"。复议机关要客观地、实事求是地认定事实真相并正确适用认定事实的法律规定。

6. 复议决定的法律依据、理由和内容。其表述为：

"根据《中华人民共和国国家赔偿法》第×条的规定，本院认为……（根据不同情形，分别写明维持原决定、变更原决定、撤销原决定重新作出赔偿决定，或者作出赔偿或不予赔偿的理由），现决定如下："

（1）维持原决定的主文。原决定事实清楚，适用法律正确，赔偿方式、数额适当，予以维持。

（2）纠正原决定。重新作出决定的主文。原决定认定的事实或适用法律错误，予以撤销，重新作出决定的内容。

（3）变更原决定的主文。原决定赔偿方式、数额不当，决定予以变更的内容。

（4）决定赔偿或不予赔偿的主文（适用于赔偿义务机关逾期未作出决定的情况）如：

"×××（赔偿请求人姓名成名称）申请的赔偿，×××（赔偿义务机关名称）逾期未作出决定，经本院审查，……（决定的内容）。"

7. 交代申请赔偿权利。行文固定，写为：

"如不服本决定，可以在收到本决定之日起三十日内向×××（复议机关所在地的同级人民法院名称）赔偿委员会申请作出赔偿决定。"

8. 尾部。写明刑事赔偿复议决定书的年、月、日（为决定书的签发日期），在年、月、日上加盖的复议机关院章。

三、制作刑事赔偿复议决定书应注意的问题

1. 要正确理解和掌握本文书的适用条件和范围。在复议中要根据复议认定的事实和法律规定，严格依照赔偿程序，依法作出赔偿复议决定。

2. 刑事赔偿复议决定书的写作重点是复议机关所认定的事实和法律依据。办理刑事赔偿案件的基本原则是"以事实为根据，以法律为准绳"。在复议刑事赔偿中，必须客观、全面、实事求是地认定事实，并且准确地适用法律规定。经复议认定的事实和依据是复议机关作出复议决定的前提，必须严格依法办事，严肃认真对待。

3. 本文书制作一式三份，一份送达赔偿请求人，一份送达赔偿义务机关，一份附卷。文书应当直接送达赔偿义务机关和赔偿请求人。如果直接送达赔偿请求人有困难，可以委托其所在的人民检察院代为送达。

第十章 国家赔偿文书

> 人民检察院刑事赔偿确认复查决定书
>
> （上级复查确认申诉用）
>
> ×检刑赔确复决〔××××〕第×号
>
> 刑事赔偿确认申诉人×××（写明姓名、住址等基本情况。法人或其他组织，应写明法人名称、地址、法定代表人姓名、职务。代理人姓名、地址）。
>
> 刑事赔偿确认申诉人×××不服×××检察院×检刑赔确决〔××××〕第×号刑事赔偿确认决定，于××××年××月××日向本院提出申诉，本院于××××年××月××日立案复查。
>
> 申诉理由和请求：
>
> 复查查明：（复查认定的事实及依据）。
>
> 本院认为，根据《中华人民共和国国家赔偿法》第×条和《人民检察院刑事赔偿工作规定》第×条之规定，×××检察院×检刑赔确决〔××××〕第×号刑事赔偿确认决定正确，应当予以维持。（或者×××检察院×检刑赔确决〔××××〕第×号刑事赔偿确认决定错误，违法侵权情形成立，应当撤销原不予确认决定，依法予以确认）
>
> 本院决定，（决定事项）。
>
> ××××年××月××日
>
> （院印）

第五节 人民法院赔偿委员会决定书

一、人民法院赔偿委员会决定书的概念

人民法院赔偿委员会决定书，是指人民法院依照国家赔偿法规定的赔偿程序，对赔偿请求人不服复议决定、赔偿义务机关（人民法院）赔偿决定或者复议机关、赔偿义务机关（人民法院）逾期不作决定而提出的赔偿申请，经过审理所作出的应否赔偿的书面决定。

人民法院赔偿委员会是中级以上人民法院审理赔偿案件的审判组织。依据《国家赔偿法》第24条第2款和第23条第2款的规定，人民法院赔偿委员会对赔偿请求人的赔偿申请，应予立案受理。并按照最高人民法院制定的《人民法院赔偿委员会审理赔偿案件程序的暂行规定》第17条和第18条规定，对

其所审理的赔偿案件应制作人民法院赔偿委员会决定书。人民法院赔偿委员会决定书，应当载明以下事项：（1）赔偿请求人的基本情况，赔偿义务机关、复议机关的名称及其法定代表人；（2）赔偿请求人申请事项，赔偿义务机关的决定、复议机关的复议决定情况；（3）赔偿委员会认定的事实及依据；（4）决定的理由与法律依据；（5）决定内容。

人民法院赔偿委员会决定书。既适用于对各个赔偿义务机关赔偿决定、复议机关复议决定的审查裁决，也直接适用于赔偿请求人依照赔偿程序提出的赔偿申请的审查裁决。它同判决书、裁定书一样，都是人民法院裁判文书的组成部分，具有同样的法律效力。

二、人民法院赔偿委员会决定书的内容及制作方法

人民法院赔偿委员会决定书，同刑事赔偿决定书一样，由首部、正文和尾部三部分组成。

（一）首部

这一部分的内容和写法，与刑事赔偿决定书基本相同。不同之处主要有以下几点：

1. 制作文书机关名称和文书名称要写为"×××人民法院赔偿委员会决定书"，文书编号的代字要增加一个"委"字，以示审理组织为赔偿委员会。

2. 在赔偿请求人基本情况栏目下，要另起一行并分项依次写明："赔偿义务机关"的名称，"法定代表人……（姓名、职务）"，"委托代理人……（姓名、住址等基本情况）"，"复议机关……（名称）"，"法定代表人……（姓名、职务）"，"委托代理人……（姓名、住址等基本情况）"。

3. 在案由和案件来源上，要具体写明：

"赔偿请求人……（姓名或者名称）于××××年××月××日以……（申请赔偿案由）为由，要求……（赔偿义务机关名称）……（申请赔偿的具体要求）。……（赔偿义务机关赔偿与否，以及赔偿情况，复议机关及复议决定情况）。……（赔偿请求人不服赔偿义务机关或者复议机关决定的理由，赔偿义务机关或者复议机关逾期未作决定，亦应写明要求本院赔偿委员会作出决定的事项及理由）。"

（二）正文

正文也是由事实、理由和决定主文三部分构成。

1. 事实。这一部分的内容包括：叙述赔偿义务机关、复议机关确认的侵权事实；赔偿义务机关和复议机关决定情况、复议情况；赔偿委员会审查认定的事实及依据。

第十章 国家赔偿文书

在叙述方法上,原则上要按上述三项内容依次写清,重点要写明经确认的侵权事实。如果第二项内容在首部案件来源一项已经写明,则无须在事实部分重叙,如果第三项经查认定的事实与第一项内容相同,也可以不分层次,一气呵成。

如果第二项内容,首部仅简单交代了一下,而在事实部分有必要详述,则予以叙述,特别是对不予赔偿的事实,更要着重写明,交代清楚,这样才能使决定结论有坚实的基础。

事实部分的三项内容,无论材料来自哪一个方面,写在决定书上的事实,必须是经过赔偿委员会审理查明的事实。至于证据材料的叙述,要充分考虑赔偿决定书的表达特点。由于作为证据材料之一的法律文书,包括生效的无罪判决书、不起诉书和释放证明书等,如果在叙述侵权事实时已经写清了,就没有必要在举证部分再重复叙述。要善于因文制宜,灵活运用。

2. 理由。写明赔偿与否的理由和法律依据。具体阐述,可按规定的样式书写:

"本院赔偿委员会认为……(决定赔偿、不予赔偿或者维持原决定、撤销原决定、交更原决定的理由)。根据《中华人民共和国国家赔偿法》第×条之规定,决定如下:"

理由阐述分两个层次,一是讲道理,包括事理与法理;二是引用法律条款作依据。后一个层次的写作方法,与前述的刑事赔偿决定书相同。前一个层次的阐述,要因案而异,根据主文决定的不同情况,有针对性地进行阐述,使理由与主文相照应,为"决定"作铺垫。

3. 主文。写明处理决定,要根据以下不同情况,分别适用决定赔偿、不予赔偿、维持原决定、撤销原决定和变更原决定五种决定主文。具体表述,要按规定的样式制作:

(1)赔偿委员会经审理决定赔偿主文,可写为:

"……(赔偿义务机关名称)赔偿……(赔偿请求人姓名或者名称)……(赔偿方式及赔偿数额)。"

(2)赔偿义务机关没有作出决定的,赔偿委员会经审理决定不予赔偿主文,可写为:

"对赔偿请求人……(姓名或名称)关于……(申请的事项)的申请予以驳回,不予赔偿。"

(3)维持原复议决定主文。无论原决定是予以赔偿还是不予赔偿,均可写为:

"维持……(赔偿义务机关或者复议机关名称)……(决定的时间及文

号）的决定。"

（4）撤销复议机关（赔偿义务机关）决定，重新作出决定的，主文可写为：

"一、撤销……（赔偿义务机关名称）……（决定的时间及文号）决定和……（复议机关名称）……（决定的时间及文号）的决定。

二、……（赔偿义务机关名称）赔偿……（赔偿请求人姓名或者名称）……（赔偿方式及赔偿数额）。"

（5）变更复议机关（赔偿义务机关）决定的主文，可表述为：

"一、撤销……（指出撤销的原决定的款项或主要内容）。

二、维持……（写明维持的原决定的款项或主要内容）。

三、……（写明变更的决定的款项和内容、重新决定赔偿的赔偿方式及赔偿数额。赔偿义务机关、复议机关已决定赔偿并已支取的部分应写明予以扣除）。"

（三）尾部

尾部内容和写作方式，与刑事赔偿决定书基本相同。不同的是，在主文末尾另起一行，分两行写明："本决定自收到之日起十五日内履行完毕。""本决定为发生法律效力的决定。"

人民法院赔偿委员会决定书
样式

×××人民法院赔偿委员会决定书

〔××××〕×法委赔字第×号

赔偿请求人……（姓名、住址等基本情况）

（如是法人或其他组织的，应写明赔偿请求人的名称、地址；法定代表人的姓名、职务；委托代理人的姓名、地址）

赔偿义务机关……（名称）

法定代表人……（姓名、职务）

委托代理人……（姓名、住址等基本情况）

复议机关……（名称）

法定代表人……（姓名、职务）

委托代理人……（姓名、住址等基本情况）

赔偿请求人……（姓名或名称）于××××年××月××日以……（申请赔偿的案由）为由，要求……（赔偿义务机关名称）……（申请赔偿的具体要求）。……（赔偿义务机关赔偿与否，以及赔偿情况，复议机关及复议决定情况）。……（赔偿请求人不服赔偿义务机关或复议机关决定的理由，

第十章 国家赔偿文书

赔偿义务机关或复议机关逾期未作决定亦应写明,要求本院赔偿委员会作出决定的事项及理由)。

赔偿委员会经审理查明:……(叙述赔偿义务机关、复议机关确认的侵权事实,赔偿义务机关和复议机关决定情况、复议情况,赔偿委员会审查认定的事实及依据)。

本院赔偿委员会认为,……(决定赔偿、不予赔偿,或者维持原决定、撤销原决定、变更原决定的理由)。根据《中华人民共和国国家赔偿法》第×条之规定,决定如下:

(根据不同情况分别适用以下决定主文)

(一)赔偿义务机关没有作出决定的,赔偿委员会经审理决定赔偿主文
……(写明赔偿义务机关名称、赔偿请求人姓名或名称、赔偿方式及赔偿数额)。

(二)赔偿义务机关没有作出决定的,赔偿委员会经审理决定不予赔偿主文
对赔偿请求人……(姓名或名称)关于……(申请的事项)的申请予以驳回,不予赔偿。

(三)维持原复议决定主文
维持……(赔偿义务机关或者复议机关名称)……(决定的时间及文号)的决定。

(四)撤销复议机关(赔偿义务机关)决定,重新作出决定的主文
一、撤销……(赔偿义务机关名称)……(决定的时间及文号)决定和……(复议机关名称)……(决定的时间及文号)的决定。
二、……(写明赔偿义务机关名称、赔偿请求人姓名或名称、赔偿方式及赔偿数额)。

(五)变更复议机关(赔偿义务机关)决定的主文
一、撤销……(指出撤销的原决定的款项或主要内容)
二、维持……(写明维持的原决定的款项或主要内容)
三、……(写明变更的款项和内容、重新决定赔偿的赔偿方式及赔偿数额。赔偿义务机关、复议机关已决定赔偿并已支取的部分应写明予以扣除)。

本决定自收到之日起十五日内履行完毕。

本决定为发生法律效力的决定。

(院印)

××××年××月××日

(送达本决定应使用送达回证)

本章习题

一、单项选择题

1. 国家赔偿的国家赔偿案件的裁决机构是（　　）。
   A. 法院　　　　　　　　　　　B. 公安局
   C. 检察院　　　　　　　　　　D. 人民法院赔偿委员会
2. 人民法院确认裁定书正文中不包括（　　）。
   A. 首部　　　　　　　　　　　B. 事实
   C. 理由　　　　　　　　　　　D. 决定

二、多项选择题

1. 制作国家赔偿文书的主体有（　　）。
   A. 公安、检察、审判和监狱管理机关　　B. 赔偿请求人
   C. 人民法院赔偿委员会　　　　　　　　D. 律师事务所及其律师
2. 广义的国家赔偿文书包括（　　）。
   A. 行政赔偿　　　　　　　　　B. 民事赔偿
   C. 刑事赔偿　　　　　　　　　D. 司法赔偿

三、简答题

1. 简述国家赔偿文书的特点。
2. 简述制作国家赔偿文书的意义。

第十一章　监狱法律文书

一次不公的裁判比多次不平的举动为祸尤烈。因为这些不平的举动不过弄脏了水流，而不公的裁判则把水源败坏了。

——【英国】弗朗西斯·培根

【内容提要】

通过本章学习，明确监狱法律文书的概念、种类，掌握罪犯入监登记表、罪犯奖惩审批表和监狱起诉意见书等几种重要文书的内容与制作方法。

第一节　监狱法律文书概述

一、监狱法律文书的概念

监狱文书，是指监狱依照法律程序和监管规定，在对被依法判处徒刑和死刑缓期二年执行的罪犯实行惩罚和改造过程中，所制作的具有法律效力或法律意义的文书。

《监狱法》规定，监狱是国家的刑罚执行机关，监狱在对服刑罪犯进行改造、教育、考核和执行判决、裁定的过程中，形成了许多具有一定格式的文字材料，即狱政文书。狱政文书是司法文书的重要组成部分，对执行刑罚和改造罪犯具有十分重要的作用。

狱政文书具有一定的法律效力，它既是惩罚罪犯的工具，又是改造罪犯的手段；它既具体体现法律的实施，又如实记载罪犯的改造情况。所以，从这个意义上讲，写好狱政文书是狱政工作的重要内容，它在一定程度上体现狱政工作的质量，因此，必须严格依法制作。

二、监狱法律文书的类别

公安部1982年6月制定的《劳动改造机关执法文书格式》中规定了32种狱政文书，后来随着《刑法》、《刑事诉讼法》的重新修订和《监狱法》的有关规定，司法部监狱管理局结合监狱执法工作的具体情况，于2002年5月对

《劳动改造机关执法文书格式》进行了重大修改,并重新制定印发了《监狱执法文书格式(试行)》。修改后的执法文书由过去的 32 种增加到了 48 种,且涉及的范围更加广泛,包含的内容更加全面,制作时也更加简洁方便,监狱执法文书在全国监狱系统的运用趋于统一、规范。

根据文书的用途可以分为刑罚执行文书、狱政管理文书、狱内侦查文书、教育改造文书、其他执法文书五类。

1. 刑罚执行类文书主要有:暂予监外执行文书,提请减刑意见书、提请假释建议书、对罪犯刑事判决提请处理意见书等。

2. 狱政管理类文书主要有:罪犯奖励审批表、罪犯评审鉴定表、罪犯禁闭审批表等。

3. 狱内侦查类文书主要有:建立耳目审批表、狱内案件立案表、询问笔录、监狱起诉意见书等。

4. 教育改造类文书主要有:对罪犯教育演讲稿、个别谈话记录等。

5. 其他执法文书主要有:狱情反映、罪犯材料转递函等。

内部使用的狱政文书主要有:罪犯入监登记表,罪犯奖惩审批表,狱内案件立案报告表,狱内案件结案报告表,罪犯脱逃报告表,脱逃罪犯捕回报告表,申请使用戒具、关押禁闭审批表,罪犯评审鉴定表,罪犯出监鉴定表;向法院、检察院提请审查决定或裁定时使用的文书主要有:对罪犯刑事判决提请复查函,提请减刑、假释建议书,监狱、劳改队起诉意见书,对死缓罪犯提请执行死刑意见书;通知有关人员的文书有:罪犯入监通知书,罪犯奖惩通知书,保外就医文书,劳改罪犯变动情况通知书;其他文书有:讯问笔录,询问笔录,释放证明书等。

根据文书的形式,可以分为表格类、书写类(或拟制类)、笔录类。本章只重点讲授几种常用的监狱文书。

第二节 罪犯入监登记表

一、罪犯入监登记表的概念

监狱对法院交付执行的罪犯,经过法定文件检验和人身检查,认为符合收监范围和收监条件的,则作出依法收监的决定。罪犯入监登记表是收押新入监的罪犯时,依法制作的记载新入监罪犯身份和基本情况的执法文书表格。

二、罪犯入监登记表的格式

罪犯入监登记表

单位： 　　　　编号： 　　　　　　　　入监日期：年 月 日

姓名		别名		性别		一寸免冠照片
民族		出生日期		文化程度		
捕前职业		原政治面貌		特长		
身份证号				口音		
籍贯（国籍）				原户籍所在地		
家庭地址					婚姻状况	
拘留日期		逮捕机关			逮捕日期	
判决书号		判决机关			判决日期	
罪名					刑种	
刑期		刑期起止	自年月日 至年月日	附加刑		
曾受何种惩处						
本人简历	起时	止时	所在单位		职务（职业）	

— 314 —

续表

主要犯罪事实								
家庭成员及主要社会关系	关系	姓名	性别	年龄	工作单位和职务	住址	政治面貌

三、罪犯入监登记表的内容及制作方法

罪犯入监登记表是一种多栏目的表格式文书，其中大部分栏目的内容可以从对该犯的"判决书"或"结案登记表"中查出，但有部分栏目必须通过与罪犯进行谈话、内查外调等途径，查证清楚后才能填写。填写时必须严肃认真，对每个栏目内容的填写都必须真实、准确，以确保准确无误。

罪犯入监登记表的内容和制作方法如下：

（1）在文书名称"罪犯入监登记表"的左下方填写劳改单位全称，在文书名称的右下方填写罪犯入监时间。（2）罪犯的身份情况栏，应写明：姓名、别名、性别、民族、出生时间、文化程度等，还应在表格的右上角粘贴罪犯一寸免冠照片一张。（3）罪犯犯罪后至判决的基本情况栏，要分别写明拘留日期、逮捕机关、逮捕日期、判决机关、判决日期、罪名、刑种、刑期、起止日期、剥夺政治权利年限等项。（4）罪犯捕前的基本情况栏，应写清楚捕前职业、政治面貌、有何特长、籍贯口音、家庭住址、曾受过何种惩处。（5）本人简历栏，应将罪犯自上小学开始至此次犯罪前的学习和工作经历填写清楚。（6）主要犯罪事实栏，应将判决书中所认定的主要犯罪事实逐一写明，案情复杂、篇幅较长的，应予以精练，概括填写。（7）家庭成员及主要社会关系栏，是罪犯入监登记表中的重点栏目之一，应详细了解并准确填写关系、姓名、性别、年龄、工作单位、职务、住址和政治面貌等，应对罪犯的所有重要

第十一章　监狱法律文书

社会关系逐一写明、无一遗漏。

总之，填写罪犯入监登记表是一件十分严肃的工作，切不可因栏目内容简单而忽视之，必须认真地把各个栏目填准填好。

第三节　罪犯奖惩审批表

一、罪犯奖惩审批表的概念

罪犯奖惩审批表，是监狱报请上级主管部门对罪犯给予奖励或者惩处而依法制作的执法文书表格。

奖惩分行政奖惩与刑事奖惩两类。（1）行政奖惩，是指监狱根据监管改造法规直接实施的属于行政性质的奖励和处罚，奖励的形式有表扬、物质奖励、记功；惩罚的形式有警告、记过和禁闭。行政奖惩不改变原判刑罚，由监狱批准即可实施。（2）刑事奖惩，指根据罪犯在服刑改造期间的不同表现，监管单位依照刑事诉讼程序，报请人民法院裁定或者判决后实施的奖励与惩罚。刑事奖励的形式有减刑、假释；刑事惩罚的形式有对狱内又犯罪的追诉。刑事奖惩将实际改变罪犯在监狱内服刑的期间。

行政奖惩与刑事奖惩的区别在于：首先，适用条件不同。刑事奖惩的适用条件比行政奖惩的适用条件更严格。其次，奖惩的结果不同。行政奖惩的结果只涉及罪犯在狱内的待遇，不改变原判刑罚；刑事奖惩将实际改变罪犯在狱内服刑的期间。最后，适用程序不同。行政奖惩权由监狱行使；刑事奖惩权则由监狱依照刑事诉讼程序报请人民法院依照法定程序实施。本节主要是对行政奖惩的规定。

《监狱法》第56条规定："监狱应当建立罪犯的日常考核制度，考核的结果作为对罪犯奖励和处罚的依据。"第57条规定："罪犯有下列情形之一的，监狱可以给予表扬、物质奖励或者记功：（一）遵守监规纪律，努力学习，积极劳动，有认罪服法表现的；（二）阻止违法犯罪活动的；（三）超额完成生产任务的；（四）节约原材料或者爱护公物，有成绩的；（五）进行技术革新或者传授生产技术，有一定成效的；（六）在防止或者消除灾害事故中作出一定贡献的；（七）对国家和社会有其他贡献的。被判处有期徒刑的罪犯有前款所列情形之一，执行原判刑期二分之一以上，在服刑期间一贯表现好，离开监狱不致再危害社会的，监狱可以根据情况准其离监探亲。第58条规定："罪犯有下列破坏监管秩序情形之一的，监狱可以给予警告、记过或者禁闭：（一）聚众哄闹监狱，扰乱正常秩序的；（二）辱骂或者殴打人民警察的；（三）欺压其他罪犯的；（四）偷窃、赌博、打架斗殴、寻衅滋事的；

（五）有劳动能力拒不参加劳动或者消极怠工，经教育不改的；（六）以自伤、自残手段逃避劳动的；（七）在生产劳动中故意违反操作规程，或者有意损坏生产工具的；（八）有违反监规纪律的其他行为的。依照前款规定对罪犯实行禁闭的期限为 7 天至 15 天。罪犯在服刑期间有第一款所列行为，构成犯罪的，依法追究刑事责任。"

　　这里分别规定了对罪犯实行奖励的三种形式，即表扬、记功和物质奖励，以及规定了对罪犯实行惩罚的两种形式：警告、记过或者禁闭。凡是对罪犯需要给予表扬、记功、物质奖励或者警告、记过的，都必须填写罪犯奖惩审批表；监狱年终评审时，对被评为劳改积极分子的罪犯，也应由监管人员填写罪犯奖励审批表，报上级主管部门审批。

　　罪犯奖惩审批表是对犯人实行赏罚严明的奖惩制度的具体体现，对促进罪犯的改造有重要作用。

2. 罪犯奖惩审批表的格式

罪犯奖惩审批表

单位：　　　　　　　　　　　　犯罪编号：

姓名		性别		出生日期	年　月　日
民族		文化程度		罪名	
刑种		刑期		刑期起止	自年月日至年月日
奖惩依据					
分监区意见					（签字） 年　月　日
监区意见					（签字） 年　月　日
狱政科意见					（签字） 年　月　日
监狱意见					（签字） 年　月　日

二、罪犯奖惩审批表内容及制作方法

罪犯奖惩审批表是一种表格式文书,共有15个栏目,其内容主要包括:(1)在文书名称左下方填写监狱单位全称。(2)罪犯身份情况栏,应写明姓名、性别、年龄、民族、文化程度等。(3)原判决的基本情况栏,要写清楚罪名、刑期及刑期起止的年月日等。(4)奖惩依据栏,是罪犯奖惩审批表的重点栏目,应真实准确地写明对罪犯给予奖励或者惩处的事实依据和法律依据。(5)意见批示栏,由四部分批示组成,一般写为:"经×次会议研究讨论,建议对罪犯××给予某种奖励或惩处"。提出的奖惩意见必须与所列事实及有关法规相适应。

对犯人的奖惩,必须经监狱主管领导审核批准后,才能宣布执行。为了真正起到奖好罚坏、奖勤罚懒、促进罪犯改造的作用,罪犯奖惩审批表必须实事求是、依法严肃认真地填写好。

第四节 提请减刑、假释建议书

一、提请减刑、假释建议书的概念

提请减刑、假释建议书,是监狱对在服刑改造期间确有悔改或立功表现的罪犯,依法提请人民法院予以审核裁定减刑或者假释所制作的文书。提请减刑、假释建议书是两种建议书,即提请减刑建议书和提请假释建议书,虽两者适用的对象和法定条件不同,但二者制作的主体和格式相同,故合并在一起讲解。

《刑事诉讼法》第250条第2款规定:"被判处死刑缓期二年执行的罪犯,在死刑缓期执行期间,如果没有故意犯罪,死刑缓期执行期满,应当予以减刑,由执行机关提出书面意见,报请高级人民法院裁定。"第262条第2款规定:"被判处管制、拘役、有期徒刑或者无期徒刑的罪犯,在执行期间确有悔改或者立功表现,应当依法予以减刑、假释的时候,由执行机关提出建议书,报请人民法院审核裁定,并将建议书副本抄送人民检察院。人民检察院可以向人民法院提出书面意见。"上述两条规定,是制作提请减刑、假释建议书的法律依据。提请减刑、假释建议书并不直接具有减刑、假释的法律效力,但它是提请人民法院对罪犯予以审核裁定减刑或假释的建议,对人民法院作出裁决有重要的参考作用。

提请减刑建议书的适用对象是在服刑期间确有悔改或者立功表现、符合法定减刑条件的被判处管制、拘役、有期徒刑、无期徒刑和死刑缓期二年执行的罪犯。提请假释建议书的适用对象是已执行一定刑期以后确有悔改表现、不致再危害社会、符合法定假释条件的被判处有期徒刑和无期徒刑的罪犯。

二、提请减刑、假释建议书的格式

提请减刑（或假释）建议书

〔××××〕×狱减（释）字第×号

　　罪犯，性别，××××年××月××日出生，民族，原户籍所在地，因××罪经×××人民法院于××××年××月××日以〔××××〕×狱减（释）字第×号刑事判决书判处××，刑期自××××年××月××日至××××年××月××日止。于××××年××月××日送我监狱服刑改造。服刑期间执行刑期变动情况：

　　该犯在近期却有悔改表现，具体事实如下：

　　为此，依据《中华人民共和国监狱法》第二十九条、《中华人民共和国刑法》第七十八条第一款、《中华人民共和国刑事诉讼法》第二百六十二条第二款规定，建议对罪犯予以减刑（或假释）。特提请裁定。

　　此致

×××人民法院

×××年××月××日

（公章）

附：罪犯××卷宗材料共×卷×册×页

三、提请减刑、假释建议书的内容及制作方法

提请减刑、假释建议书由首部、正文和尾部三部分组成。

（一）首部

首部主要包括标题、文书编号和罪犯的基本情况等内容。

1. 标题

在文书上方正中分两行写明制作机关名称和文书名称，如"××省××监狱提请减刑（假释）建议书"。

2. 文书编号

由年度、机关代字、文书代字和文书序号组成，标题右下方注明，如"（年度）鲁淄狱减字第×号"或"（年度）鲁狱释字第×号"。

3. 罪犯的基本情况

应依次写明罪犯的姓名、性别、年龄、民族、籍贯、原判罪名、原判

法院、判决时间、判决书编号、刑种、刑期、交付执行的时间和执行场所等。

在实际制作时,如果被减刑或假释罪犯在服刑改造期间,已发生刑种、刑期变化或服刑场所变化等,则也应把上述发生的变化情况写进这一部分。

(二) 正文

正文开头先写"该犯在服刑改造期间,确有悔改(或立功)表现,具体事实如下:……",然后重点写明悔改、立功表现的具体事实以及提请减刑、假释的理由和法律依据。

1. 悔改、立功表现的具体事实

这是意见书中应着重写明的内容,是对罪犯提请减刑、假释的客观依据,因此,对具体事实的叙述必须真实、准确、具体,证据确实充分,符合法律规定。

根据《管教工作细则》第136条之规定和1991年10月8日最高人民法院《关于办理减刑、假释案件具体应用法律若干问题的规定》,在叙述悔改表现事实时,应叙述清楚罪犯同时具备以下四方面情况的具体事实:认罪服法;一贯遵守监规纪律;积极参加政治、文化、技术学习;积极参加劳动,爱护公物,完成劳动任务。叙述立功表现事实时,应叙述清楚罪犯具有以下情形之一的具体事实:检举、揭发监内外犯罪分子的重大犯罪活动,经查证属实的;在生产中有重大发明创造、技术革新的;制止其他犯人逃跑、行凶、破坏等犯罪行为的;在生产、生活中舍己救人的;在抢险救中表现突出的。

2. 提请减刑、假释的理由和法律依据

理由是指对前面所叙述的具体事实进行高度概括之后所作出的结论,是监狱机关提出对罪犯减刑、假释建议的原因和道理,必须从前面的具体事实中概括引申出来。总之,理由的论述要针对具体事实和适用的法律条文,说理既要充分,又要简明,做到以事论理、以法说理。

法律依据,是指提出减刑、假释建议,报请人民法院审核裁定所依据的法律条款。一般援引《刑事诉讼法》第250条第2款或者第262条第2款作为法律依据,并写明提请减刑或假释的建议,最后以"特提请审核裁定"结束正文。

(三) 尾部

尾部包括以下三项内容:

1. 写明送达机关名称。先写"此致",后提行顶格写"××市中级人民法院"。

按照法律规定,送达机关为人民法院,但对判处不同刑种的罪犯的减刑或假释，送达机关并不完全相同。其中，被判处死刑缓期二年执行的或者被判处无期徒刑的罪犯的减刑、假释意见书，主送机关是当地高级人民法院；被判处有期徒刑（包括原判死缓或无期徒刑已减为有期徒刑）的罪犯的减刑、假释建议书，主送机关为当地中级人民法院。

2. 制作机关签署、加盖公章并注明发文日期。

3. 附件。应注明随意见书一起移送的罪犯改造档案的卷数、页数等。

四、实例阅读

例一

提请减刑建议书

〔20××〕×狱减字第×号

罪犯黄××，男，1973年3月11日出生，汉族，原户籍所在地：××省××市×区××镇，因抢劫、盗窃罪经××省××市中级人民法院于20××年××月××日以〔20××〕×刑二初字第10号刑事判决书判处死刑缓期二年执行，附加剥夺政治权利终身，刑期自2002年9月13日至×××年××月××日止。于20××年11月6日送我狱服刑改造。服刑期间执行刑期变动情况：

20××年11月2日，经××省高级人民法院刑事裁定减为无期徒刑，剥夺政治权利终身不变。

该犯在近期确有悔改表现，具体事实如下：

该犯原判死刑缓期二年执行，20××年11月减为无期徒刑，现已执行刑期二年三个月。

该犯现在六监区服刑改造，系井下信号工，入监以来共积考核分120分，兑现记功三次。

该犯在服刑改造期间，认罪服法，服从管理，遵守监规纪律，严格按规范行为约束自己。在政治思想学日中能结合自身犯罪实际，深挖犯罪根源。该犯积极参加监狱举办的自学考试，并多次受到狱部专项奖分奖励。在生产劳动中，该犯态度端正，积极肯干，较好地完成生产任务。被评为20××年度"双百安全"先进个人。全省第六届技术能手等专项活动奖励。

综上所进，该犯在服刑改造期间，认罪服法，服从管理，遵守监规，按时参加三项学习，劳动积极干，确有悔改表现。

为此，根据《中华人民共和国监狱法》第二十九条、《中华人民共和国刑法》第七十八条第一款、《中华人民共和国刑事诉讼法》第二百六十二条第二款的规定，建议对罪犯黄××予以减为有期徒刑十八年六个月，剥夺政治权利五年。特提请裁定。

第十一章 监狱法律文书

此致

××省高级人民法院

（公章）

××××年××月××日

附：罪犯××卷宗材料共2卷×册×页

例二

提请假释建议书

〔20××〕×狱释字第×号

罪犯高×，男，1958年4月25日生，汉族，原户籍所在地××省××县，因犯抢劫、强奸罪经××省××县人民法院于20××年××月××日以〔20××〕×刑初字第×号刑事判决书判处有期徒刑七年六个月，刑期自20××年6月8日至20××年12月7日止，于20××年11月14日送我被服刑改造。服刑期间执行刑期变动情况：

该犯在近期确有悔改表现，具体事实如下：

该犯现已执行刑期五年九个月，现余刑一年九个月，释放日期为20××年12月7日。该犯现在六监区服刑改造，系西工地值岗员。该犯入监以来积考核分110分。兑现记功二次，表扬一次。定级为普管级。该犯自入监以来，能够认罪服法，服从管理，接受教育改造，能够认识到自己的犯罪，给社会和他人带来的危害，并能结合改造实际，深挖犯罪根源。在改造中能够遵守监规纪律，严格落实罪犯改造行为规范，并敢于制止罪犯中的违规行为。20××年3月22日罪犯刘×与罪犯李×正在生产劳动现场下大料的过程中，因刘犯怀疑李犯私下使坏，两犯发生争吵。该犯及时上前予以劝解，避免了事态的扩大。

该犯还积极参加"三项"教育学习，学习刻苦努力，各科成绩较好。该犯在日常改造中讲文明，乐于助人，注意保持个人卫生和环境卫生的整洁。在生产劳动中，该犯态度端正，积极肯干，较好地完成了政府交给的各项任务。尤其是20××年下半年，生产任务繁重，该犯负责值岗，由于材料使用频繁，工作量明显增多，该犯任劳任怨，不怕苦。不怕累，及时完成了任务，确保了正常生产。特别是20××年底××大巷铺设轨道期间，由于井下人员紧缺，该犯能服从政府安排到井下帮助运料并合理组织运送，圆满完成了各项任务，受到了政府好评。另外，该犯在西工地值班期间能认真负责，大胆管理，较好地完成了政府的各项任务。

总之，该犯在后期服刑改造期间，能够认罪服法，服从管理教育，按时参加"三项"学习，积极参加生产劳动，确有悔改表现，不致再危害社会。

为此，根据《中华人民共和国监狱法》第二十九条、《中华人民共和国刑法》第八十一条第一款、《中华人民共和国刑事诉讼法》第二百六十二条第二款的规定，建议对罪犯高×予以假释。特提请裁定。

此致
××市中级法院

（公章）

二○××年五月二十四日

附：罪犯高×卷宗材料共×卷×册×页

第五节　监狱起诉意见书

一、监狱起诉意见书的概念

监狱提请起诉意见书，是监狱对罪犯在服刑改造期间又犯新罪或者发现了原判决所没有发现的罪行，认为需要依法追究刑事责任的，向人民检察院提出起诉意见的文书。

《刑事诉讼法》第262条第1款规定："罪犯在服刑期间又犯罪的，或者发现了判决的时候所没有发现的罪行，由执行机关移送人民检察院处理。"这是制作监狱提请起诉意见书的法律依据。根据上述法律规定，监狱对服刑罪犯所犯的新罪或漏判之罪，一旦事实清楚、证据确凿，依法应当追究刑事责任，就应提出起诉意见，移送人民检察院审查。

监狱提请起诉意见书与公安机关起诉意见书既有相同之处，又有不同之处。相同之处体现在：（1）性质相同，具有同等的法律效力。它们都是以案件侦查、审理终结的结论为依据而制作的司法文书，目的都在于向人民检察院提出起诉意见。（2）制作程序和要求相同。在制作程序上均须经过侦查预审，依法提出处理意见，移送检察机关审查起诉。在制作上均以叙述清楚犯罪的基本事实为特征的，均要求把犯罪的性质、时间、地点、动机、目的、情节、手段、结论等要素交代清楚；叙述要求具体、准确、真实。（3）行文格式相同。一般都包括：标题、文号、犯罪嫌疑人或罪犯的基本情况、主要犯罪事实以及移送起诉的理由和法律依据等。

但二者毕竟是两种不同的文书，因而有一定的区别。不同之处主要有以下四点：（1）法律依据不同。制作公安机关起诉意见书的法律依据是《刑事诉讼法》第160条；制作监狱提请起诉意见书的法律依据是《刑事诉讼法》第262条第1款。（2）适用的范围不同。公安机关起诉的基本上是发生在社会上

第十一章　监狱法律文书

的各类刑事案件；而监狱提起的案件只有两类，即罪犯在服刑期间又犯新罪或者发现了原判所没有发现的罪行而应当追究刑事责任的案件。(3) 被起诉人及称谓不同。公安机关要求起诉的作案人，一般是社会上的自由人；而监狱要求起诉的是正在服刑改造的罪犯。因而这两种起诉意见书对作案人的称谓也不同，前者一般称为"犯罪嫌疑人"，后者则直接称为"罪犯"。(4) 署名不同。公安机关起诉意见书由公安机关的负责人（一般是局长）署名，然后加盖局印；监狱提请起诉意见书虽由监狱负责人签发，但最后落款是监狱机关，而不是负责人个人，必须加盖公章才有效。

二、监狱起诉意见书的内容及制作方法

监狱起诉意见书由首部、正文、尾部三部分组成。

（一）首部

1. 标题

标题包括制作机关名称和文书名称。居中分两行书写，上行写"××省××监狱"，下行写"起诉意见书"。

2. 文书编号

写明年度、机关代字、文书代字和文书序号，如"〔××××〕×狱起字第×号"。

3. 罪犯的基本情况

依次写明罪犯的姓名、性别、年龄、民族、籍贯、文化程度、原判罪名、原判法院、原判时间、判决书文号、原判刑种、刑期、交付执行的时间及执行场所。

（二）正文

先写"现经依法侦查查明，罪犯××在服刑改造期间涉嫌××罪，主要事实如下：……"，再依次写明下列内容：

1. 犯罪事实

应将罪犯所犯新罪或漏罪的时间、地点、动机、目的、手段、情节、后果等要素如实地叙述清楚，然后列出证实以上犯罪事实的具体证据。叙述一定要真实、准确，力求详略得当，重点突出。

2. 起诉理由和法律依据

首先，概括地阐明罪犯在服刑改造期间犯有或隐瞒了什么罪行，其犯罪性质、动机、目的、危害后果及认罪表现等情况；其次，根据罪犯所犯罪行，援引《刑事诉讼法》第262条第1款作为移送审查起诉的法律依据；最后，以"特提请你院审查，依法处理"，结束正文。

（三）尾部

依次写明送达机关名称、制作机关名称、加盖公章、注明发文日期；在附件中应注明随案移送的罪犯服刑档案的卷数、页数，以及罪犯所犯新罪或漏罪的案卷材料的卷数、页数等。

三、实例阅读

××省××监狱
起诉意见书

〔××××〕×狱起字第6号

罪犯阎××，男，现年26岁，汉族，××省××市人，文化程度高中，因故意杀人罪经××市中级人民法院于×××年9月18日以〔××××〕×中法刑字第40号刑事判决判处无期徒刑，剥夺政治权利终身。于××××年11月6日送我监狱执行劳动改造。

现经依法侦查查明，罪犯阎××在服刑改造期间涉嫌故意伤害罪，主要事实如下：

×××年2月24日11时许，罪犯阎××在二大队生产车间劳动时，因生产工序问题同犯人王××发生口角。在争吵中，阎犯随手操起放在车间的铁凳子向王犯头部砸去，被同班犯人杨××把凳子夺下，并与其他犯人将阎犯扭送大队值班室。在被扭送途中，阎犯认为犯人杨××"拉了偏架"，故对杨犯十分不满，并恶狠狠地对杨犯说："你等着，早晚我要收拾你。"经值班干警批评教育后，阎犯表面上承认了错误，写了检查，但内心对杨犯的怀恨仍未消除。

次日下午3时许，阎犯在生产车间干完活后，找本小队犯人维修工李×借铁锤修理车床断线刀架，被犯人蒋×看见。蒋×帮其修理好刀架，并一同将铁锤送还给犯人李×。之后，阎犯又以"刀架不牢"为由，再次找犯人李×借用铁锤。钉完刀架后，阎犯看见犯人杨××正坐在车床旁睡觉，便产生报复恶念。阎犯手持铁锤，从自己的车床旁边走到杨犯背后，在杨犯毫无戒备和防范的情况下，举锤向杨犯头后部猛击三锤。杨犯发觉后想起身而未能起来，阎犯又接连砸了两锤。此时，阎犯的行凶报复行为，被犯人董××、康××看见。董犯立即上前把阎犯拦腰抱住，康犯抢下了铁锤，并和其他犯人一起把阎犯扭送到大队办公室。犯人杨××被打后，伏在车床机台上，头部血流不止。值班干警立即把犯人杨××护送到省人民医院抢救。经会诊，确诊为：头部被钝器击伤五处，大脑重型挫裂伤，脑内充血肿胀，粉碎性颅骨骨折。经紧急手术，抢救无效，于2月26日0时55分死亡。

第十一章 监狱法律文书

认定上述事实的证据如下：(1)××县公安局××鉴定书鉴定意见认定：××；(2)受害人陈述的经过，记录在卷。(3)证人证言证言：××；(4)罪犯阎××的供述，记录在卷。

上述犯罪事实清楚，证据确实、充分，足以认定。

综上所述，罪犯阎××在服刑期间，恶习不改，因口角企图伤害他犯受阻后，遂产生报复恶念，故意伤害他犯，致犯人杨××死亡，情节恶劣，后果严重，其行为触犯了《中华人民共和国刑法》第×条之规定，涉嫌故意伤害罪。为了打击狱内犯罪，警示他犯，确保监狱安全稳定，依据《中华人民共和国刑事诉讼法》第二百六十二条第一款之规定，提请你院审查，依法惩处。

此致
××人民检察院

××监狱
（公章）
××××年3月5日

附：
1 侦查卷一册；
2 罪犯阎××现押于××省××监狱禁闭室。

第六节 对死缓罪犯提请执行死刑意见书

一、对死缓罪犯提请执行死刑意见书的概念

对死缓罪犯提请执行死刑意见书，是指监狱部门对抗拒改造情节恶劣的死刑缓期二年执行的罪犯，依法向高级人民法院提出执行死刑意见的文书。

《刑事诉讼法》第250条第2款规定："被判处死刑缓期二年执行的罪犯，在死刑缓期执行期间，……如果故意犯罪，查证属实，应当执行死刑，由高级人民法院报请最高人民法院核准。"上述法律规定是制作对死缓罪犯提请执行死刑意见书的法律依据。据此，监狱部门对故意犯罪、查证属实的死缓罪犯，应当依法制作对死缓罪犯提请执行死刑意见书，报经本省、市、自治区主管厅（局）审核同意后，由当地高级人民法院报请最高人民法院核准，下达执行死刑命令。

对死缓罪犯提请执行死刑意见书的制作，对维护法律尊严、促使在押罪犯弃恶从善有着十分重要的作用。

二、对死缓罪犯提请执行死刑意见书的格式

对死缓罪犯提请执行死刑意见书

〔××××〕×狱字第×号

罪犯××，男（女），现年××岁，××民族，××人，因××罪经××人民法院于××××年××月××日以〔××××〕×刑初字第×号刑事判决判处死刑缓期二年执行，剥夺政治权利终身，于××××年××月××日送××执行劳动改造。

罪犯××在死刑缓期二年执行期间，故意犯罪，并经查证属实。具体事实如下：

为此，依据《中华人民共和国刑法》第五十条和《中华人民共和国刑事诉讼法》第二百五十条第二款的规定，建议对罪犯××执行死刑，特提请依法裁定。

此致
高级人民法院

（公章）
××××年××月××日

附：罪犯××劳改档案共×卷×页，证据材料共×页。

三、对死缓罪犯提请执行死刑意见书的内容及制作方法

对死缓罪犯提请执行死刑意见书，也由首部、正文和尾部三部分组成。

（一）首部

首部包括以下三方面内容：

1. 标题

写明制作机关名称和文书名称，如"××监狱""对死缓罪犯提请执行死刑意见书"。

2. 文书编号

由年度、机关代字和文书序号组成，如"〔××××〕×监管字第×号"。

3. 死缓罪犯的基本情况

应依次写明死缓罪犯的姓名、性别、年龄、民族、籍贯、原判罪名、原判法院、判决时间、判决书文号以及判处死刑缓期二年执行、剥夺政治权利终身和交付执行的时间与执行场所等。

（二）正文

以"罪犯××在死刑缓期二年执行期间，抗拒改造情节恶劣，并经查证属实。具体事实如下：……"开头，引出对具体事实的叙述和对建议执行死刑理由的阐述。

1. 具体事实

这是对死缓罪犯提请执行死刑意见书的重点部分。叙述时必须实事求是，证据一定要确实、充分。应紧紧扣住"故意犯罪"这一法定条件，把故意犯罪的时间、地点、情节、经过、后果及造成的恶劣影响等要素如实地叙述清楚，做到有根有据，让事实说话，切忌感情用事、以偏概全。

2. 提请执行死刑的理由和法律依据

首先对上述具体事实进行概括，阐明抗拒改造情节恶劣的事实根据，重点写明依法必须执行死刑的理由。然后，援引《刑事诉讼法》第250条第2款作为法律依据，"建议对罪犯××执行死刑，特提请依法裁定"。

（三）尾部

应写明"此致"、"××高级人民法院"、制作机关名称、发文日期，并加盖公章。此外，附件中应注明罪犯劳改档案的卷数、页数以及证据材料的页数等。

四、实例阅读

对死缓罪犯提请执行死刑意见书

〔××××〕×狱起字第8号

罪犯韩××，男，现年28岁，汉族，××省××县人，因故意杀人罪经××区中级人民法院于××××年4月12日以〔××××〕×刑终字第6号刑事判决判处死刑缓期二年执行，剥夺政治权利终身，于××××年××月××日送××监狱执行劳动改造。

罪犯韩××在死刑缓期二年执行期间，抗拒改造情节恶劣，并经查证属实。具体事实如下：

该犯于××××年××月××日投入劳动改造以来，一直不安心改造，不断暴露出逃跑迹象，始终被列为逃跑危险分子。虽经管教干部多次谈话教育，该犯仍无悔改之意，在不到半年时间里，竟两次逃跑未遂。

××××年10月9日8时40分左右，该犯从生产区溜到监狱大门口，尾随干部身后，妄图混出监外，被门卫值班干警识破，未能得逞。当值班干警质问时，该犯竟不顾自己的罪犯身份．胡说："我和队长回家。"同时转身就要跑，当即被值班干警扭送到内管值班室。该犯不听制止，继续争吵，无理纠缠，并扬言"非走不可"。值班干警当场采取有效措施，才制止了该犯的嚣张气焰。事后进行过多次谈话教育，令其写了书面检查，但该犯口是心非，毫无悔改之意，于同年12月11日、12日，连续两晚到内管室无理取闹，并手持1米多长的铁棍（从生产区偷出的）妄图行凶。当其他犯人劝阻制止时，该犯竟穷凶极恶地对劝阻的犯人又咬又打，反改造气焰十分嚣张。

×××年2月2日（农历正月初一）晚10时许，该犯趁全体罪犯看电视之机，偷偷脱离监管，企图再次越狱。该犯从狱内烧开水处上房，因墙高未能得逞，又溜到露天舞台南侧厕所处，爬墙上至东边平房，向北窜至接见室房顶，当其向大门墙垛跨越时，被值班干警发现，当场抓获。

从上述两次脱逃未遂事件中可以看出，该犯在死刑缓期执行期间，不认罪，不服法，抗拒改造妄图行凶，不服管教，企图逃避惩罚与改造，实属"抗拒改造情节恶劣"的顽固分子。

为此，根据《中华人民共和国刑事诉讼法》第二百五十条第二款的规定，建议对罪犯韩××执行死刑，特提请你院依法裁定。

此致

××省高级人民法院

经查，该犯抗拒改造情节恶劣属实，确系不堪改造分子，同意呈报高院裁定。

××省司法厅监管局

（公章）

××××年四月十七日

××省××监狱

（公章）

××××年四月十三日

附：罪犯韩××劳改档共1卷18页，证据材料共25页。

本章习题

一、简答题

监狱提请起诉意见书与公安机关起诉意见书有哪些异同之处？

第十一章 监狱法律文书

二、修改下面的文书

××省××监狱
提请起诉意见书

〔20××〕×狱起字第01号

罪犯高××,男,1968年9月×日出生,汉族,小学文化,××人,农民,捕前系中共党员,任××。因抢劫、挪用公教罪,被××人民法院判处有期徒刑20年,20××年8月入××监狱改造。罪犯××不服判决,提出申诉。20××年12月30日,×××人民法院再审,作出〔20××〕×刑再初字第5号刑事判决,改判为有期徒刑十六年。×犯对再审判决不服,提出上诉。××市中级人民法院20××年8月28日作出〔20××〕×刑再终字第1号刑事裁定,以程序不合法为由撤销××人民法院〔20××〕×刑再初字第5号刑事判决,发回××县人民法院重新审理。20××年8月28日,因涉嫌违法违纪被隔离审查。

现经调查证实,罪犯高××在服刑期间又有下列违法行为,主要事实如下:

20××年以来,罪犯××以托关系照顾、购买物品等为名,骗取其他罪犯及其亲属或他人的财物11人次,共计数额52000元。20××年11月,骗取罪犯××亲属10000元;20××年底,骗取××亲属2000元;2006年3月,罪犯××亲属给其汇款3000元;2006年3月,罪犯××亲属汇给网通公司2000元,给××犯做电话费;2006年3月,刑释罪犯××的对对象××给其汇款3000元;2006年5月,罪犯××亲属给其汇款1500元,20××年5月,××犯的朋友××给其汇款10000元;20××年5月,罪犯××的朋友××给×犯汇款10000元;20××年6月,罪犯××亲属给其汇款500元;20××年6月,罪犯××亲属给其汇款8000元;20××年6月,罪犯××亲属给其汇款2000元。以上款项除16900元为他犯办事用之外,其余为自己非法所得。

上述犯罪事实清楚,证据确实充分,足以认定,罪犯××亦供认在卷。

综上所述,罪犯××在服刑期间,以非法占有为目的,用虚构事实或者隐瞒真相的方法,骗取其他罪犯及亲属的财物,其行为触犯了《中华人民共和国刑法》第二百六十六条之规定,已构成诈骗罪。

为了打击狱内犯罪,警示他犯,确保监狱安定稳定,依据《中华人民共和国刑事诉讼法》第二百六十二条第一款之规定,提请你院审查,依法惩处。

此致
××人民检察院

二○××年十月十一日

附：
1. 侦查卷一册。
2. 罪犯高××现押于山东省××监狱禁闭室。
3. 什么是监狱法律文书？监狱法律文书的类别？
4. 罪犯入监登记表的内容和制作方法？
5. 监狱起诉意见书的内容和制作方法？

第十二章 律师实务文书

我们成为法律的奴隶，是为了能够保有自由。

——【古罗马】马库斯·图留斯·西塞罗

【内容提要】

律师实务文书，是指律师从事各项律师业务需要自行制作或所代书的、具有一定法律意义的各类法律文书的总称。律师实务文书不仅可以起到为当事人提供法律服务的作用，而且可以起到与公安、检察、司法以及相关机关进行配合、协作和制约的重要作用，本章主要介绍律师实务司法文书、法律意见书、代理词以及合同的格式及制作方法。

第一节 律师实务文书概述

一、律师实务文书的概念与作用

律师实务文书，是指律师从事各项律师业务需要自行制作或所代书的、具有一定法律意义的各类法律文书的总称。

律师凭借法律文书，为国家、社会、公民提供法律服务工作，是维护国家、集体利益和公民合法权益的一种重要手段和工具，具有重要的法律意义。凡涉及诉讼的法律文书，都对推动诉讼活动的进展和诉讼案件的公正处理，有重要的促进和制约作用。不涉及诉讼的律师文书，也同样具有帮助执法机关和有关当事人解决法律纠纷和处理法律事务的重要作用。

二、律师实务文书的特点与种类

（一）特点

律师文书在法律属性上属于法律文书的一部分，具有所有法律文书所具有的共性，同时，律师文书也有其自身特点。

第一，主题的鲜明性。主题是律师文书的灵魂。只有主题鲜明、主旨突出的律师文书，才能清楚、集中地体现该律师文书的目的。

第二，材料的客观性。律师文书的写作大多需要一定的客观材料为基础，然后根据客观材料所描述的特定事实，提出具有针对性的法律意见。律师文书所需要的材料是用来陈述或得出某一事实，因此，材料是否客观至关重要。不论是民事起诉书、答辩状，还是民事反诉状、上诉状等，面对当事人提供的数量繁多的材料，律师必须认真推敲、严格甄别，严格遵循"以事实为依据、以法律为准绳"的原则，客观真实地把事实材料反映在所写的律师文书中，既不能夸大缩小，更不能任意歪曲编造。一个优秀的律师，之所以能够在法庭上对案件的每一个细节脱口而出，甚至比当事人还熟悉，是源于他对案件事实的烂熟于心；从他手中拿出来的文书之所以精妙无比，是因为他已经对文书的内容进行了无数次的反复推敲。

第三，内容的规范性。律师文书的写作需要遵循一定的规范和要求，这些规范性要求主要涵盖了证据、事实、理由和法律依据等。律师文书的规范性要求提供的要素必须写明。从律师文书的基本格式来看，包括首部、正文和结尾三个主要部分，有不少法律文书在结尾的下面还应附上证据来源、证人名单等。

第四，内容的广泛性。律师文书涉及的范围十分广泛，就诉讼类律师文书而言，既包括刑事诉讼代书及出庭文书，也包括民事诉讼、行政诉讼的代书、出庭文书；就非诉讼律师文书而言，其涉及的范围更为广泛，既包括律师代理仲裁、行政复议活动所制作的非诉讼代书，也包括律师参与经济、商务、家庭、婚姻、财产、金融、证券、房地产交易、企业管理、税务代缴、消费投诉、注册商标、申请专利等诸多活动中代写的各类律师文书。

（二）种类

依据不同的分类标准，律师文书可以分为不同的种类。以出具文书的主体来分，可以将律师文书分为：以律师事务所名义出具的律师文书，如民事代理委托协议、律师辩护委托协议、行政诉讼代理委托协议以及其他委托协议；以律师名义出具的律师文书，如代理词、辩护词、见证书、催告函、会见犯罪嫌疑人笔录等；以当事人名义由律师代书的律师文书，主要是指由律师替当事人代书的各种诉状，如民事起诉状、民事反诉状、民事上诉状等。以律师业务范围的不同为标准，我们可将律师文书分为诉讼类律师文书和非诉讼类律师文书，前者又可分为刑事诉讼类律师文书、民事诉讼类律师文书和行政诉讼类律师文书。

三、律师实务文书的制作要求

律师文书的制作要求应遵循法律文书制作的基本要求，一般说来，律师文

第十二章　律师实务文书

书的写作要求包括以下几个方面：

（一）内容合法、格式规范

法律文书用于设立、变更和解除当事人之间的权利、义务关系，合法性是制作律师文书的首要要求。律师文书的内容理应符合法律、法规规定，文书中引用的法律条款也应正确，使律师文书的内容做到于法有据，符合相关政策规定。法律文书的格式通常由主管部门制定了固定的文本，例如刑事起诉状、民事起诉状等各类诉状，都已经有固定的程式或格式，也有一些法律文书已经约定俗成。律师文书也是如此，各类律师文书的格式中，对要求写明的事项内容，也都有统一的规定，文书制作者在制作某一文书时，应就按格式的要求提供应该提供的内容，力求齐全完备，以利于受文单位具体了解有关的基本情况，从而促使其尽快作出裁决意见。

（二）事实清楚、叙事有序

律师文书的内容是其核心，内容的叙事部分是律师文书所要陈述的事实。对于事实部分，律师文书对客观材料的分析和描述应详细、务实，叙述应当有序，能够说明事情的前因后果和来龙去脉。例如，在刑事诉讼类律师文书中，对被告人犯罪的时间、地点、被害人、犯罪的具体过程、犯罪手段、犯罪后果、被告人的认罪态度等都要叙述清楚。

（三）语言准确、句式规范

律师文书涉及法律术语的运用，涉及当事人的权利义务关系，更讲究语言的准确性和句式的规范性。具体而言，律师文书的遣词造句需要做到以下几个方面：

1. 用词规范。律师文书的语言文字应庄重严肃，符合语法习惯和公文语体风格，尽量使用中性词，且不宜带有明显、强烈的感情色彩；在涉及当事人时，不宜随意用省略词语或简化完整的用语，以免产生歧义；在律师文书中，不宜使用方言土语，不能使用污言秽语，不用生僻字，一般也不宜用文言文；律师文书也不宜使用模糊词语，例如大概、若干、左右、大约等模糊不定的词语。

2. 恰当运用法律术语。在律师文书中使用法律术语实属必要，法律术语的使用对于体现律师文书的法律意义和效能也同样不可或缺，恰当使用对于准确表达当事人的法律主张具有重要意义。

3. 句式规范。律师文书的句子力求完整，一般不用省略句式，句子中的主动、被动应分明；在写作律师文书的过程中，可以援用一些固定的优美的句式，但应力求将需要表达的意思以简洁、明快的方式表达出来。

4. 语言力求精练，做到言简意赅。应注意语言文字的两个方面要求：一是文字力求简洁；二是文意必须赅备。前者要求"炼"，即文字简约，语言简练；后者要求"精"，把握基本的内容，核心的意思不能遗漏。

第二节 代 理 词

一、代理词的概念

代理词是律师等诉讼代理人在法律规定或者当事人授予的权限范围内，在法庭辩论阶段为维护委托人的利益，就案件的事实和法律适用等问题发表意见而制作的诉讼法律文书。

当事人、法定代理人可以委托一至二人作为诉讼代理人。《民事诉讼法》第58条第2款："下列人员可以被委托为诉讼代理人：（一）律师、基层法律服务工作者；（二）当事人的近亲属或者工作人员；（三）当事人所在社区、单位以及有关社会团体推荐的公民。但无民事行为能力人、限制民事行为能力人或者可能损害被代理人利益的人以及人民法院认为不宜作诉讼代理人的人，不能作为诉讼代理人。代理诉讼的律师和其他诉讼代理人有权调查收集证据，可以查阅本案有关材料，为制作代理词做准备。"

代理词分为刑事诉讼、民事诉讼和行政诉讼代理词，刑事公诉案件被害人、自诉案件自诉人委托诉讼代理人发表的代理词，和辩护词是对立的，履行的是控诉职能；刑事附带民事诉讼中的双方当事人都可以委托诉讼代理人发表代理词，维护自身当事人的合法权益。在民事诉讼和行政诉讼中，诉讼代理人可以接受双方当事人任何一方的委托担任代理人，在法庭上发表维护自己委托人合法权益的代理词。

二、代理词的格式

代理词也是一种法庭演说词，没有固定的格式，其结构语和辩护词非常相似；可以分为三大部分：首部、正文、尾部。

首部包括文书名称、对审判人员的称呼、诉讼代理人代理的法律依据及当事人的授权与委托、开庭前的准备情况等。

正文部分有针对性地提出代理观点与理由。一般而言，先提出基本观点，然后加以分析论证，可以从事实和法律适用等角度发表代理意见，事实分析包括分析实体事实和纠纷事实，实体事实就是法律关系产生、发展、变更的事实，纠纷事实就是纠纷的发现、发生、协商等事实。法律适用意见包括实体法和程序法的适用意见。正文最后还可以提出裁判建议。

第十二章 律师实务文书

尾部是制作人的署名及制作日期。

三、制作代理词应注意的问题

制作代理词应当注意以下几个问题:

(1) 代理词的制作要以事实为根据,以法律为准绳,尊重事实,忠于法律,不能歪曲事实,曲解法律,强词夺理。

(2) 代理权限范围。代理人必须在代理权限范围内进行诉讼活动。诉讼代理人必须在代理权限内进行和接受诉讼行为。他必须在当事人授权范围内,即代理权限内行使权利。超越代理权限的行为,被代理人不承担后果。

(3) 授权委托书。授权委托书必须记明委托事项和权限。诉讼代理人代为承认、放弃、变更诉讼请求,进行和解,提起反诉或者上诉,必须有委托人的特别授权。诉讼代理事项和诉讼代理权限,除法律有特别规定外,一般由委托人自己决定。诉讼代理人只能根据委托人的意志进行诉讼代理活动,而不能自行其是。侨居在国外的中华人民共和国公民从国外寄交或者托交的授权委托书,必须经中华人民共和国驻该国的使领馆证明;没有使领馆的,由与中华人民共和国有外交关系的第三国驻该国的使领馆证明,再转由中华人民共和国驻该第三国使领馆证明,或者由当地的爱国华侨团体证明。诉讼代理人的权限如果变更或者解除,当事人应当书面告知人民法院,并由人民法院通知对方当事人。

四、实例阅读

民事代理词

审判长、审判员:

河南××律师事务所接受原告王××的委托,指派我作为其诉讼代理人。本代理人通过庭前了解案情,调查取证和今天的法庭审理,本案的事实已经非常清楚。下面,我结合本案事实和相关法律法规,发表如下代理意见,供合议庭评议案件时参考:

一、本案交通事故侵权事实清楚,责任划分明确,法庭应当予以支持,被告依法应当承担全部赔偿责任

2013年10月26日17时左右,被告金××驾驶豫SJJ××号大众牌小型轿车沿浉河南路由东向西行驶至信阳市浉河区浉河南路××路段左转弯掉头时撞伤同方向行驶的原告王××驾驶的豫SA2××号豪爵牌二轮摩托车,造成原告车辆受损,身体受伤的侵权事实。后浉河区交警队通过现场勘查,拍摄照片,走访调查,对本次事故进行认定,作出浉河公交认字〔2013〕第479号道路

交通事故认定书：被告金××驾驶机动车在有禁止掉头或者禁止左转弯标志、标线的地点掉头，是事故形成的原因，应负本次事故的全部责任，原告王××没有过错，无责任。信阳市公安交通警察支队浉河勤务大队对该事故的认定事实清楚，适用法律正确，原告王××在本次事故中，不承担任何责任。

二、原告主张的各项赔偿要求完全符合法律规定并有充足证据，应予以支持

依据《民法通则》、《侵权责任法》、《道路交通安全法》及最高人民法院《关于贯彻执行〈中华人民共和国民法通则〉若干问题意见》和最高人民法院《关于审理人身损害赔偿案件适用法律若干问题的解释》等规定，被告应当赔偿原告住院伙食补助费、护理费、误工费、营养费、交通费、车辆损失、停车费等各项费用。

（一）误工费 7430.14 元

根据最高人民法院《关于审理人身损害赔偿案件适运用法律若干问题的解释》第20条规定，原告受伤住院20天，出院后医嘱全休一个月，持续误工长达50天。本案中原告一直在信阳市××有限责任公司××客运公司工作，每个月有固定收入，在此期间，原告不但一直不能工作反而因持续误工导致原告生活窘迫，然而，这一切的损失不应也不该由原告承担。原告在事故发生后因为受伤原因长达数月不能工作，误工损失严重，被告金××依法应当承担全部误工费用

（二）护理费 3978.21 元

根据最高人民法院《关于审理人身损害赔偿案件适运用法律若干问题的解释》第21条规定，本案中原告以左膝关节软组织挫伤入院，并住院20天，全休一个月，原告受伤住院到出院一个月有余，生活一直不能自理尤其是上下楼梯，如厕极其不方便，因此，在此期间需要护理一人，照顾其起居。根据《2013年河南省人身损害赔偿损失基础数据标准》规定，原告护理费用为3978.21元，被告金××应当承担全部赔偿责任。

（三）交通费 1440 元

根据最高人民法院《关于审理人身损害赔偿案件适用法律若干问题的解释》第22条规定，原告因被告侵权行为入院治疗，其间原告及其家人一直因此来回奔波于医院与家庭之间，无奈交通花费巨大，理应由被告承担。原主张皆有交通票据为证。

（四）住院伙食补助费 600 元

根据最高人民法院《关于审理人身损害赔偿案件适用法律若干问题的解释》第23条规定，病人住院20天，在住院期间需要解决吃饭问题，具体住院

伙食补助费可以参照当地国家机关一般工作人员的出差伙食补助标准予以确定,是 1 人 × 30 元 × 20 天 = 600 元(住院天数为 13 天),依法应当由被告承担。

(五)营养费 1500 元

本案中原告因被告侵权致伤造成膝关节受伤,加强营养属于众所周知的常理,信阳市中心医院明确说明,病人在住院及出院后要加强营养,以便促进康复,原告根据最高人民法院《关于审理人身损害赔偿案件适用法律若干问题的解释》第 24 条规定,依法主张 30 × 50 = 1500 元的营养费,合法合理,依法应当由被告承担。

(六)财产损失:车辆损失 840 元

原告王××驾驶的机动车被金××撞坏,为了恢复其原有功能,继续使用,原告对其机动车进行了损失认定,信阳市价格认证中心经现场勘验,市场调查,认真测算,认定损失总值为 840 元人民币。依据侵权责任法规定,依法应当由被告承担赔偿责任。

(七)停车费 400 元

被告金××驾车撞坏原告王××的铃木牌二轮机动车,为了方便信阳市公安交通警察支队浉河勤务大队对该事故进行认定,车辆被施救到停车场进行勘验检查鉴定,由此产生的停车费是由于被告的侵权行为造成的,依法应当由被告金××承担停车费用。

为了恢复往日的身体健康,原告不得不谨遵医嘱放弃工作,俗话说,身体是革命的本钱,没有了健康,其他的一切都是浮云。然而这一切的损失,都是由原告的侵权行为所致,至今为止被告分文未付,态度傲慢,希望尊敬的法官在合法的情况下,维护一个受伤的心灵,依法由被告承担责任

综上所述,原告的诉讼请求有 2013 年河南省人身损害赔偿标准相关规定,有损害事实基础,有法律依据,是合理、合情、合法的,请法庭充分考虑并予以采纳。

河南××律师事务所
律师 熊××
2014 年 4 月 10 日

第三节 辩护词

一、辩护词的概念

辩护词,是律师接受当事人委托或法院指定,担任被告人的辩护人,在刑

事诉讼活动中,根据事实和法律,提出证明被告人无罪、罪轻,或者减轻,甚至免除刑事责任的意见所形成的文字材料。辩护词的写作主体可以是被告人、犯罪嫌疑人,也可以是他们的委托代理人、亲属、监护人等。

二、辩护词的格式

辩护词

审判长、审判员:

　　根据……(相关法律规定),我接受×××(主要犯罪嫌疑人或被告人姓名)……(案由)一案的犯罪嫌疑人×××的委托,担任他的辩护人,为他进行辩护。

　　在此之前,我研究了×××人民检察院对本案的起诉书,查阅了卷宗材料,会见了犯罪嫌疑人,走访了有关证人,并且对现场进行了勘察,获得充分的事实材料和证据。

　　我认为起诉书在认定事实上有重大出入(或者事实不清、定性不当等)。理由如下:

　　……

　　综上所述

　　我认为……

　　根据……(相关法律规定),请求检察机关对本案犯罪嫌疑人×××不予起诉(或请求法庭对被告人宣告无罪或免除处罚或从轻、减轻处罚)。

辩护人　×××
××××年××月××日

三、辩护词的内容及制作方法

辩护词属于法庭演说类文书,它没有固定的格式,因此,在制作方法上与书状有一些不同的要求。但辩护词的格式大体也可分为首部、正文和尾部三大部分。

(一)首部,包括文书名称、对审判人员的称呼等项目组成。

(二)正文,一般由前言、辩护理由、结束语三部分组成。

1. 前言。前言主要包括三项内容:一是申明辩护人的合法地位;二是讲辩护人在出庭前进行了哪些工作;三是讲辩护人对全案的基本看法。

2. 辩护理由。辩护理由是辩护词的核心内容。是辩护人为维护被告人的合法权益所要阐明的主旨,应该从被告人的行为事实出发,对照有关的法律规

第十二章 律师实务文书

定,论证被告人无罪、罪轻或应当予以减轻,甚至免除其刑事责任的意见和根据。因此,通常是要围绕是否构成犯罪,属于何种罪名,有无从轻的法定条件以及诉讼程序是否合法等问题展开辩论和论述。

3. 结束语。结束语是对辩护词的归纳和小结。一般讲两个内容:一是辩护词的中心观点;二是向法庭提出对被告人的处理建议。

(三)尾部,包括辩护人署名及制作时间。

四、实例阅读

辩护词

审判长、审判员、人民陪审员:

××省××市××律师事务所依法接受本案被告人张××之亲属许××的委托,指派我担任张××的一审辩护人。接受委托后,我仔细查阅了全部案件材料,并会见了被告人,还进行了大量的调查取证工作。经过认真地调查和严密的分析,我认为,本案事实不清,存在诸多疑点,难以定案。现依法发表如下辩护意见:

一、关于本案中公诉书认定张××作案的证据

公诉人所列举的能够据以认定张××强奸杀人的证据主要有两个:一是××公安局对被害人和被告人所作的血型试验结论,二是被告人身上的伤痕。由于其他证据只能证明案件确实发生,但并不能证明罪犯是谁,因此,我仅就这两份证据的真实性和证明力,根据事实和法律提出如下看法。

关于血型试验结论。根据××公安局所制作的刑事科学鉴定书,死都血型为B型,阴道内精液为A型,犯罪嫌疑人张××血型为A型,唾液为A型,公诉人遂将此认定为张××强奸杀人的一条主要证据。对此,我作为辩护人认为,死者阴道内精液与犯罪嫌疑人张××同属一种血型,并不能证明就是张××作的案。因为现代法医学认为血型鉴定毕竟不同于DNA指纹鉴定,它只能作排除认定,而不能作同一认定。具体到本案来看,死者阴道内精液为A型,可以据此排除血型为B型、O型人作案的可能性,但不能得出必然是张××作案的结论。因为世界上A型血的人有很多。

关于被告人身上的伤痕认定。根据公诉人提供的照片,张××的伤痕均在右侧,即右侧肩部、右耳后、右额和右手。这是与张××的供述相一致的。张××对此的解释是:案发第二天上午正值家里买煤,他作为家中唯一的男子干体力活是责无旁贷的,由于肩挑、肩背和爬楼梯,造成了身体右部的多处划伤。按常理讲,犯罪嫌疑人或被告人的解释是有待辩证分析的,但我们可以通过张××身上的伤痕形成时间来具体分析他的这一供述是否真实。按照公诉人

发表的公诉词，张××是在×××年××月××日××时许作的案，这也就是说，张××身上、耳后及额上的伤应形成于此时，但问题的关键在于在案发当天，并没有人发现他有伤。因为案发当天下午，张××去单位值班，单位里的人并未看见他的脸上、额上有伤。张××单位的同事刘××和王××提供的书面证据可以证明。并且，张××当天值完班回家后，邻居也未曾见过其脸上、额上有伤。

二、关于本案中公诉书认定的张××的作案时间

无论是人民检察院的公诉书，还是公诉人在法庭上提出的公诉意见，都认定被告人张××是在×××年××月××日××时许作的案。但当天××时左右，张××单位的同事刘××和王××以及门卫黄××都能证明张××在单位值班。这有刘××、王××和黄××提供的书面证词予以证明。而且，张××在单位值班时，所翻阅的报纸和所作的读书笔记也能证明张××在×月×日××时许不在作案现场。以上证据与张××本人的辩解相印证，证明了张××在××时许没有作案时间。

综上所述，辩护人认为本案事实不清，认定被告人张××作案的证据严重不足。因为事关人命，我认为人民法院在采证时不可不慎。我请求人民法院根据×××年××月××日修正实施《中华人民共和国刑事诉讼法》第×条第××款之规定，宣判被告人张××无罪。

辩护人　×××律师
×××年××月××日

第四节　非诉讼律师文书

《中华人民共和国律师法》第28条规定，律师可以从事的第六项业务为接受委托，提供非诉讼法律服务。第29条还规定了律师担任法律顾问的，应当按照约定就有关法律问题提供意见、草拟、审查法律文书等项工作。可见，撰制非诉讼法律文书也是律师执业的一个重要方面，而合同的草拟与审查、法律意见书的制作应该是其中的重点工作。

一、合同

（一）概述

合同是平等主体的自然人、法人、其他组织之间设立、变更、终止民事权利义务关系的协议。其实质是不同民事主体通过博弈达成一致的意思表示，用以明确各方民事权利义务、防范风险的书面法律文件。

第十二章 律师实务文书

随着我国市场经济的不断发展和成熟，合同在市场经济中的地位和作用不断增强，由此而来的合同风险逐渐为市场主体关注。在当今的经济活动中，市场主体聘请律师起草、审查合同已成常态，也是律师非诉讼业务的重要组成部分，对帮助客户预防风险、减少纠纷起到至关重要的作用。

律师在起草、审查合同的过程中，通常要注意如下三方面问题：一是要审阅委托人提供起草合同的基础资料。这些资料一般由委托人当面以口头、电话或者递交书面材料以及传真、电子邮件等方式提供商务要点等合同必要的相关资料。二是查阅合同涉及的法律法规，确定合同需要引用的法律依据。三是确认合同的性质，并在此基础上明确是否有可以参照的合同范本。对于性质难以界定、无法归类的合同，最好在合同的"标题名称"中直接标明合同的性质。

此外律师在起草合同时还需要高度重视以下四个问题：

其一，合同的合法性与有效性。我国《民法通则》和《合同法》及相关司法解释中规定了合同无效的情形。总体来说，违反我国强制性和禁止性规定的合同应为无效。合同有效性的内容包括合同主体签约资格的有效、合同目的的合法性及合同形式的合法。对于合同主体签约资格的有效性尤其应予以更多的关注。对某些业务领域，按照相关的法律规定，需要合同一方或双方必须具备相应的资质或经营许可才可从事。如建设工程设计合同需要国家建设部门合法的设计资质，买卖井下用的防爆产品须具有防爆和煤安标志生产许可证等。对实行自治管理或特殊许可的业务，若签约一方不具备相应的从业资质或经营许可，由此设立的合同一般属于违反国家法律法规的合同。一旦产生纠纷，容易被确认为无效合同。另外，还须注意审核或确认负责签订合同的单位或个人是否有相应的合法授权，以防止无权代理或超越代理权限订立合同的情形。

其二，合同标的约定的明确性。合同标的是最能体现合同性质的核心内容，最好单独写明这一项，以便让人一看便知合同的大概内容；从法律功用角度讲，还能更好地界定合同的性质。对"合同标的"的描述务必达到"准确、简练、清晰"。如合同标的为货物的，一定要写明货物的名称、品牌、计量单位和价格；如合同标的是提供服务的，一定要写明服务的质量、标准或效果要求等。否则，一旦出现纠纷，容易造成"合同约定不明"的状况。

其三，合同权利义务或责任的合理分担。在起草合同时，律师拟定的条款应避免出现片面强调委托人的权利而忽略其义务，或不正当地增加对方当事人的义务，合同双方权利义务应相对平衡。律师在接受当事人委托后，尽量维护委托人的利益本是理所应当，但若不适当考虑合同相对方的利益，不注意合理分配合同双方权利义务，辛辛苦苦起草的合同草稿要么被改得面目全非，要么该合同给对方设置的陷阱在履行过程中将因逐步暴露而遭到对方的种种刁难。最终将导致委托人的合同目的无法实现，最好的结果也是两败俱伤，起草合同的律师的能力和诚信也会受到质疑，不利于良好职业声誉的积累。

其四，合同用语的规范性。合同用语应当对容易引起误解、产生歧义的术语、专有词汇等做专款解释，尽可能使用或推广大家共同认可的规范性法律用语，避免产生歧义。会用国家统一规定的度量衡和法定计量单位，涉及数字及日期时应当注明是否包含本数在内。此外，还应注意交易实施的可操作性和合同内容的前后一致性，特别注意能够保障合同交易顺利实施的条款内容，注意约定的付款期限、付款方式、合同履行的担保等条款是否存在不符合实际或无法保证交易安全的情形。合同在内容上必须逻辑严谨、前后一致，不能出现内容相互矛盾、不一致或主合同与附件内容相互抵触冲突的情形，必要时应对矛盾或冲突的处理原则作出约定。

（二）合同的结构和内容

合同没有规定统一的格式，不同性质的合同有不同的结构。但无论哪种合同，其结构大体上分为首部、正文及尾部三部分。

1. 首部

（1）标题。合同的标题，一般只写合同的性质和合同这一文种。

（2）引言。一般包括以下内容：

①合同编号。由当事人根据本单位的管理制度和方法填写。②双方当事人及其代理人的名称。写明签订合同双方的单位名称，应按照营业执照上标注的企业名称填写全称。③合同签订地点。④合同签订时间。

2. 正文

正文一般包括五个方面的内容：

（1）双方签订合同的依据或目的。

（2）双方协商的内容，要明确双方的权利义务，这部分是合同的主体内容。主要包括以下内容：

①标的。标的是合同中权利和义务所指向的对象，即签约要达到的目的。合同是以一定的财产关系，即物质利益关系为其内容的，所以任何合同都必须具备标的。若标的物不明确，合同就无法履行。合同的类别不同，标的物所体现的形式也就各不相同。

②数量。标的数量是确定合同履行的重要条件之一，合同的签订必须明确标的数量。关于标的的计量单位，应使用国家法定计量单位，或选择双方均予认可的计量单位。

③质量。标的物的质量是合同的重要内容之一，也是履约的重要依据。质

第十二章 律师实务文书

量标准规格表述要明确、具体，如写清规格、型号、技术标准等，其中技术标准应具体写出何年何月的国家或部委标准，并在合同中明确写出标准的编号。如果是协商标准，必须另附协议书或提交样品。

④价款或者酬金。价款或酬金是有偿合同的条款。价款是指取得标的物所应支付的对价；酬金是指获得服务所应支付的对价。价款通常指标的物本身的价款，但因许多交易是在异地进行，会产生运费、装卸费、保险费、保管费、报关费等一系列费用，这些费用由谁支付，都应在条款中写清。凡国家规定有价格的产品（包括国家定价、浮动价），应遵守国家的价格；国家未规定价格的，可由当事人双方自愿协商议定。

⑤履行的期限、地点和方式。履行的期限，是指当事人完成合同规定的义务的时间范围，合同规定的义务的方式，如货物是自提还是送货上门或是代办托运，付款方式是现金支付还是托收承付或是支票转账。可以规定为即时履行，也可以规定为定时履行或分期履行，逾期即属违约。履行地点是指当事人完成合同规定的义务的地理位置，是确定诉讼管辖的依据之一，对于涉外合同纠纷，是确定实体法律适用的依据之一。

⑥违约责任。违约责任是指当事人因过错而不履行或者不完全履行合同时应当承受的法律制裁措施，如支付违约金，支付赔偿金，价格制裁，定金制裁，解除合同，信贷制裁，给付逾期保管费等。违约责任对维护合同的法律严肃性，敦促当事人按合同履约具有重要保证作用。在合同中违约责任有些是法定的，也就是说在合同法中规范了一旦违约应如何制裁的措施，如《合同法》第115条规定的定金罚则，《合同法》第63条规定的价格制裁等。违约金比例大都是靠双方自行约定，但不能超越法律规定的标准幅度。

⑦解决争议的方法。根据《合同法》第128条的规定，当事人解决合同争议的方法主要有和解、调解、仲裁和诉讼。当事人可以约定仲裁条款、选择法院条款等事项。

⑧根据法律规定的或者按照合同的性质必须具备的条款。

⑨一方当事人要求必须规定的条款，另一方当事人认可并同意列入合同的条款。

⑩依据法律规定或合同约定，需要登记、备案、公证或鉴证等，依法办理相关手续。

（3）补充协议的制定。写明双方未尽事宜可制定补充协议，补充协议与本合同具有同等效力。

（4）合同的有效期限。

（5）合同的正、副本份数及保存。

3. 尾部

（1）必有要件。①双方当事人签名、盖章；②单位地址、电话号码、传真号码、邮政编码；③银行开户名称、开户银行、账号；④鉴证或公证意见以及公章。

（2）附件。合同的附件有多种形式，如商品明细表格、加工图纸、使用条件等。合同的附件是合同的组成部分，不能有所疏漏或发生差错。

二、法律意见书

（一）概述

法律意见书，是律师或律师事务所接受委托人委托并审查委托人所提供的材料或者进行调查之后，依法独立地对委托人所咨询的某一事项的法律问题提出书面意见以作为解答的一种非诉讼律师实务文书。法律意见书是近年来才引起律师界普遍关注并广泛使用的文种。其制作依据，只有关于股票上市、发行和配股的法律意见书在《中华人民共和国证券法》（以下简称《证券法》）中有所规定。除此之外，其他内容的法律意见书尚处于执业需要、约定俗成阶段。

法律意见书的作用在于对委托人的某一法律行为、法律事实、诉讼案件或者中外合资协议、中外合作协议以及国际经济贸易合同等非规范性文件，从法律上进行审查研究后发表的答询意见，为委托人确定拟将采取的法律行动提供法律依据。

（二）特征

法律意见书在律师实务文书中是一个使用时间不长的文种，但其特征已充分显示出来。主要包括以下几点：

1. 内容的广泛性

法律意见书因其被广泛应用，所以它涉及的内容必然十分广泛。既可以是涉讼问题，又可以是非诉讼问题；既可以是法律问题，也可以是兼涉其他领域的问题；既可以是实体问题，又可以是程序问题；既可以是国内法律问题，又可以是涉外法律问题。方方面面，无所不包，这是其他律师实务文书所不能相提并论的。

2. 形式的多样性

由法律意见书内容广泛性所决定，法律意见书的形式也是多种多样的。有以文件审查为主的，有以咨询质疑为主的，有以可行性分析为主的，有以评析法律行为、法律事实为主的，有以预测事态发展为主的，还有关于股票上市、发行和配股的。这些不同内容的法律意见书，在结构上、写作上、形式上自然

第十二章　律师实务文书

不同。有的有文件规范，有的没有文件规范；有的格式要件相对较多，有的相对较少；因此，有的结构也就相对复杂，有的则相对简单。法律意见书至今并无固定格式，显现出多样性的状况。

3. 知识的复合性

今天，法制宣传已经如火如荼地进行并收到了良好效果，人民群众的法律意识已大大增强，从而使简单法律问题可以通过阅读法律书籍或者进行法律咨询解决，因此，需要出具法律意见书的问题，大多不是仅涉及某个法条或某部法律，而是涉及几部法律，甚至多部法律，同时还要涉及金融、经济、医药、文教等某一专业领域。所以，出具法律意见书，必须要有法律知识，同时还必须具备相关的某一专业知识，如此反映在法律意见书中即是知识的复合性。

4. 作用的基础性

法律意见书不对外，只是律师或律师事务所制作，委托人或拟委托人阅读，既不致送公检法机关，也不致送法律行为法律事件的对方，所以除关于股票发行、上市和配股的法律意见书之外，一般法律意见书上都要注明"本意见书不供第三人阅读，不能作为证据使用"，由此可见法律意见书具有基础性，一方面它是委托人与律师在代理或辩护事宜上的委托与受托的基础，另一方面它是接受委托后律师办案的基础。

（三）分类

前文已述，目前尚无一个规范性文件对全部法律意见书加以规范，所以，我们只能对法律意见书大致上进行如下分类。

1. 要件性法律意见书。这是指关于股票上市、发行和配股的法律意见书，因其是为股票上市而报请批准程序中的必有文件，否则股票发行不能获得批准，所以称之为要件性法律意见书。制作该种文书，是律师行业中具有专门资格的律师从事的工作。

2. 审查性法律意见书。这是律师在审查委托人或拟委托人提供的各类法律文书后出具的对所审查的合同草案、方案从法律角度作出评价，提出可行与否及修改建议的文书。一般来说，多是发现其中有重大问题、重大失误和遗漏，可能引起不良后果，及时提醒或发出告诫，指出存在的问题，以进行弥补或引起重视，以防止不良后果产生。

3. 解疑性法律意见书。这是依照法律、法规对委托人提出的有关法律行为、法律事实问题，给以解答释疑的文书。要求律师在审查材料并在必要时进行调查之后，从法律的角度作出解答。不仅要求律师有认真负责的态度，不断地对现行各项法律政策认真学习、研究，而且学习、掌握相关专业知识，具有分析和解决具体问题的能力。

(四)关于股票发行、上市和配股的法律意见书

关于股票发行、上市和配股的法律意见书是指律师接受当事人的委托,对当事人进行的股票发行、上市和配股等金融证券业务和其他相关法律事务的有关法律问题,准确运用法律,进行阐述与分析,作出明确结论,出具给当事人的书面意见。

1. 内容及制作方法

(1) 首部

①标题。写明××律师事务所关于××公司×××年度股票发行、上市和配股的法律意见书。

②前言。第一,致送单位,即××公司(发行人)。第二,出具法律意见书的依据,即说明律师与发行人之间的聘用关系,并具体说明律师参与该项工作具体身份。第三,出具法律意见的范围,即概述已审查过的事项,说明本法律意见书就与本次股票发行、上市和配股有关问题发表法律意见的范围。第四,其他事项。诸如律师是否同意将本法律意见书作为发行人申请公开发行股票所必备的法律文件上报,并依法对其出具的法律意见负责。

(2) 正文

①发行人发行股票的主体资格;②发行人的章程(或者章程草案);③本次发行、上市的授权和批准;④本次发行、上市的实质条件;⑤发行人招股说明书;⑥发行人所有者授权使用、经营的主要财产;⑦发行人的重大债权债务关系;⑧法律行人的环境保护和产品技术标准;⑨发行人涉及的诉讼、仲裁或行政处罚;⑩发行人的税务问题;⑪发行人募股资金的运用;⑫本次发行所涉及的其他中介机构;⑬律师认为需要说明的其他问题;⑭结论意见。

中国证监会发布的准则规定,法律意见书应作出全面说明并表述结论性的意见,字数一般不超过3000字。上述内容与格式中的某些具体要求对发行人确实不适用的,律师可以根据实际情况作出某些修改,也可以根据需要增加其他内容,但是应在律师工作报告中对这样做的原因作出特别说明。

对于不符合条件的事项或者律师已经勤勉尽责仍不能对其法律适用作出确定性意见的事项,应当发表保留意见,并且应当指出上述事项对本次发行、上市的影响程度。对于某些可以依法作出假设的事实(如对原件的真实性和对企业重要管理人员的书面陈述的信赖等)可以直接说明没有作进一步的验证。

(3) 尾部

写明出具法律意见书的日期并签字盖章。

2. 关于股票发行、上市和配股的法律意见书的注意事项

（1）律师如果对有关法规、政策把握不准，尤其对有关境外发行和上市是否需要履行国内审批手续的问题，应当书面向中国证监会咨询，不得在没有掌握相关法规、政策的情况下出具法律意见书，不得误导客户和境外证券监管机构。

（2）律师出具法律意见书时可以要求发行人就某些事宜作出书面保证。但是无论有无发行人的书面保证，律师均不得出具虚伪、严重误导性内容或者有重大遗漏的法律意见。

（3）发行人取得发行、上市和配股的许可后，律师应当发表补充意见，说明法律意见书出具日至招股说明书公布日期间，法律意见书所涉及的内容及发行人的法律地位没有发生重大大变化。如果发生重大变化事项，应当就此发表法律意见，同修改后的招股说明书一起上报证监会。

（4）律师不得利用履行职务所获得的内幕信息从事内幕交易或者泄露当事人的商业秘密。

（五）审查性法律意见书

审查性法律意见书是订立合同或设计方案的当事人就合同或方案的形式、内容请求律师进行全面审查、分析、评断，并提出修改意见，律师经审查后，作出准确、肯定的答复和提出修改意见的文书。此类法律意见书写作的内容和方法如下所述：

1. 首部

（1）标题。居中写明"合同（方案）审查意见书"。

（2）致送单位名称。

（3）审查对象。

2. 正文

（1）合同（方案）基本内容。应重点摘录合同（方案）拟订的目的、合同中各方当事人的基本情况，以及各方权利义务关系等主要内容。

（2）合同（方案）存在的主要问题。应逐条列出合同的不当之处及其可能带来的不良后果或严重后果。

（3）审查修改意见及法律根据。应当针对合同中的主要问题，提出切实、可行的修改意见，同时引用有关法律的规定，以论证其合法性。

3. 尾部

律师及律师所在的律师事务所名称及审查修改意见出具的时间。

（六）解疑性法律意见书

解疑性法律意见书是近几年来随着法律意见书使用范围扩大而出现的一个

新文种，除前面已经讲过的两类法律意见书外，其他均可归于此类，特别是涉诉案件更为典型。此类法律意见书的写作内容和方法如下所述：

1. 首部

（1）标题。标明"法律意见书"字样。

（2）致送单位或人。即委托或拟委托单位或人。

（3）制作法律意见书的缘由和依据。用简要的文字概括交代本法律意见书就对方提出的什么问题予以答复。

2. 正文

这部分是法律意见书的主体部分。一般应写明：

（1）说明。①对方提供的文件，即本律师审查的文件细目。应注明的事项一是文件齐备与否，是否尚有应予提供而未予提供的文件；二是文件的真实性由提供一方负责，但提供一方已就真实性作出说明者除外。②如果需要进行实地调查或到相关机关咨询，应写明调查或咨询经过及其结果。

（2）事实的概述。了解提出的法律事实是作出法律分析的前提。因此，法律意见书在对法律问题作出答复之前，应将通过审查材料或者加上调查咨询而得出的事实梗概列出，如当事人为何人、在何单位，法律事实于何时何地如何发生，如何发展，中间一方或双方有何变故，与本案有关的第三方于何时何地如何介入，特别是目前状况如何，一方或双方准备采用何种行为等，均应写明，厘清来龙去脉，找出因果关系，以便于分析。

（3）法律分析。法律分析部分是法律意见书最重要的部分。如果事实部分比较复杂，既有可能适用此部法律，又有可能适用彼部法律，尤其是涉外案件还存在一个适用哪一国家或地区法律的问题，那么，首先应就法律适用问题进行分析。然后通过所适用的法律、法规来详细解答委托人或拟委托人所提问题。一般而言，这一部分需要针对当事人所咨询的有关事务进行分析或阐述，并作出肯定或否定的结论。法律意见书，应注意意见的建设性与可行性以及预测性，至于具体表述，既可集中问题，统一做答；也可以分为若干个问题，条分缕析，一一作答。

3. 结尾

（1）注明"本法律意见书未经本律师同意，不得向第三方出示，不得作为证据使用"。

（2）写明律师的工作单位、职务及姓名，并注明制作日期。

第十二章 律师实务文书

本章习题

一、名词解释
1. 答辩状
2. 代理词

二、简单题
1. 合同制作的主要包含哪些内容？
2. 法律意见书的格式及注意事项？

第十三章　诉状文书

法官是法律世界的国王，除了法律就没有别的上司。

——【德】卡尔·马克思

【内容提要】

诉状是公民、法人或其他组织为提起或参加诉讼而提交给人民法院，用以陈述案件事实和证据、阐述理由并提出诉讼请求的法律文书。诉状能够引起和推进诉讼程序，是当事人维护自身合法权益的重要手段。本章重点讲解在实践中应用较为频繁的起诉状、答辩状、上诉状等诉状中所涉及的制作依据、制作程序、文书内容、注意事项等问题。通过本章学习，将有助于阅读者理解各类诉状的含义及作用，明了各个诉状之间的相同及相异之处，进而掌握其结构与内容，熟悉诉状的制作模式和制作要点。

第一节　诉状概述

一、诉状的概念

诉状，是指公民、法人或其他组织，为了维护自身的合法权利，在提起和参加诉讼时向人民法院提交的用以陈述案件事实和证据、阐述理由和提出诉讼请求的法律文书。

二、诉状的种类

依不同的标准可将诉状分为不同的类别。了解诉状的分类有助于人们准确把握其特点，从而提高诉状的制作质量。

1. 以案件性质为标准，诉状可分为：

（1）刑事诉状，即公民、法人或其他组织为参与刑事诉讼而提交的诉状，如刑事自诉状、刑事自诉案件反诉状、刑事附带民事起诉状等。

（2）民事诉状，即公民、法人或其他组织为参与民事诉讼而提交的诉状，如民事起诉状、民事反诉状、民事答辩状、民事上诉状、第三人参加民事诉讼

第十三章 诉状文书

申请书等。

（3）行政诉状，即公民、法人或其他组织为参与行政诉讼而提交的诉状，如行政起诉状、行政申诉状等。

2. 以案件所处的审级为标准，诉状可分为：

（1）一审诉状，即公民、法人或其他组织在一审过程中提交给法院的诉状，如民事起诉状、刑事自诉状、行政起诉状等。

（2）二审诉状，即公民、法人或其他组织在二审过程中提交给法院的诉状，如民事上诉状、刑事上诉状、行政上诉状等。

（3）再审诉状，即公民、法人或其他组织在再审过程中提交给再审法院的诉状，如再审依一审程序进行，则诉状与一审程序一致；如再审依二审程序进行，则诉状与二审程序一致。

三、诉状的作用

1. 依法维护公民、法人或其他组织的合法权益

诉状是公民、法人或其他组织，为维护自己的合法权益，在诉讼过程中向人民法院提交的法律文书。因此，当公民、法人或其他组织认为自身的合法权益遭到不法侵害之时，能够借助于诉状文书向司法机关提出保护其权利的请求。

2. 有利于诉讼的顺利进行

一方面，由于司法权具有被动性，除刑事公诉案件需由检察机关提起公诉启动诉讼程序外，民事诉讼、行政诉讼以及刑事自诉案件等均需当事人基于诉权，制作起诉状来启动诉讼程序。另一方面，诉讼中的其他诉状如答辩状、反诉状等，在推进诉讼程序的同时，能够帮助法官客观、全面、正确地认定案件事实，并及时作出合法合理的裁判。

3. 有助于公民法律意识的提高

公民、法人或其他组织在制作诉状文书或委托律师制作诉状文书的过程中，必然会加强对法律的认识与理解。诉状文书实质上是法律在实践中的运用，有助于加强公民对法律的理解与遵循，从而提高公民的法律意识。

4. 促进国家法制的发展和完善

一个国家的法律制度是否完善，其中很重要的一个方面在于公民、法人或其他组织的合法权益能否得到有效保护。司法保障是社会公正的最后一道防线，诉讼制度的健全和完善是公民、法人或其他组织的实现合法权益的最为有效的方式之一。诉讼文书作为国家诉讼制度的体现，其改革与进步促进了国家法制的发展和完善。

四、诉状制作的基本要求

（一）格式规范，事项齐全

依照《中华人民共和国民事诉讼法》、《中华人民共和国行政诉讼法》、《中华人民共和国刑事诉讼法》三部诉讼法的规定，最高人民法院就诉状的样式作了统一的规范。因此，制作诉状时，要遵循规定的结构及格式规范。法律所要求的具体事项，要叙述完整，做到格式规范，事项齐全。

（二）主旨鲜明，阐述准确

制作任何一种诉状都有其特定目的。如民事诉讼中原告制作民事起诉状，是希望以诉状启动民事诉讼程序，使自己受损的民事权益得到司法保护。因此，诉状要始终围绕制作目的，阐明事实，提出主张。

（三）事实清楚，材料真实

诉状中应将当事人之间纠纷发生的时间、地点、涉及的人和事、原因和结果等反映案件事实的客观情况描述得清楚明白。同时，叙事力求实事求是、公平公正，文书中所依据的证据和材料要真实可信。

（四）语言规范，结构严谨

诉状的语言要求准确、规范、简洁、朴实、庄重。制作诉状力争做到言简意赅、语言规范、精确得当、结构严谨，切忌铺陈渲染、含混其词或杂乱无章。

第二节　刑事自诉状

一、刑事自诉状的概念

刑事自诉状，是刑事自诉案件的被害人或其法定代理人为追究被告人的刑事责任，直接向人民法院提起诉讼时所制作的书状。

刑事自诉状是一种非常重要的法律文书。有利于保护被害人的合法权益，依法及时地追究犯罪。它是国家进行公诉外的一种补充，保证国家的检察机关集中主要精力同危害国家安全和其他重大的刑事犯罪作斗争，还可以调动人民群众同犯罪作斗争的积极性，体现了我国社会主义法律的民主原则。

《中华人民共和国刑事诉讼法》第18条第3款规定："自诉案件，由人民法院直接受理。"第204条规定："自诉案件包括下列案件：（一）告诉才处理的案件；（二）被害人有证据证明的轻微刑事案件；（三）被害人有证据证明

第十三章　诉状文书

对被告人侵犯自己人身、财产权利的行为应当依法追究刑事责任，而公安机关或者人民检察院不予追究被告人刑事责任的案件。"

二、刑事自诉状的格式及制作方法

（一）格式

刑事自诉状

自诉人：（姓名、性别、出生年月日、民族、籍贯、职业或工作单位和职务、住址等）

法定代表人（或代表人）：……（写明姓名和职务）

法定代理人（或指定代理人）：……（写明姓名等基本情况）

委托代理人：……（写明姓名等基本情况）

被告人：（姓名、性别等情况，出生年月日不详者可写其年龄）

法定代表人（或代表人）：……（写明姓名和职务）

法定代理人（或指定代理人）：……（写明姓名等基本情况）

委托代理人：……（写明姓名等基本情况）

案由和诉讼请求

案由：（被告人被控告的罪名）

诉讼请求：（具体的诉讼请求）

事实和理由

（被告人犯罪的时间、地点，侵害的客体、动机、目的、情节、手段及造成的后果。有附带民事诉讼内容的，在写明被告人的犯罪事实之后写清。理由应阐明被告人构成的罪名和法律依据。）

证据和证据来源，证人姓名和住址：

（主要证据及其来源，证人姓名和住址。如证据、证人在事实部分已经写明，此处只需点明证据名称、证人详细住址。）

此致

××市××区人民法院

自诉人　×××
代书人　×××
××××年××月××日

附：1. 本诉状副本×份；
　　2. 证据材料×份。

（二）制作方法

1. 首部

（1）标题

居中写明"刑事自诉状"。

（2）当事人的基本情况

在自诉人栏内，写明自诉人的姓名、性别、年龄、民族、籍贯、职业、住址。

在被告人栏内，写明被告人的姓名、性别、年龄、民族、籍贯、职业、住址。在被告人的基本情况后面，接着还可以写明被告人的有关简历。这个简历通常写明被告人的一贯表现，有无劣迹，有无前科等。

（3）案由

案由即是自诉人认为的被告人所犯的何种罪行。

2. 正文

正文主要阐述诉讼请求、事实、理由和证据。这是刑事自诉状的核心部分。

（1）诉讼请求

刑事自诉人提起刑事自诉的目的和要求。应具体写明被告人侵犯自诉人合法权益的行为性质以及在法律上所构成的罪名，向人民法院提出追究被告人刑事责任的具体请求。如果存在两个或两个以上的诉讼请求，可逐一列出。

（2）事实

被告人犯罪的具体事实，包括被告人实施犯罪的时间、地点、动机、目的、手段、情节、危害结果。对时间的阐述，要根据案情需要，具体写明年、月、日、时，必要时具体到分。对地点的阐述必须确切，准确写明地名。动机应当是能够证明的，不能随意揣测。犯罪目的是被告人通过犯罪行为希望达到的结果，必须是以事实和证据进行证明。对于手段的描述应当恰如其分，以此客观反映被告人主观恶性的大小。对于情节，要写明被告人实施犯罪的各阶段的情况和变化。如犯罪前的准备、犯罪的实施、犯罪后毁灭罪证等。对于结果，要写出犯罪所造成的危害后果的基本状态，不能凭空捏造或夸大其词。例如，对伤害案件伤口的描述，可以借鉴医生的诊断结果或法医鉴定报告表述为"伤口长约××厘米或毫米，宽约××厘米或毫米，深约××厘米或毫米"。

（3）理由

阐述理由应当以本案事实为依据，以有关法律为准绳，分析被告人的犯罪行为给自诉人造成的损失和危害，以及被告人的犯罪行为所触及的罪名和追究其刑事责任的法律依据。

第十三章　诉状文书

制作刑事自诉状时，一般于正文最后用一段文字总结事实和理由，指明被告人的犯罪行为所触及的罪名，重申诉讼请求。实践中经常表述为："综上所述，被告人×××的××行为，触犯《中华人民共和国刑法》第×××条第×款的规定，构成××罪，请人民法院依法追究被告人的刑事责任。"

（4）证据

列明向人民法院提供的证明所指控被告人犯罪事实的证据的名称、件数和各个证据的来源，以及证人的姓名和详细住址。

3. 尾部

（1）致送机关

应另起一行空两格写"此致"，然后往下一行顶格写"×××人民法院"。

（2）起诉人签名或者盖章

写在致送机关的右下方。起诉人是法人的，应写明全称，加盖单位公章。如系律师代书，则写明×××律师事务所律师×××代书。

（3）起诉时间

写在起诉人签名下一行，写明年、月、日。

（4）附项

应列明自诉状副本×份；证据材料×份。

第三节　刑事上诉状

一、刑事上诉状的概念

刑事上诉状，是刑事案件的当事人或其法定代理人，或者刑事被告人的辩护人和近亲属经被告人同意，不服地方各级人民法院作出的第一审判决、裁定，依照法定程序和期限，要求上一级人民法院撤销或变更原裁判的书状。

《中华人民共和国刑事诉讼法》第216条规定："被告人、自诉人和他们的法定代理人，不服地方各级人民法院第一审的判决、裁定，有权用书状或者口头向上一级人民法院上诉。被告人的辩护人和近亲属，经被告人同意，可以提出上诉。对被告人的上诉权，不得以任何借口加以剥夺。"由此可知，提起上诉必须具备一定的条件，即上诉人必须具备法定身份，才有权提出上诉，上诉既可以向原来判决或裁定作出的人民法院提出，也可以向上一级人民法院提出，但是，必须在法定期限内，按照法定程序提出上诉。

二、刑事上诉状的格式及制作方法

（一）格式

刑事上诉状

上诉人（刑事公诉案件被告人、刑事自诉案件自诉人、刑事附带民事案件原告人或被告人）：……（写明姓名盛名称等基本情况）

法定代表人（或代表人）：……（写明姓名和职务）

法定代理人（或指定代理人）：……（写明姓名等基本情况）

委托代理人：……（写明姓名等基本情况）

被上诉人（刑事自诉案件自诉人或被告人、刑事附带民事案件原告人，刑事公诉案件被告人提出上诉者不列被上诉人）：……（写明姓名或名称等基本情况）

法定代表人（或代表人）：……（写明姓名和职务）

法定代理人（或指定代理人）：……（写明姓名等基本情况）

委托代理人：……（写明姓名等基本情况）

上诉人因×××一案，不服×××人民法院××××年××月××日〔××××〕××字第×号刑事判决（或裁定），现提出上诉。

上诉请求

……（填写具体的上诉请求）

上诉理由

……（阐明上诉的理由和法律依据）

此致

×××人民法院

上诉人　×××
代书人　×××
××××年××月××日

附：1. 本上诉状副本×份；
　　2. 证据材料×份。

（二）制作方法

1. 刑事上诉状首部的制作

（1）标题

居中写明："刑事上诉状。"

第十三章　诉状文书

（2）上诉人、被上诉人的基本情况

应依次写明上诉人、被上诉人的姓名、性别、出生年月日、民族、籍贯、职业或工作单位和职务、住址等。自诉人、被告人中的一方提出上诉的，相对一方就作为被上诉人；而刑事公诉案件的被告人提出上诉的，没有被上诉人，不能把公诉机关列为被上诉人，只需写明上诉人（一审被告人）的基本情况，同时要写明上诉人因本案所受强制措施情况，现在何处。上诉人如系原审当事人，在上诉人后用括号注明其在原审中的诉讼称谓，如"上诉人（原审自诉人或原审被告人）×××"；上诉人是原审当事人的法定代理人或近亲属的，在上诉人的称谓后应用括号注明上诉人与当事人之间的关系，如"上诉人（原审被告人之×）×××"，然后另起一行，写明"原审被告人或原审自诉人"的基本情况。有委托代理人或辩护人的，在上诉人或被上诉人的次行写明姓名等身份情况；委托代理人或辩护人是律师的，只需写明姓名、职务和所在律师事务所的名称。

（3）案由

大多表述为："上诉人因×××一案，不服×××人民法院×××年××月××日〔××××〕××字第×号刑事判决（裁定），现提出上诉。"

2. 正文

（1）上诉请求

上诉请求是上诉人提出上诉所要达到的目的，一般包括以下两方面的内容：一是要写明对原审裁判的态度，是部分不服，还是全部不服。二是要写明通过上诉需要达到的目的。如请求第二审法院对原审裁判作部分变更，还是撤销原判、全部改判。上诉请求的表述必须简单明了。

（2）上诉理由

在上诉理由部分，上诉人要针对原审裁判的不当进行充分的阐述与论证。上诉人可从以下几个方面展开论证：

第一，认定事实方面。如果原审裁判的事实认定存在错误，包括某种行为事实根本不存在，或有重大出入，或缺乏证据等，上诉人必须用确凿的证据说明事实真相，全部或部分地否定原审裁判认定的事实。

第二，确定案件性质方面。如果原审裁判在认定事实方面并无不妥，但在确定案件性质上有误，上诉人要说明就本案的客观事实，根据相关法律的规定应定什么罪，而原审裁判定的是什么罪，原审裁判为什么错，错在哪里。犯罪性质同刑事处罚密切相关，罪轻罪重带来的刑事处罚是不同的，上诉状应抓住这方面的问题阐述理由，以实现自己的诉求。

第三，适用法律方面。适用法律方面的不当主要是违反或不正确地运用法律条文，或错误地理解了法律规定或立法精神。这些都可能造成定罪的错误或量刑的畸轻畸重，使得罪、责、刑不相适应。上诉人认为原审裁判所适用的法律不当时，应指明原审裁判在适用法律方面的错误，提出正确适用法律的理由。

第四，审判程序方面。如果一审法院在审理案件的过程中存在违背刑事诉讼程序之处的，如没有将检察院的起诉书副本在法定日期前送达被告人，有关审判人员应该回避而未回避等，就会影响到对案件的公正审理。上诉人可将此作为上诉理由提出，请求二审人民法院通过裁决予以纠正。

（3）证据

如有新的证据、证人，应写明向人民法院提供的能够证明上诉要求的证据名称、件数、证人姓名和住址。提交证据，要说明证据来源。

3. 尾部

（1）致送机关

另起一行空两格写"此致"，然后往下一行顶格写"×××人民法院"。

（2）上诉人签名或者盖章

写于致送机关的右下方。起诉人是法人的，应写明全称，加盖单位公章。如系律师代书，则写明×××律师事务所律师×××代书。

（3）上诉时间

写在起诉人签名下一行，写明年、月、日。

（4）附项

列明上诉状副本×份；证据材料×份。

第四节　刑事申诉状

一、刑事申诉状的概念

刑事申诉状，是刑事诉讼当事人或其法定代理人、近亲属，对已经发生法律效力的判决、裁定，认为有错误，而向人民法院或人民检察院提出要求重新审查和处理时所制作的法律文书。

刑事申诉状是提起审判监督程序的一种材料来源，也是司法机关发现已经生效裁判错误的重要途径。申诉并不具有直接引起审判监督程序的效力，也不能停止判决、裁定的执行。只有在人民法院对案件进行重新审理，决定撤销或变更裁判时，才能依法停止原判决、裁定的执行。

《中华人民共和国刑事诉讼法》第241条规定："当事人及其法定代理人、

第十三章 诉状文书

近亲属，对已经发生法律效力的判决、裁定，可以向人民法院或者人民检察院提出申诉，但是不能停止判决、裁定的执行。第242条规定："当事人及其法定代理人、近亲属的申诉符合下列情形之一的，人民法院应当重新审判：（一）有新的证据证明原判决、裁定认定的事实确有错误，可能影响定罪量刑的；（二）据以定罪量刑的证据不确实、不充分、依法应当予以排除，或者证明案件事实的主要证据之间存在矛盾的；（三）原判决、裁定适用法律确有错误的；（四）违反法律规定的诉讼程序，可能影响公正审判的；（五）审判人员在审理该案件的时候，有贪污受贿，徇私舞弊，枉法裁判行为的。"

二、刑事申诉状的格式及制作方法

（一）格式

刑事申诉状

申诉人……（写明姓名或名称等基本情况）

法定代表人（或代表人）……（写明姓名和职务）

法定代理人（或指定代理人）……（写明姓名等基本情况）

委托代理人……（写明姓名等基本情况）

被申诉人……（写明姓名或名称等基本情况）

法定代表人（或代表人）……（写明姓名和职务）

法定代理人（或指定代理人）……（写明姓名等基本情况）

委托代理人……（写明姓名等基本情况）

申诉人因×××一案不服×××人民法院〔××××〕××字第×号××判决，现提出申诉，申诉请求及理由如下：

请求事项

……（写明提出申诉所要达到的目的）

事实和理由

……（写明申诉的事实依据和法律依据，应针对原终审判决认定事实、适用法律或审判程序上存在的问题和错误陈述理由）

此致

××××人民法院

申诉人　×××
××××年××月××日

附：1. 原审判决书（或裁定书）复印件1份；
　　2. 其他证据材料×份。

（二）制作方法

1. 首部

（1）文书名称

居中写明"刑事申诉状"。

（2）申诉人的基本情况

（3）案由

应当写明申诉人不服何处人民法院的何字何号的判决或裁定。一般表述为：申诉人因×××一案不服×××人民法院〔××××〕××字第×号××判决，现提出申诉。

2. 正文

（1）申诉请求

申诉请求是申诉人对刑事裁判不服要求予以撤销或变更的意见，是上诉人通过申诉希望达到的目的。申诉人应简明扼要地阐述请求人民法院所要解决的问题，明确提出请求撤销、变更原裁判或要求查处或再审，以纠正原裁判不当之处。申诉请求有多项的，依次分项列出。

（2）申诉的事实与理由

申诉人可从已生效的判决或裁定所认定的事实不清、证据不足、适用的法律法规不正确或违反法定程序从而影响了案件的正确裁判等几个方面进行陈述，并表明相应的事实、证据，以及应当适用的法律法规及诉讼程序予以论证，从而说明原生效裁判确有错误，自己的申诉请求合理合法。

申诉状是当事人针对已生效的有错误的裁判提出的，要保证申诉状递交之后能发生审判监督程序，就必须保障事实、理由的阐述充分、确凿，能够论证原审裁判的错误。因此，制作事实、理由部分时要注意运用实践证明、逻辑证明等方法，有针对性地反驳，予以论证，以实现申诉目的。

3. 尾部

申诉状的尾部包括致送机关、申诉人签名或者盖章、申诉时间及附项等内容。

第五节　民事起诉状

一、民事起诉状的概念

民事起诉状，是指公民、法人和其他组织，在认为自己的民事权益受到侵害或者与他人发生争议时，依据事实和法律向人民法院提起诉讼，要求人民法院依法作出公正裁判的书面请求。

《中华人民共和国民事诉讼法》第 120 条规定："起诉应当向人民法院递交起诉状,并按照被告人数提出副本。书写起诉状确有困难的,可以口头起诉,由人民法院记入笔录,并告知对方当事人。"第 121 条则明确规定了起诉状应当列明的事项:"起诉状应当记明下列事项:(一)原告的姓名、性别、年龄、民族、职业、工作单位和住所、联系方式,法人或者其他组织的名称、住所和法定代表人或者主要负责人的姓名、职务、联系方式;(二)被告的姓名、性别、工作单位、住所等信息,法人或者其他组织的名称、住所等信息;(三)诉讼请求和所根据的事实与理由;(四)证据和证据来源,证人姓名和住所。"

民事起诉状是人民法院受理第一审民事案件,启动民事诉讼程序的依据。当事人提交起诉状是其行使起诉权的表现,是维护其合法权益的重要手段,凡是符合民事诉讼法上述规定的起诉,人民法院必须受理。民事起诉状也是人民法院受理民事案件、行使审判权的前提,是人民法院进行审理和裁判的依据之一,便于人民法院首先了解原告方的诉讼请求、事实和理由。民事起诉状还是民事诉讼的被告应诉和答辩的依据。

二、民事起诉状的格式及制作方法

(一)格式

民事起诉状

原告:……(写明姓名或名称等基本情况)

法定代表人(或代表人):……(写明姓名和职务)

法定代理人(或指定代理人):……(写明姓名等基本情况)

委托代理人:……(写明姓名等基本情况)

被告:……(写明姓名或名称等基本情况)

法定代表人(或代表人):……(写明姓名和职务)

法定代理人(或指定代理人):……(写明姓名等基本情况)

委托代理人:……(写明姓名等基本情况)

第三人:……(写明姓名或名称等基本情况)

法定代表人(或代表人):……(写明姓名和职务)

法定代理人(或指定代理人):……(写明姓名等基本情况)

委托代理人:……(写明姓名等基本情况)

> 诉讼请求
> 　1.……
> 　2.……
> 　　　　　　事实与理由
> ……（简明扼要写明时间、地点、当事人、案情经过、结果、主张的理由及法律依据）。
> 　证据和证据来源，证人姓名和住址。
> ……
> 　此致
> ××××人民法院
>
> 　　　　　　　　　　　　　　　　起诉人　×××
> 　　　　　　　　　　　　　　　　××××年××月××日
>
> 附：1. 本状副本×份；
> 　　2. 证据材料×份。

（二）制作方法

1. 首部

（1）标题

在诉状首页的正上方应居中写明"民事起诉状"。

（2）当事人的基本情况

当事人包括原告、被告、第三人，书写民事起诉状时，一般应先写原告，后写被告，再写第三人。

当事人是自然人的，应当写明其姓名、性别、年龄、民族、籍贯、工作单位和住址。出生年月日用阿拉伯数字表示。少数民族应写全称。住址应写明其住所地；住所地与经常居住地不一致的，写经常居住地。当事人为外国人的，则在中文译名之后用括号标示其外文原名、国籍和护照号码。

当事人是法人或其他组织的，分别写明法人或其他组织的名称、住所地，法定代表人或主要负责人的姓名、性别和职务，电话等项内容。当事人是个体工商户的，写明业主的姓名、性别、出生年月日、民族、住址；起有字号的，在姓名之后用括号注明"系……（字号）业主"。外国企业则在其中文译名之后用括号注明其外文名称。

当事人有代理人的，写明代理人的姓名和基本情况，并注明是法定代理人、委托代理人，还是指定代理人。

当事人有数人时，应根据他们在案件中的地位和作用，分别依次排列。

2. 正文。正文包括诉讼请求、事实与理由、证据三方面的内容。

第十三章 诉状文书

（1）诉讼请求。诉讼请求是原告希望通过诉讼所要达到的目的。诉讼请求既包括实体权利的请求，如要求人民法院判决被告给付一定数额的金钱或判决被告依法继续履行合同等；也包括程序权利的请求，如要求法院判决被告败诉并承担诉讼费等。诉讼请求应当明确、具体、合法，不能含混不清。诉讼请求如有多项，应当分行列写。在诉讼请求一栏中，原告应尽可能地以精练的文字写明请求人民法院依法解决自己所要求的有关民事权益争议的具体事项，如请求人民法院解决损害赔偿、合同履行或者要求给付赡养费等事项。应当注意的是，诉讼请求往往能够决定案件的成败，实践中经常出现因诉讼请求不当，本可以胜诉的案件却最终败诉的情形。如离婚案件，原告在诉讼请求中应首先明确请求人民法院判决与被告离婚；其次明确提出对子女抚养及财产分割的意见和要求。如果原告在诉讼请求中未提出对某项财产的分割请求，那么依照"不告不理"的民事诉讼原则，人民法院在审理和裁判中不会主动涉及，原告的合法权益就会因为自己不当的诉求未能得到有效的保障。

（2）事实与理由。起诉状中的事实是指当事人之间的民事权益纠纷或被告侵权的事实。在民事起诉状中，起诉人即原告首先要紧紧围绕诉讼目的和请求，力求全面、客观地写明双方争议的事实或被告侵权的事实。应叙述清楚案情的事实要素，如实反映争议的本来面貌，不能夸大其词，更不能凭空捏造。叙事还要详略得当；与争议事实有直接关系的事实，要详细地叙述；与案情事实关系不大但又必须交代清楚的，可以简要概括。叙事时应当注意用语的准确，表达得恰当。民事起诉状中的理由是指依据民事权益争议的事实和证据，概括地分析纠纷的性质、危害、结果及责任，同时表明诉讼请求所依据的法律条文，以论证请求事项的合法和合理。民事起诉状的理由部分，基本上可分为两个层次：一是事实理由，二是法律理由。事实理由是对前述案件事实的概括和升华，不是简单的重复。即以所叙述的事实为基础，予以分析论证，说明所提出的诉讼请求是合理合法的。法律理由即引用有关法律条文，说明原告所提诉讼请求的法律依据。民事起诉状中引用法律要求全面、具体，引用法律的名称应当写全称，而不能使用简称。如应表述为《中华人民共和国民事诉讼法》，而不能写为《民事诉讼法》。引用法律条文适用条款项的，应引到条、款、项。

阐明事实和理由时应注意，事实、理由的陈述要与诉讼请求相一致，不能相互矛盾，也不能脱离诉讼请求毫无边际地漫谈；事实的叙述应具体、清晰、详略得当，明确关键情节，并应实事求是。阐明理由时，应以事实为依据，以法律为准绳，做到合理合法；案情简单的，事实和理由可以合写，边叙述事实边叙述理由。

（3）证据

事实、理由叙述及论证完毕之后，需要另起一段，列写证据和证据来源，以及证人姓名和住址。证据是证明所诉事实真实可靠的依据。起诉人即原告所阐述的事实必须附以确实充分的证据。证据应当根据《中华人民共和国民事诉讼法》规定的证据种类和形式提交。原告应在证据部分说明向人民法院提交的书证原件、物证原物的情况。在提交原件、原物有困难时，要说明可以提交的复制品、照片、节录本的情况；提交外文书证，应附交中文译本。提交证据时，还要说明证据来源，有证人证明的应写明证人姓名和住址，如证人不能到庭，则应提交证人的书面证言，并经证人签字。

3. 尾部

（1）致送机关

在证据之后，另起一行空两格写"此致"，然后往下一行顶格写"×××人民法院"，要写明法院的全称。

（2）起诉人签名或者盖章

写在致送机关的右下方。起诉人是法人或其他组织的，应写明全称并加盖单位公章。

（3）起诉时间

在起诉人签名的下一行，应写明年、月、日。

（4）附项

该部分通常包括这些事项：本状副本×份；证据材料×份。

三、实例阅读

民事起诉状

原告：谢××，男，1969年××月××日生，汉族，住址：广东省广州市××区××新××号××房。

被告一：高××，男，1962年6月4日生，籍贯：江苏××，身份证号码：××，住址：江苏省××县××镇××村××号，电话：××。

被告二：广州××房产发展有限公司，住所地：广州市××路××号××中心××楼。

法定代表人：王××，广州××房产发展有限公司总经理。

电话：××。

诉讼请求

一、请求判令被告一立即腾空广州市××区××路9号负一层A区27号铺，将该铺的使用权交还给原告，被告二对交付广州市××区××路9号负一层A区27号铺的义务负连带责任。

二、判令被告一支付自2014年6月21日起至实际腾空铺位交还给原告日期止的租金给原告（按市场评租计算），共计人民币99900元（暂计至2015年12月31日），被告二对本项支付义务负连带清偿责任。

三、本案诉讼费由被告承担。

事实和理由

（一）原告通过合法途径取得铺位所有权，并办理了产权证，原告对该铺位享有的占有、使用、收益、处分等所有者权能依法应该得到法律的保护。2014年6月9日，××拍卖行有限公司在广东××科技中心五楼会议厅举行公开拍卖会，拍卖的标的为广州市××区××路9号××广场部分商铺，原告在该拍卖会上竞投并中标广州市××区××路9号负1层A区27号铺（以下简称A27号商铺）。原告支付了所有拍卖款；2014年6月21日，广州市中级人民法院〔2014〕穗中法经执字第×号民事裁定书裁定A27号商铺转给原告，原告于2014年8月14日办理了该商铺的房地产权证（粤房地证字第C××号）。原告作为A27号商铺的合法所有权人，依法应享有对该商铺的占有、使用、收益、处分的权利，但是现在A27号商铺却被被告一非法占有，原告前往收铺，被告一拒绝交铺，并称其向被告二交租金，但拒绝出示其身份和所谓的合同。原告根本无法行使其合法所有者权能，故恳请人民法院判令各被告立即腾空A27号商铺变还给原告，依法维护原告的合法权益。

（二）被告妨害原告的占有、使用、收益权无理，法院依法应当予以制止。据原告了解，A27号商铺原系××广场有限公司（系被告二的关联公司，以下简称南方公司）所有，2009年南方公司与广州××有限公司（以下简称世贸××公司）签订了房地产抵押合同，并于2009年7月31日进行了抵押登记，将A27号铺抵押给权利人世贸××公司，目的即为南方公司的被担保人（××企业有限公司和南方×集团有限公司）提供担保，后因被担保人未履行对世贸大厦公司的清偿承包金及滞纳金义务，人民法院依法查封并拍卖A27号铺。

根据拍卖行的资料：在抵押设定之后，2010年5月31日被告二将A27/28号商铺转租给被告一，并签订××租赁合同（编号：LW\co\××），约定将A27/28号商铺出租给被告一，租金为人民币6万元（由被告一在签租赁合同时一次性付清给被告二），租赁期为60个月（由2010年6月1日起至2015年5月31日止），经营范围：首饰/半宝石/水晶/珍珠等。

现在占有A27号商铺的是被告一，经营浦江川亮水晶。原告经咨询抵押权人世贸××公司,该公司称:抵押合同明确约定不得出租抵押物,该公司不知道也没有被告知商铺被出租的事。根据最高人民法院《关于适用〈中华人民共和国担保法〉若干问题的解释》第 66 条的规定:"抵押人将已抵押的财产出租的,抵押权实现后,租赁合同对受让人不具有约束力。"因此,本案中被告二与被告一签订的租赁合同对原告不具有约束力。原告依法取得 A27 号商铺所有权后,被告应即时将 A27 号商铺交还给原告。根据民法通则和刚刚生效的物权法的规定,公民合法的财产权和物业所有权(含占有、使用、收益等权能)不受侵害,但被告仍非法占有属于原告的商铺,拒绝交铺,且态度恶劣,请求人民法院依法对被告无理损害原告权利的行为予以制止。根据相关法律规定,抵押人将已抵押的财产出租的,如果抵押人未书面告知承租人该财产已抵押的,抵押人对出租抵押物造成的承租人的损失承担赔偿责任;如果抵押人已书面告知承租人该财产已抵押的,抵押权实现造成承租人的损失,由承租人自己承担。因此,不论被告一是否明知是抵押房仍然承租或是被告二隐瞒了抵押事实,均属于另一个法律关系,被告一可以另寻法律途径向被告二追索,与原告没有直接的关系,也不能据此作为拒绝向原告交铺的理由。

(三)被告一应当赔偿占有 A27 号商铺期间给原告造成的损失,被告二依法应承担连带责任。原告于 2014 年 6 月 9 日作为买受人,依法购得 A27 号商铺。2014 年 6 月 21 日,法院下达裁定书将 A27 号铺裁定给原告。2014 年 8 月 14 日依法办理了 A27 号商铺的产权证。但至今为止,原告的合法产权被被告一非法占有、使用,使原告无法行使其对 A27 号商铺的所有权能,造成的相应损失理应由被告一赔偿,被告二应依法承担相应赔偿的连带责任。根据相关规定,被告应支付自 2014 年 6 月 21 日起至实际腾空铺位交还给原告日期止的租金给原告(按市场评租计算),共计人民币 99900 元(计至 2015 年 12 月 31 日,暂按每月 5400 元,则 5400/30×555 天 = 99900)。

证据和证据来源,证人姓名和住址:

1. 2014 年 5 月 25 日,广州××报《××拍卖行有限公司拍卖公告》。

2. 2014 年 6 月 9 日,拍卖前执行法院和拍卖行发给各竞拍人的法规宣传单,其中引用了 2000 年 12 月 8 日最高人民法院《关于适用〈中华人民共和国担保法〉若干问题的解释》第 66 条的规定:"抵押人将已抵押的财产出租的,抵押权实现后,租赁合同对受让人不具有约束力"。

3. 2014 年 6 月 9 日,拍卖人××拍卖行有限公司的拍卖成交凭证。

4. 2014 年 6 月 21 日,广州市中级人民法院〔2014〕穗中法经执字第×号民事裁定书。

5. 2015年6月13日，登记的粤房地证宇第C××号房地产权证。

6. 2010年5月31日，被告二将A 27/28号商铺转租给被告一，并签订××广场商铺租赁合同（编号：LW\CO\××）（租赁期限：2010年6月1日起至2015年5月31日止）。

7. 被告一经营部的陈××、陈××的名片及A27号商铺门面经营浦江川亮水晶现状照片。

8. 原告律师调查广州××大厦有限公司时该司出县的"情况说明"，称其没有同意抵押人出租抵押物（含本案商铺）。

9. 为收铺事宜，原告给被告的律师函。

此致
广州市××区人民法院

起诉人 谢××
2015年××月××日

附：本诉状副本×份。

四、民事反诉状

（一）民事反诉状的概念

民事反诉状，是民事诉讼的被告或其法定代理人在诉讼过程中，针对原告的起诉向人民法院提出的以本诉的原告为被告，旨在抵消、对抗本诉诉讼请求的反请求的法律文书。

我国《民事诉讼法》第51条规定："原告可以放弃或者变更诉讼请求。被告可以承认或者反驳诉讼请求，有权提起反诉。"据此，反诉的要求如下：反诉必须针对原告提起；只能向审理本诉的法院提起；提起的时间，必须在本诉起诉之后至合议庭评议之前；反诉中的诉讼请求必须与本诉有关联，在事实和法律上有利害关系。

提起反诉是被告的一项重要诉讼权利，是民事诉讼当事人法律地位平等原则的重要体现。此外，人民法院通过受理反诉，既可以节约诉讼资源，也可以避免就同一诉讼标的作出相互矛盾的裁判，从而保证审判质量，维护人民法院裁判的权威性。

民事反诉状的制作要求与民事起诉状的制作要求基本一致，结构亦分为首部、正文、尾部三部分，在此不再赘述，仅附其结构样式。

（二）格式

民事反诉状

反诉人（本诉被告）：……（写明姓名或名特等基本情况）

被反诉人（本诉原告）：……（写明姓名或名称等基本情况）

反诉人就××一案，对被反诉人提起反诉。

反诉请求

……（写清反诉的请求）

事实与理由

……（写清事实经过和理由）

证据和证据来源，证人姓名和住址：

……

此致

×××人民法院

反诉人　×××
××××年××月××日

附：1. 本反诉状副本×份；
　　2. 证据材料×份。

第六节　民事答辩状

一、民事答辩状的概念

民事答辩状，是民事诉讼中的被告或被上诉人收到民事起诉状或民事上诉状后，针对原告提出的诉讼请求或上诉人提出的上诉请求作出答复，并依据事实与理由进行辩驳的法律文书。

《民事诉讼法》第 125 条第 1 款规定："人民法院应当在立案之日起五日内将起诉状副本发送被告，被告在收到之日起十五日内提出答辩状……"被告提出答辩状的，人民法院应当在收到之日起 5 日内将答辩状副本发送原告。被告不提出答辩状的，不影响人民法院审理。第 167 条还规定："原审人民法院收到上诉状，应当在五日内将上诉状副本送达对方当事人，对方当事人在收到之日起十五日内提出答辩状。人民法院应当在收到答辩状之日起五日内将副本送达上诉人。对方当事人不提出答辩状的，不影响人民法院审理。"原审人民法院收到上诉状、答辩状，应当在 5 日内连同全部案卷和证据，报送第二审人民法院。

根据民事诉讼法的规定，根据提交的审级不同，民事答辩状可分为第一审答辩状、第二审民事答辩状和再审民事答辩状；根据提出答辩的主体不同，可分为公民（自然人）民事答辩状、法人或其他组织民事答辩状。

民事答辩状在民事诉讼中发挥着重要的作用。首先，被告或被上诉人可以通过答辩状，对原告或者上诉人提起的起诉或上诉理由和根据以及请求事项，有针对性地进行答复和辩解，从而维护被告或被上诉人的合法权益；其次，被告或被上诉人通过提交答辩状，能够使人民法院全面了解诉讼双方的意见、要求，便于人民法院查明案件事实，正确裁决案件；最后，被告或被上诉人有权在法定期限内提交答辩状，充分体现了民事诉讼双方当事人诉讼地位的平等。

二、民事答辩状的格式及制作方法

（一）格式

民事答辩状

答辩人：……（写明姓名或名称等基本情况）

法定代表人（或代表人）：……（写明姓名和职务）

法定代理人（或指定代理人）：……（写明姓名等基本情况）

委托代理人：……（写明姓名等基本情况）

因×××诉…一案，提出答辩如下：

……（应针对起诉状、上诉状、再审申请书或申诉状的内容进行回答）

此致

×××人民法院

答辩人　×××

××××年××月××日

附：本答辩书副本×份。

（二）制作方法

1. 首部

（1）标题

在诉状上部应当居中写明"民事答辩状"。

（2）答辩人的基本情况

答辩人的基本情况所包含的事项、内容与要求与民事起诉状中当事人基本情况的制作相同。

(3) 案由

案由是答辩的根据和对象，应当写明对何人起诉或上诉的何案进行答辩。具体表述为："答辩人因×××一案，现提出答辩如下"，由此引出正文。

2. 正文

(1) 答辩理由

这是答辩状的主体部分。答辩理由是对起诉状或上诉状的诉讼请求的答复，是答辩人对案件的主张和看法的具体阐明，是对原告或上诉人的诉讼请求及其所依据的事实与理由进行的反驳与辩解。答辩人通过答辩理由的阐述，完全或者部分否定原告提出的诉讼请求以及依据的事实、理由和证据，并提出自己的主张和观点。

答辩理由既包括针对起诉状或上诉状中事实内容的答复与辩解，也包括对起诉状或上诉状适用法律的答复与辩解，还包括对起诉状或上诉状所附证据的答辩。答辩大多从实体方面针对对方当事人的诉讼请求及所依据的事实、理由以及证据进行答辩，还可以从程序方面入手进行反驳和辩解。

答辩时应当注意要尊重客观事实，应当有理有据，有针对性地找到起诉状或上诉状中的破绽，切中要害。答辩的语言应当中肯、准确，避免强词夺理或言之无物。

(2) 答辩请求

答辩请求是答辩人在阐明答辩理由的基础上针对原告或上诉人的诉讼请求向人民法院提出应根据有关法律规定保护答辩人合法权益的请求。答辩人应当明确、肯定地提出答辩请求。一般而言，一审民事答辩状中的答辩请求主要有：请求人民法院驳回起诉，不予受理；请求人民法院否定原告请求事项的全部或一部分；提出新的主张和要求，如追加第三人等。对上诉状的答辩请求主要有请求支持原判决或原裁定，反驳上诉人的要求等。若民事答辩状中的请求事项为两项以上，应逐项列明。

(3) 证据

答辩状中应列写证据和证据来源，以及证人姓名和住址。提交证据，要说明证据来源。有证人证明的应说明证人姓名和住址，如证人不能到庭，则应提交证人书面证言，并经证人签字确认。

3. 尾部

(1) 致送机关

另起一行空两格写"此致"，然后往下一行顶格写"×××人民法院"，要写明法院的全称。

（2）答辩人签名或者盖章

写在致送机关的右下方。答辩人是法人或其他组织的，应写明全称，加盖单位公章。

（3）答辩时间

写在答辩人签名下一行，注明年、月、日。

（4）附项

写明下列事项：本状副本×份；证据材料×份。

第七节　民事上诉状

一、民事上诉状的概念

民事上诉状，是指民事诉讼的当事人或其法定代理人不服地方各级人民法院第一审的判决或裁定，在法定上诉期内，依法定程序向上一级人民法院提出重新审理的书状。

根据我国法律规定，当事人或其法定代理人有权在法定上诉期内，依法定程序提起上诉。《民事诉讼法》第164条规定："当事人不服地方人民法院第一审判决的，有权在判决书送达之日起十五日内向上一级人民法院提起上诉。当事人不服地方人民法院第一审裁定的，有权在裁定书送达之日起十日内向上一级人民法院提起上诉。"第165条规定："上诉应当递交上诉状。上诉状的内容，应当包括当事人的姓名，法人的名称及其法定代表人的姓名或者其他组织的名称及其主要负责人的姓名；原审人民法院名称、案件的编号和案由；上诉的请求和理由。"

民事上诉状是二审人民法院受理案件，并进行审理的依据。当事人通过民事上诉状，阐明上诉理由，并提出上诉请求，使二审人民法院了解上诉人对一审裁判的看法、意见、要求，有利于保护一审民事案件败诉一方当事人的合法权益。当事人或其法定代理人只要认为第一审裁判不符合事实和法律，就可以具状上诉。通过民事上诉状，二审法院可以对一审裁判认定的纠纷事实、判断的是非曲直、处理的结果等方面存在的问题进行评判，帮助人民法院正确、及时、合法地处理案件，确保审判质量，防止错案的发生。

二、民事上诉状的格式及制作方法

（一）格式

民事上诉状

上诉人（原审×告）：……（写明姓名或名称等基本情况）

法定代表人（或代表人）：……（写明姓名和职务）

法定代理人（或指定代理人）：……（写明姓名等基本情况）

委托代理人：……（写明姓名等基本情况）

被上诉人（原审×告）：……（写明姓名或名称等基本情况）

法定代表人（或代表人）：……（写明姓名和职务）

法定代理人（或指定代理人）：……（写明姓名等基本情况）

委托代理人：……（写明姓名等基本情况）

上诉人因××案，不服×××人民法院××××年××月××日〔×××〕××字第×号××，现提出上诉。

上诉请求

……（写清请求）

上诉理由

……（写清上诉理由）

此致

×××人民法院

上诉人　×××
××××年××月××日

附：1. 本上诉状副本×份；
　　2. 证据材料×份。

（二）内容及制作方法

1. 首部

（1）标题

居中写明"民事上诉状"。

（2）上诉人的基本情况

依照上诉人、被上诉人、第三人的顺序分别列写他们的基本情况。其具体内容与要求同民事起诉状。只是注意在当事人的称谓之后，应用括号注明其在一审中所处的地位。

第十三章 诉状文书

(3) 原审情况及案由

依次写明原审人民法院名称、处理时间、文书的名称、字号,并作出上诉的意思表示。通常表述为:"上诉人因×××一案,不服××××人民法院××××年××月××日〔××××〕民字第×号民事裁决(或裁定),现提出上诉。"

2. 正文

(1) 上诉请求

上诉人应说明对一审裁判是全部不服,还是部分不服。如部分不服,则应表明是对哪一部分不服;是请求撤销原审裁判,全部改变原审的处理决定,还是要求对原审裁判作部分变更。简言之,上诉人在上诉请求一项中应当概括、准确、有针对性地请求第二审人民法院撤销原审判决或裁定,发回重审,或者依法予以改判。请求改判时,既可以请求全部改判,也可以请求部分改判。此外,关于诉讼费用的承担也可以作为一个独立的上诉请求提出来。如上诉请求:一、判决撤销〔2014〕中石民二初字第×号民事判决书,依法进行改判。二、判决被告承担诉讼费用。

(2) 上诉理由

上诉理由是民事上诉状的制作重点。应当注意的是,上诉是对一审裁判而不是对方当事人提出的,因此上诉人应当明确提出原审裁判在认定事实、适用法律或在适用诉讼程序方面存在的错误或不当之处,同时必须运用充分的事实、证据和有关的法律依据加以论证,以说明自己的上诉请求是合法的。一般而言,可从以下几个角度阐述上诉理由。

第一,认定事实方面。上诉人认为某一民事案件的原审裁判认定的事实不清、不当甚至完全错误时,应在上诉状中有针对性地进行反驳和论证,明确指出原审裁判所认定的事实是全部错误还是部分错误,同时客观、全面地阐述事实真相,并举出确凿、充分的证据加以证实。在"以事实为基础,以法律为准绳"的法律原则下,人民法院认定事实的不同当然会导致裁决结果的不同,上诉人的上诉目的可因此得到实现。

第二,适用法律方面。上诉人认为原审裁判所适用的法律不当时,应当具体指出其不当之处,并举出应当适用的有关法律条款,加以分析论证。如上诉人认为某离婚案件的原审判决错误地引用了婚姻法的某条款,则应当在上诉状中明确指出其错误引用的法律条款,说明应正确引用的法律依据,并加以分析论证,阐明自己的观点和诉求。同时,民事案件由于法律关系的复杂性,实践中往往存在错误定性的问题,如果定性错误,适用法律当然也可能出现错误,上诉人可以就此问题进行分析,作为提出上诉的理由。此外,针对一审裁判涉及诉讼费承担问题的,如果费用的分担不符合法律规定,上诉人也可以就此问题进行分析,作为上诉的理由。

第三,适用程序方面。上诉人如认为原审裁判有违反民事诉讼程序的,如民事案件应当先行调解而原审法院未调解就作出判决的,可作为上诉的理由提出。实践中也确实存在因违反了程序法的规定而造成案件处理不当的情况。

上诉人具体阐述上诉理由之后,可以用概括的方法进一步明确上诉主张。一般写法为:"综上所述,上诉人认为×××(或原审)人民法院所作的判决(或裁定)不当,特向你院提起上诉,请求撤销原判决(或裁定),给予依法改判(或重新处理)。"

总之,叙述上诉理由时要有针对性。上诉人应当针对原判决或裁定的不服之处,有的放矢。通过将原判决或裁定认定的事实和客观事实、证据相比较,将原判决或裁定所适用的法律和应当适用的法律条款相比较,将原判决或裁定适用的诉讼程序和应当适用的程序相比较,把自己所认为的原判决或裁定中的错误找出来,作为反驳的依据。根据论证所得出的结论,明确提出对原裁判的主张。即在反驳原审裁判所认定的事实和适用的法律不当之后,提出请求第二审人民法院撤销、变更原裁判或者请求重新审理的结论性意见。

(3)证据

如有新的证据、证人,应写明向人民法院提供的能够证明上诉要求的证据名称、件数、证人姓名和住址。提交证据,要说明证据来源,如证人不能到庭,则应提交证人书面证言,并经证人签字。

3. 尾部

(1)致送机关

应另起一行空两格写"此致",然后往下一行顶格写"×××中级(或高级人民法院)",要写明法院的全称。

(2)上诉人签名或者盖章

写在致送机关的右下方。上诉人是法人或其他组织的,应写明全称,加盖单位公章。如系律师代书,则写明×××律师事务所律师×××代书。

(3)上诉时间

写在上诉人签名下一行,标明年、月、日。

(4)附项

应列明上诉状副本×份;证据材料×份;证人的姓名和住址。

三、实例阅读

民事上诉状

上诉人（一审被告）：×××，男，32岁，1962年9月22日出生，汉族，现住××，电话：1392××××99。

被上诉人（一审原告）：××市××食品有限公司，住所地：××大道南158号。

法定代表人：×××，××市××食品有限公司总经理，电话：××。

上诉人因拖欠承包款一案，不服××市××区人民法院2014年3月15日〔2014〕×法民一初字第477号判决，现提出上诉。

上诉请求

撤销××市××区人民法院2014年3月15日〔2014〕×法民一初字第477号判决，将本案移送至有管辖权的××区人民法院或××县人民法院审理

上诉事实和理由

一、程序方面违法，本案的一审管辖权不属于××区人民法院，本案依法应当移送到惠州市××区人民法院或××县人民法院审理

本案是一个因承包合同产生的欠款纠纷。依照《中华人民共和国民事诉讼法》第二十一条"对公民提起的民事诉讼，由被告住所地人民法院管辖；被告住所地与经常居住地不一致的，由经常居住地人民法院管辖"和第二十三条"因合同纠纷提起的诉讼，由被告住所地或者合同履行地人民法院管辖"的相关规定，本案的管辖权很明显应当属于合同履行地××市××区人民法院或被告住所地××县人民法院。一审法院认为，上诉人在一审答辩期满后才提出管辖权异议，故不作审查，这是与民事诉讼法有关规定不符的。因为，依照《民事诉讼法》第三十六条"人民法院发现受理的案件不属于本院管辖的，应当移送有管辖权的人民法院，受移送的人民法院应当受理"的规定，不管当事人是否提出异议，人民法院依法都有审查管辖权和在发现不属于本院管辖后依法移送的义务，这个义务不是以当事人是否提出管辖权异议为产生条件的。但是一审法院以一审被告未能在提交答辩状的期间提出管辖权异议而不予审查，从而作出了实体判决，这是严重违反法律规定的，应该依照《民事诉讼法》第一百七十条第四款的规定，依法应予撤销。

二、实体方面，所作事实认定和法理分析明显法律依据不足

一审判决书认定上诉人与被上诉人双方于2013年1月20日所签订的《万×宝××办事处经营承包合同》约定的承包方式是"独立核算、自负盈亏"的承包方式明显缺乏法律依据，其基于此认定所作判决自然也是错误的。

（一）"承包"的法律概念是"承包经营管理"，是指企业与承包者间订立承包经营合同，将企业或企业的某个部门的"经营管理权"全部或部分在一定期限内交给承包者，由承包者对企业进行经营管理，并承担经营风险及获取企业收益的行为。承包的方式有上缴利润递增包干、上缴利润基数包干、超收分成、上缴利润定额包干等几种形式。原告所讲"独立核算、自负盈亏"实际上就是指最后一种定额包干（销售额）。本案中我们必须明确的是，××办事处并不是一个具备独立法人资格的经营体，根据其法律性质根本不可能"独立核算、自负盈亏"。而且，我们从承包合同本身的条款分析也可看出，当事人之间约定的承包方式并不是由上诉人自负盈亏，而是"基数包干、超收分成"。如合同第一条约定了年销售任务为80万元，第四条约定办事处的会计由公司选派，负责财务工作，第六条约定销售完成年计划任务提取1%给办事处做奖金等，这些条款，已经很明显地表述了承包的方式，是符合"基数包干、超收分成"的法律特征的。综观整个合同，没有任何一处有"自主经营、独立核算、自负盈亏"的字眼。如果是自主经营独立核算，公司根本就不需要派驻会计人员，更不需要另外发给奖金。上诉人讲第二条约定了产品上浮幅度、第五条约定了"工资、销售费用、车辆费用等一切由办事处实行总包干"就是"独立核算、自负盈亏"，这种说法根本就不能成立。因为：（1）如果约定是独立核算、自负盈亏，完全可以写进合同，这并不是什么高难度的事情；（2）第二条约定产品上浮幅度30%和第五条约定工资、销售费用、车辆费用等一切由办事处实行总包干正好相互印证，上浮的收入只是作为办事处的工资、销售费用、车辆费用等开支，而不作为承包人的利润。这也更进一步与第六条另外单独约定办事处的奖金相印证。所以，综上分析，可以得出一个很明确的结论，那就是本案当事人所签承包合同中的承包方式绝对不是"独立核算、自负盈亏"。不管被上诉人的法人代表怎样强调当初双方的口头约定或其自己的个人理解，法律所规定的书面证据的证明效力是任何人都不可以随意曲解和否认的。

基于这个结论，上诉人认为还可以推理出：××办事处在没有完成年销售任务的情况下如果出现亏损，亏损部分的风险不能要求承包人承担。

（二）被上诉人一审的诉讼请求不能成立。被上诉人在一审中诉求的135278元欠款是上诉人在2013年3月26日，也就是双方签订承包合同后不久依据合同产生的铺底资金，不能当作是普通的欠款关系。一审双方在质证的时候已经确认，135278元是"用于开发市场铺底"的资金，这与承包合同中第三条约定的"产品铺底资金138000元"是相互印证的。这种基于承包合同产生的铺底资金和基于其他诸如供销关系产生的欠款的法律性质是大不相同的，

第十三章 诉状文书

因为它与承包形式是紧密相关的。这并不是上诉人在离开××办事处时所做的结算或承诺。从前面的分析我们已经知道，××办事处没有任何营业执照和印章，承包又是企业内部"基数包干、超收分成"的方式，所以其经营风险应该由发包企业即被上诉人承担。该"欠条"虽是上诉人所写，但其实是"××办事处"的欠款，如果属于亏损范围，应当由被上诉人承担。上诉人如果每个月只领取工资却要承担经营风险，无疑是显失公平的。

（三）上诉人在2012年6月16日被迫移交××办事处财产和所有财务资料的时候，已经移交了其承包期间还未收回的贷款的原始凭证。这些债权凭证上所涉60279.41元贷款是办事处的财产，应当冲减部分铺底资金。另外，由于原始凭证被被上诉人收回，应由被上诉人自行去向各个欠款人追讨。对此，一审法院已作认定。很明显，此认定和由上诉人"独立核算、自负盈亏"的认定是自相矛盾的。

（四）2013年6月16日，被上诉人单方强行解除承包合同已构成违约，应当承担相应的违约责任。按照承包合同第一条的约定，承包期至2015年12月30日止。但是，被上诉人在合同才刚刚履行了不到半年的时候，就以上诉人不接受公司财务监管为理由，在未经得上诉人同意的情况下单方强行收回了××办事处的所有财产和财务凭证，收回了经营管理权。上诉人在迫不得已的情况下，只得移交经营管理权，并与被上诉人公司派来的人办理了交接手续。但是，这并不等于上诉人不要求被上诉人承担相应的违约责任。

综上，一审法院在认定事实方面存在错误，故而判决也有失公正。依照民事诉讼法有关规定，应当撤销。

此致

××市中级人民法院

上诉人　×××

××××年××月××日

附：本上诉状副本2份。

第八节　行政起诉状

一、行政起诉状的概念

行政起诉状，是行政相对人认为行政机关以及行政机关工作人员的具体行政行为侵犯其合法权益，向人民法院提起诉讼的书状。

行政起诉状是行政相对人为维护自己的合法权益而针对有关行政机关的提

出诉讼的文书。对受理行政诉讼的人民法院来说，行政起诉状是人民法院受理行政案件，引发行政诉讼程序的前提和基础，也是行政裁判的重要依据。

《中华人民共和国行政诉讼法》第2条规定："公民、法人或者其他组织认为行政机关和行政机关工作人员的具体行政行为侵犯其合法权益，有权依照本法向人民法院提起行政诉讼。"第50条规定："起诉应当向人民法院递交起诉状，并按照被告人数提出副本。书写起诉状确有困难的，可以口头起诉，由人民法院记入笔录，出具注明日期的书面凭证，并告知对方当事人。"第51条规定："人民法院在接到起诉状时对符合本法规定的起诉条件的，应当登记立案。对当场不能判定是否符合本法规定的起诉条件的，应当接收起诉状，出具注明收到日期的书面凭证，并在七日内决定是否立案。不符合起诉条件的，作出不予立案的裁定。裁定书应当载明不予立案的理由。原告对裁定不服的，可以提起上诉。"

二、行政起诉状的格式及制作方法

（一）格式

行政起诉状

原告：……（写明姓名或名称等基本情况）

法定代表人（或代表人）：……（写明姓名和职务）

法定代理人（或指定代理人）：……（写明姓名等基本情况）

委托代理人：……（写明姓名等基本情况）

被告：……（写明名称、地址基本情况）

法定代表人：……（写明姓名和职务）

诉讼请求

……（写清楚具体诉讼请求）

事实与理由

……（简明扼要写明时间、地点、当事人、案情经过、结果、主张的理由及法律依据）

……（证据和证据来源，证人姓名和住址）

此致

××市××区人民法院

具状人　×××

××××年××月××日

— 379 —

附：1. 本状副本×份；
　　2. 行政处理决定书××份；
　　3. 其他证据材料××份。

（二）制作方法

行政起诉状的文书格式、内容要求与民事起诉状大体相同，主要包括以下几个方面：

1. 首部

（1）标题

居中写明"行政起诉状"。

（2）当事人的基本情况

应分别写明原告、被告和第三人的有关情况。

原告基本情况的写法同民事起诉状。行政诉讼的被告恒定为行政机关，列写被告时，写明行政机关或法律、法规授权组织的名称和所在地址、法定代表人（或主要负责人）的姓名和职务。如果有第三人参加诉讼，应当在列写原告、被告的基本情况之后，写明第三人的姓名（或名称）和基本情况，要求均与原告一致。当事人有数人时，应根据他们在案件中的地位和作用，分别依次排列。

2. 正文

（1）诉讼请求

诉讼请求是原告（即行政相对人）提出的请求法院予以保护的主张。在行政诉讼中，法院主要审查具体行政行为是否合法。因此提出行政诉讼请求必须针对行政诉讼的这一特点，认为具体行政行为违法的，提起撤销之诉，请求法院判决撤销该行为；认为行政机关不作为或不履行法定职责的，提起履行之诉，请求法院判决限期履行；认为具体行政行为不当，提起变更之诉，请求法院予以合理变更；如果行政机关的侵权行为对人身、财产造成损害的，提起给付之诉，请求行政赔偿。以下为实践中普遍采用的表述方法：

撤销之诉。诉讼请求可写为"请求依法撤销××单位〔××××〕××月××日第×号×××"。

履行之诉。诉讼请求可写为"请求依法判决××单位于〔××××〕××月××日之前履行×××"。

变更之诉。诉讼请求可写为"请求依法变更××单位〔××××〕×字第×号×××"。

给付之诉。诉讼请求可写为："请求依法裁决××单位赔偿原告×××

损失×××元。"

行政诉讼的诉讼请求同样应当明确、具体。诉讼请求如有多项,分行依次列出。

(2) 事实与理由

事实与理由是行政起诉状的主体部分,在此要明确提出诉讼请求的事实根据和法律依据。事实是人民法院审理并裁判案件的基础,起诉状必须写明被告侵犯起诉人合法权益的事实经过、原因及造成的结果,指出行政争议的焦点。如果是经过行政复议后不服复议结果提出起诉的,还要写清楚复议行政机关作出复议决定的过程和结果。理由是在叙述事实的前提下,依据法律法规进行分析,论证诉讼请求的合理合法。具体可从被告实施的具体行政行为所依据的事实不真实、证据不充分;或者所适用的法律有错误;或者违反了法定程序;或者被告有超越职权范围、滥用职权的行为;或者该行政处罚过重,侵害了原告正当权益等方面进行阐述。

(3) 证据

有别于民事诉讼诉"谁主张,谁举证"的证明原则,行政诉讼中具体行政行为合法性的举证责任由被告即行政机关承担。但原告仍须在法律规定的范围内承担举证责任,依据行政诉讼法及相关司法解释的规定,原告对下列事项承担举证责任:证明起诉符合法定条件,但被告认为原告起诉超过起诉期限的除外;在起诉被告不作为的案件中,证明其提出申请的事实;在一并提起的行政赔偿诉讼中,证明因受被诉行为侵害而造成损失的事实;其他应当由原告承担举证责任的事项。

在证据一栏中,应写明向人民法院提供的能够证明案情的证据的名称、数量,并表明证据的来源。

3. 尾部

(1) 致送机关

应另起一行空两格写"此致",然后往下一行顶格写"××××人民法院"。

(2) 起诉人签名或者盖章

写在致送机关的右下方。起诉人是法人或其他组织的,应写明全称,加盖单位公章。如系律师代书,则写明×××律师事务所律师×××代书。

(3) 起诉时间

写在起诉人签名下一行,写明年、月、日。

(4) 附项

应列明上诉状副本×份;证据材料×份。

第九节　行政答辩状

一、行政答辩状的概念

行政答辩状，是行政诉讼中的被告或被上诉人针对原告或上诉人在行政起诉状或上诉状中提出的诉讼请求、事实与理由，进行回答并提出反驳理由的书状。

《中华人民共和国行政诉讼法》第67条规定："人民法院应当在立案之日起五日内，将起诉状副本发送被告。被告应当在收到起诉状副本之日起十日内向人民法院提交作出具体行政行为的有关材料，并提出答辩状。人民法院应当在收到答辩状之日起五日内，将答辩状副本发送原告。被告不提出答辩状的，不影响人民法院审理。"第34条规定，"被告对作出的行政行为负有举证责任，应当提供作出该行政行为的证据和所依据的规范性文件。"因而当被诉行政机关进行答辩时，不仅要对原告的诉讼请求和提出的事实和理由进行反驳，还必须提供自己作出该具体行政行为的证据和所依据的规范性文件，否则就会导致败诉的后果。

二、行政答辩状的格式及制作方法

（一）格式

行政答辩状

答辩机关：……（名称）
住所地：……
法定代表人：……（写明姓名和职务）
委托代理人：……（写明姓名等基本情况）

因×× 诉××× 一案，现答辩如下：
……

此致
××××人民法院

　　　　　　　　　　　　答辩机关（名称、公章）　×××
　　　　　　　　　　　　　　法定代表人　×××
　　　　　　　　　　　　　××××年××月××日

附：1. 本答辩状副本×份；
　　2. 证据材料×份。

（二）内容及制作方法

1. 首部

（1）标题

居中写明"行政答辩状"。

（2）答辩人的基本情况

答辩人基本情况的表述与行政起诉状相同。

（3）答辩案由

应当写明对何人起诉或上诉的何案进行答辩。具体写法为："因××一案，现提出答辩如下："。

2. 正文

行政答辩状的正文部分包括陈述答辩的事实和理由以及相关的证据。

（1）事实和理由

行政机关作为答辩人进行答辩的事实和理由。依据行政诉讼法第34条的规定："被告对作出的具体行政行为负有举证责任，应当提供作出该具体行政行为的证据和所依据规范性的文件。"因此，被诉的行政机关首先应当就原告或上诉人的诉求及所依据的事实、理由、证据，进行辩驳，实事求是地围绕自己所作的具体行政行为是否合法的问题，阐明自己认定的事实和作出该具体行政行为的理由，从而证明自己作出的具体行政行为的合法性。如果被告是复议机关，还须阐明改变原具体行政行为的理由、根据及其对原告是否有利；其次，还必须对作出该具体行政行为的依据包括证据和所根据的规范性文件加以具体说明，否则就会导致败诉的后果。

作为第二审被上诉人的公民、法人或其他组织进行答辩时，应当对上诉人上诉的请求和事实与理由进行答复、辩解和反驳。

（2）证据

答辩中有关的举证事项，应列写证据和证据来源，以及证人姓名和住址。提交证据，要说明证据来源。

（3）提出答辩主张

答辩主张是答辩人在阐明答辩的事实和理由的基础上针对原告的诉讼请求向人民法院提出应根据有关法律规定保护答辩人合法权益的请求。答辩人应当明确、肯定地提出答辩主张。如综上所述，答辩人认为一审判决认定事实和适用法律正确，判决结论适当，应予维持，恳请二审法院维护法律的公正和权威，驳回被答辩人的上诉。

3. 尾部

（1）致送机关

应另起一行空两格写"此致"，然后往下一行顶格写"×××人民法院"。

第十三章　诉状文书

（2）答辩人签名或者盖章

写在致送机关的右下方。答辩人是行政机关或法人或其他组织的，应写明全称，加盖单位公章。

（3）答辩时间

写在答辩人签名下一行，写明年月日。

（4）附项

写明如下事项：本状副本×份；证据材料×份。

本章习题

一、名词解释

1. 民事反诉状
2. 刑事自诉状
3. 刑事上诉状

二、简答题

1. 试述民事起诉状事实与理由部分的制作？
2. 如何制作民事答辩状的答辩理由？
3. 制作行政起诉状应注意哪些事项？
4. 刑事自诉状应如何制作？
5. 简述刑事上诉状正文部分的制作？

第十四章 仲裁文书

一旦法律丧失了力量,一切就都告绝望了;只要法律不再有力量,一切合法的东西也都不会再有力量。

——【法】让·雅克·卢梭

【内容提要】

仲裁文书是仲裁过程中产生的具有法律效力的文书,包括当事人制作的法律文书和仲裁机构制作的法律文书。仲裁文书与诉讼文书有相似之处,但又有自身的特点。本章全面介绍了各类仲裁文书的基本写法和注意事项,要求了解仲裁文书的特点、相关法律规定和制作要求,要求重点掌握仲裁协议书、仲裁申请书、仲裁答辩书和仲裁裁决书几类常用冲裁文书的内容和写作技巧,做到格式规范、要素齐全、意思明确、说理论证严密、证据确实充分。

第一节 仲裁文书概述

一、仲裁文书的概念和特点

仲裁文书是指仲裁机构根据当事人达成的仲裁协议,依照《仲裁法》和仲裁规则的规定,依法就处理仲裁当事人之间的争议,确定当事人之间的权利义务关系而制作的具有法律效力的书面决定。

仲裁文书与诉讼文书有相似之处,但由于仲裁的特殊性,仲裁文书也有自己的特点。

(一)仲裁文书的制作主体包括仲裁申请人和仲裁机构

仲裁申请人为参加仲裁活动而制作仲裁文书,仲裁申请人包括自然人、法人、非法人组织。仲裁机构为处理争议事实和确定申请人之间的权利义务而制作仲裁文书,在我国,仲裁机构即仲裁委员会,包括中国国际经济贸易仲裁委员会、中国海事仲裁委员会以及依仲裁法新组建的各仲裁委员会。

(二)仲裁文书的制作必须符合仲裁法和仲裁规则的规定

仲裁机构和仲裁申请人只能依据仲裁法和仲裁规则所赋予的职权或权利制

作和适用仲裁文书。仲裁法或者仲裁规则如果对仲裁文书的格式、内容有明确要求的，应当按照相应的要求制作。

（三）仲裁文书具有一定的法律效力或者法律意义

无论是仲裁机构制作、使用的仲裁文书，还是当事人制作、使用的仲裁文书，法律均赋予了其法律效力或者强制执行力，是具有一定法律效力或者法律意义的载体。例如，仲裁调解书、仲裁裁决书就具有强制执行的法律效力，非经法定程序，任何人不得变更或撤销。

二、仲裁文书的种类

依不同的标准对仲裁文书进行分类，主要是为了从不同的角度更全面地了解与掌握不同仲裁文书的特点，为制作好各类仲裁文书奠定基础。

1. 根据制作主体不同，可以将仲裁文书分为当事人制作的仲裁文书和仲裁机构制作的仲裁文书。当事人制作的仲裁文书包括仲裁协议、仲裁申请书、仲裁反申请书、仲裁答辩书、仲裁保全措施申请书等；仲裁机构制作的文书，包括受理或不受理仲裁申请通知书、仲裁调解书、仲裁裁决书和仲裁决定书。

2. 根据案件是否具有涉外因素，可以将仲裁文书分为国内仲裁文书和和涉外仲裁文书。国内仲裁文书是仲裁机构和申请人在国内纠纷案件的仲裁过程中，按照国内仲裁程序制作的具有法律效力的文书。涉外仲裁文书是仲裁机构和申请人在涉外经济贸易、运输和海事纠纷案件的仲裁过程中，按照涉外仲裁程序制作的具有法律效力的文书。

3. 根据仲裁文书制作的时间不同，可以将仲裁文书分为仲裁程序开始前的仲裁文书和仲裁程序开始后的仲裁文书。前者包括仲裁协议书和仲裁申请书；后者包括受理或不受理仲裁申请通知书、仲裁反请求书、仲裁答辩书、仲裁决定书、仲裁调解书及仲裁裁决书等。

4. 根据法律后果不同，可以将仲裁文书分为确定当事人权利义务的仲裁文书和不确定当事人权利义务的仲裁文书。前者包括仲裁调解书和仲裁裁决书，后者则包括此之外的其他仲裁文书。

5. 根据仲裁文书内容是否反映当事人的共同意志，可以将仲裁文书分为双方合意的仲裁文书和单方意思的仲裁文书。前者包括仲裁协议书和仲裁调解书，后者则包括仲裁申请书、仲裁反申请书、仲裁答辩书及仲裁裁决书等。

三、仲裁文书制作要求

（一）符合法律要求

符合法律要求是制作仲裁文书的最基本、最本质要求。《仲裁法》以及最高人民法院《关于适用〈中华人民共和国仲裁法〉若干问题的解释》对仲裁申请书、仲裁庭的组成、仲裁裁决书的内容都作了具体的规定，制作时要严格遵守。同时，对于仲裁文书的格式要求，制作室必须符合相关仲裁规则，对程式化的文字不得随意进行改变，续写的事项应齐全。

（二）真实客观

真实客观是仲裁文书的生命力所在。不仅当事人订立仲裁协议、申请仲裁所提供的事实要真实，不能隐瞒真实情况，也不能捏造虚假情况；而且仲裁机构在制作仲裁文书时，也要遵循真实原则，以事实为依据。例如，依照我国《仲裁法》的规定，在裁决所根据的证据若是伪造的，则申请人可向人民法院申请撤销裁决；仲裁裁决认定事实的主要证据不足的，人民法院可裁定不予执行。

（三）具体明确

仲裁文书应包含法律规定的全部要素，同时内容明确，便于理解与执行，这是任何司法文书都必须具备的基本要求。例如，根据我国《仲裁法》的规定，仲裁协议中如果仲裁委员会不确定或未规定，则无法将纠纷提交仲裁；如果达不成补充协议，该仲裁协议就无效。

第二节　当事人制作的仲裁文书

当事人制作的仲裁文书包括仲裁协议书、仲裁申请书、仲裁答辩书、仲裁反请求书、仲裁保全措施申请书等。下面将常用文书的内容和写法进行详细介绍。

一、仲裁协议书

（一）概念

仲裁协议书，是申请人将已发生或将来可能发生的争议提交仲裁机构予以解决，并服从仲裁机构的裁决，以解决纷争为目的的书面协议。

我国《仲裁法》第16条第1款规定："仲裁协议包括合同中订立的仲裁条款和以其他书面方式在纠纷发生前或者纠纷发生后达成的请求仲裁的协议。"据此仲裁协议包括两种形式：合同中订立的仲裁条款和单独的仲裁协

第十四章　仲裁文书

议书。

仲裁条款是仲裁协议最常见和最主要的表现形式，是指双方申请人在其所签订的合同中约定将来就合同的相关事项发生的争议提交仲裁机构解决的条款，作为合同的一项内容。同时根据《仲裁法》的规定，仲裁协议独立存在，主合同的变更、解除、终止或者无效，不影响仲裁协议的效力。仲裁条款的制作比较简单，通常是在合同中插入"凡因执行本合同而产生的或者与本合同有关的一切争议，双方申请人一致同意提请×××仲裁委员会进行仲裁"条款。

仲裁协议的另一种重要的表现形式是单独订立的仲裁协议书。这是独立于主合同之外专门为解决争议，在约定没有仲裁条款的情况下而订立的合同。这种形式是本节介绍的内容。

（二）格式

仲裁协议书

甲　　方：……　（姓名或名称）

住　　所：……

法定代表人：……　（姓名和职务）

委托代理人：……　（姓名、单位和职务）

乙　　方：……　（姓名或名称）

住　　所：……

法定代表人：……　（姓名和职务）

委托代理人：……　（姓名、单位和职务）

上述双方当事人曾于××××年××月××日签订××合同。现双方一致确认凡因该合同引起的或与该合同有关的任何争议（或写明具体争议事项），均提请×××仲裁委员会按照该会仲裁规则进行仲裁。仲裁裁决是终局的，对双方均有约束力。

甲　　方：（如为自然人签字，如为法人加盖公章）

委托代理人：×××　（签字）

××××年××月××日

乙　　方：（如为自然人签字，如为法人加盖公章）

委托代理人：×××　（签字）

××××年××月××日

（三）内容及制作方法

仲裁协议书由首部、正文和尾部三部分组成。

1. 首部

（1）标题。要居中写明文书全称，不能简写成"协议书"。

（2）申请人与被申请人的基本情况。具体包括姓名、性别、年龄、职业、通讯方式、工作单位和住所。申请人如果是法人或者其他组织的，写明法人或者其他组织的名称、住所和法定代表人或者主要负责人的姓名、职务。如果申请人委托律师或者其他人员作为代理人进行仲裁活动的，还应写明委托代理人的基本情况。

2. 正文

（1）请求仲裁的意思表示。即各方申请人在订立合同或者签订其他形式的仲裁协议时，一致同意将他们之间已发生或者将来可能发生的争议，采取仲裁方式解决的共同而明确的意思表示。

请求仲裁的意思表示必须明确肯定，不能含糊。同时，请求仲裁的意思表示必须指向单一，不能既指向仲裁又指向诉讼。

（2）仲裁事项。仲裁事项决定申请人提起仲裁的争议以及仲裁委员会受理争议的范围。仲裁协议中约定仲裁事项要具体、明确，应在法律规定的仲裁范围内，否则，将导致仲裁协议无效。

（3）选定的仲裁委员会。仲裁机构的选择是仲裁协议中极为重要的内容。当事人在签订仲裁协议时，必须约定解决争议事项的仲裁委员会。

当事人约定的仲裁委员会的名称必须正确、唯一，不得重复。依据国务院颁发的《重新组建仲裁机构方案》的规定，新组建的仲裁委员会的名称，一律在仲裁委员会之前冠以其所在市的地名，如北京仲裁委员会、广州仲裁委员会等。最常见的错误是对仲裁委员会的名称表达不正确。例如，将"北京仲裁委员会"表达为"北京市仲裁委员会"。尽管《仲裁法》有"仲裁协议对仲裁委员会没有约定或者约定不明确的，申请人可以补充协议；达不成补充协议的，仲裁协议无效"的规定，但名称表达不准确引起的仲裁协议效力的争议，会拖延解决争议的时间。

3. 尾部

当事人或者委托代理人签字并加盖公章，写明仲裁协议签订的日期和地点。

4. 制作仲裁补充协议书的要点是：（1）文书名称；（2）补充协议由来；（3）补充内容；（4）当事人签名、盖章；（5）补充协议订立日期。

（四）实例阅读

仲裁协议书

甲方：内蒙古××公司。住所：呼和浩特市西路××号。法定代表人：王××，男，45岁，系该公司总经理。

乙方：北京××局××公司。住所：呼和浩特市北路××号。法定代表人：李××，男，38岁，系该公司经理。

双方于××××年××月××日签订并经××市公证处公证了松散型联营汽车运输煤炭业务的《联营协议书》，联营的1年期限已经届满，双方未获得利润；又实际联营半年多，仍未见利润。有鉴于此，双方一致同意选择呼和浩特仲裁委员会确认联营业务终止，解除联营协议，分割联营投资购置的固定资产，分担债务，分享债权，彻底清算双方的联营业务。双方一致接受呼和浩特仲裁委员会依据我国《仲裁法》和国家示范仲裁规则以及该会自己的仲裁规则，对上述纠纷所作的一次性终局裁决结果。

甲方（盖章）：　　　　　　乙方（盖章）：
法定代表人（签字）：　　　法定代表人（签字）：
　　　　　　××××年××月××日签订于××市××区

二、仲裁申请书

（一）概念

仲裁申请书，是指平等主体的自然人、法人和其他组织之间在发生合同纠纷或其他财产权益纠纷后，当事人根据双方自愿达成的仲裁协议，向仲裁协议中选定的仲裁委员会提出仲裁请求，要求通过仲裁解决纠纷的法律文书。

仲裁申请书是仲裁机构受理仲裁案件的前提和基础，目的是启动仲裁程序。根据《仲裁法》第22条规定，当事人申请仲裁，应当向仲裁委员会递交仲裁协议、仲裁申请书及副本。一份质量较高的仲裁申请书，不仅有利于申请人完整准确地陈述自己的意见和主张，也有利于案件的顺利受理。

（二）格式

仲裁申请书

申　请　人：……　　（姓名或名称）
住　　　所：……
邮　　　编：……
法定代表人：……　　（姓名和职务）
委托代理人：……　　（姓名、工作单位和职务）

```
通讯方式：……    （包括电话、传真、邮寄地址和邮编）
被申请人：……（姓名或名称）
住　　所：……
邮　　编：……
法定代表人：……    （姓名和职务）
委托代理人：……    （姓名、工作单位和职务）
通讯方式：……（包括电话、传真、邮寄地址和邮编）
请求事项：
  1. ……
  2. ……
  3. ……
事实和理由：……
此致
仲裁委员会
              申请人：×××（如为自然人签字，如为法人加盖公章）
                     ××××年××月××日
附件目录：（主要说明证据和证据来源、证人姓名和住所）
  1. ……
  2. ……
  3. ……
  4. ……
```

（三）内容及制作方法

仲裁申请书包括首部、正文、尾部三部分。

1. 首部

写明文书名称，即"仲裁申请书"，申请人和被申请人的基本情况。

2. 正文

（1）申请仲裁的依据。即申请仲裁所依据的书面仲裁协议的内容。因为书面仲裁协议是使仲裁机构具有解决纠纷管辖权的依据，所以在仲裁申请书中必须写明申请人双方已经自愿达成了仲裁协议。

（2）仲裁请求。仲裁请求即申请人要求仲裁机构予以评断、解决的具体事项，包括要求仲裁机构确认某种法律关系是否存在，裁决被申请人履行给付义务，变更某种法律关系等。

仲裁请求应当明确具体、言简意赅，在合同约定的范围内提出。如有多项

第十四章 仲裁文书

请求，要逐项分行写明。同时注意，对于仲裁请求中涉及赔偿金额的请求，并非是越大越好，对申请人而言，盲目地扩大请求额，不仅不会得到支持，反而需要多交仲裁费。

（3）申请仲裁的事实与理由。这是仲裁申请书的核心内容，也是仲裁机构审理的对象和依据。事实与理由主要包括：申请人之间争议事项形成的事实；双方申请人争执的具体内容和焦点；被申请人应承担的责任并说明理由以及所适用的法律等。

仲裁申请大多为合同纠纷案，这类案件事实部分要写明：订立合同的时间、地点和合同的主要内容；被申请人违反合同中的什么义务事项，给申请人造成了怎样的经济损失，被申请人以什么理由为借口拒不履行合同等内容。在写作时还要根据具体的案情，侧重点有所不同，如果因合同本身发生争执，要写明订立合同的经过及合同的内容，如果是在履行合同时产生纠纷，着重写明履行合同的情况。

理由部分首先必须判明当事人存在何种法律关系及所存在的法律关系（如买卖合同关系）是否有效；其次对违反合同的事实进行概括、归纳，使案情与分析衔接呼应；最后依据有关实体法、法规、政策等，联系上述事实，指明被申请人行为违反合同的性质，说明申请人的正当权益应该受到保护。

事实和理由部分应当做到表述清楚、言之有据、逻辑严谨。

（4）证据。与民事诉讼一样，如果要仲裁机关支持自己的主张，必须提供相应的证据。所以在仲裁申请书中应写明：①有关证据的名称及所能证明的有关事实；②有关证据的来源及其取得方式；③证人证言的内容及证人的姓名、住所。

3. 尾部

（1）写明致送的仲裁委员会的名称，即在仲裁协议中选定的仲裁委员会的名称。

（2）右下方写明申请人的姓名或者名称，申请人是法人或者其他组织的，要加盖印章，并写明法定代表人的姓名和职务。另起一行写明制作文书的日期。

（3）附项。注明仲裁申请书副本的份数，提交证据的名称、份数，并按编号顺序附于申请书后。

（四）实例阅读

仲裁申请书

申请人：××××年××月××日食品工业（集团）股份有限公司
住　所：××省××市××区××号　邮编：123456
法定代表人：×××　　职务：董事长

— 392 —

委托代理人：×××　　工作单位：××律师事务所
职务：律师　电话：8866773
联系地址：××省××市××区××街××号
邮编：113456
被申请人：×××食品总公司
住　　所：××省××市××区××街××号
法定代表人：×××　　总经理
委托代理人：×××　　工作单位：××食品总公司
职务：总经理办公室主任　电话：1122334
联系地址：××省××市××区××街××号
邮编：133456

请求事项：
1. 被申请人应向申请人支付所欠货款26900元（人民币，下同）；
2. 被申请人应按照人民银行有关延期付款的规定支付逾期付款违约金；
3. 仲裁费用由被申请人承担。

事实和理由：

××××年××月××日，申请人与被申请人签订一份《购销合同》（见附件1），主要内容是申请人自××××年××月起至××月向被申请人提供××牌方便面，数量为每月××××箱，价格由申请人确定，付款方式是供方货到、发票付款，合同还规定了产品质量、运输费和双方的权利义务。签约后，申请人陆续发货，被申请人陆续接货并支付货款。但××××年××月××日，被申请人提货6500箱（见附件2，每箱单价为23元，总计149500元）及××××年××月××日提货6500箱（见附件3，单价为23元，总计149500元），两次合计1300箱，折合人民币29900元，被申请人当时未付货款，经多次催促，被申请人还货款30000元（见附件4），尚欠26900元。根据双方当事人签订的《购销合同》中的仲裁条款，申请人特就被申请人拖欠货款事项向××仲裁委员会提请仲裁。

此致
××仲裁委员会

申请人××食品工业（集团）股份有限公司
（公章）
××××年××月××日

第十四章 仲裁文书

附件目录：
1. 购销合同；
2. 被申请人××××年××月××日提货凭证；
3. 被申请人××××年××月××日提货凭证；
4. 被申请人已付款凭证。

以上材料各一式五份。

三、仲裁答辩书

（一）概念

仲裁答辩书，是指仲裁案件的被申请人针对申请人在仲裁申请书中提出的仲裁请求以及所依据的事实和理由作出辩解和反驳而制作的法律文书。

仲裁答辩书是一种非常重要的仲裁文书。通过向仲裁委员会提交答辩书，被申请人可以表明自己对申请人仲裁请求的态度和观点，从而维护自身合法权益。同时，也可以使仲裁机构全面了解案情，掌握双方申请人争议的焦点，从而查明案件事实。当然，仲裁答辩书在仲裁程序中并非必不可少，被申请人未提交答辩书的，不影响仲裁程序的进行。

（二）格式

```
                    仲裁答辩书
    答辩人（即被申请人）：……    （姓名或名称）
    住所：……
    邮编：……
    法定代表人：……    （姓名和职务）
    委托代理人：……    （姓名、工作单位和职务）
    通讯方式：……    （包括电话、传真、邮寄地址和邮编）
    被答辩人（即申请人）：……   （姓名或名称）
    住所：……
    邮编：……
    法定代表人：……    （姓名和职务）
    委托代理人：……    （姓名、工作单位和职务）
    通讯方式：……    （包括电话、传真、邮寄地址和邮编）
    我方就被答辩人与我方之间因××××年××月××日签订的××合同
所发生的争议仲裁案，提出答辩如下：（以下写明答辩的理由和意见）
    ……
```

此致

×××仲裁委员会

          答辩人　×××（签字或盖章）

            ××××年××月××日

附件目录：（主要说明证据和证据来源、证人姓名和住所）

 1.……

 2.……

 3.……

 4.……

（三）内容及制作方法

仲裁答辩书包括首部、正文和尾部三个部分。

1. 首部

写明文书名称，即"仲裁答辩书"和答辩人（即被申请人）的基本情况。

2. 正文

（1）案由及案件的来源。写明答辩人进行答辩所针对的具体纠纷。一般表述为："我方就被答辩人×××因与我方之间发生的×××争议向你会提出的仲裁请求，提出答辩如下……"

（2）答辩理由和答辩意见。这是仲裁答辩书的核心。答辩人既可以从事实和法律方面对申请人的仲裁请求进行答复和反驳，也可以从程序和实体方面的内容进行反驳。答辩人要清楚地表明自己的态度，提出对案件的主张和理由。

一般可先陈述事实，而后写明自己的意见，即承认申请人的仲裁请求或者反驳申请人的仲裁请求。对仲裁请求的反驳，既可以是程序方面的内容，比如申请人是否有权提请仲裁，仲裁协议是否有效或者仲裁委员会对该案件是否有管辖权等；也可以是实体方面的内容，即针对申请人的仲裁请求及其所依据的事实和理由进行反驳和辩解。

答辩书切忌漫无目的，应当具有针对性，通过事实及法律依据，反驳对方观点并提出自己的主张，事实及理由应当紧紧围绕申请人的仲裁请求进行，证明申请人的仲裁请求哪些是没有事实依据的，哪些是缺乏法律依据的。反驳要有理有据，不能对仲裁申请作简单的反驳，也不能强词夺理，反驳对方要举出过硬的证据。

（3）反请求。被申请人如有反请求，可以单独提出仲裁反请求申请书（内容和制作方法与仲裁申请书基本一致），也可以在答辩书中写明反请求的各项内容及其所依据的事实、理由，并附相关证据。

第十四章 仲裁文书

在制作仲裁反请求书时,在叙述有关争议事实与提供有关证据后,在正文中的理由部分,除应论证申请人的仲裁请求不能成立或者不能全部成立外,应重点论证自己所提出的仲裁请求的合理性与合法性,说明自己的仲裁请求成立,请求仲裁机构支持。要立论和反驳并存,一般先证明对方所提事实与证据虚假,不能成立,或者说明对方的主张没有法律依据或与法律相抵触,再证明自己所提事实的真实性和请求的合法性。

3. 尾部

(1)写明致送的仲裁委员会的名称。

(2)右下方写明答辩人的姓名或者名称,答辩人是法人或者其他组织的,要加盖印章。另起一行写明制作文书的日期。

(3)附项。注明仲裁答辩书副本的份数,提交证据的名称、份数,并按编号顺序附于答辩书后。

(四)实例阅读

仲裁答辩书

答辩人:××市××公司;

地址:××市××区大街×号

法定代表人:马××,该公司经理。

被答辩人:××市××设计研究院

地址:××市××区大街×号

法定代表人:王××,该院院长。

××市××研究院申请仲裁设计合同,追索设计费,并赔偿损失纠纷一案,我方现答辩如下:

我公司与申请人于××××年××月××日签订了《(2002)设计合同》,根据合同条款即付申请人4万元定金(是设计总额的20%)。后因工程建设投资较大,我公司只能是入股经营,与我公司合资的另一方要求从设计到施工完全由他们负责。因此我公司于××××年××月××日向申请人说明情况提出终止设计合同。事后双方经过多次磋商,由于申请人索取费用太高,双方未能达成协议,于是申请人向仲裁委员会申请仲裁,现就申请人提出的请求和理由作出如下答辩:

第一,申请人要求我公司支付方案设计费6万元是没有法律根据的。

根据国家计委编印的《工程设计收费标准》总说明中第十七条的规定,"设计费按设计进度分期拨付,设计合同生效后,委托方应向设计单位预付设计费20%作为定金,初步设计完成后付30%,施工图完成后付50%。申请人向我方提交的《方案意见书》,并不是初步设计书,这是我们双方之间的分歧意见之一。根据规定，初步设计书应具有初步设计说明书，初步设计概算书及设备、结构、电器三个专业的图纸。而申请人只交付方案意见书由我公司审批，没有初步设计说明书、概算书及三个专业图纸，我公司认为申请人没有完成初步设计，因此不能按规定支付设计费。

另外，就我公司与申请人设计合同第八条第二款规定："方案设计完成后15日内，甲方即向乙方支付设计费6万元"。此合同之规定也是指初步设计书完成后付设计费6万元，并不是指"方案意见书"完成后即付6万元。作为申请人来说，他们完全懂得"方案意见书"和"初步设计书"的不同概念和内容。而申请人却把两个概念及内容混为一谈，向我公司追索6万元，既不符合国家的有关规定，也不符合设计合同条款的规定。因此我公司拒绝申请人的请求是有道理的。据此，申请人请求我公司支付延期款0.3万元也是没有根据的。

第二，申请人要求我公司赔偿经济损失2.7万元（施工图设计费2.4万元，逾期违约金0.3万元），这个请求是毫无根据的。

根据双方签订的设计合同中规定"写字商住楼的基础图，是在设计方案认可后两个月及收到勘探资料后一个月后交付施工图"，而申请人在我公司对方案意见书尚未认可的情况下，违反双方签订的设计合同条款规定，这种不履行合同的行为属于无效行为，我公司不承担任何经济损失，因此我公司不能承担申请人提出的施工图设计费2.4万元及其他经济损失。

第三，根据《根据工程勘察设计条例》第七条规定："按规定收取费用的勘察设计合同生效后，委托方应向承包方付给定金。勘察设计合同履行后，定金抵作勘探、设计费"。又规定："委托方不履行合同的，无权请求返还定金"。依据以上条款规定，我公司与申请人签订合同后，按规定支付4万元定金，并且申请人也提交"方案意见书"，双方均在履行合同，所以申请人毫无理由扣我公司的4万元定金，收取方案设计费6万元。我公司认为该定金应抵作申请人所提供的"方案意见书"的设计费用。

第四，我公司与申请人在友好合作的基础上，接受申请人的要求，以设计赶工费的名义支付现金3000元，作为资金使用，该事项在双方签订的合同中没有明文规定，我公司要求申请人如数返还。

以上意见，请求仲裁委员会公正裁决。

此致
××仲裁委员会

答辩人　××公司
（公章）
××××年××月××日

第十四章　仲裁文书

附件目录：
1. 答辩书副本×份。
2. 其他证据材料×件。

四、仲裁管辖权异议书

(一) 概念

仲裁管辖权异议书，是被申请人向人民法院或者受理案件的仲裁机构提出的，认为受理案件的仲裁机构对该案件没有管辖权的书面意思表示。

《仲裁法》第 4 条规定："当事人采用仲裁方式解决纠纷，应当双方自愿，达成仲裁协议。没有仲裁协议，一方申请仲裁的，仲裁委员会不予受理。"第 20 条规定："当事人对仲裁协议的效力有异议的，可以请求仲裁委员会作出决定或者请求人民法院作出裁定……"当事人对仲裁协议的效力有异议，应当在仲裁庭首次开庭前提出。这是制作仲裁管辖权异议书的法律依据。

(二) 格式

仲裁管辖权异议书

申请人：……　（姓名或名称）

住　　所：……

法定代表人：……　（姓名和职务）

委托代理人：……　（姓名、单位和职务）

被申请人：……（姓名或名称）

住　　所：……

法定代表人：……（姓名和职务）

委托代理人：……（姓名、单位和职务）

关于被申请人×××与我方因××合同纠纷一案，现我方依法对贵会仲裁管辖权提出异议。

（写明管辖权异议的事实和理由）

故我方认为该案应由×××法院管辖，而不应由贵会管辖。

此致

×××仲裁委员会

异议申请人　×××（签字或盖章）
××××年××月××日

(三) 内容及制作方法

仲裁管辖权异议书由首部、正文和尾部三部分组成。

1. 首部

写明文书名称，即"仲裁管辖权异议书"和申请人的基本情况。

2. 正文

写明受理案件的仲裁委员会没有管辖权的事实和理由，包括合同依据和法律依据。在阐述仲裁管辖权异议的理由时可以从两个角度考虑：一是案件应该由法院受理，仲裁机构没有管辖权。这可能是因为当事人之间没有仲裁协议，或者是虽有仲裁协议，但仲裁协议无效；还可能因为当事人之间虽有合法、有效的仲裁协议，但仲裁协议已经被终止或者解除。二是案件应该由其他仲裁机构受理，现在受理案件的仲裁机构没有管辖权。

在陈述完管辖权异议的理由后，应当明确请求仲裁委员会作出决定或者人民法院作出裁定支持其管辖权异议。

对于仲裁管辖权异议既可以向仲裁委员会提出，也可以向人民法院提出，因此当事人应该综合考虑案件的具体情况和管辖权异议的理由，决定向哪个机构提出。一般来说，除非特别疑难，仲裁委员会作出决定会更快一些。法律没有规定仲裁管辖权异议由哪一级人民法院管辖。但根据最高人民法院《关于当事人对仲裁协议的效力提出异议由哪一级人民法院管辖问题的批复》（法释〔2000〕25号），当事人协议选择国内仲裁机构仲裁后，一方对仲裁协议的效力有异议请求人民法院作出裁定的，应当由该仲裁委员会所在地的中级人民法院管辖。当事人对仲裁委员会没有约定或者约定不明的，由被告所在地的中级人民法院管辖。

3. 尾部

写明致送的仲裁委员会或者人民法院的名称；在其右下方列出提出异议的申请人的名称，加盖公章，并注明提出申请的年月日。仲裁管辖权异议书应该在法律规定的期限内制作并提出，即应当在仲裁庭首次开庭前提出。

（四）实例阅读

仲裁管辖异议书

申请人：华××，女，汉族，××××年××月××日生，住江苏省苏州市吴中区××村××幢××室。

被申请人：苏州××有限公司 法定代表人：×××，住所地：苏州市沧浪区××号××商城××楼。

申请事项：在申请人与被申请人物业服务合同争议案中，苏州仲裁委员会对此案没有管辖权。现申请人特提出管辖权异议。

事实及理由：

被申请人向苏州仲裁委员会提出仲裁申请所依据的是一份所谓《苏州市

前期物业管理委托合同》。但是，申请人并未在这份合同上签名或盖章，亦未与被申请人之间订立过任何《物业管理合同》，因此，申请人与被申请人之间并未就任何事宜达成仲裁协议。也就是说，被申请人向苏州仲裁委员会提出仲裁申请所依据的仲裁协议是不存在的。

《中华人民共和国仲裁法》及苏州仲裁委员会的仲裁规则均规定，仲裁委员会应当根据当事人在争议发生之前或在争议发生之后达成的仲裁协议受理案件。仲裁协议包括合同中订立的仲裁条款和以其他书面方式在纠纷发生前或者纠纷发生后达成的请求仲裁的书面协议。本争议中被申请人申请仲裁所依据的《苏州市前期物业管理委托合同》上虽然有仲裁条款，但由于申请人并不是《合同》的缔约人，因此，载有仲裁条款的《合同》对申请人并无约束力。除此之外，申请人与被申请人之间也从未以其他书面方式单独达成过任何请求仲裁的协议。

综上，被申请人提起仲裁所依据的仲裁协议是不存在的，苏州仲裁委员会受理被申请人的仲裁请求没有事实和法律依据，因此，苏州仲裁委员会对本争议没有管辖权。

此致
苏州仲裁委员会

申请人　华××
××××年××月××日

五、撤销仲裁裁决申请书

（一）概念

撤销仲裁裁决申请书，是仲裁裁决作出后，当事人认为该裁决存在法律规定应予撤销的情形，而向仲裁委员会所在地的中级人民法院提出撤销该裁决的书面请求。仲裁庭作出的仲裁裁决具有终局性，任何人不得随意更改。但为了保证裁决的正确性和合法性，保护当事人的合法权益，使得错误的裁决得到纠正，《仲裁法》赋予人民法院撤销仲裁裁决的权力。

撤销仲裁裁决应当由当事人提出申请，人民法院一般不主动行使司法审查权而撤销裁决。当事人认为仲裁裁决具备《仲裁法》规定的撤销事由的，即有权向人民法院申请撤销仲裁裁决。

(二) 格式

撤销仲裁裁决申请书

申 请 人：……　　（姓名或名称）

住　　所：……　　邮编：……

法定代表人：……（姓名和职务）

委托代理人：……（姓名、工作单位和职务）

通讯方式：……（包括电话、传真、邮寄地址和邮编）

被申请人：……（姓名或名称）

住　　所：……　　邮编：……

法定代表人：……（姓名和职务）

委托代理人：……（姓名、工作单位和职务）

通讯方式：……（包括电话、传真、邮寄地址和邮编）

　　申请人×××（写明是仲裁案申请人还是被申请人）认为×××仲裁委员会于××××年××月××日就我方与被申请人×××（写明是仲裁案申请人还是被申请人）因××合同纠纷一案所作出的裁决书（写明裁决书编号），有证据证明有《中华人民共和国仲裁法》第五十八条规定的应予撤销情形，故特向人民法院申请撤销该裁决。事实和理由如下：

　　……

　　此致

×××中级人民法院

申请人　×××（签字或盖章）
××××年××月××日

附：

　　1. ……

　　2. ……

　　3. ……

(三) 内容及制作方法

1. 首部

写明文书名称，即"撤销仲裁裁决申请书"及申请人和被申请人的基本情况。撤销仲裁裁决申请书中列明的被申请人应当是对方当事人，不能错误地将仲裁委员会列为被申请人。

2. 正文

（1）请求事项。写明申请人与被申请人因何纠纷到××仲裁委员会进行仲裁。该仲裁委员会于×××年××月××日作出了〔××××〕×仲裁字第×号裁决书，申请人认为该裁决书违反了《仲裁法》第×条第×款的规定，因而申请予以撤销。

依据法律规定，有权受理撤销裁决申请的人民法院是仲裁委员会所在地的中级人民法院，书面致送单位要准确。

（2）申请撤销所依据的事实和理由。应当围绕仲裁裁决具有法律规定的予以撤销的情形阐述事实、理由，并提出证据加以证明。例如，如果以仲裁庭的组成违反法定程序为由申请撤销，就应指出仲裁庭组成违反了什么法定程序，是仲裁员应当回避而没有回避，还是剥夺了当事人选定仲裁员的权利等，都应具体、明确，并说明有哪些证据能够证明仲裁庭的组成违反了法定程序。如果以裁决所依据的证据是伪造的为由申请撤销，就应指出裁决所依据的什么证据是伪造的，有何证据能够证明该证据是伪造的。如果以对方当事人隐瞒了足以影响公正裁决的证据为由申请撤销，就要提出证据，证明对方当事人隐瞒了何证据，该证据对仲裁裁决具有的重要意义足以影响裁决的公正性。以其他理由申请撤销的，在陈述依据的事实、理由时，都要做到证据有力，理由充分。

3. 尾部

写明致送的人民法院的名称，并在申请书结尾右下方写明申请人的姓名，加盖公章，注明年月日。在附录中载明撤销裁决申请书的份数，以及仲裁裁决书的复印件、提交证据的名称、份数，并按编号顺序附于申请书后。

（四）实例阅读

撤销仲裁裁决申请书

申请人：李××，男，1966年7月8日出生，汉族，身份证号码：44120266070××××，住址：广州××区××路××号××宾馆××房，邮编：5106××，手机：1300510××××。

委托代理人：广东环球经纬律师事务所卢愿光律师

地址：广州市××路××号××大厦12楼，邮编：5100××。

被申请人：梁××，男，1979年12月16日出生，汉族，身份证号码：44011219791216××××，身份证住址：广州××区××区××栋××房，工作地址：广州番禺区××镇××花园山水园××号之一商铺，邮编：511××，电话：3482××××，手机：1379811××××。

申请撤销事项：

申请人不服广州仲裁委员会〔2005〕穗仲案字第402号裁决书，申请贵院依法撤销该仲裁裁决以下内容（此前于2005年8月29日李××与张××已达成和解协议，所以仅提出以下请求）：

1. 撤销由申请人向梁××支付赔偿金30000元的裁决。
2. 撤销由申请人承担仲裁费5395元的裁决。
3. 另外，请求判决由梁××承担本案的诉讼费等费用。

事实和理由：

"广州市番禺区南村××物业代理行"（以下简称××物业代理行）是一家没有登记注册，没有取得房地产中介资质的非法机构，梁××在该机构长期非法从事房地产经纪活动，并对申请人隐瞒了上述事实，致使申请人因重大误解与张某某于2005年1月7日签订了显失公平的《××物业代理行房屋买卖合约》（以下简称《房屋买卖合约》）。张××与梁××于2005年3月29日向广州仲裁委员会提出了关于房屋买卖合同纠纷的仲裁申请，广州仲裁委员会于2005年6月29日在申请人及张××女士双方均未到庭的情况下作出广州仲裁委员会〔2005〕穗仲案字第402号仲裁裁决。2005年8月29日，张××女士与申请人达成和解《协议书》，彻底了结此前所有纠纷，同时张××女士声明撤销此前对梁某某的民事授权。申请人认为广州仲裁委员会〔2005〕穗仲案字第402号仲裁裁决存在以下问题，特向贵院提出撤销本仲裁裁决申请：

一、梁××作为（2005）穗仲案字第402号仲裁案申请人主体不适格

首先，《房屋买卖合约》内容及盖章证明《房屋买卖合约》的第三方为"××物业代理行"，梁××并非《房屋买卖合约》的当事人。

其次，根据《房屋买卖合约》及法律规定，梁××不能作为仲裁申请的"第二申请人"，应当由"××物业代理行"（先作假定此"行"属合法成立的经营实体）作为仲裁申请的"第二申请人"。而梁××仅曾在广东××房地产置业有限公司于2004年12月8日取得房地产经纪资格证（资格证号为040××235），没有取得房地产经纪执业证，也没有在"××物业代理行"名下取得任何形式的资格证及执业证。根据法律规定，梁××无房地产经纪行为能力，不能开展房地产经纪活动。具体言之，梁××无跨中介行、在无证经营中介行及无证开设中介行从事房地产经纪的民事行为能力。

最后，相关梁××在〔2005〕穗仲案字第402号仲裁案中出具的证据系伪造。"××物业代理行"没有在工商行政机关、房地产管理机关和税务机关等国家行政机关取得任何证照，更没有任何有权机构核准"××物业代理行"刻章，根据法律规定，因"××物业代理行"为无证非法经营单位，所谓"××物业代理行"也不能作为《房屋买卖合约》的第三方和仲裁申请的"第二申请人"。梁××及"××物业代理行"伪造公司印章以及其他相关证照，

并故意对广州仲裁委员会隐瞒了上述重要事实,致使广州仲裁委员会受理了不具备申请人资格的梁××的申请,并作出错误裁决。

另外,梁××伪造了张××的签名,作为张××的代理人申请仲裁,属无权代理。张××已与申请人达成协议,由申请人返还张××定金人民币30000元,另外由申请人补偿人民币5000元作为补偿金,互不拖欠,了结此前所有纠纷;张××同时声明撤销此前对梁××的民事授权。

二、广州仲裁委员会关于申请人向梁××支付赔偿金30000元的裁决没有法律依据,应予撤销

根据《民法通则》第112条规定:"当事人一方违反合同的赔偿责任,应当相当于另一方因此受到的损失。"《合同法》第114条"当事人可以约定一方违约时应当根据违约情况向对方支付一定数额的违约金,也可以约定因违约产生的损失赔偿额的计算方法"之规定,合同各方只能约定因违约产生的损失赔偿额的计算方法,具体的赔偿额由客观所造成的损失决定,而不能事先在合同中约定。因此,《房屋买卖合约》第13条"经纪方全权代理本次交易服务,故无论在任何情况下,若卖方或买方任何一方未能依本合约之条款卖出或买入该物业,则毁约之一方须即时付予经纪方人民币叁万元整作为赔偿经纪之损失"属无效条款,广州仲裁委员会关于申请人向梁××支付赔偿金30000元的裁决是错误的,应予撤销。

在申请人不知道梁××及"××物业代理行"的真实情况下,申请人已经向梁××交纳了中介费7000元,由于梁××及"××物业代理行"无证开展房地产经纪活动非法,且梁××收取申请人中介费7000元没有开具发票,申请人已委托律师向梁××追讨其非法收取的中介费7000元,并向相关的国家工商、税收、房管、公安机关投诉或控诉梁××及"××物业代理行"的非法经营活动。

三、广州仲裁委员会关于〔2005〕穗仲案字第402号仲裁案仲裁费5395元由申请人承担的裁决没有法律依据,应予撤销

由于梁××伪造授权的"张××"不具备仲裁申请人的资格,广州仲裁委员会关于申请人向梁××支付赔偿金30000元的裁决没有法律依据,应予撤销,所以广州仲裁委员会关于〔2005〕穗仲案字第402号仲裁案仲裁费5395元由申请人承担的裁决也没有法律依据,也应予撤销。

四、张××已与申请人达成协议双方均不承认2005年1月7日所签订的《××物业代理行房屋买卖合约》和〔2005〕穗仲案字第402号《广州仲裁委员会裁决书》的效力。

在申请人缺席的情况下,广州仲裁委员会本应更加慎重对待,却没有尽应

尽的审查义务，居然受理了所谓"张××"和不具备申请人资格的梁××的申请，并作出错误裁决。根据《仲裁法》第58条"当事人提出证据证明裁决有下列情形之一的，可以向仲裁委员会所在地的中级人民法院申请撤销裁决：……（四）裁决所根据的证据是伪造的；（五）对方当事人隐瞒了足以影响公正裁决的证据的"之规定，申请人特提出上述申请，请依法审理，并判如所请。

此致

广州市中级人民法院

申请人 李××
2005年10月27日

附：本申请书正本及副本一式三份

第三节 仲裁机构制作的仲裁文书

一、仲裁裁决书

（一）概念

仲裁裁决书，是仲裁庭依照《仲裁法》规定的程序，根据查明的事实和认定的证据，对申请人提交仲裁的请求事项依法作出的予以支持或者驳回，或者部分支持、部分驳回的书面处理决定。

根据我国《仲裁法》的规定，仲裁实行一裁终局制度，仲裁裁决书的作出标志着仲裁程序的终结。仲裁裁决书作为记录仲裁活动过程的载体，具体展现了仲裁庭审理案件的程序和经过。它是仲裁庭行使仲裁权的重要形式，也是确定当事人权利义务的重要依据。可以说，仲裁的公正和权威体现在裁决书上。因此，制作好仲裁裁决书非常重要。

（二）格式

```
              ×××仲裁委员会
                 裁 决 书
                        〔××××〕×××仲裁字第×号

    申 请 人：……  （姓名或名称）
    住   所：……
    法定代表人：……  （姓名和职务）
    委托代理人：……  （姓名、单位和职务）


    被申请人：……  （姓名或名称）
```

第十四章 仲裁文书

> 　　住　　所：……
> 　　法定代表人：……（姓名和职务）
> 　　委托代理人：……（姓名、单位和职务）
> 　　×××仲裁委员会（以下简称本会）根据申请人×××（以下简称申请人）向本会提出的仲裁申请和申请人与被申请人×××（以下简称被申请人）于××××年××月××日签订的合同中的仲裁条款，于××××年××月××日受理了上述合同项下争议仲裁案。本案编号为〔××××〕×××仲案字第×号。
> 　　（写明组庭情况）……
> 　　（写明开庭情况）……
> 　　（写明其他程序性事项）……
> 　　本案现已审理完结。仲裁庭根据庭审情况和有关证据材料，依法作出本裁决。本案案情、仲裁庭意见和裁决分述如下：
> 　　一、案情
> 　　（写明基本案情和当事人的争议焦点）
> 　　二、仲裁庭意见
> 　　（针对当事人的争议焦点写明仲裁庭意见）
> 　　三、裁决
> 　　基于上述案情和理由，仲裁庭经合议，裁决如下：
> 　　（针对当事人的仲裁请求写明裁决结果和仲裁费用的负担）
> 　　本裁决为终局裁决，自作出之日起生效。
> 　　　　　（仲裁委员会印）
>
> 　　　　　　　　　　　　　　　　　　　　首席仲裁员　×××
> 　　　　　　　　　　　　　　　　　　　　仲　裁　员　×××
> 　　　　　　　　　　　　　　　　　　　　仲　裁　员　×××
> 　　　　　　　　　　　　　　　　　　　　××××年××月××日

（三）内容及制作方法

《仲裁法》第54条规定：裁决书应当写明仲裁请求、争议事实、裁决理由、裁决结果、仲裁费用的负担和裁决日期。当事人协议不愿写明争议事实和裁决理由的，可以不写。裁决书由仲裁员签名，加盖仲裁委员会印章。对裁决持不同意见的仲裁员，可以签名，也可以不签名。由此看来，仲裁裁决书与民事判决书非常相似，尤其是正文部分。但是相比之下，仲裁裁决书要更为灵活一些，对争议事实和裁决理由，申请人协议不愿写明的，可以不写。仲裁裁决书也包括首部、正文、尾部三部分。

1. 首部

（1）写明文书制作机关、文书名称和文书编号。如"××仲裁委员会仲裁裁决书"；并在其右下方注明文书编号，如"〔××××〕×仲裁字第×号"

（2）申请人与被申请人的基本情况。其写法同仲裁申请书。

（3）引言。这一部分主要是表明仲裁程序的合法性，应当详细说明案件的全部程序事项。包括仲裁委员会受理案件的时间、依据、案件编号以及案件适用的仲裁程序；仲裁庭的产生和组成情况，包括组庭时间、仲裁员姓名、仲裁庭成员是由当事人选定还是由仲裁委员会主任指定以及仲裁员是否回避的情况；仲裁材料、文件和通知的递交、转发和送达情况；当事人申请财产保全或证据保全的，应写明转交保全材料的情况和人民法院是否进行保全的情况；当事人提出反请求或者管辖权异议的，应说明对反请求的受理或者对管辖权异议作出决定的情况；案件进行书面审理或者开庭审理的情况，开庭审理的，应写明开庭的次数和每次开庭的时间、双方当事人的出庭情况、庭审的主要阶段性过程、仲裁庭调解或者当事人和解的情况；中间裁决、部分裁决作出的情况。

2. 正文

这部分是仲裁裁决书的主体，包括案情、仲裁庭意见和裁决结果三个部分。

（1）案情包括两个方面：一是对仲裁申请书、仲裁答辩书及仲裁反请求书的内容加以概括。这一部分，既可以将申请人、被申请人各自请求、依据的主要事实和理由集中表述，也可以围绕案件每个争议焦点，归纳双方当事人各自的请求、依据的主要事实和理由。二是写明庭审经过，仲裁庭依法认定的事实以及予以采纳的证据。

案情部分的介绍要全面、客观，表达清楚，抓住争议的焦点。

（2）仲裁庭意见。先提出双方争议的焦点，然后根据仲裁庭查明的事实和证据，依据有关的法律、法规，说明双方的哪些主张和请求是合法的，应予支持；哪些主张和请求是不合法的，不予支持或驳回。

这部分内容是仲裁庭依据事实和法律，明确当事人是非责任，作出裁决的依据，是裁决书的核心内容。要说理充分，有针对性，针对双方的争议焦点和仲裁请求，摆事实、讲道理，对申请人的每个仲裁请求都要明确表明态度。书写仲裁庭的意见要注意以下几点：

①明确认定申请人与被申请人之间的法律关系或双方行为的效力。有时案

件很复杂,申请人与被申请人之间存在多重关系,因此首先说明他们之间存在何种法律关系,其次说明法律关系是否有效,这是解决纷争的前提。论述时不能含混不清、似是而非,或不论述有效、无效及合法、违法的原因与理由。

②准确灵活运用法律法规进行论证。对适用法律有争议时,应对为什么要适用此种法律规定而不适用彼种法律规定加以解释。至于具体的违约事实有哪些,当事人为什么要承担违约责任的具体理由,要详细论证,如果判决的结论是一果多因,就要论证充分,从多个角度进行分析,不能只选择其中一两项加以说明。如果裁决书漏掉了许多重要的事项或理由,会使裁决书的理由显得不够充分。

③针对申请人的诉讼请求、主张或意见进行分析,做到有的放矢。仲裁裁决书应当认真地分析当事人的请求、主张或意见是否合理与合法,有针对性地发表支持或否认的评论和理由。不能不针对当事人的诉讼请求、主张或意见说理,泛发议论,一定要做到有的放矢,使论述的理由准确,说服力强。

(3)裁决结果。裁决结果是对案件实体问题所作的处理决定,是根据仲裁庭查明的事实、证据和法律依据等,针对申请人的仲裁请求作出的仲裁裁决。裁决结果明确双方的法律关系以及责任的承担,确定双方的权利义务以及履行责任的期限和方式等。对这部分的表述要清楚,对仲裁请求都要作出决定。同时,还应写明仲裁费用的数额及分担,确定是一方负担还是双方分担以及分担的理由。

对裁决结果的表述要求准确、全面、明确、具体,避免发生歧义,影响执行。

3. 尾部

(1)写明仲裁裁决书的生效时间。根据《仲裁法》的规定,一般表述为"本裁决为终局裁决,自作出之日起发生法律效力"。

(2)仲裁庭成员的署名并加盖仲裁委员会印章,注明制作裁决书的日期。由三名仲裁员组成仲裁庭的,依序写明首席仲裁员及其他两名仲裁员的姓名。由一名仲裁员组成仲裁庭的,只写其姓名即可。对仲裁裁决持有不同意见的仲裁员,在仲裁书上可以签名,也可以不签名。

(3)仲裁秘书署名。

(四)制作仲裁裁决书应当注意的问题

1. 在案情部分叙述当事人提出的请求、依据的主要事实和理由,应当完整、客观,包括争议的主要问题和当事人提供的证据等。要按照当事人的意愿进行归纳或者直接引用,切忌断章取义,或者将仲裁庭自己的理解写进去;综合当事人争议焦点,应当全面、准确,有关仲裁请求的争议焦点,要一一陈述，不要遗漏；同时要注意对当事人的主要观点进行归纳、整理、避免重复，切忌冗长烦琐。

2. 在仲裁庭意见部分，应当注意以下几点：

（1）对事实的认定应以书面认证为基础。不能只写仲裁庭对事实的判断，回避事实来源，不作证据分析。书面认证要依据经庭审举证、质证或经庭下当事人之间交换并质证的证据，从证据的客观性、关联性、合法性上进行分析；从证据与认定的事实之间的逻辑关系上进行论述，阐明仲裁庭对证据予以采信或者不予采信的理由。

（2）说理要有针对性，坚持有的放矢。对争议焦点，对当事人的仲裁请求和理由，应逐一作出分析和回答，力求对争议的每一个问题有一个合理合法的说法和结论。避免遗漏仲裁请求事项；避免说理公式化，笼统、空泛；避免仲裁庭自说自话，回避当事人争议的问题和理由。

（3）逻辑严密，层次分明。分析当事人仲裁请求和理由要注意前后呼应，论点、论据要严密，并且注重法言法语的运用，做到严谨、准确、简练、条理清楚、层次分明。

（4）充分运用法律说理。对当事人的仲裁请求、主张和理由进行分析、评判，要根据仲裁庭查明的事实和法律的有关规定，有理有据地详细论述，使法律规定准确适用于案件，通过说理体现仲裁的公正，使当事人理解和接受法律的规定。切忌只有结论，不说明理由，或者说理不清楚、不充分，如只笼统地说仲裁请求所依据的事实不清、证据不充分，却没有阐明具体理由。

（五）实例阅读

中国国际经济贸易仲裁委员会裁决书

〔2010〕中国贸仲域裁字第0072号

中国国际经济贸易仲裁委员会域名争议解决中心（以下简称域名争议解决中心）根据2006年3月17日生效实施的《中国互联网络信息中心域名争议解决办法》（以下简称《解决办法》）、2007年10月8日生效实施的《中国互联网络信息中心域名争议解决程序规则》（以下简称《程序规则》）、《中国国际经济贸易仲裁委员会关于〈中国互联网络信息中心域名争议解决办法〉补充规则》（以下简称《补充规则》）的规定以及投诉人高福有限公司（GRUNDFOS A/S）于2010年4月2日针对域名"grunfos.cn"以王健为被投诉人向域名争议解决中心提交的投诉书，受理了有关"grunfos.cn"域名争议案。案件编号CND201000042。

现本案已审理终结。本案专家组根据《解决办法》、《程序规则》及《补充规则》的规定作出本裁决。现将本案案件程序、基本事实、当事人主张、专家组意见和裁决分述如下：

一、案件程序

2010年4月2日，域名争议解决中心收到投诉人提交的投诉书。2010年4月2日，域名争议解决中心以电子邮件向域名注册管理机构中国互联网络信息中心（CNNIC）及注册机构广东金万邦科技投资有限公司传送注册信息确认函。

2010年4月23日，注册机构广东金万邦科技投资有限公司确认争议域名注册信息。

2010年5月14日，域名争议解决中心以电子邮件向被投诉人传送投诉书，并转发投诉书。

2010年5月20日，域名争议解决中心以电子邮件向投诉人传送投诉书确认及送达通知，确认投诉书已于该日经审查合格并送达被投诉人，本案程序于2010年5月20日正式开始；域名争议解决中心以电子邮件/邮政快递向被投诉人传送/发送程序开始通知，同时转发业经审查合格的投诉书副本及其附件材料，要求被投诉人按照规定的期限提交答辩。与此同时，域名争议解决中心以电子邮件向CNNIC和注册商传送了程序开始通知。

被投诉人未在规定的期限内提交答辩，根据《程序规则》的规定，域名争议解决中心于2010年6月13日以电子邮件向投诉人和被投诉人传递了缺席审理通知。

由于投诉人选择三人专家组审理本案，被投诉人对此未发表意见，根据《程序规则》和《补充规则》的规定，本案应成立三人专家组进行审理。域名争议解决中心于2010年6月18日向拟指定专家董××先生、赵×先生和冷××先生发出列为候选专家通知，征求候选专家的意见后，候选专家董××先生、赵×先生和冷××先生回复同意接受指定，并保证独立、公正地审理本案。

2010年6月22日，域名争议解决中心以电子邮件向双方当事人及上述拟指定专家传送专家指定通知，确定指定董××先生为首席专家、赵×先生和冷××先生任专家，成立三人专家组，审理本案。同日，域名争议解决中心将案件移交专家组。

根据《程序规则》的规定，专家组应于成立之日起14日内，即2010年7月6日前（含7月6日）就本案争议作出裁决。

二、基本事实

（一）关于投诉人

投诉人高福有限公司（GRUNDFOS A/S，也译作格兰富有限公司）是一家成立于1945年的丹麦水泵制造商,其地址为丹麦杰灵伯罗8850杰森斯大街,其在本案中的授权代理人为中国国际贸易促进委员会商标专利事务所。

(二)关于被投诉人

被投诉人为王健。根据注册服务机构提供的信息,被投诉人的地址为山东省淄博市淄川区般阳生活区25号楼402号。

被投诉人于2009年8月31日通过广东金万邦科技投资有限公司注册了本案争议域名"grunfos.cn"。

三、当事人主张

(一)投诉人诉称

投诉人是全球领先的水泵制造商,已在全球拥有70多家分公司,全球员工总数超过17000名。在中国,投诉人除了设立格兰富水泵(上海)有限公司、格兰富水泵(苏州)有限公司和格兰富水泵(无锡)有限公司外,还在全国各主要省市拥有30家服务中心。格兰富水泵(上海)有限公司2008年的销售额达到10.1亿元人民币。格兰富中国部分项目有上海浦东国际机场、杭州西湖国际饭店、北京人民大会堂、北京植物园、北京首都机场、昆明世博会、国家大剧院、央视新大楼、天津邮电网中心、厦门大西洋海景城、上海白龙港污水处理厂等。

投诉人已将其世界知名的商标"GRUNDFOS"在中国商标局进行了注册,并在中国进行了大量的宣传活动。投诉人在中国行业刊物《制冷空调与电力机械》、《通用机械 泵阀专刊》、《中国给水排水》、《工业锅炉》上刊登了广告。格兰富水泵(上海)有限公司还于1999年创办了《水泵新语》内部刊物来加强与其的沟通。

投诉人是第14165号"GRUNDFOS"注册商标的所有人,使用商品为:电动机、机床、水泵、燃油机、液力泵、空气压缩机、阀、自动调节阀,注册日期为1981年3月15日。"GRUNDFOS"还是投诉人的商号。

就本案而言,争议域名"grunfos.cn"中的识别部分"grunfos"比投诉人在先使用的商标和商号"grundfos"少一个字母"d"。争议域名的识别部分与投诉人在先使用的商标和商号"grundfos"无论在字母组合还是发音方面均构成混淆性相似。仅有的一个字母的区别不足以减弱二者之间的混淆性相似,因此,争议域名的使用足以导致公众混淆,从而侵害投诉人的在先权利。香港国际仲裁中心DCN-0800278号关于"grunfos.cn"的裁决和DCN-0700158号关于"grunfos.com.cn"及"grundfoss.com.cn"的裁决均认定"投诉人所拥有的具有显著性的注册商标并没有因为这一字母的缺少而与争议域名区分开。

争议域名的使用极为容易使公众误认为使用争议域名的网站是投诉人开办的网站,或与投诉人存在某种联系,足以导致产生混淆"。

此外,本案被投诉人对于"grunfos"一词不享有商标专用权、企业名称权或其他权利,故被投诉人对于争议域名及其主要部分不享有合法权益。因此,被争议域名的使用足以导致公众混淆,从而侵害投诉人的在先权利及消费者利益。此外,被争议域名注册日期迟于投诉人商标的注册日期,故被投诉人对于被争议域名及其主要部分不享有合法权益。

本案争议域名最早于2008年4月3日被Zhang Justin所注册,投诉人曾于2008年8月9日向香港国际仲裁中心提交投诉,香港国际仲裁中心裁定投诉成立,争议域名"grunfos.cn"应移转给投诉人。争议域名移转到投诉人名下后,由于投诉人没有及时续费,该域名被删除。

本案被投诉人在自身对争议域名不具有合法权益的情况下,将投诉人的知名商标注册为自己的域名。被投诉人注册争议域名是为了将其出售给有意获得该域名的主体,包括投诉人,显然被投诉人出售争议域名是为了获取不当利益。

事实上,被投诉人曾于2010年1月12日用邮箱domain@4you.cn向投诉人发来邮件,表示愿意将争议域名出售给投诉人并要求投诉人出价。投诉人的丹麦律师于2010年1月21日代表投诉人给被投诉人回函,告知被投诉人其是"GRUNDFOS"商标和商号的所有人,且"GRUNDFOS"是一个知名的商标并受到中国商标法的保护。香港国际仲裁中心曾裁决将争议域名移转给投诉人,投诉人未能及时续费导致争议域名的丧失,但投诉人的失误不代表被投诉人就可以拥有争议域名。在回函中,投诉人要求被投诉人将该争议域名无偿转让给投诉人。被投诉人于2010年1月21日回复称如果投诉人想要回争议域名必须给他报价。上述事实证明被投诉人注册争议域名是为了向作为民事权益所有人的投诉人出售,以获取不正当利益。

被投诉人注册争议域名,已构成对投诉人商标权的侵犯。根据《解决办法》的规定,被投诉人的行为已经构成恶意注册域名,应为法律所禁止。

根据《解决办法》的规定,并基于上述理由,投诉人请求本案专家组裁决,将本案争议域名移转给投诉人。

(二)被投诉人辩称

被投诉人未提交答辩书。

四、专家组意见

专家组依据《解决办法》、《程序规则》及《补充规则》对本域名争议进行审理裁决。

根据《解决办法》第八条的规定，符合下列条件的投诉，应该得到专家组的支持：

（1）被投诉的域名与投诉人享有民事权益的名称或者标志相同，或者具有足以导致混淆的近似性；

（2）被投诉的域名持有人对域名或者其主要部分不享有合法权益；

（3）被投诉的域名持有人对域名的注册或者使用具有恶意。

《解决办法》第九条规定，被投诉的域名持有人具有下列情形之一的，其行为构成恶意注册或者使用域名：

（1）注册或受让域名的目的是向作为民事权益所有人的投诉人或其竞争对手出售、出租或者以其他方式转让该域名，以获取不正当利益；

（2）多次将他人享有合法权益的名称或者标志注册为自己的域名，以阻止他人以域名的形式在互联网上使用其享有合法权益的名称或者标志；

（3）注册或者受让域名是为了损害投诉人的声誉，破坏投诉人正常的业务活动，或者混淆与投诉人之间的区别，误导公众；

（4）其他恶意的情形。

根据本案当事人提交的投诉书及其所附证据材料，本案专家组意见如下：

（一）关于完全相同或混淆性近似

投诉人主张，其在1981年3月15日注册了第145165号"GRUNDFOS"商标。为支持其主张，投诉人提供了第145165号商标注册证及续展证明的复印件。商标注册证载明，注册人为"高福公司（丹麦）GRUNDFOS A/S"，使用商标为第9类"水泵、燃油机、液力泵、其他泵、空气压缩机、阀、龙头、自动调节阀"，后经核准将商品改为"电动机、机床、水泵、燃油泵、液力泵、空气压缩机、阀、自动调节阀"，商标为"GRUNDFOS"，有效期限为"自公元1981年3月15日至1991年3月14日止"，续展有效期限自"1991年3月15日至2001年3月14日"。核准续展注册商标证明载明，"兹核准第145165号商标续展注册，有效期限自2001年3月15日至2011年3月14日。"

投诉人还主张，"GRUNDFOS"为其商号。为支持其主张，投诉人提供了其公司登记证明的复印件及中译文。专家组注意到，由丹麦商业和公司管理局于2010年3月19日出具的证书证明投诉人的正式名称为"GRUNDFOS A/S"，但未载明投诉人设立的时间。但投诉人提供的有关其广告宣传的证据显示，以其名义（格兰富）刊登的GRUNDFOS水泵广告的期刊分别是《工业锅炉》2002年第4期、《中国给水排水》2002年第7期、《通用机械》2004年第1

期、《制冷空调与电子机械》2003年第6期。上述期刊的出版日期均早于本案争议域名的注册日期。

综上所述，专家组认为，投诉人有关商标及商号的主张成立。本案争议域名的识别部分为"grunfos"，与投诉人享有注册商标专用权和商号权的"GRUNDFOS"标志相比，有两处不同：一是大小写的不同，二是前者比后者少了一个字母"D"。就域名结构而言，字母的大小写是等值的。因此，两者的真正区别只在于前者比后者少了一个字母"D"。专家组认为，无论是字母组合还是发音，两者都不具有实质性区别。投诉人提供的GOOGLE搜索结果表明，在搜索关键词"grunfos"时，GOOGLE除了提示用户"您是不是要找：grundfos"外，第1页搜索结果的前三个链接均为包含"grundfos"的页面，而且这三个结果均与投诉人或其产品有关。这意味着，即便是网络搜索引擎也无法准确地将两者区别开来。因此，专家组认为，本案争议域名的识别部分与投诉人享有注册商标专用权和商号权的"GRUNDFOS"具有混淆性近似，投诉人的投诉符合《解决办法》第八条第（一）项规定的条件。

（二）关于被投诉人的权利或合法利益

投诉人主张，被投诉人对于本案争议域名及其主要部分不享有合法权益。专家组认为，被投诉人未主张其对本案争议域名及其主要部分享有权利或合法利益，也未对其注册、持有或使用本案争议域名提出任何合理的解释，本案现有证据也不能证明被投诉人对本案争议域名及其主要部分享有任何合法权益。因此，专家组认为，被投诉人对本案争议域名或其主要部分不享有权利或合法利益，投诉人的投诉符合《解决办法》第八条第（二）项规定的条件。

（三）关于恶意

投诉人主张，被投诉人注册争议域名的目的是将其出售给有意获得该域名的主体，包括投诉人。为支持其主张，投诉人提供了由北京市长安公证处出具的〔2010〕京长安内经证字第5138号公证书、被投诉人与投诉人之间的邮件往来及中文翻译。〔2010〕京长安内经证字第5138号公证书显示，本案争议域名所指向的网站并无实质内容，仅是出售有关域名的广告页面，其中的联系方式包括两个电子邮箱：domain@4you.cn和namechina@live.cn。专家组注意到，投诉人提供的证据表明，一个来自上述domain@4you.cn邮箱的邮件称："我是GRUNFOS.CN域名的所有人，该域名目前可以出售。既然贵司拥有其他后缀的该域名，我们想可能GRUNFOS.CN对贵司开发中国市场很有用。如果贵司感兴趣，请告知贵司的报价。"

专家组认为，尽管本案争议域名注册信息中的电子信箱是namechina@

live. cn 而非 domain@4you. cn，但投诉人提供的证据可以初步证明，domain@4you. cn 应是被投诉人本人或受其委托出售本案争议域名的人（或单位）的邮箱。鉴于被投诉人未对投诉人的有关主张及证据提出异议，专家组认为，本案现有证据可以证明，被投诉人注册本案争议域名并非出于正当使用的目的，而是为了向作为民事权益所有人的投诉人出售该域名以获取不正当利益，属于《解决办法》第九条第（一）项规定的恶意情形，投诉人的投诉符合《解决办法》第八条第（三）项规定的条件。

五、裁决

鉴于投诉人的投诉已符合《解决办法》第八条规定的全部条件，其投诉应得到专家组的支持，专家组裁决，本案争议域名"grunfos. cn"转移给投诉人高福有限公司（GRUNDFOS A/S）。

专家 董××

专家 赵×

专家 冷××

（仲裁委员会公章）

二○一○年七月六日于北京

二、仲裁调解书

（一）概念

仲裁调解书，是在仲裁过程中，仲裁庭依法主持调解，根据当事人双方自愿就申请仲裁的争议达成的协议制作的具有法律效力的法律文书。

仲裁调解书既是当事人协商结果的记录，又是仲裁庭认可调解协议的证明。我国《仲裁法》第52条规定，调解书应当写明仲裁请求和当事人协议的结果。调解书由仲裁员签名，加盖仲裁委员会印章，送达双方当事人。调解书经双方当事人签收后，即发生法律效力。在调解书签收前当事人反悔的，仲裁庭应当及时作出裁决。因此，调解并不是仲裁的必经程序，但仲裁调解书一经生效，即发生与仲裁书同等的法律效力。如果一方申请人不履行调解书，对方当事人可据此向有管辖权的人民法院申请执行。

此外，根据《仲裁法》的规定，仲裁调解书只适用于国内仲裁，在涉外仲裁中，仲裁庭运用调解方式使双方达成和解的，除非申请人另有约定，仲裁庭应根据申请人书面和解协议的内容制作仲裁裁决书结案。

第十四章 仲裁文书

（二）格式

×××仲裁委员会
调 解 书

〔××××〕×××仲调字第×号

申 请 人：……（姓名或名称）
住　　所：……
法定代表人：……（姓名和职务）
委托代理人：……（姓名、单位和职务）
被申请人：……（姓名或名称）
住　　所：……
法定代表人：……（姓名和职务）
委托代理人：……（姓名、单位和职务）

仲裁委员会（以下简称本会）根据申请人×××（以下简称申请人）向本会提出的仲裁申请和申请人与被申请人×××（以下简称被申请人）于××××年××月××日签订的合同中的仲裁条款，于××××年××月××日受理了上述合同项下争议仲裁案。本案编号为〔××××〕×××仲案字第×号。

（写明组庭情况）……
（写明开庭情况）……
（写明其他程序性事项）……
（写明申请人的仲裁请求）……

在仲裁庭主持下，双方当事人本着互谅互让、协商解决问题的精神，自愿达成调解协议。仲裁庭确认的调解结果如下：

一、……
二、……
三、……

本调解书与裁决书具有同等法律效力，自双方当事人签收之日起生效。
（×××仲裁委员会印）

首席仲裁员　×××
仲 裁 员　×××
仲 裁 员　×××
××××年××月××日

（三）内容及制作方法

仲裁调解书的结构与民事调解书类似，包括首部、正文和尾部。

1. 首部

（1）写明文书制作机关名称、文书名称和文书编号。文书名称为"×××仲裁委员会仲裁调解书"；并在其右下方标明文书的编号为"〔××××〕×××仲调字第×号"。

（2）写明申请人和被申请人的基本情况。

（3）引言。包括仲裁委员会受理案件的依据、仲裁庭的产生和组成情况以及仲裁庭对案件的审理情况等程序性事项。主要是为了表明仲裁程序的合法性。

2. 正文

（1）写明双方申请人争议的事实和仲裁请求。双方申请人争议的事实可以简要概括，但对仲裁请求则要根据申请人的仲裁申请书以及仲裁反请求书写清楚、完整。同时，对于放弃仲裁请求的内容也应一并写明。协议的内容不只一项的，应分项列明，并记载履行的期限和履行方式，使仲裁书具有可操作性。

（2）写明双方申请人达成的调解协议的具体内容。该部分内容是仲裁调解书的核心部分，其内容决定双方的权利义务，既包括实体权利争议所达成的协议内容，也包括有关仲裁费用分担的内容。在仲裁庭的主持下，双方达成调解协议的内容应与事实相符，不得相互矛盾。

（3）仲裁庭经过对调解协议的审查，表明对调解协议的态度。仲裁庭应当确认双方当事人达成的协议与事实相符，不违反法律规定，不损害他人的合法权益。

3. 尾部

（1）写明仲裁调解书的生效时间。可表述为："本调解书与仲裁裁决书具有同等法律效力，字双方申请人签收之日起生效。"

（2）仲裁庭成员的署名并加盖仲裁委员会印章，注明制作调解书的日期。由三名仲裁员组成仲裁庭的，依序写明首席仲裁员及其他两名仲裁员的姓名。由一名仲裁员组成仲裁庭的，只写其姓名即可。

（3）仲裁秘书署名。

（四）实例阅读

×××劳动人事争议仲裁委员会仲裁调解书

〔2011〕×××劳人仲案字第 028 号

申 请 人：×××，男，23 岁，汉族，住××县××乡××村××组。

第十四章 仲裁文书

委托代理人：×××，男，××律师事务所律师。

被申请人：××工程有限公司。

法定代表人：×××，男，系该公司经理。

委托代理人：×××，男，××律师事务所律师。

上列双方当事人因工伤待遇引起劳动争议一案，申诉人于2011年12月16日向×××劳动人事争议仲裁委员会提出书面申请，本会根据《中华人民共和国劳动争议调解仲裁法》第二条第（四）项的规定，依法予以受理，并组成独任庭对案件进行审理。

申请人诉称：2010年10月25日11时20分左右，申请人在被申请人承建的位于××市的××高速公路××隧道安装线槽底板施工中，不慎从5.3米高的活动架子上与架子一起倒向路面受伤，经××医院诊断为1椎体压缩性骨折。××市人力资源和社会保障局于2011年1月24日作出××工决字〔2011〕002号工伤认定决定书，认定申请人为工伤。2011年10月24日经××劳动能力鉴定委员会鉴定为八级伤残。因双方就因工伤残相关待遇协商无果，现依法申请仲裁，要求终止与被申请人的劳动关系，以裁决或判决生效之日为终止劳动关系之日，并要求被申请人支付下列劳动、工伤待遇：

1. 住院伙食补助费：273天×30天/天×70%＝5733元；

2. 住院期间护理费：273天×100元/天＝27300元；

3. 工资福利待遇：14个月×（31458元/年÷12个月/年）×60%＝22020.60元；

4. 伤残补助金：11个月×（31458元/年÷12个月/年×60%＝17301.90元；

5. 一次性工伤医疗补助金和伤残就业补助金：18个月×（31458元/年÷12个月/年）＝47187元；

6. 去×××检查费、交通食宿费、鉴定费：3000元；

7. 解除劳动合同补偿金：1572.90元；

8. 出院后恢复期待遇：1572.90元×（12个月－2个月）＝15729元。

上述共计139844.40元。被申请人未提交答辩状。

本会根据《中华人民共和国劳动争议调解仲裁法》第四十二条、《劳动人事争议仲裁办案规则》第四十二条及《工伤保险条例》、《×××省实施〈工伤保险条例〉办法》的相关规定，于2012年1月19日依法组织双方委托代理人进行调解。经协商并行征得各自当事人同意后，自愿达成如下调解协议：

一、被申请人一次性支付申请人工伤伤残八级各项待遇共计人民币柒万捌仟元整（78000.00）。

二、被申请人于 2012 年 1 月 17 日前一次性支付完毕。

三、被申请人如不按期履行支付义务，将按支付标的的同期同类银行利息加倍予以赔偿，并承担相关费用。

四、本调解协议履行完毕之日，双方劳动关系和工伤保险关系即行终止。本调解书系双方当事人真实意思表示，一经送达，即产生法律效力，双方必须严格履行。

仲裁员　×××
二〇一二年一月十七日
书记员　×××

三、仲裁管辖权异议决定书

（一）概念

仲裁管辖权异议决定书，是仲裁委员会针对被申请人提出的管辖权异议作出的支持或者驳回其管辖权异议的书面决定。

当事人向仲裁委员会提出管辖权异议后，仲裁委员会应当对当事人的管辖权异议作出决定。支持当事人管辖权异议的决定将会导致仲裁委员会撤案，仲裁程序结束；驳回当事人管辖权异议的决定作出后，仲裁程序将继续进行。

（二）格式

```
            关于〔××××〕×仲案字第×号仲裁案
                   管辖权的决定
    申 请 人：……  （姓名或名称）
    住   所：……
    法定代表人：……    （姓名和职务）
    委托代理人：……    （姓名、工作单位和职务）
    被申请人：……   （姓名或名称）
    住   所：……
    法定代表人：……    （姓名和职务）
    委托代理人：……    （姓名、工作单位和职务）
    仲裁委员会（以下简称本会）根据申请人×××（以下简称申请人）
向本会提出的仲裁申请和申请人与被申请人×××（以下简称被申请人）
于××××年××月××日签订的××合同中的仲裁条款，于××××年×
×月××日受理了上述合同项下争议仲裁案。本案编号为〔××××〕×
仲案字第×号。
```

第十四章 仲裁文书

> 被申请人收到本案答辩通知、申请人的仲裁申请书副本及其附件后,于××××年××月××日向本会提交了管辖权异议书。其理由是:……(写明异议申请人提出管辖权异议的主要理由)。
>
> 本会审阅了申请人提交的仲裁申请书、被申请人提交的管辖权异议书、双方当事人于××××年××月××日签订的合同及其他证明材料后认为:被申请人提出的管辖权异议不能成立。理由如下:……(写明认定管辖权异议不成立的理由)。
>
> 基于上述理由,本会作出如下决定:
>
> 1. 驳回被申请人的管辖权异议,本案仲裁程序继续进行;
>
> 2. 针对申请人的仲裁请求,被申请人应自收到本决定之日起××日内提交书面答辩。
>
> ×××仲裁委员会
××××年××月××日

(三)内容及制作方法

1. 首部

写明文书名称,即"关于×××仲裁案管辖权异议的决定"和申请人与被申请人的基本情况。

2. 正文

简要叙述仲裁委员会于××××年××月××日根据什么受理了本案;被申请人提出管辖权异议的理由;充分论述仲裁委员会支持或者驳回当事人管辖权异议的理由和法律依据;最后明确概括仲裁委员会的决定。

应当注意的是,被申请人提出管辖权异议的理由不论是否有道理,都应当将其一一列出。对被申请人提出管辖权异议的理由,决定书应根据事实和法律逐一作出明确回答,或者支持,或者驳回,都应当详细阐明理由。

3. 尾部

写明制作决定书的仲裁委员会的名称,加盖仲裁委员会印章,并注明年月日。

第四节 涉外仲裁文书

涉外仲裁文书,是仲裁机构和当事人在涉外经济贸易、运输和海事纠纷的仲裁过程中,按照涉外仲裁程序制作的具有法律效力的文书。

在我国,涉外仲裁指的是争议具有涉外因素的仲裁。涉外的确切含义,法律未作明确表述。根据最高人民法院《关于贯彻执行〈中华人民共和国民法通则〉若干问题的意见（试行）》第178条关于"凡民事关系的一方或者双方当事人是外国人、无国籍人、外国法人的；争议的标的在外国领域内的；产生、变更或者消灭民事权利义务关系的法律事实发生在外国的，均为涉外民事法律关系"的规定，涉外民事关系的当事人发生财产权益纠纷，依据仲裁协议申请仲裁的，即为涉外仲裁；港澳台地区的法人或自然人之间，或者其与大陆的法人或自然人之间，或者其与外国法人或者自然人之间发生的纠纷的仲裁，参照涉外仲裁案件处理。

在我国《仲裁法》施行以前，有权受理涉外仲裁案件的仲裁机构只有两个，即中国国际经济贸易仲裁委员会和海事仲裁委员会。《仲裁法》生效后，如果涉外案件的争议双方当事人明确选择由新组建的仲裁委员会仲裁的，则该仲裁委员会依据有效的仲裁条款也可以受理，并按照涉外仲裁程序的特别规定进行审理。涉外仲裁应当遵循独立自主、平等互利、参照国际惯例的原则进行。我国《仲裁法》第七章对涉外仲裁作了特别规定，并在第65条规定："涉外经济贸易、运输和海事中发生的纠纷的仲裁，适用本章规定。本章没有规定的，适用本法其他有关规定。"

涉外仲裁文书主要包括涉外仲裁申请书、涉外仲裁答辩书、涉外仲裁裁决书等。由于我国加入的《承认及执行外国仲裁裁决公约》（又称1958年纽约公约）并没有规定调解书的承认和执行问题，《联合国国际贸易法委员会国际商事仲裁示范法》也没有规定调解书的执行问题，因此在涉外仲裁中，调解达成协议但需要到国外履行的，不宜制作调解书，而应制作裁决书，以便在外国法院申请执行。

我国《仲裁法》正式施行后，国内仲裁在其基本原则和制度上逐渐与国际惯例接轨，与涉外仲裁已不再具有明显差异。涉外仲裁文书与国内仲裁文书的内容和制作方法趋于统一。因此，制作涉外仲裁申请书、涉外仲裁答辩书、涉外仲裁裁决书时可以参照前述的相关文书（仲裁申请书、仲裁答辩书、仲裁裁决书）的内容和方法制作。

一、涉外仲裁申请书

涉外仲裁申请书，是具有涉外因素的争议发生后，当事人根据双方自愿达成的仲裁协议，向仲裁协议中所选定的仲裁委员会提出仲裁请求，要求该仲裁委员会通过仲裁解决纠纷而制作的文书。

涉外仲裁申请书与国内仲裁申请书的格式要求基本相同，也由首部、正文、尾部三部分组成。各部分包含的内容与国内仲裁申请书内容一致。但在文

第十四章　仲裁文书

书制作机关即××××仲裁委员会前，应当冠以"中华人民共和国"的国名；在叙述当事人基本情况时，如果当事人是外国人、无国籍人或者外国的法人、其他组织的，还应当写明其国籍、住所地并加注外文（下同）。在正文部分，有些当事人在叙述仲裁请求及所依据的事实、理由后，会加上选定仲裁员或者委托选定仲裁员的声明事项。

二、涉外仲裁答辩书

涉外仲裁答辩书，是涉外仲裁案件的被申请人为维护自己的权益，针对申请人在仲裁申请书中所提出的仲裁请求及所依据的事实、理由所作出的书面答复与反驳。

涉外仲裁答辩书的内容与国内仲裁答辩书内容一致，制作时可以参照。

三、涉外仲裁裁决书

涉外仲裁裁决书，是仲裁庭依照《仲裁法》中涉外仲裁特别程序的规定，根据查明的事实和认定的证据，对涉外争议的请求事项依法作出的予以支持或者驳回，或者部分支持、部分驳回的书面决定。

涉外仲裁裁决书与国内仲裁裁决书内容基本相同，可以参照国内仲裁裁决书制作。

制作涉外仲裁裁决书一定要准确适用法律。仲裁适用的实体法，主要遵循以下原则：一是根据意思自治原则选择所适用的法律；二是根据冲突规范选择所适用的法律；三是根据我国缔结或者参加的国际条约或者国际公约选择所适用的法律；四是必要时可以参照国际惯例。

四、制作涉外仲裁文书应注意的问题

1. 制作涉外仲裁文书，在书写仲裁文书名称时，注意不要冠以"涉外"二字，仍应称为仲裁申请书、仲裁答辩书、仲裁裁决书。无论是仲裁委员会还是案件当事人，在制作涉外仲裁文书时都应当注明申请人与被申请人的国籍。

2. 制作涉外仲裁协议时还要注意相关法律的规定。根据最高人民法院《关于适用〈中华人民共和国仲裁法〉若干问题的解释》第16条的规定，对涉外仲裁协议的效力审查，适用当事人约定的法律；当事人没有约定适用的法律但约定了仲裁地的，适用仲裁地法律；没有约定适用的法律也没有约定仲裁地或者仲裁地约定不明的，适用法院地法律。

本章习题

一、单项选择题

1. 仲裁文书是当事人间根据已达成的仲裁协议，为解决（　　）而制作的申请仲裁和仲裁机构处理解决纠纷、争议的有关文书的总称。
   A. 经济合同纠纷、劳动纠纷　　　　B. 经济合同、收养纠纷
   C. 继承纠纷、劳动争议　　　　　　D. 收养纠纷、继承纠纷

2. 仲裁协议包括合同中订立的仲裁条款和以其他方式（　　）达成的请求仲裁的协议。
   A. 在纠纷发生前　　　　　　　　　B. 在纠纷发生后
   C. 在纠纷发生前或纠纷发生后　　　D. 在诉讼过程中

3. 当事人制作仲裁申请书向仲裁机构申请仲裁必须依据（　　）。
   A. 法律规定　　　　　　　　　　　B. 合同规定
   C. 仲裁条款或仲裁协议　　　　　　D. 国际惯例

4. 仲裁申请书当事人部分写作（　　）。
   A. 申请人与被申请人　　　　　　　B. 原告与被告
   C. 申诉人与被申诉人　　　　　　　D. 仲裁人与被仲裁人

5. 仲裁反申请书是（　　）提出的。
   A. 申请人对仲裁委员会　　　　　　B. 被申请人对仲裁委员会
   C. 申请人对被申请人　　　　　　　D. 被申请人就其与申请人

6. 仲裁反申请书，是指在仲裁程序开始后，被申请人就其与申请人之间的（　　）问题，提出相反的仲裁请求的文书。
   A. 纠纷　　　B. 争议　　　C. 同一纠纷　　　D. 同一事实

7. 仲裁保全措施申请书只限于在仲裁机构（　　）提出。
   A. 进行仲裁过程中　　　　　　　　B. 作出仲裁之前
   C. 作出仲裁之后　　　　　　　　　D. 调解过程中

8. 仲裁裁决书，是指仲裁机构根据当事人的申请，依我国仲裁法规定的程序，对当事人间的纠纷进行审理后，就（　　）所作出的书面裁决。
   A. 实体问题　　　　　　　　　　　B. 程序问题
   C. 实体问题和部分程序问题　　　　D. 程序问题和部分实体问题

9. 仲裁调解书的效力与（　　）相同。
   A. 民事判决书　　　　　　　　　　B. 民事裁定书

C. 仲裁裁决书　　　　　　　　　　D. 民事调解书

10. 仲裁裁决为（　　）。

A. 一裁终局　　　　　　　　　　　B. 二裁终局

C. 诉讼的必经程序　　　　　　　　D. 申请复议的必经程序

二、多项选择题（从四个备选答案中，选出两个或两个以上的正确答案）

1. 仲裁协议包括合同中订立的仲裁条款和以其他书面方式在（　　）达成的请求仲裁的协议。

A. 纠纷发生前　　　　　　　　　　B. 纠纷发生后

C. 纠纷发生过程中　　　　　　　　D. 纠纷调解过程中

E. 诉讼后

2. 仲裁协议书必须写明的内容是（　　）。

A. 请求仲裁的意思表示　　　　　　B. 仲裁事项

C. 选定的仲裁委员会　　　　　　　D. 有关证据

三、简答题

1. 简述仲裁文书的概念和作用。
2. 简述仲裁协议书的概念。
3. 简述仲裁申请书的概念。
4. 简述仲裁答辩书的概念，仲裁反诉书的概念。
5. 简述仲裁保全措施申请书的概念。
6. 简述仲裁裁决书的概念。
7. 简述仲裁调解书的概念。

四、法律文书写作题

1. 请依法修改以下仲裁申请书。

仲裁申请书

申诉人××市××学院。地址：××市××路×号。

法定代表人××，院长。

被申诉人×市×设计事务所。地址：××市××路×号。

法定代表人××，主任。

申请要求：

（1）撤销申诉人与被申诉人签订的《××教学、生活用房工程设计合同》；

（2）被申诉人退还预付设计费×万元；

（3）仲裁费用由被申诉人承担。

事实和理由：

××××年10月5日申诉人与被申诉人签订了《××教学、生活用房工程设计合同》，随即预付设计费×万元。以后发现被申诉人是丙级设计单位，根据×建设〔××××〕第×号通知，申诉人这项工程中有甲级工程，按照规定应当由甲级设计单位承接设计。被申诉人未经市建委批准，超越规定的设计范围承接这项工程的设计任务，显然是不妥的。

被申诉人由于设计人员少，不能按合同规定的进度完成设计，以致方案设计延迟了两个月才交出。在设计费方面，被申诉人依据的收费标准也属过高。双方为此曾于××××年4月和7月间就调整设计费标准，加快设计进度以及明确设计权限等问题进行两次会谈，但未能取得一致意见。

××教学、生活用房工程的进展和质量如何是关系到申诉人今后能否提高教学、科研效果的大问题。目前情况确实无法适应申诉人教学、科研的急需。××××年1月5日申诉人根据双方所签订设计合同第×条规定："甲方中途停止设计，应及时书面通知乙方，并按国家规定付清相应设计阶段的设计费"通知被申诉人停止这项工程设计任务的委托，并对其以前所做的设计给予补偿，不料被申诉人竟将通知退回。为此，请求你会依法仲裁。

此致
××市××区经济合同仲裁委员会

申诉人　××学院
法定代表人　××
××××年××月××日

2. 根据以下案件材料，写作一份仲裁答辩书。

20××年5月，甲省A公司与乙省B公司签订了一份购销合同，约定由B公司卖给A公司洗衣粉31吨，每吨单价800元，7月30日以前交货付款，交货地点在A公司所在地火车站。

7月15日，B公司将货运抵本地火车站，恰遇铁路被洪水冲坏，货运中断，B公司即将货运回保管。同时电告A公司。同年8月10日，线路修复，货运恢复，B公司立即启运。

8月18日运抵收货方火车站。

8月19日，B公司通知A公司验货并付款。A公司以此时已过合同履行期限为由拒绝收货。经双方多次洽谈，A公司提出，若要收货，价格必须减半。B公司拒绝降价，双方始终未达成协议。为不被铁路部门罚款，B公司租用民房一间，将货暂存保管，同时继续与A公司交涉。

天有不测风云，8月22日，该地突降暴雨，B公司存货民房被洪水冲垮，洗衣粉被洪水淹没。灾后清点，仅残留13吨，且有变质现象。经鉴定只能以每吨 700 元降价处理。上列损失共计 26100 元。

　　双方就有关责任分担、损失赔偿问题，多次协商未果。由于在签订购销合同时，双方在合同中订立了仲裁条款，因此，A 公司率先向双方约定的某仲裁委员会递交了仲裁申请书，以 B 公司逾期履行合同，行为有过错为由，请求仲裁委员会判令 B 公司承担违约责任以及由此造成的经济损失。

　　现你作为 B 公司的委托代理人，为 B 公司代书一份仲裁答辩书。

　　3. 根据下列材料，拟写一份仲裁申请书。

　　××市振华中学与该市福星家具厂订有加工定做学生课桌 500 张的加工合同。合同规定于 2001 年 8 月 15 日交货，每张加工费 80 元，木料费 100 元，并要求每张桌面加贴塑料贴面。塑料贴面由学校供应。合同中订有仲裁协议，即"在合同执行过程中如发生纠纷，先由双方自行协商，协商不成时，申请××仲裁委员会仲裁"。在合同执行过程中，福星家具厂因故晚供货三周，影响了学校安排新生使用的工作。为此，双方发生争执，学校要求福星厂赔偿违约金（加工费的 3%），福星家具厂以学校提供的塑料贴面迟到 5 天为由，拒绝支付违约金。双方自行协商不成，振华中学决定向××仲裁委员会提出仲裁申请，并委托××律师事务所代书一份仲裁申请书。

　　申请人与被申请人的基本情况如下：

　　申请人：××市振华中学　××市××区××路×号　法定代表人：温××，校长。

　　被申请人：××市福星家具厂　法定代表人：刘××，厂长。

第十五章 公证文书

法者,天下之仪也。所以决疑而明是非也,百姓所具命也。

——管　子

【内容提要】

公证文书有广义和狭义之分,狭义的公证文书是指公证书,即公证机构出具的依法证明一定的民事法律行为,具有法律意义的事实和文书的真实性、合法性的证明文书。本章主要介绍狭义的公证文书即公证书。公证书可分为定式公证书和要素式公证书两类。定式公证书的格式固定,制作较为简单。要素式公证书的证词包含必备要素和选择要素两大部分,能够更为充分地满足复杂公证事项的证明需求。涉外和涉港澳台公证书由于适用范围的不同,有着特殊的要求和条件,在制作时必须加以注意。

第一节　概　　述

公证是公证机构根据自然人、法人或者其他组织的申请,依照法定程序对民事法律行为、有法律意义的事实和文书的真实性、合法性予以证明的活动。公证制度是国家司法制度的组成部分,是国家预防纠纷、维护法制、巩固法律秩序的一种司法手段。公证机构的证明活动与人民法院审理案件的诉讼活动不同。前者是在发生民事争议之前,对法律行为和有法律意义的文书、事实的真实性和合法性给予认可,借以防止纠纷,减少诉讼,它不能为当事人解决争议。而人民法院的诉讼活动,则是在发生民事权益纠纷并由当事人起诉之后进行的,其目的是作出裁决。公证制度由来已久,远在古代奴隶制的罗马共和国时代,罗马人中已经有一种经奴隶主授权、专为办理其主人法律文书的奴隶,称为"诺达里"。"诺达里"有"书写人"的意思。罗马共和国末期,在罗马法与罗马诉讼程序的形式主义统治下,罗马居民也感到需要一种从事拟定文书的法律行为的人为其服务,这样,在罗马就有了一种专门从事代书职业的人,称为"达比伦"。他们给予当事人以法律上的帮助,不仅代拟各种法律文书,

第十五章 公证文书

还签字作证明。他们具有法律知识，领取国家规定的报酬。这种代书人的制度被认为是现代公证制度的起源。

综合世界各国公证组织体制，不外三种类型：一是公证机关统一行使公证职能；二是公证机关与法院并行；三是公证机关与地方政府并行。这是基于各个国家的历史背景和不同国情形成的。

中华人民共和国成立以前，早在1946年的东北解放区，哈尔滨市人民法院于成立的同时，就承办公证事务。沈阳、上海两市解放后，人民法院也先后于1948年、1949年办理证明结婚、离婚、收养子女、委托、合同等项公证事务。

中华人民共和国成立后，在国民经济恢复时期，以及后来的第一个五年计划建设时期，为了保护国家财产，加强对资本主义工商业的社会主义改造，国务院决定在大中城市设立公证处，它的主要任务是证明国家机关、国营企业与私营企业之间签订的加工、订货等经济合同。公证员不仅审查合同的合法性与真实性，在合同的履行过程中，还进行检查监督，促使合同按约履行。

1958年以后，公证工作一度被削弱，后来几近取消。1978年，在加强社会主义民主和社会主义法制建设的方针指导下，公证工作开始逐步得到恢复与发展，各地陆续重建公证处，特别是随着国际交往的发展，公民个人发往国外使用的文书要求公证证明的逐渐增多。随着国家工作重点的转移，社会主义现代化建设的发展，合同制的推行，需要公证证明的经济合同增多，这又赋予公证以新的意义。1982年4月13日，国务院发布了中国第一部公证法规《中华人民共和国公证暂行条例》，该条例实行20多年后，由第十届全国人民代表大会常务委员会第十七次会议于2005年8月28日修订通过并公布的《中华人民共和国公证法》代替，自2006年3月1日起施行至今。我国的公证制度正在逐步完善，这些法律和制度的发展和完善，为规范公证活动，保障公证机构和公证员依法履行职责，预防纠纷，保障自然人、法人或者其他组织的合法权益起到了积极作用。

根据我国法律规定，公证机构根据自然人、法人或者其他组织的申请，依照法定程序对民事法律行为、有法律意义的事实和文书的真实性、合法性予以证明的活动就是公证。

各类主体在公证过程中制作的文书即为公证文书。公证文书有广义和狭义之分。广义的公证书是公证机构、公证当事人依法制作的各类法律文书的总称，包括公证书、公证法律意见书、公证申请表、公证受理通知书。狭义的公证文书主要包括各类公证书。公证书，是指公证机构依法对当事人申请公证的民事法律行为、有法律意义的事实和文书进行审查后，确认其真实性、合法性而出具的证明文书。

公证文书的规范化一直受到充分的重视。司法部于 1956 年第一次制定了统一的公证文书格式，有公证书格式和公证登记簿格式共 13 种。1981 年又颁发了《公证书试行格式》，共 24 式，后又陆续制定了提存、招投标、票据拒绝证书、强制执行等公证书格式。1982 年《中华人民共和国公证暂行条例》施行。1992 年司法部对公证书格式进行了大规模修订，拟就了公证书格式共计 59 式 106 种。2000 年 3 月 11 日，司法部下发了《司法部关于保全证据等三类公证书试行要素式格式的通知》，决定保全证据、现场监督、合同（协议）三类公证书试行要素式公证书格式。此外，继承类公证从 2004 年起在全国少数几个公证处进行要素式公证书的试点。2002 年 6 月 18 日，《公证程序规则》发布。2006 年 3 月 1 日，第十届全国人民代表大会常务委员会第十七次会议通过的《中华人民共和国公证法》开始施行。2006 年 7 月 1 日新的《公证程序规则》施行。2008 年 4 月 23 日，中国公证协会第五届常务理事会第五次会议通过了《办理具有强制执行效力债权文书公证及出具执行证书指导意见》。另据 2015 年 8 月公安部的通告，今后有 18 类与公民生活息息相关的事项将不再由公安机关出具专项证明，根据随后的解释，其中有几项应由公证部门出具专项证明。上述法律、法规、规章以及其他规范性文件等均为公证文书的制作提供了法律依据。

第二节　公　证　书

一、公证书的效力

依照《中华人民共和国公证法》的规定，我国的公证书所具有的效力主要表现在以下方面：

（一）证据效力

《公证法》第 36 条规定："经公证的民事法律行为、有法律意义的事实和文书，应当作为认定事实的根据，但有相反证据足以推翻该项公证的除外。"《民事诉讼法》第 67 条也作出了类似的规定。之所以如此，是因为法律行为、法律事实和文书经过公证机构证明之后，它的真实性和合法性已为公证机关所确认。在没有相反证据足以推翻公证证明的情况下，公证书可以直接作为证据使用。

（二）强制执行效力

《公证法》第 37 条规定："对经公证的以给付为内容并载明债务人愿意接

受强制执行承诺的债权文书,债务人不履行或者履行不适当的,债权人可以依法向有管辖权的人民法院申请执行。"公证机关依法赋予强制执行效力的债权文书,当事人可以向有管辖权的人民法院申请执行,受申请人民法院应当执行。故而,债权人有权根据公安机关的证明,直接申请人民法院强制执行,而不必经过人民法院的诉讼程序。

（三）法律行为成立要件效力

《公证法》第38条规定:"法律、行政法规规定未经公证的事项不具有法律效力的,依照其规定。"在中华人民共和国领域内没有住所的外国人、无国籍人、外国企业和组织委托中华人民共和国律师或者其他人代理诉讼,从中华人民共和国领域外寄交或者托交的授权委托书,应当经所在国公证机关证明,并经中华人民共和国驻该国使领馆认证,或者履行中华人民共和国与该所在国订立的有关条约中规定的证明手续后,才具有效力。此外,依据相关国际惯例,某些法律行为的设立、变更和终止必须采用公证形式的,公证成为该法律行为成立的要件之一。

（四）域外效力

公证书不仅在国内具有法律效力,还具有域外效力,被广泛地运用于国际交往中。按照国际惯例,我国公民到国外或有关地区探亲、定居、留学、继承财产、履行劳务合同等,法人或其他组织从事对外贸易活动或进行涉外诉讼等,都需要我国公证机构出具有关公证文书,证明当事人的身份和有关事实情况,方能得到所在国家或有关地区的承认和接受。

二、公证书的分类

按照不同的标准,可将公证书划分为不同的类别。较为常见的公证书的分类有:

（一）定式公证书和要素式公证书

这是依照公证书的制作格式进行划分。定式公证书是指必须按照司法部规定的格式要求加以填写的公证书。要素式公证书是指在遵循统一格式的前提下,必须在公证书的正文部分阐明具体要素的公证书。要素式公证书的证词包含必备要素和选择要素两大部分,能够更为充分地满足复杂公证事项的证明需求。

（二）民事法律行为的公证书、有法律意义的事实的公证书和有关法律意义的文书的公证书

此乃按照公证的证明对象进行划分。民事法律行为的公证书是指公证机构出具的证明有关民事法律行为方面的公证书。主要包括证明合同,证明继承,

证明单方法律行为，证明招标投标、拍卖、收养、认领亲子等活动的公证书。有法律意义的事实的公证书是指公证机关出具有关民事法律事实的公证书。主要包括：证明法律事件，如出生、死亡、不可抗力的自然灾害等；其他在法律上有一定影响的事实，如证明未受刑事处罚、经历等法律意义的事实的公证书。有法律意义的文书的公证书是指公证机构出具的证明有关文书上的印章、签名属实，证明有关文书的副本、节本、影印本、译本与原本相符的公证书。

（三）国内公证书、涉外公证书和涉港澳台公证书

这是以公证书的运用范围为标准进行的划分。国内公证书是指公证机构为我国公民、法人或其他组织办理的在国内使用的公证书。涉外公证书是指公证机构根据当事人的申请，依法出具的含有涉外因素的公证书，即当事人、证明对象、公证文书使用地等因素至少有一项以上涉外的公证书。涉港澳台公证书是指公证机构根据当事人的申请，依法出具的涉港澳台公证的公证书。涉港澳台公证书是一种特殊的国内公证文书。

三、出具公证书的条件

《公证法》第 27 条规定："申请办理公证的当事人应当向公证机构如实说明申请公证事项的有关情况，提供真实、合法、充分的证明材料；提供的证明材料不充分的，公证机构可以要求补充。"由于申请人申请公证的事项不同，因此公证机构出具公证书的条件也各不相同。

（一）民事法律行为的公证书的出证条件

依据《公证程序规则》规定，民事法律行为的公证，应当符合下列条件：当事人具有从事该行为的资格和相应的民事行为能力；当事人的意思表示真实；该行为的内容和形式合法，不违背社会公德；公证法规定的其他条件。对于不同的民事法律行为公证的办证规则有特殊要求的，从其规定。

（二）有法律意义的事实或文书的公证书的出证条件

依照《公证程序规则》的规定，有法律意义的事实或者文书的公证，应当符合下列条件：该事实或者文书与当事人有利害关系；事实或者文书真实无误；事实或者文书的内容和形式合法，不违背社会道德；公证法规定的其他条件。同样，针对不同的有法律意义的事实或者文书公证的办证规则有特殊要求的，从其规定。

（三）具有强制执行效力的债权文书的公证书的出证条件

依据《公证程序规则》的规定，具有强制执行效力的债权文书的公证，应当符合下列条件：债权文书以给付货币、物品或者有价证券为内容；债权债务关系明确，债权人和债务人对债权文书有关给付的内容无疑义；债权文书中

第十五章　公证文书

载明当债务人不履行或者不适当履行义务时，债务人愿意接受强制执行的承诺；公证法规定的其他条件。

四、公证书结构

公证书的结构可分为首部、正文、尾部三个部分：

（一）首部

1. 公证书的名称

要素式公证书，写明"公证书"；定式公证书，写明"××公证书"。办理公证事项通常要求一事一证。但有几项证明内容属于同一使用目的而需合并成一份证书的，也可以几事一证。

2. 公证书编号

公证书的编号统一由办理公证的年度、公证处代码、公证书编号组成，公证书均须编号，一宗公证事项，需要制作多份公证书的，应按顺序每份编号而不能几份同编一个号；如几项内容办成一份公证书的，应按一件计，只编一个号。有关继承问题的公证书，继承权公证书的编号应在委托公证书之前；遗嘱公证书的编号又应排在继承权公证书之前。这是因为，委托书、遗嘱是委托人、立遗嘱人出具的文件，不应另行编号。

3. 当事人及其代理人的基本情况

当事人是公民个人的，应当写明其姓名、性别、年龄、民族、籍贯、工作单位和住址。当事人的出生地一般只写省、县（市）的名称。如省、县（市）的名称有变化，则应写出生时的名称；如果出生时的地名现已不存在，则可在地名前边加上"原"字。出生日期一律用公历，写明×××年××月××日，必要时，可用括号注明农历日期。

当事人是法人或其他组织的，则应当分项写明法人或其他组织的名称、住所地，法定代表人或主要负责人的姓名等内容，当事人有代理人的，写明代理人的姓名和基本情况。

4. 公证事项

这是要素式公证书新增的内容。应另起一行，简要写明对象的名称或类别。

（二）正文

公证证词是公证书的正文，也是其核心部分，包括公证证明的对象，公证证明的范围和内容，证明所依据的法律法规等。应当注意的是，公证证明的对象、范围不同，公证的条件、内容、注意事项也不同。书写时应予区别。

公证证词中注明的文件是公证书的组成部分。

公证书不得涂改、挖补，必须修改的应加盖公证处校对章。

(三) 尾部

1. 制作公证书的公证机构的名称

制作公证书的公证机构的名称应注意使用全称。

2. 承办公证员的签名

公证员签名章是公证员本人依法履行职务，加盖于公证文书上的签名图章。其形状为长方形，长4.5厘米、宽2.5厘米，不加边框。公证员签名章中，公证员姓名由本人自左而右排列书写，使用国务院公布的汉字简化字，字迹应清晰、匀称，易于辨认。签名章必须使用蓝色印油。申请人一般应签字，不会写字的可以盖章，通常不按手印。一般不在外国文件或外文正本上盖我公证机构和公证员印章。但如外国文件或外文正本上无损害我国主权与我国法律、政策相抵触的内容，可以另纸公证的形式予以证明。

3. 出具日期

出具公证书的具体年月日应予标明，需要审批的公证事项，审批人的批准日期为公证书的出具日期；不需要审批的公证事项，承办公证员的签发日期公证书的出具日期；现场监督类公证需要现场宣读公证证词的，宣读日期为公证书的出具日期。根据《公证程序规则》第44条的规定，公证书自出具之日起生效。

4. 公证处印章、钢印

在公证事务中公证机构使用法定印章应同时满足在公证书上与公证员签名配套使用的形式要求。涉外、涉港澳台公证书必须加盖钢印。

5. 照片

部分涉外、涉港澳台公证书需要加贴当事人的照片。根据需要和使用国的要求需要贴照片的，均须在公证书左下方贴当事人本人二寸免冠照片，并加盖公证处钢印。如发往美国使用的出生公证书需加贴当事人照片。泰国也要求在出生和未婚公证书上加贴当事人照片。结婚公证书贴夫妻二人单身或是合影照片均可。当事人要求贴照片的，应在公证书中加贴本人照片。用于继承等的结婚公证书，如配偶一方死亡后，另一方提供不了死亡者照片的，则不必在公证书上贴照片，对于需办理认证的，公证处在送认证时应加以说明。

此外，依据《公证程序规则》第43条的规定，制作公证书应当使用全国通用的文字。在民族自治地方，根据当事人的要求，可以同时制作当地通用的民族文字文本。两种文字的文本，具有同等效力。发往我国香港、澳门、台湾地区使用的公证书应当使用全国通用的文字。发往国外使用的公证书应当使用全国通用的文字。根据需要和当事人的要求，公证书可以附外文译文。发

第十五章 公证文书

往域外使用的公证书一般均须附译文（日本等不要求译文的国家或地区除外）。译文排在公证书证词之后。对于证明有法律意义文书的，应将所在证明文件的译文排在公证书证词之后，再将公证书译文排在所在证明文件的译文之后。对于还需证明译文与原文相符的，其排列顺序为：（1）所证明文件（如声明书、委托书）中文本（或复印件）；（2）公证书；（3）所证明文件的译文；（4）公证书译文；（5）证明译文与原文相符的公证书；（6）证明译文与原文相符的公证书译文。对于仅证明译文与原文相符的，应将所证明文件的中文排在第1页，其译文排在第2页，公证书排在第3页，公证译文排在第4页。

第三节 要素式公证书

一、要素式公证书概述

（一）要素式公证书的概念

要素式公证书，是指经当事人申请，公证机构依法出具的，文书内容由规定的要素构成，而行文结构、文字表达均是由公证员结合具体事项的需要所撰写的公证书。

《公证法》第32条规定："公证书应按照国务院司法行政部门规定的格式制作，由公证员签名或者加盖签名章并加盖公证机构印章。公证书自出具之日起生效。公证书应当使用全国通用的文字；在民族自治地方，根据当事人的要求，可以制作当地通用的民族文字文本。"《公证程序规则》第42条亦规定："公证书应当按照司法部规定的格式制作。公证书包括以下主要内容：（一）公证书编号；（二）当事人及其代理人的基本情况；（三）公证证词；（四）承办公证员的签名（签名章）、公证机构印章；（五）出具日期。公证证词证明的文书是公证书的组成部分。有关办证规则对公证书的格式有特殊要求的，从其规定。"此皆为制作要素式公证书所依据的法律规范。

要素式公证书的证词内容包括必备要素和选择要素两大部分。必备要素为公证书证词中的必备内容；选择要素为根据公证证明的实际需要或当事人的要求，酌情在公证书证词中写明的内容。要素式公证书能够较为全面地满足复杂公证事项的证明需求。要素式公证书的推行，一方面增强了公证书的证明力，另一方面也对公证人员提出了更高的要求。

(二) 要素式公证书的格式及制作程序
1. 要素式公证书的格式

```
                        公证书
                              〔××××〕×证×字第×号

  申请人：（基本情况）
  公证事项：××××
  证词内容：
  一、必备要素
  1. 申请人全称或姓名、申请日期及申请事项。
  2. 公证处审查（查明）的事实。
  3. 公证结论。
  二、选择要素
  包括公证员认为需要说明的其他事实或情节及附件。
            中华人民共和国××省××市（县）××公证处（公章）
                        公证员（签名章）
                        ××××年××月××日
```

2. 要素式公证书的制作程序

首先应由公民、法人或其他组织提出申请，并提交证明事项要求的相关材料，对符合申请条件的申请，公证处应予受理、公证处受理公证申请后，应进行分类登记。登记事项包括公证类别、当事人姓名（名称）、法人代表（代理人）姓名、受理日期、承办人、审批人、办结日期、结案方式、公证书编号等。公证处受理公证申请后，还应按规定标准向当事人收取公证费。当事人交纳公证费有困难的，应提出书面申请，由公证处主任或副主任决定是否减免。公证处可以应当事人的请求，帮助当事人起草、修改法律文书，如合同等。针对当事人申请公证的文书内容不完善，用词不当的，公证人员应当指导当事人予以改正，当事人拒绝修改的，应在笔录中注明。

公证处办理招标投标、开奖、拍卖等公证事项，承办公证员应亲临现场，对其真实性、合法性予以审查核实合法的，当场宣读公证词。如发现当事人有弄虚作假违反活动规则或违法行为的，应当场责令当事人予以改正；拒不改正的，公证员应当拒绝宣读公证词。对符合条件的公证事项，由承办公证员草拟公证书后连同公证卷宗，报公证处主任、副主任或其指定的公证员审批出证，审批人批准日期即为出证日期。

公证事项自受理之日起1个月内办结。重大复杂的，当事人举证不足的，

第十五章 公证文书

或者需委托调查的公证事项，经公证处主任或副主任批准，可适当延长，但最长不得超过6个月。公证书需要办理领事认证的，应由承办公证处送有关部门认证，并代收认证费。

公证书由当事人或其代理人到公证处领取，也可由公证处发送。当事人或其代理人应在公证书送达回执上签名或盖章，并注明收到的日期、份数和公证书编号。当事人对公证处作出的不予受理、拒绝公证、撤销公证书的决定有异议的，可以在接到决定之日起60日内，向该公证处的本级司法行政机关申请复议，复议申请人对复议决定不服的，可以在接到复议日内向人民法院起诉。

二、保全证据公证书

（一）保全证据公证书的概念

保全证据公证书，是指公证机构根据当事人的申请，对与之有关的、日后可能灭失或难以取得的证据或行为，加以收存、固定、描述、监督所出具的公证书。

保全证据公证书分为保全证人证言或当事人陈述公证书；保全物证、书证公证书；保全视听资料、软件公证书；保全行为公证书。制作保全证据公证书可以有效地防止证据灭失，为人民法院及时解决纠纷提供可靠的法律依据，从而有效地维护申请人的合法权益。

（二）保全证据公证书的及制作程序

1. 保全证据公证书的格式

公证书

〔××××〕×证×字第×号

申请人：（基本情况）
公证事项：保全××证据

　　申请人××（单位全称）因××××（申请保全证据的原因及用途）。向我处申请对××（保全标的名称）进行保全证据。

　　根据《中华人民共和国公证法》的规定，本公证员与公证员××于×××年××月××日在××（地点），对保全标的进行了××、××（保全方式），制作了××文件××份，照片××张。整个工作过程由公证员××制作了工作记录一份。

　　兹证明，与本证书相粘的工作记录的复印件与原件内容相符，原件上公证员与申请人的签名属实；本公证书所附（或保存于××地点的）照片××

> 张为××现场拍摄，与现场实际情况相符。
>   附件：（1）……
>   （2）……
>   中华人民共和国××省××市（县）××公证处（公章）
>   公证员（签名章）
>   ××××年××月××日

2. 保全证据公证书的制作程序

办理保全证据公证，由当事人住所地或事实发生地公证处受理。申请人应提供以下证明材料：（1）申请人的身份证明材料。自然人应提供身份证件；法人应提供法人资格证明、法定代表人的身份证明。如代理人代办应提供法人授权委托书和代理人的身份证件；申请人是其他组织的，应提交有关部门制发的主体资格证明、负责人的资格证明及本人的居民身份证。（2）需保全证据的有关情况的材料，如拆迁房屋的拆迁证、房屋所有权证等。（3）需保全的证据与申请人在法律上有关联的材料，如知识产权、商标侵权的版权证明、商标使用权证明等。可申请保全的证据包括证人证言、书证、物证、视听资料；现场情况等。

（三）保全证据公证书首部的制作

1. 公证书名称

应明确写明"公证书"。

2. 公证书编号

包括年度、公证处代码、公证书编码，一般书写为：〔××××〕×证×字第×号。

3. 当事人及其代理人的基本情况

当事人是公民个人的，应当写明其姓名、性别、年龄、民族、籍贯、工作单位和住址。当事人是法人或其他组织的，则应当分项写明法人或其他组织的的名称（全称）、住所地，法定代表人或主要负责人的姓名等内容。当事人由代理人的，写明代理人的姓名和基本情况。

4. 公证事项

简要写明需要公证证明的证据的名称或类别，如保全视听资料。

（四）保全证据公证书正文的制作

1. 证词的必备要素

（1）申请人的姓名或全称、申请日期及申请事项。当事人是自然人的，应当写明其姓名、性别、年龄、民族、籍贯、工作单位和住址。申请人是外国

第十五章　公证文书

人的,写明国籍。当事人是法人或其他组织的,写明法人或其他组织的名称、住所地,法定代表人或主要负责人的姓名等内容。当事人有代理人的,写明代理人的姓名和基本情况。身份证号码和护照号码可酌情列写。

(2) 保全标的的基本情况。包括保全行为的名称、参与人的数量、姓名(名称)、活动的起止时间、地点及内容等。

(3) 保全的时间、地点。

(4) 保全的方式方法。

(5) 保全证据的关键过程。包括:保全时在场人员。写明承办公证的人员及在场的相关人员的人数、姓名;公证人员对行为时间、地点、方式、关键过程及在场的相关人员的人数、姓名;公证人员对行为事件、地点方式、关键过程及行为结果的客观记述;取得的证据数量、种类、形式存放处所等;行为当事人对取得的证据予以确认的方式和过程。

(6) 公证员的结论。应包括以下内容:行为人的资格及行为能力,行为的内容和结果是否真实,取得证据的数量、种类、日期,取得证据的存放方式及存放地点,保全证据的方式、方法、程序是否真实、合法。

2. 证词的选择要素

证词的选择要素主要有:申请保全证据的原因、用途及目的;办理该项公证的法律依据(公证法规或有关规章等);行为的性质及法律意义;有书证、物证能够证明行为根据的,应写明书证、物证的名称;公证书正本和副本;附件。附件的名称、顺序号应在公证词中列明。

(五) 保全证据公证书尾部的制作

保全证据公证书的尾部主要是公证机构的印章和公证员的签名章,以及公证书的出具日期。

三、现场监督类公证书

现场监督类公证书,是指公证机构依法办理招标、拍卖、开奖、股份公司创立大会等现场监督公证所出具的公证书。

现场监督公证书包括招标公证书、拍卖公证书、开奖公证书、股份公司创立大会公证书、股票认购证抽签公证书等,具有对抗第三人的广泛性、公开性,活动的阶段性与证词发布的即时性等特点。以下就几种主要的现场监督类公证书予以介绍。

(一) 拍卖公证书

1. 拍卖公证书的概念

拍卖公证书,是公证机构依法出具的证明拍卖活动真实、合法的公证书。

拍卖公证书有利于明确拍卖各方当事人的责任，平衡拍卖人与竞买人之间的利益，预防和减少拍卖纠纷以及拍卖过程中的不法行为，维护拍卖市场的秩序，维护拍卖各方当事人的合法权益。

2. 拍卖公证书的格式

公证书

〔××××〕×证×字第×号

申请人：甲（基本情况）

公证事项：××拍卖

甲于××××年××月××日向本处提出申请，对××××年××月××日举行的拍卖活动进行现场监督公证。

经查，甲向本处提交的××、××（证明材料名称）均真实、有效。委托人××、拍卖人××、拍卖师××符合《中华人民共和国拍卖法》第三章的规定，竞买人××、××符合拍卖公告的规定，委托人对拍卖标的享有合法处分权。本次拍卖活动已得到××（审批机构名称）批准。甲于××××年××月××日发布了拍卖公告，并于××××年××月××日展示了拍卖标的，拍卖规则和拍卖程序符合《中华人民共和国公证法》的规定。

根据《中华人民共和国拍卖法》、《中华人民共和国公证法》、《公证程序规则》的规定，本处公证员××、××于××××年××月××日在××（地点）出席了拍卖现场。经审查和监督，拍卖活动中采用的××（具体拍卖方式）和××（具体竞价形式）符合拍卖规则，拍卖结果为××以人民币××元购得拍卖标的。

兹证明本次拍卖活动及拍卖结果真实、合法、有效。

附件：（1）成交确认书
　　　（2）……

中华人民共和国××省××市（县）××公证处（公章）

公证员（签名章）

××××年××月××日

3. 拍卖公证书首部的制作

（1）公证书名称。写明"公证书"。

（2）公证书编号。由年度、公证处代码。公证书编码组成。一般书写为：〔××××〕×证×字第×号。

（3）当事人及其代理人的基本情况，当事人是自然人的，应当写明其姓

— 439 —

名、性别、年龄、民族、籍贯、工作单位和住址。当事人是法人或其他组织的，则应当分项写明法人或其他组织的名称、住所地，法定代表人或主要负责人的姓名等内容。当事人有代理人的，写明代理人的姓名和基本情况。

（4）公证事项。写为"××拍卖"。

4. 拍卖公证书正文的制作

（1）证词内容的必备要素：申请人的全程或姓名、申请日期及申请事项；对委托人、拍卖人、拍卖师及竞买人资格的审查情况；拍卖标的的基本情况及对其所有权或处分权的审查结果；拍卖公告及拍卖标的展示情况；对拍卖规则内容的审查结果；拍卖活动是否得到有关部门的批准或许可；承办的公证机构名称、承办公证人员姓名及公证的法律依据；拍卖的时间、地点及拍卖过程（含拍卖方式、竞价形式）是否符合拍卖规则；拍卖结果及公证结论，具体内容为当事人的资格是否合法、意思表示是否真实，拍卖程序是否真实、合法，对拍卖结果的确认等。

（2）证词内容的选择要素：申请人提供的主要证据材料的真实性、合法性；拍卖人对拍卖标的的来源、瑕疵及相关责任的说明；有调查取证情节的，可据查证时间对查证认定的事实在公证书中逐项列出；拍卖活动有见证人的，应将其民事主体资格状况连同"见证人×××、×××在场见证"字样一并在公证书中加以描述；公证员认为需要认定的其他事实或情节；公证书的生效日期和附件。

5. 拍卖公证书尾部的制作

（1）公证机构的印章和公证员的签名章。

（2）公证书出具的日期。

（二）招标公证书

1. 招标公证书的概念

招标公证书，是公证机构依法出具的证明招标活动真实、合法的公证书。

招标公证书有利于促进招标各方严格遵循公平竞标、择优中标的招标原则，及时制止招标过程中的不法行为，完善招标程序，维护招标各方当事人的合法权益。

2. 招标公证书的格式

公证书

〔××××〕×证×字第×号

申请人：甲（单位全称），（基本情况）

法定代表人：（姓名及基本情况）

公证事项：××招标

甲于××××年××月××日向本处提出申请，对××（招标项目全称）进行现场监督公证。

经查，××招标项目已得到××（审批机构名称）批准。招标人甲向本处提供的××、××（营业执照、委托书、招标资质、项目审批书、招标文件等文件名称）均为真实、有效。甲具有《中华人民共和国招标投标法》第二章规定的招标资格。招标文件于××××年××月××日以××（方式）送达标方，招标人于××××年××月××日主持召开了项目答疑会，组织勘验了项目现场等，符合法定程序；招标文件及评标原则合法、有效。

根据《中华人民共和国招标竞标法》、《中华人民共和国公证法》、《公证程序规则》的规定，本处公证员××、××于××××年××月××日在××（地点）出席了招标现场。经现场监督认为：投标方具有《中华人民共和国招标竞标法》第三章规定的投标资格（或因××，不具有投标资格），标箱及标书密封完好，××、××（投标单位全称）所投标书均符合招标文件的规定，为有效标书（或××所投标书因××无效），开标、评标、定标活动均符合《××》（相应法律、法规、规章）和招标文件的规定。经评标委员会评议，××（中标单位全称）中标。

兹证明（或本公证员在此证明）本次招标活动及招标结果真实、合法、有效。

附件：（1）……
　　　（2）……

中华人民共和国××省××市（县）××公证处（公章）

公证员（签名章）

××××年××月××日

3. 招标公证书首部的制作

（1）公证书名称。写明"公证书"。

（2）公证书编号。由年度、公证处代码、公证书编码组成。一般书写为：〔××××〕×证×字第×号。

（3）当事人及其代理人的基本情况。当事人是自然人的，应当写明其姓名、性别、年龄、民族、籍贯、工作单位和住址。当事人是法人或其他组织的，则应当分项写明法人或其他组织的名称、住所地，法定代表人或主要负责人的姓名等内容。当事人有代理人的，写明代理人的姓名和基本情况。

（4）公证事项。写为"××招标"。

4. 招标公证书正文的制作

（1）证词内容的必备要素：申请人全称、申请日期及申请事项；对招标人、招标代理机构及投标人资格的审查情况；招标项目名称、招标方式（公开或邀请）及是否得到有关部门的批准；招标公告或投标邀请书、招标文件的发布及送达情况；对招标文件的审查结果；标箱密封、投标文件封存情况及投标截止时间收到的投标文件情况；承办的公证机构名称，承办公证人员姓名及公证的法律依据；开标的时间、地点及对开标程序的监督结果，对投标文件有效性的审查结果；对评标委员会资格的审查及评标程序的监督结果；中标结果及公证结论，应包含的内容为当事人的资格是否合法、意思表示是否真实，招标投标程序是否真实、合法，对中标结果的确认，即中标人名称、中标项目、中标价格、中标日期及地点等。

（2）证词内容的选择要素：申请人提供的主要证据材料的真实性、合法性；投标人对投标文件的澄清或说明；对评标原则、标准和方法的审查结果；对招标投标活动中形成的重要工作记录及视听资料真实性及封存情况的证明；有调查取证情节的，可据查证时间对查证认定的事实在公证书中逐项列出；招标活动有见证人的，应将其民事主体资格状况连同"见证人×××、×××在场见证"字样一并在公证书中加以描述；公证员认为需要认定的其他程序事项；以及公证书的生效日期和附件。

5. 招标公证书尾部的制作

（1）公证机构的印章和公证员的签名章。

（2）公证书出具的日期。

（三）开奖公证书

1. 开奖公证书的概念

开奖公证书，是指公证机构依法出具的证明有奖活动真实、合法的公证书。

开奖公证书有利于从法律上完善有奖活动的程序，防止徇私舞弊等违法行为的发生。

2. 开奖公证书的格式

公 证 书

〔××××〕×证×字第×号

申请人：甲（单位全称），（基本情况）

法定代表人：（姓名及基本情况）

公证事项：××开奖

  甲于××××年××月××日向本公证处提出申请，对××（有奖活动全称）进行现场监督公证。

  经查，甲向本处提交的××、××（营业执照、委托书、项目审批书等文件名称）均真实、有效。××有奖活动已获得项目主管部门批准，甲具有举办该项活动的合法资格。

  根据《中华人民共和国公证法》、《公证程序规则》及《××》（有关法律、法规、规章等）的规定，本处公证员××、××于××××年××月××日在××（地点）出席了××（开奖单位）举办××（开奖活动全称）开奖大会。经查验，开奖器具合格，使用正常，开奖程序符合××章程规定。

  兹证明开奖以××方式当众确定××（奖级）号码为××号；××（奖级）号码为××号；××（奖级）号码为××号。以上各种中奖号码真实、有效。

  附件：（1）……
     （2）……

     中华人民共和国××省××市（县）××公证处（公章）
         公证员（签名章）
        ××××年××月××日

3. 开奖公证书首部的制作

（1）公证书名称。写明"公证书"。

（2）公证书编号。由年度、公证处代码、公证书编码组成。一般书写为：〔××××〕×证×字第×号。

（3）当事人及其代理人的基本情况。当事人是自然人的，应当写明其姓名、性别、年龄、民族、籍贯、工作单位和住址。当事人是法人或其他组织

第十五章 公证文书

的，则应当分项写明法人或其他组织的名称、住所地，法定代表人或主要负责人的姓名等内容。当事人有代理人的，写明代理人的姓名和基本情况。

（4）公证事项。写明有奖活动的名称或类别，如福利彩票、体育彩票的开奖等。

4. 开奖公证书正文的制作

（1）证词内容的必备要素：申请人全称、申请日期及申请事项；对有奖活动主办单位资格的审查情况；有奖活动名称、开奖方式及是否得到有关部门的批准；对有奖活动规则（或办法）的审查结果；奖券发行总额、回收的有效奖券数额、未发出的奖券封存、销毁等情况；开奖的时间、地点及对开奖器具的查验结果；承办的公证机构名称，承办公证人员姓名及公证的法律依据；对有奖活动程序及开奖方式的监督结果；开奖结果及公证结论，应标明当事人的资格是否合法、意思表示是否真实，有奖程序是否真实、合法，对中奖结果的确认，即中奖号码、中奖等级、中奖人姓名和奖品名称等事项。

（2）开奖公证书的选择要素：申请人提供的主要证据材料的真实性、合法性；有奖活动通知（或公告）的发布情况，主办单位对有奖活动规则的澄清或说明；需要进行评奖的，应写明对评奖人资格、评讲原则、标准、方法的审查结果，及对评奖程序的监督结果；对开奖活动中形成的重要工作记录及视听资料真实性及封存情况的证明；有调查取证情节的，可据查证时间对查证认定的事实在公证书中逐项列出，开奖活动有见证人的，应将其民事主体资格状况连同"见证人×××、×××在场见证"字样一并在公证书中加以描述；公证员认为需要认定的其他程序事项；一级公证书的生效日期和附件。

5. 开奖公证书尾部的制作

（1）公证机构的印章和公证员的签名章。

（2）公证书出具的日期。

四、合同协议类公证书

（一）合同协议类公证书的概念

合同协议类型公证书，是指公证机构依法出具的证明当事人签订的合同的真实、合法的公证书。合同协议类公证书包括一般合同或协议公证书、土地使用权出让（或转让）合同公证书、商品房买卖合同公证书三种。

合同协议类公证书能够帮助签约各方当事人完善合同条款，明确各方的权利、义务和违约责任，从而避免纠纷的发生；发生纠纷时，公证书具有证据效力；有助于及时发现虚假合同、无效合同，预防和制止利用合同进行违法活动，维护合同当事人的合法权益。

（二）合同协议类公证书的格式

```
                      公    证    书
                              〔××××〕×证×字第×号
     申请人：（基本情况）
     公证事项××：合同（或协议）
     证词内容
     一、必备要素
     二、选择要素

     附件：（1）……
           （2）……
              中华人民共和国××省××市（县）××公证处（公章）
                        公证员（签名章）
                       ××××年××月××日
```

（三）合同协议类公证书首部的制作

1. 公证书名称

应写明"公证书"。

2. 公证书编号

公证书编号由年度、公证处代码、公证书编码组成。一般书写为：〔××××〕×证×字第×号。

3. 当事人及其代理人的基本情况

具体内容与前文相同，在此不再赘述。

4. 公证事项

写为"××合同（或协议）"。

（四）合同协议类公证书正文的制作

1. 证词内容的必备要素

（1）申请人全称、申请日期及申请事项。

（2）公证处审查（查明）的事实。包括当事人的身份、资格及签订合同的民事权利能力和行为能力；代理人的身份及代理权限；担保人的身份、资格及担保能力；当事人签订合同的意思表示是否真实，是否对合同的主要条款取得了一致意见；合同条款是否完备，内容是否明确、具体；是否履行了法律规定的批准或许可手续。

（3）公证结论。包括：当事人签订合同的日期、地点、方式；当事人签订合同行为的合法性；合同内容的合法性；当事人在合同上签字、盖章的真实性。

2. 证词内容的选择要素

（1）合同标的物的权属情况及相关权利人的意思表示。

（2）当事人对合同内容的重要解释或说明。

（3）当事人是否了解合同的全部内容。

（4）合同生效日期及条件等。

（5）公证员认为需要说明的其他事实或情节。

（6）附件。

（五）合同协议类公证书尾部的制作

合同类公证书的尾部包括公证机构的印章和公证员的签名章，公证书出具的日期等事项。

五、继承权公证书

（一）继承权公证书的概念

继承权公证书，是公证机构根据公民的申请，依法出具的证明继承人的继承为行为真实、合法的公证书。

继承权公证书能够证明继承行为的真实性和合法性，有利于保护继承人的合法权益，预防和避免继承纠纷的产生。一旦发生纠纷，也有利于迅速、及时地解决继承纠纷。自 2004 年起，继承类公证在全国少数几个公证处进行要素式公证书试点。

（二）继承权公证书的格式

```
                    公  证  书
                              〔××××〕×证×字第×号

申请人：（基本情况）

被继承人：（基本情况）

公证事项：继承权

证词内容

一、必备要素

二、选择要素

附件：（1）……
      （2）……

              中华人民共和国××省××公证处（公章）
                          公证员（签名章）
                          ××××年××月××日
```

（三）继承公证书的制作

1. 首部

（1）公证书名称应写为"公证书"。

（2）公证书编号，编号由年度、公证处代码、公证书编码组成。一般书写为：〔××××〕×证×字第×号。

（3）当事人及其代理人的基本情况，包括申请人和被继承人的基本情况。

（4）公证事项，写为继承权。

2. 正文

（1）证词内容的必要因素

①申请人全称、申请日期及申请事项。

②公证处查明的事实。包括当事人的行为能力情况；被继承人死亡的事实；被继承人的个人合法财产及其证明；被继承人生前有无医嘱或遗赠扶养协议的情况；被继承人的婚姻、父母、子女情况及有关亲属关系；申请人对是否继承被继承人遗产的意思表示。

③公正结论。

（2）证词内容的选择要素

①申请人提供的主要证据材料的真实性、合法性。

②有调查取证情节的，可据查证时间对查证认定的事实在公证书中逐项列出。

③公证员认为需要说明的其他事实或情节。

④附件。

3. 尾部

继承权公证书的尾部应加盖公证机构的印章和公证员的签名章，表明公正书出具的日期。

（四）继承权公证书的实例

公证书

〔××××〕×公证内字第×号

申请人：陈××，女，××××年××月××日出生，现住××，身份证号码：××。

张×甲，男，××××年××月××日出生，现住××，身份证号码：××。

张×乙，男，××××年××月××日出生，现住××，身份证号码：××。

张×丙，男，××××年××月××日出生，现住××，身份证号码：××。

张×丁，男，××××年××月××日出生，现住××，身份证号码：××。

张×戊，女，××××年××月××日出生，现住××，身份证号码：××。

被继承人：张××，男，××××年××月××日出生，生前住××省××市。

公证事项：继承权

申请人陈××、张×甲、张×乙、张×丙、张×丁、张×戊因继承被继承人张××的遗产，于××××年××月××日向我处申请办理继承权公证。

经查，申请人陈××、张×甲、张×乙、张×丙、张×丁、张×戊均具有相应的民事权利能力和民事行为能力。

根据《中华人民共和国公证法》及《公证程序规则》的要求，我处对申请人提交的权利证明及相关证据材料进行了审查核实，并对申请人及有关人员进行了询问，依法制作了谈话笔录，现查明：

1. 被继承人张××于××××年××月××日在××省××市因病死亡。

2. 被继承人张××死亡时遗留的财产为：坐落在××市××区××路××号的房屋（详见×房证字第××号××市房屋所有权证）。上述房屋为被继承人张××与配偶陈××的夫妻共有财产，各占二分之一的产权份额。

3. 申请人称未发现被继承人张××生前立有遗嘱或与他人签订过遗赠扶养协议。

4. 被继承人张××与其配偶陈××婚后被共生育有五个子女：张×甲、张×乙、张×丙、张×丁、张×戊，无收养其他子女；被继承人张××的父母均先于其死亡。

5. 现申请人陈××、张×甲、张×乙、张×丙、张×丁、张×戊均表示要求继承被继承人陈××的上述财产。

根据以上事实和《中华人民共和国继承法》的有关规定，上述房屋的二分之一产权份额为被继承人张××的遗产，被继承人张××的上述房屋遗产应由陈××、张×甲、张×乙、张×丙、张×丁、张×戊共同继承。继承后，陈××占有上述房屋的十二分之七的产权份额；张×甲、张×乙、张×丙、张×丁、张×戊各占十二分之一的产权份额。

> 特此证明。
>
> 　　　　　　中华人民共和国××省××市××公证处
> 　　　　　　　　　公证员　×××
> 　　　　　　　　　××××年××月××日

第四节　定式公证书

一、定式公证书的概念和种类

定式公证书，是指经当事人申请，公证机构依法出具的，文书内容由规定的要素构成，必须按照司法部规定的格式要求加以填写的公证书。

除依司法部要求制作要素式公证书的公证事项外，对其他公证事项出具的公证书皆为定式公证书，主要包括继承、赠与、遗嘱公证书，婚姻状况、亲属关系、收养关系公证书；出生、生存、死亡、身份、经历、学历、学位、职务、职称，有无违法犯罪记录公证书等。本节主要针对在实践中应用较多的定式公证书讲解其制作。

二、遗嘱公证书

（一）遗嘱公证书的概念

遗嘱公证书，是公证机构依法出具的证明遗嘱人立遗嘱的行为真实、合法的公证书。

（二）遗嘱公证书的格式和制作程序

1. 遗嘱公证书的格式

> 　　　　　　　　　遗嘱公证书
> 　　　　　　　　　　〔××××〕×证×字第×号
> 　　兹证明×××（写明姓名、性别、出生年月日和现住址）于××××年××月××日在×××（地点或公证处），在我和×××（可以是其他公证员，也可以是见证人）的面前，立下了前面的遗嘱，并在遗嘱上签名（或者盖章）。
> 　　经查，遗嘱人的行为和遗嘱的内容符合《中华人民共和国继承法》第×条的规定，是合法有效的。
> 　　　　　　中华人民共和国××省××市（县）××公证处（公章）
> 　　　　　　　　　公证员（签名章）
> 　　　　　　　　　××××年××月××日

2. 遗嘱公证书的制作程序

办理遗嘱公证书必须经过申请、受理、审查和出证四个程序。

(1) 申请。申请人应携带有关证明材料，亲自到公证处办理申请手续，具体要求如前所述，并填写公证申请表，申请人应在申请表上签名或盖章。

(2) 受理。公证处受理公证后，由承办公证员根据当事人提供的材料，作出是否受理的决定。对于受理的公证事项，按照规定收取公证费。申请人交纳公证费有困难的，应提出书面申请，由公证处主任或副主任决定是否减免；对于不符合办理公证条件的申请，公证处作出不予受理的决定，并通知申请人。

(3) 审查。公证处受理申请后，对申请人的身份、资格和民事行为能力，其意思表示和相应的权利以及需公证的行为、事实或文书的内容的真实性、合法性，需公证的文书是否完善，文字是否准确，签名、印鉴是否齐全等依法进行审查，并通过询问证人、调取书证、物证、视听资料、现场勘查、进行鉴定等方式，收集证据。审查中对申请人提供的证据材料认为不完备或有疑义的，通知申请人作必要的补充或向有关单位、个人调查索取有关证明材料，并可到现场作实地调查，有关单位和个人有义务积极予以协助。

(4) 出证。公证处对申请的公证事项审查后，认为符合规定的，按司法部规定的格式制作公证书。公证书需要办理认证手续的，由公证处送有关部门认证，并代收认证费和邮寄费用。

(三) 遗嘱公证书的制作

1. 首部

(1) 公证书名称。写明"遗嘱公证书"。

(2) 公证书编号。由年度、公证处代码、公证书编码组成。一般书写为：〔××××〕×证×字第×号。

2. 正文

表述为："兹证明×××（应写明姓名、性别、出生年月日和现住址）于××××年××月××日在×××（地点或者公证处），在我和×××（可以是其他公证员，也可以是见证人）的面前，立下了前面的遗嘱，并在遗嘱上签名（或者盖章）。

经查，遗嘱人的行为和遗嘱的内容符合《中华人民共和国继承法》第16条的规定，是合法有效的。"

3. 尾部

(1) 公证机构的印章和公证员的签名章。

（2）公证书出具的日期。

三、赠与公证书

（一）赠与公证书的概念

赠与公证书，是公证机构根据当事人的申请，依法出具的证明产权人将个人所有的财产无偿送给他人行为的真实、合法的公证书。

赠与公证书可证明赠与的真实性和合法性，有利于维护赠与各方的合法权益，预防和避免纠纷的产生，在纠纷发生时也有助于纠纷的解决。

（二）赠与公证书的格式和制作程序

1. 赠与公证书的格式

赠与公证书

〔××××〕×证×字第×号

兹证明×××（应写明姓名、性别、出生年月日和现住址）于×××年××月××日来到我处，在我的面前，在前面的赠与书上签名（或盖章）。

经查，×××的赠与行为符合《中华人民共和国民法通则》第×条的规定，是合法有效的。

中华人民共和国××省××市（县）××公证处（公章）

公证员（签名章）

××××年××月××日

---

2. 赠与公证书的制作程序

办理赠与公证书同样必须经过申请、受理、审查和出证四个程序，与遗嘱公证书的办理程序一致，此处不再赘述。

（三）赠与公证书的制作

1. 首部

（1）公证书名称。写明"赠与公证书"。

（2）公证书编号。由年度、公证处代码、公证书编码组成。一般书写为：〔××××〕×证×字第×号。

2. 正文

表述为："兹证明×××（应写明姓名、性别、出生年月日和现住址）于××××年××月××日来到我处，在我的面前，在前面的赠与公证书上签名（或盖章）。

经查，×××的赠与行为符合《中华人民共和国民法通则》第55条的规定，是合法有效的"。

3. 尾部

（1）公证机构的印章和公证员的签名章。

（2）公证书出具的日期。

四、婚前财产协议公证书

（一）婚前财产协议公证书的概念

婚前财产协议公证书，是指公证机构根据当事人的申请，依法出具的证明婚前财产协议行为及内容真实、合法的公证书。

婚前财产协议公证书有助于证明婚前财产协议行为及内容的真实性和合法性，能够有效维护婚姻各方的合法权益，预防和避免纠纷的发生，在纠纷发生时也有助于解决纠纷。

（二）婚前财产协议公证书的格式

婚前财产协议公证书

〔××××〕×证×字第×号

兹证明×××（应写明姓名、性别、出生年月日和现住址）于×××年××月××日在××（地点或者公证处），在我和××（可以是其他公证员，也可以是见证人）的面前，立下了前面的婚前财产协议，并在婚前财产协议上签名（或盖章）。

经查，协议双方的行为和协议的内容符合《中华人民共和国婚姻法》第×条的规定，是合法有效的。

中华人民共和国××省××市（县）××公证处（公章）

公证员（签名章）

××××年××月××日

办理婚前财产协议公证书必须经过申请、受理、审查和出证四个程序，与前述遗嘱公证书的办理程序相同。

（三）婚前财产协议公证书的制作

1. 首部

（1）公证书名称。写明"婚前财产协议公证书"。

（2）公证书编号。由年度、公证处代码、公证书编码组成。一般书写为：〔××××〕×证×字第×号。

2. 正文

表述为："兹证明×××（应写明姓名、性别、出生年月日和现住址）于

××××年××月××日在××（地点或者公证处），在我和××（可以是其他公证员，也可以是见证人）的面前，立下了前面的婚前财产协议，并在婚前财产协议上签名（或盖章）。

经查，协议双方的行为和协议的内容符合《中华人民共和国婚姻法》第×条的规定，是合法有效的。"

3. 尾部

（1）公证机构的印章和公证员的签名章。

（2）公证书出具的日期。

五、析产协议公证书

（一）析产协议公证书的概念

析产协议公证书，是指公证机构根据当事人的申请，依法出具的证明财产所有权人对共同所有的财产进行分割，变共有为个人所有的行为和协议真实、合法的公证书。

析产协议公证书能够有效证明财产所有权人对共同所有的财产进行分割，变共有为个人所有的行为和协议的真实性和合法性，有利于维护析产各方的合法权益。

（二）析产协议公证书的格式

析产协议公证书

〔××××〕×证×字第×号

兹证明××（应写明姓名、性别、出生年月日和现住址）、××（应写明姓名、性别、出生年月日和现住址）和××（应写明姓名、性别、出生年月日和现住址）××（人数）于××××年××月××日共同来到我处，就分割他们的共有财产××（财产名称）达成协议，并在前面的析产协议书上签名（或盖章）。

经查，××、××和××（姓名）协议分割他们的共有财产的行为，符合《中华人民共和国民法通则》第×条的规定。

中华人民共和国××省××市（县）××公证处（印章）

公证员（签名章）

××××年××月××日

办理析产协议公证书亦必须经过申请、受理、审查和出证四个程序。

第十五章 公证文书

(三) 析产协议公证书的制作

1. 首部

(1) 公证书名称。写明"析产协议公证书"。

(2) 公证书编号。由年度、公证处代码、公证书编码组成。一般书写为:〔××××〕×证×字第×号。

2. 正文

表述为:"兹证明×××、×××和×××(姓名)××(人数)于××××年××月××日共同来到我处,就分割他们的共有财产××达成协议,并在前面的析产协议书上签名(或盖章)。

经查,×××、×××和×××(姓名)协议分割他们的共有财产的行为,符合《中华人民共和国民法通则》第×条的规定。"

3. 尾部

(1) 公证机构的印章和公证员的签名章。

(2) 公证书出具的日期。

第五节 涉外和涉港澳台公证书

一、涉外和涉港澳台公证书概述

(一) 涉外和涉港澳台公证书的概念和法律依据

1. 涉外公证书的概念和法律依据

涉外公正书,是指公证机构根据当事人的申请,依法出具的含有涉外因素的公证书,即当事人、证明对象、公证文书使用地等其中至少含有一个以上涉外因素的公证书。涉外公证书具有域外法律效力。

《公证法》第33条规定:"公证书需要在国外使用,使用国要求先认证的,应当经中华人民共和国外交部或者外交部授权的机构和有关国家驻中华人民共和国使(领)馆认证。"《公证程序规则》第12条第4款具体指出:"居住在国外的当事人,委托他人代理申办前款规定的重要公证事项的,其授权委托书应当经其居住地的公证人(机构)、我驻外使(领)馆公证。"

涉外公正书绝大多数是在国外使用,直接关系到我国公民、法人或其他组织在外国或有关地区的合法权益,满足他们在继承财产、留学、定居、探亲、诉讼等方面的需要。在我国境内使用的涉外公证书,则能够满足华侨、外籍华人或外国人等在我国办理财产转移、财产继承等的需要。

2. 涉港澳台公证书的概念和法律依据

涉港澳台公证书，是指公证机构根据当事人的申请，依法出具的涉港澳台公证事项的公证书。其中，公证机构依法出具的公证当事人或当事人之一为港澳同胞，或发往香港、澳门地区使用的公证书为涉港澳公证书；公证机构依法出具的公证当事人或当事人之一为台湾同胞，或发往我国台湾地区使用的公证书为涉台公证书。

香港、澳门、台湾地区是我国领土不可分割的一部分，但由于历史原因，港澳台地区实行与我国内地不同的政治、经济和法律制度，因此，涉港澳台公证书是一种特殊的国内公证文书，既不属于涉外公证，也不同于一般的国内公证。

《公证程序规则》第12条第3款规定："居住在香港、澳门、台湾地区的当事人，委托他人代理申办涉及继承、财产权益处分、人身关系变更等重要公证事项的，其授权委托书应当经其居住地的公证人（机构）公证，或者经司法部指定的机构、人员证明。"

（二）涉外和涉港澳台公证书的特点

1. 涉外公证书的特点

（1）涉外公证书多发往境外使用，具有域外法律效力。

（2）在适用法律上，既要符合我国的法律规定，又不能违背使用国的法律规定，否则会影响涉外公证书效力的实现。

（3）根据使用国或当事人的要求，涉外公证书应附相应的外文译本，并办理外交认证手续。

2. 港澳台公证书的特点

（1）在适用法律上，首先要适用我国的法律法规，同时也要考虑香港、澳门特别行政区的法律规定。

（2）部分发往香港、澳门特别行政区使用的公证书要附译文，或需要认证。

（3）在办证程序上，一般适用涉外公证书的办证程序。

（4）香港、澳门特别行政区当事人提供的证明材料，一般要经过司法部委托的香港、澳门特别行政区的公证机构的证明。

3. 涉台公证书的特点

（1）在适用法律上，要坚持适用我国的法律法规，同时也要考虑我国台湾地区的特点、历史情况和我国台湾地区地方法的规定等特殊情况。

（2）在办证程序上，比照涉港澳公证书办理，此外还有些特殊的规定，如发往我国台湾地区的公证书要上报司法行政机关审查，要经省级以上的公证

第十五章　公证文书

员协会将公证书副本寄往台湾海基会等。

（3）我国台湾地区的当事人在我国台湾地区所作的意思表示或提供的有关材料，应经我国台湾地区公证机构的公证。内地的公证机构审核后可予以采信。

（4）对有反对中国共产党、反对社会主义、分裂祖国、鼓吹"台独"等反动内容的材料，公证机构应当拒绝公证。

（三）制作涉外和涉港澳台公证书应注意的问题

1. 申请时提供必要的材料

申请办理涉外、涉港澳台公证，申请人应携带可以证明自己身份的证件，如护照、身份证等，亲自到公证处提出申请。如果当事人在境外或由于其他特殊原因，如身患重病等不能亲临公证处的，可委托其亲友代为办理，代办人应持有申请人的委托书信和本人身份证件。申请时还应提供以下材料：

（1）所在单位人事部门（或组织部门、劳资部门、人才交流中心）的证明函件。

（2）申请办理出生证明书，应提供户口簿及复印件，或提供派出所出具的户籍证明。发往美国或泰国的出生公证书须提供正面免冠二寸照片。

（3）申请办理结婚证明书，应提供结婚证及复印件。结婚证遗失者应到原登记机关申请补发夫妻关系证明书。

（4）申请办理离婚证明书，应提供离婚证（或人民法院制作的离婚调解书、判决书）及复印件。离婚证遗失者应到原登记机关申请补发或提供相应的证明材料。

（5）申请办理经历证明书有相应职称证书者（如工程师证书、会计师证书、厨师证书等）应提供证书原件及复印件；无职称者可在证明信中写明所任职务或主要从事何种工作，并提供相应数量的二寸免冠照片。

（6）申请办理与国外亲属关系证明书，应提供国外亲属的最近来信；办理国内亲属关系证明书，应提供户口簿或其他相关证明资料。

（7）申请办理学历（或学位、学习成绩）证明书，应提供相应的毕业证书、学位证书或学习成绩单及复印件。如果原件遗失应向原毕业学校申请补发或开具相应的证明材料。

（8）申请办理死亡证明书，应提供当地派出所出具的死亡证明或提供其他有关单位，如医院、铁路、交通、民航等提供的证明材料。

2. 制作涉外及涉港澳台公证书的特殊要求

（1）涉外和涉港澳台公证书要由具有办理涉外公证资格的公证处和公证员制作，涉台公证书要由省级司法行政机关指定的公证处制作。

（2）发往我国香港、澳门、台湾地区使用的公证书应当使用全国通用文字。发往国外使用的公证书应当使用全国通用文字。根据需要和当事人的要求，公证书可以附外文翻译。应当注意的是，当事人的姓名要写准确。在译文本上，如果姓名有几种译法，应一一写明。

（3）涉外和涉港澳台公证书要单独编码，应区别于国内公证书；同时，涉外、涉港澳台公证文书在编号上也要有所区别。

（4）涉外和涉港澳台公证书在制作上必须使用公证专用纸。涉外公证书要附译文。涉台公证书应当制作三份副本以便向海基会寄送。

（5）公证书需要在国外使用，使用国要求先认证的，应当经中华人民共和国外交部或者外交部授权的机构和有关国家驻中华人民共和国使（领）馆认证。送外交部领事司认证的公证文书必须装订好，不可未经装订就送去认证。

（6）不能在外国文件的外文正本上加盖我国公证机关和公证员的印章。但如外国文件或外文正本上无损害我国主权和与我国法律、政策相抵触的内容，可以另纸公证的形式予以证明。

（7）一般应一事一证，但如果几项证明内容属于同一使用目的，可以将几份公证书装订在一起。

（8）装订公证书时，在公证书后面要留出待领事认证的空页。译文附在中文之后，如果是证明外文译本与中文正本相符的，应将译文排在公证机关的公证书之前。

二、涉外和涉港澳台公证书的内容和制作

涉外和涉港澳台公证书均为定式公证书，公证书的结构分为首部、正文、尾部三部分。以下介绍几种实践中常用的涉外和涉港澳台证书。

（一）出生公证书

1. 出生公证书的概念

出生公证书，是指公证机构根据当事人的申请，依法出具的证明我国公民在国（境）内出生这一既成的法律事实的真实性的公证书。

出生公证主要用于申请人出国定居，办理入境签证，在国（境）外求职、留学、办理退职、领取子女补助金或继承遗产等涉外事项。

2. 出生公证书的格式

> 出生公证书
>
> 〔××××〕×证外字第×号
>
> 根据×××（写明调查的资料，包括档案记载、知情人证明等）兹证明×××，男（或者女），于××××年××月××日出生于××省（自治区或直辖市）××县（区或市）。×××的父亲（或者养父）是×××，×××的母亲（或者养母）是×××（如果是养父母关系应注明收养登记证或者收养公证书的编号）。
>
> 中华人民共和国××省××市（县）××公证处（公章）
>
> 公证员（签名章）
>
> ××××年××月××日

3. 出生公证书的制作条件

申请办理出生公证，当事人必须向公证机构提供以下材料：申请人的居民身份证、户口簿等身份证明材料，申请人在国外的须提供护照复印件；申请人的医院出生证明、所在单位人事部门或户籍所在地街道办事处出具的出生证明，证明应详列申请人的姓名、性别、出生年月日、出生地点（具体到市、县）及父母姓名（父母已故的要注明）；申请人的近期一寸照片三张（如发往美国使用须四张，彩色或黑白皆可）；委托代理人代为申请的，须提供授权委托书和居民身份证。

申请办理出生公证须注意的问题

（1）出生证明中当事人的姓名（包括别名、曾用名）要确切真实，不能用同音字或别字代替。

（2）中文姓名的译文一般均按汉语拼音，姓名后边用括号注明在国（境）外使用过的外文姓名或地方方言译音姓名。

（3）出生日期一律使用公历年、月、日来表达。如申请人因特殊情况需要使用农历表达，可在公历后边的括号内注明农历××××年××月××日字样。

（4）出生地点要明确具体。

（二）婚姻状况公证书

1. 婚姻状况公证书的概念

婚姻状况公证书，是指公证机构根据当事人的申请，依法出具的证明申请人现实婚姻状况（包括未婚、结婚、离异或丧偶等）这一民事法律事实真实、合法的公证书。

申请办理婚姻状况公证，通常是在准备结婚、移民的情况下，申请人向公证机构提出公证申请。

2. 婚姻状况公证书的格式

格式一

结婚公证书

〔××××〕×证外字第×号

根据××省××市（县）××（原登记机关名称）颁发的编号为×××号的结婚证书，兹证明×××（男，××××年××月××日出生）与×××（女，××××年××月××日出生）于××××年××月××日出生在×××（地点）登记结婚。

中华人民共和国××省××市（县）××公证处（公章）

公证员（签名章）

××××年××月××日

格式二

未婚公证书

〔××××〕×证外字第×号

兹证明×××（男或者女，××××年××月××日出生），现在×××（住址），至今未曾登记结婚。

中华人民共和国××省××市（县）××公证处（公章）

公证员（签名章）

××××年××月××日

格式三

离婚公证书

〔××××〕×证×字第×号

兹证明×××（男，××××年××月××日出生）与×××（女，××××年××月××日出生）于××××年××月××日在×××（地点）登记结婚，于××××年××月××日在×××（原婚姻登记机关名称，或者经人民法院判决）离婚。其夫妻关系自该日终止（登记离婚之日或者判决之日）。

中华人民共和国××省××市（县）××公证处（公章）

公证员（签名章）

××××年××月××日

第十五章 公证文书

3. 婚姻状况公证书的制作条件

申请办理婚姻状况公证必须向公证机构提供的材料有：申请人的居民身份证、户口簿等身份证明材料，申请人在国外的须提供护照复印件；已婚的须提供结婚证书，未婚的须提供单位人事部门或户籍所在地街道办事处出具的未婚证明，离婚的须提供离婚证书或法院生效的离婚判决（调解）书，丧偶的须提供配偶的死亡证明及单位人事部门或户籍所在地街道办事处出具的丧偶后有（无）再婚证明；申请人的双人合影照片3张（如发往美国使用须4张）或单人一寸照片各3张（如发往美国使用须4张）；委托代理人代为申请的，须提供授权委托书和居民身份证。

申请办理婚姻状况公证须注意的问题：

（1）申请人准备结婚的，其本人必须已达到婚姻法规定的结婚年龄；

（2）申请人必须提供相应的婚姻状况证明，如离婚须提供离婚证书；

（3）如申请人的结婚证或离婚证丢失，须提供婚姻登记机关出具的"夫妻关系证明书"或"解除夫妻关系证明书"，或者法院出具的"离婚判决书"；

（4）公证机构一般不出具未婚妻（夫）订婚证明；

（5）如申请人未达到我国婚姻法规定的法定结婚年龄，公证机关一般不出具未婚公证。如国（境）外确因特殊情况，要求必须出具的，公证机构只能出具申请人尚未达到我国婚姻法规定的法定年龄的公证。

（三）学历公证书

1. 学历公证书的概念

学历公证书，是指公证机构根据当事人的申请，依法出具的证明申请人的学习成绩单、毕业（或结业）证书、学位证书真实、合法的公证书。

学历公证书一般用于出国留学、谋职、申请子女助学金等涉外事项。

2. 学历公证书的格式

学历公证书

〔××××〕×证外字第×号

根据××中学××××年××月××日发给×××的第××号毕业证书，兹证明×××（男或女，××××年××月××日出生）于××××年××月至××××年××月在××市（县）××中学学习，于××××年××月高中（或初中）毕业。

中华人民共和国××省××市（县）××公证处（公章）

公证员（签名章）

××××年××月××日

```
                        学历公证书
                                        〔××××〕×证外字第×号
    根据××大学（或学院）××××年××月××日发给×××的第×
×号毕业（或肄业）证书（或××号学位证书），兹证明×××（男或女，
××××年××月××日出生）于××××年××月至××××年××月
在××大学（或学院）××系本科（或专科或双学位或研究生班或硕士研
究生、博士研究生）××专业学习，学制××年，于××××年××月毕
业（或肄业），并被授予××学位。
                        中华人民共和国××省××市（县）××公证处（公章）
                                        公证员（签名章）
                                        ××××年××月××日
```

3. 学历公证书的制作条件

申请办理学历公证书必须提供以下材料：

（1）申请人的身份证、户口簿等身份证明；申请人在国外的，须提供护照复印件；

（2）申请人的学习成绩单、毕业（或结业）证书、学位证书等原件及复印件；申请人如遗失学历证的，应向原发证学校申请补发。如该校已被撤销，须提供原该校的上级主管机关出具的证明无学历证原件；

（3）申请人人事档案管理部门出具的介绍信；

（4）委托代理人代为申请的，须提供授权委托书和居民身份证；

（5）公证人员要求的其他证件或材料，如国外的入学登记、通知书、担保书或单位相关学历证明等。

第六节 公证机构制作的其他专项证书

自 2006 年我国《公证法》颁布施行至今，已经将近十年，这十年间我国经济社会发展变化显著，在实践中，既出现了许多新情况、新问题需要公证法予以应对，又有部分社会领域的变化需要斟酌公证法一些规定的适用，给予相应的变动，为此，2015 年 8 月，公安部在国家法治建设不断向前推进的背景下，结合社会管理实际，通过官方微博发布了通告，通告的内容对公证事项有直接影响。

依据 2015 年 8 月公安部的通告，今后有 18 类事项将不再由公安机关出具专项证明，并根据随后的解释，其中有几项应由公证部门出具专项证明。这些

第十五章 公证文书

事项有：

1. 因非公安机关原因将姓名填写错误，如银行存单、保险单、学校、单位等档案中姓名同音字，需要证明是同一人的。

2. 偿还能力证明，居民是否具有偿还能力，不在公安派出所掌握情况之内，派出所属不知情，因此不予出具证明，公民应到公证机关进行公证证明。

3. 亲属关系证明，家庭成员在户口登记以外的亲属关系，不在派出所掌握范围之内，派出所属不知情，因此不予出具证明，应到公证机关进行公证证明。

4. 家庭收入状况证明，家庭收入情况不属于派出所工作业务范畴，派出所属不知情，因此，派出所不予出具证明，应到公证机关进行公证。

5. 房产情况证明，公民房产情况不在公安机关业务范畴之内，派出所属不知情，因此，派出所不予出具证明，应到责任单位房产部门或公证机关索取证明。

以上这些事项的相关公证文书的制作可以参考要素式公证书的制作要点和格式。

本章习题

一、单项选择题

1. 公证书的结构中不包括哪个部分（　　）。

   A. 首部　　　　　　　　　B. 正文
   C. 引言　　　　　　　　　D. 尾部

2. 以下哪项不是保全证据公证书证词的必备要素（　　）。

   A. 申请人的名称　　　　　B. 保全的时间
   C. 办理该项公证的法律依据　D. 保全的地点

二、多项选择题

1. 我国的公证书所具有的效力主要表现为（　　）。

   A. 证据效力　　　　　　　B. 强制执行效力
   C. 法律行为成立要件　　　D. 域外效力

2. 依照公证书的制作格式进行划分，可以将公证书分为（　　）。

   A. 定式公证书　　　　　　B. 要素式公证书
   C. 具有强制执行力的公证书　D. 债权公证书

三、简答题

1. 试述公证文书的概念和效力。
2. 出具公证书的基本条件有哪些?
3. 简述公证书的结构和制作程序。
4. 试比较保全证据公证书和合同协议类公证书的必备要素与选择要素。
5. 遗嘱公证书应如何制作?